本书受国家自然科学基金"价格随机条件下多因素干扰的应急供应链协调机制研究（71562013）""边际利润波动的应急闭环供应链动态优化（7212015）"、江西省社会科学基金"边际利润随时波动的闭环供应链微分博弈研究（21GL17）"、华东交通大学专著基金、华东交通大学高铁发展研究中心专著基金联合资助。

Quantity Discount Contract Coordination

SUPPLY CHAIN UNDER PRICE

Random Condition

价格随机条件下的数量折扣契约协调供应链

刘 浪 ◎著

中国财经出版传媒集团

经济科学出版社
Economic Science Press

自　序

"万里关河归梦想，千年王霸等棋枰。"作为一个人文社会科学领域里的学者，对省社会科学优秀成果奖和教育部高校人文社会科学优秀成果奖的诱惑，是很难抵御的。获社科优秀成果奖，尤其是省社会科学优秀成果奖一等奖或教育部高校人文优秀成果奖二等奖以上，几乎是每个人文社科学者的梦想。在追梦的路上，曾有小成，没收大果。2017 年追逐省社科优秀成果奖的梦想实现，但 2019 年追逐教育部高校人文社科优秀成果奖的梦却沉沙折戟，梦断"蓝桥"，这说明努力不够，还得继续努力。2021 年，又是一年可实现省社科优秀成果奖的年份；2023 年，又是一年可实现教育部高校人文社科优秀成果奖的年份。能不能在这两年实现梦想，既看机会，也看实力。要看实力，得有真货。于是便有了这次编撰专著的冲动了。不管能不能实现梦想，但梦还得做，正像马云说的那样，万一实现了呢？

"功名多向穷中立，祸患常从巧处生。"梦想很丰满，现实超骨感！从 2015 年获得国家自然科学地区基金项目资助以来，科研成果屡创新高，尤其以 2017 年获省科优秀成果奖一等奖为标志，几乎达到人生学术的高峰。作为一个有理想、有追求的人，总想突破自己。便有了 2018 年冲国家自然科学面上基金的行动，结果失败；2019 年再报地区项目，再次失败。2020 年同时报面上基金和地区基金项目，依旧失败。屡战屡败，屡败屡战。命运好像与我这个年近半百的人不断地开玩笑，但"作为打不垮的矮个子"，虽然不信"命"，但还是信"运"的！"命"是先天的，"运"是后天的。个人努力改变不了命，但相信越努力，越幸运！于是便有了这次再次编撰专著的行为。撰写专著已是第三次了，本以为老马识途，但具体操作起来，却发现工作量超大，尤其是计算的工作量超大。原来只想做一个"静静的美男子"，将前期的成果串起来，一个人偷偷把任务完成，就不麻烦学生了，成为一本纯粹的"专著"。但限于时间的紧迫，不得不动员我所有在校的研究生来帮忙计算，只能当作是"深秋急练兵"了。

"人间只有躬耕是，路过桑村最眼明。"有哲人说过，未来三四年的生活状态，由今天的工作状态决定。想想今天的生活状态，确实是由三四年前的工作状态决定的。2015 年获得的国家自基金资助，解决了后面四年的科研经费问题。2016 年撰写的专著在 2017 年获得省社科优秀成果一等奖，该奖助推我成为华东交通大交通运输与物流学院的博导，且为华东交通大学唯一一位文科学院的教授在工科学院当博导的人；该奖也让我破格成为三级教授，同时助我入选江西省文化名人暨"四个一批"人才工程。之外，还将四个研究生培养成国内"985"和"211"高校的博士，没辜负作为人师的职责，也对得起自己这份职业。但愿此时的耕耘，带来可期的未来！

是为序！

刘 浪

2021 年 10 月于豫章故郡

目 录

第 **1** 章

绪　论

1.1　问题提出

在供应链管理过程中，人们发现供应链上的成员若进行分散决策，会给供应链造成"双重边际效应"；若采取集中决策，则容易实现供应链协调。供应链协调是指供应链上的节点企业与其组成的供应链系统同时实现利润的最大化（即达到帕累托最优或帕累托改进）。现有研究表明，在外界环境确定时，供应链很容易实现协调。如果供应链外界环境由确定转为不确定，商品的市场价格由稳定变为随机，供应链将由协调转为失调。供应链失调的原因由很多种因素造成，有的是由于市场需求突然发生较大的变化、有的是由于供应链上的参与者风险态度发生变化、有的是由于供应链上的参与者隐瞒私人成本信息造成信息不对称、有的是由于突发事件造成市场价格或批发价发生随机变化造成，还有的是由其中一种因素或两种以上的因素同时发生作用造成。在造成供应链失调的所有因素中，商品市场价格随机波动带来的影响是最大的。在供应链管理理论研究中，人们发现用契约来应对这些情况的变化是非常有效的，这些契约的正确使用，使失调的供应链又能恢复到协调的状态。常用的契约有批发价契约、收益共享契约、回购契约、数量弹性契约、期权契约和数量折扣契约，这些契约都有具体的使用对象。批发价契约是最基本的一种契约，也是日常生活中最常用的一种契约。这种契约的主要特征是供销两方按约定，一次性成交，成交结束后所有商品卖不出去的风险全由零售商承担。收益共享契约主要针对那些市场需求比较大、行情十分看好，但零售商受自有资金的限制，买不起更多数量的货量，从而造成整个供应链期望收益受损。如果此时供应商看到零售商这种困境，便可采用收益共享的方式与零售商进行合作。即可将自己的产品以较低的批发价卖给零售商（有时可低于生产成本），但在零售商的期望收益中按约定的比例，分一部分收益给供应商。这其实就相当于供应商给零售商一笔融资，以期双方同时做大做强。回购契约是针对批发价契约中所有风险由零售商一方承担的弊端，因担心零售商害怕风险而不敢多订货，便提出将零售商在售销期末把未卖出去的商品由供应商赎买回来，以此方式分担零售商在销售季节结束前产品售不出去的风险。但在实际应用时，因将未售出的产品运回要花费更多的运输成本。如果是一些有保鲜时限的商品（如奶制品），运回更浪费时间，损失更大，所以往往是由供应商给零售商一定的价格补贴，剩余产品由零售商低价处理，残值所得归零售商。数量弹性契约主要是面对未来市场需求不确定，零售商在订货与提货期间，市场需求可能发生很大变化，在采购那些本薄利大的商品（如芯片）时，供销双方采用的一种合作方式。具体的操作方式是：在销售季节到来之前，零售商提前向供应商下单订货。但考虑未来提货量不确定，可能大于订货量数量，也可能小于订货数量。若零售商在实际销售商品时，提货的数量大于或小于市场需求的数量，都会给自己带来损失。因为该商品利大本薄，供应商囤积一些产品也无过多损失，为了加强双方合作关系，供应商便与零售商约定，零售商可在期初的订货量的基础上，在一定的区间内提走相应的货物。但规定最低与最高提货量，供应商确保最低供应量赚的利润能抵消剩余产品的成本即可展开合作。期权契约主要是应对批发价未来涨幅太大而采取的措施。数量折扣契约主要是供应商针对易逝产品，采用薄利多销的方式来控制成本的一种方式。这些契约有时只用其中的一种，有时会将两种契约合起来使用。本书在第 3 章和第 4 章主要讨论单纯的数量折扣契约协调供应链，第 5 章和第 6 章主要是将期权契约与数量折扣契约融合起来使用。

1.2　研究背景

当前供应链外部环境日益复杂，供应链管理趋向全球化、信息化和精益化，精益化虽然提升了企业的运作效率但降低了供应链的柔性，使供应链系统变得相当脆弱。复杂的外部环境包含多种不确定性因素，使得突发事件爆发的概率显著增加，脆弱的供应链极易受到突发事件的攻击而变得失调甚至中断。随着经济全球化进程的不断加深，供应链系统内部与外部的复杂化程度也随之加深，一种产品有时甚至需要几个国家的厂商在一起合作才能完成生产。在这种背景下，一个稳定的外部环境成为整个供应链系统持续高效运转的重要保证。当市场处于稳定的外部环境时，可以通过一定的机制（如契约机制）使整个供应链系统达到协调状态，达到优化供应链绩效的目的。然而当市场遭遇突发事件的袭击时，突发事件造成某类特定商品的需求量在短期内急剧变化，原来市场的存量和日常供应量与突发事件下的日需求量不相匹配，供应链上相关参数发生跳跃性变化，供应链由协调转为失调。供应链参与者作为理性的"经济人"，由于惧怕突发事件给自身利润带来损失，自身的风险态度会发生变化。同时，供应链上的参与者如果拥有成本信息，因为这些成本信息具有巨大的商业价值，他们会通过隐藏成本信息的方式来获取更多的超额利润。突发事件还可能引起参与者对待风险的态度发生变化。还有，如果商品存在未来批发价有大概率上涨或下跌的可能，若不采取相应措施加以应对，供应链上的下游企业必遭巨大损失。此时，采用期权契约来维持批发价的稳定，对供应链系统来说具有重要的意义。

近年来，各种突发事件频发，给供应链带来的干扰最大，如在 2003 年"SARS"事件期间，各地许多药品价格暴涨。例如，在河北安国药材市场，各种预防和治疗"非典型肺炎"的中草药价格飞涨，金银花已从平时的每千克 20 元涨到 300 元，是原价的 15 倍之多，其他药材价格也涨了几倍或几十倍。在上海，一次性活性炭口罩最高限价每只 1.5 元，但有的药店以每只 8.3 元出售，原本普通的板蓝根，以平时 10 倍、20 倍的价格被抢购等。由于人们对部分"非典型肺炎"相关商品（如金银花、板蓝根、口罩等）的需求突然猛增，供应与需求在短期内发生了较大的变化，很多商品从供过于求转为供不应求，市场不能在较短时间内及时提供该商品，所以导致商品价格在短期内急剧上升。

2005 年，在英国最大食品生产商的产品中检测出"苏丹红一号"色素。不久后我国的检测部门在某品牌辣椒酱中也检测出"苏丹红一号"色素，于是人们对该辣椒酱的需求量大幅减少，同时以这两种辣椒酱为辅料的其他商品的市场需求也开始锐减。在对肯德基的相关商品进行检测时发现肯德基新奥尔良烤翅和新奥尔良烤鸡腿堡中也含有此种色素，消息一经传开，人们对于肯德基相关商品的需求大幅下降，市场价格也出现了不同程度的下滑。

2011 年 3 月 11 日，日本发生 9.0 级地震并引发海啸，福岛核电站爆炸释放出大量核辐射。由于担心核辐射影响海盐质量，谣言引起中国市民抢购碘盐。

2017 年 10 月 7 日，随着麦当劳对四川辣酱在全美指定门店限量供应一天的消息传出，不少四川辣酱的粉丝们挤满了纽约曼哈顿大街、亚特兰大和迈阿密的麦当劳门店，有大量的客人早早就在店门外排队等候购买，形成了抢购潮。部分商家为了牟取利益的最大化，上调价格以调节供求，加剧市场哄抢现象，从中谋取暴利。

2020 年春节前夕，新冠肺炎疫情席卷全国。由于疫情初期人们对于病毒的有限认知及病毒传染性强等方面的原因，由起初每天增加几百例的确诊人数，发展到一天增加四五千例的确诊人数，给人们的生命财产安全带来了巨大的损失。最终在政府强有力的措施下，疫情得以控制，但并没有彻底的消灭病毒。疫情期间，人们大多选择在家就餐，餐饮行业遭受巨大的损失。例如，武汉的著名小吃热干面、小龙虾、周黑鸭等在疫情期间的销售量和往年同期相比大幅下降，以往武汉市每天大约要消耗掉 2000 吨热干面，而疫情期间的销售量连以往的三成都不到。往年的 5~8 月份是小龙虾的销售旺季，武汉市一天大约能消耗掉 80000 斤小龙虾，而 2020 年 5 月份一天大概只能消耗掉 20000 斤小龙虾，在价格方面也呈现出大幅下降的态势。同样，武汉的周黑鸭在疫情期间的市场销售量也遭受重挫，市场需求量大幅减少，直接导致周黑鸭 1000 多家门店暂停营业。同样拥有"美食之城"称号的长沙也是如此，长沙臭豆腐、手工豆皮、猪肉拌粉等小吃的市场销售量也大幅下降。除了武汉、长沙，我国其余城市生鲜品的市场销售量也呈现出大致相同的趋势，上海市作为我国帝王蟹消耗的主要地区，在没有暴发疫情之前，上海市一个月帝王蟹的消耗量大约为 100000 斤，而在疫情发生之后，上海市一个月帝王蟹的消耗量大约为 50000 斤，市场消耗量的降幅高达 50%。在此种情况下，部分商家为了维持正常的经营，会趁机谎报自身的成本信息以获取信息优势，从而取得巨大的利润。

通过这些案例可以看出，突发事件的发生极易造成需求波动、物价失控、成本急剧增加、供应链参与者的风险态度及保留私人成本信息的程度发生大幅变化、供应链失调甚至断裂等问题，在众多因素的干扰下，原本协调的供应链不再协调，同时导致整个供应链系统运作绩效的降低。给不同行业的供应链协调带来了困扰，供应链上成员企业的生存和发展遭遇危机，给社会造成了不可估量的损失。原本的运行机制已不能有效协调此时的供应链，加强供应链应对突发事件的管理已成为迫切问题。为了使失调的供应链恢复协调，契约作为一种协调供应链的有效工具应运而生。鉴于此，如何选择合适的契约并恰当地设置参数来协调此时的供应链，降低突发事件带来的危害，成为亟待解决的问题。

供应链契约的设计主要是为了解决两个方面的问题：一方面是为了解决供应链参与者追逐自身利润最大化而出现的双重边际化效应，另一方面是为了消除供应链参与者之间由于信息不对称或风险厌恶而产生的牛鞭效应。以往学者主要在价格稳定的前提下，通过对供应链上的相关参数进行调整来应对突发事件带来的扰动，调整后的供应链契约能协调供应链，优化供应链绩效。而在实际的市场经济活动中，突发事件打破原有的供需平衡，造成需求随机，同时商品的市场价格会随着供需关系的变化而发生随机变化。供应链上的参与者作为理性的经济人，由于惧怕突发事件给自身收益带来损失，对待风险的态度可能会由风险中性转变为风险厌恶。与此同时，供应链参与者会通过隐瞒自身真实成本信息的方式来获取信息优势，在博弈中处于领先地位，从而获取更高的收益。例如，当前美国退出伊核协议，要求全世界配合其一起制裁伊朗进出口贸易，尤其是对伊朗经济至关重要的原油出口。法国、韩国及日本等国因担心遭到美国制裁逐渐停止购买伊朗石油，中国几乎成为伊朗唯一的石油买主，伊朗此时采取薄利多销的数量折扣契约与中国合作成为首选之策。事实上，外界不可能知道伊朗石油的真实生产成本。当市场遭遇突发事件的袭击时，供应链上各影响要素会朝着不同的方向发生变化。在众多因素的干扰下，如何采用数量折扣契约来协调此时的供应链系统并优化供应链绩效成了应急供应链管理领域中一个重要的研究方向。

当前研究供应链协调主要涉及的商品一般是"易逝产品"，这些商品一般由供应商（制造商或生产商）决定其最优批发价，而零售商决定最优订货量，最终的售价（市场价格）由市场决定。这些商品的市场还有一个共同的特征就是都属于需方市场，供过于求，商品的批发价变化不是太大。但在现实生活中，还有些商品相对稀缺，其市场属卖方市场。这类商品常应用于"高、精、尖"工业领域，如贵金属（如金、银、铂）及稀有金属（如钨、钼、锗、锂、镧、铀）的产品，或市场需求极大的商品如石油，由于市场竞争激烈，其批发价常处于波动之中。若再遭遇突发事件冲击，其批发价变化幅度更大。这类商品与易逝产品有明显不同的特征，易逝产品一般假设销售期末的残值价值不高，但这类商品的残值与商品正常价值几乎没有差别，有时在销售季节末还可能增值，对于这类商品我们称之为保值产品。易逝产品如果在销售期末没有销售完，还有可能退回给供应商，但保值产品却不存在这种退货的情况。易逝产品的批发价供应商就可确定，而保值产品的批发价一直处于波动之中，这一点与易逝产品的特征相差甚远。由于保值产品的批发价随时变动，供应链的成员对其无法控制。一方面，若零售商初次订货太多，当市场需求降低导致供过于求时，因为无法退货而造成损失。订得太少又怕市场需求增加时导致缺货，更担心供不应求时商品批发价上涨，进而在进货成本上给企业造成高额损失。此时，零售商采用期权契约来规避风险成为首选之举。另一方面，供应商为了防止产品积压，希望尽快通过"薄利多销"的方式将产品卖出，这时采用数量折扣契约便成为供应商的最佳选择。因此，若将两种契约融合起来使用，对供销双方都有好处，这或许是一种有益的尝试。

1.3 研究目的

在突发事件日益频发的今天，一旦市场遭遇突发事件的袭击，将引发一系列连锁反应，原有的供需平衡被打破，商品的市场需求在短期内发生跳跃性变化，造成需求随机，与此同时商品的市场价格、供应链成员对待风险的态度及成员之间的成本信息对称性也会因突发事件的到来而发生变化。诸多不可控的因素作用于整个供应链系统时，若在短期内不能采取有效的应对措施，原本协调的供应链将不再协调，将导致整个供应链系统运作绩效的下降，带来不可估量的经济损失。

突发事件容易导致供应链外部环境动荡不安，使供应链上企业面临的风险越来越大。对某些季节性强、价值高的贵金属、稀有金属或石油等产品，其市场需求、批发价与市场零售价格均可能处于随机变化之中。供应链上游的供应商为了防止商品积压，一般采用数量折扣契约以求薄利多销；供应链下游的企业为了降低不确定需求带来的风险，如需求增加导致商品供不应求而造成的机会损失，或者需求降低导致商品供过于求而造成的经济损失，此时宜采用期权契约来分散风险。为此，有必要将这两种契约融合使用，以期在这种动荡的环境下使供应链达到协调。

通过本书的研究希望达到以下目的。

当不同扰动因素作用于供应链系统时，在市场价格稳定和市场价格随机的前提假设下，基于应急数量折扣契约分别构建了参与者风险厌恶单边信息不对称及参与者风险厌恶双边信息不对称的供应链契约模型。并求解得出供应链系统在不同扰动因素下的最优订货与定价策略，将成本信息对称与成本信息不对称下的供应链绩效进行对比，将风险中性与风险厌恶条件下的供应商绩效进行比较，分析风险厌恶因子和对成本信息的预测精度对供应链协调与绩效的影响，揭示采用应急数量折扣契约协调供应链的内在规律。通过对不同因素干扰下供应链的协调与效率分析，进一步完善了我国的应急供应链管理体系，同时也为供应链管理者在应对突发事件时提供决策参考。

在批发价和市场价格均发生随机变化的前提下，由期权契约和数量折扣契约结合而形成的期权折扣契约，分析多因素扰动对供应链及链上成员绩效和供应链协调优化机制的影响，寻找到各种情况下的最优期权定价和最优初次订货策略，揭示期权折扣契约在应对双价格随机时供应链协调的内在运行规律。通过分析扰动因素对供应链及链上成员绩效和供应链协调优化机制的影响，为相关供应链的参与者和供应链管理者提供理论指导。

1.4　研究意义

1.4.1　理论意义

在广泛阅读以往学者研究成果的基础上，本书在市场价格稳定和价格随机的前提下，以二级供应链为研究对象，探究在突发事件引起市场需求随机、供应链参与者风险厌恶及成本信息不对称的情形下，运用应急供应链协调理论、委托—代理理论、风险度量准则（CVaR）、Myerson 显示原理和"利他委托人"的概念分别建立了供应链参与者风险厌恶、单边信息不对称及双边信息不对称的数量折扣契约模型，探究了供应链在不同扰动因素下的运作绩效与演化规律。拓宽了应急供应链研究的前提假设，为多因素干扰下的供应链系统建模提供了重要的理论依据与建模思路，丰富了供应链契约理论。

以批发价、市场需求和市场价格随机为前提假设，以应对突发事件造成供应链上多因素扰动为背景，以期权契约和数量折扣契约组成的期权折扣契约为工具，通过期权最优定价机制和最优初次订货采购机制，分析扰动因素对供应链整体绩效和参与者绩效及供应链优化协调机制的影响，探索实现供应链优化协调的内在运行和演化规律。为设计高价值易积压的保值产品供应链协调机制提供理论依据，为进一步研究更复杂的供应链协调机制奠定基础。同时，对丰富供应链契约理论也具有积极意义。

1.4.2　实际意义

探究在价格稳定与价格随机的条件下，采用应急数量折扣契约协调市场需求随机、供应链成员风险厌恶及成本信息不对称等因素干扰下的二级供应链，分析了不同价格策略、不同风险厌恶程度及信息缺乏者对真实成本信息的预测精度对供应链成员和整个供应链系统绩效的影响，并比较不同因素干扰下供应链绩效的差异，分析造成这种差异的内部机理。在突发事件来临时，为实际市场中的供应链决策者提供决策参考，消减突发事件给整个供应链系统带来的损失，达到优化供应链绩效的目的。

考虑批发价、市场需求和市场价格随机波动等扰动因素，研究在期权折扣契约下，寻找实现供应链优化协调的内在约束条件。分析该契约在不同的约束条件下，对供应链及链上参与者绩效和供应链优化协调机制的影响，给出了突发事件环境下多因素扰动时的供应链契约及参数的设计方法，为供应链决策者选择最优期权定价及最优初次订货策略等行为提供科学依据。同时为供应链管理者协调供应链及巩固供销双方的合作关系提供了参考与启示。

1.5 研究创新

1.5.1 技术创新

在以往的文献中，只发现有学者以市场需求为随机变量，市场需求的分布函数、概率密度函数变化和市场价格为常量作为应急供应链的基本特征。本书在此基础上，将市场价格由固定变为随机，并对多个因素变化展开讨论，建模的技术与以前同类研究相比复杂程度更大，建模的技术要求更高，考虑的问题也更实际。

1.5.2 对象创新

本书在价格随机的前提下，分别对信息对称和信息不对称、风险中性和风险厌恶、信息不对称且风险厌恶时，采用数量折扣契约协调应急供应链。为了平衡批发价波动带来的风险，将期权契约与数量折扣契约相融合，建立新的期权折扣契约来协调应急供应链，这些研究对象，在以往的文献中很少发现。

1.5.3　应用创新

在对突发事件导致多因素扰动下基于期权的数量折扣契约进行研究后发现，当突发事件导致市场需求、市场价格及批发价均随机波动且市场需求增加时，使用看涨期权折扣契约能使供应链系统及其成员企业同时获取最大利润；当突发事件导致市场需求、市场价格及批发价均随机波动且市场需求减小时，双向期权折扣契约则是实现供应链收益帕累托最优的最佳选择。若想获取更多利润，决策者必须更加准确地预判市场才能使新的契约机制更有效。当突发事件造成市场需求缩小、价格随机波动和零售商风险厌恶时，双向期权折扣契约具有很强的抗突发性和抗风险厌恶性，能使供应链系统及其成员的收益实现帕累托最优或改进。这些结论与以往的结论迥异，具有一定的应用创新价值和管理实践意义。

将"利他委托人"的概念引用到供应链建模，在双边信息不对称的情况下，以往学者往往以某一供应链参与者为研究主体而忽略其余参与者进行供应链建模，这会导致双重边际化效应的产生。本书借助于"利他委托人"进行供应链建模能避免这一现象的产生，在供应链建模方法上具有一定的创新性。

第 2 章

基础理论与文献综述

2.1 相关基本概念

本节主要就供应链协调、供应链契约及委托—代理理论进行相关的概念介绍。

2.1.1 供应链协调的概念

供应链是由有着不同利益追求而又相互联系、相互作用的企业组成的复杂系统，供应链的运作往往受到多种因素的影响。首先，系统中各节点企业只以自身边际效益最大化为准则进行决策，并不考虑供应链整体效益，决策的过程中可能会损害供应链系统整体效益及供应链上其他节点企业的效益。其次，供应链上各节点企业仅会根据最近的企业提供的需求信息进行决策，并向上级企业逐级放大需求信息，使初始供应商所获得的需求信息与实际情况相差较大，最终导致供应商生产和库存的紊乱，影响供应链系统的整体效益。最后，供应链系统内外存在诸多不确定性因素，如需求扰动、成本波动、供给稳定、设备毁损、订单取消等问题，上述各因素都将抑制供应链系统实现效益最大化。因此，必须采取相应的措施对供应链系统中各要素进行控制和协调，降低各个不确定性因素的影响程度，保证供应链系统的有序高效运作。

至今为止，国内外学者尚未对供应链协调形成一个一致的概念。本书立足于前人的研究基础，将供应链协调定义为：供应链协调是通过设计合理的激励措施整合供应链系统各要素，使各节点企业以供应链上的参与者与整体效益达到帕累托最优为决策目标，推进高效有序的供应链体系的建成，保障供应链整体系统运行的最优化。

2.1.2　供应链契约的概念

供应链契约（supply chain contract）也可以称作供应链合约或供应链合同，指通过科学设计恰当的激励机制，确保供应链系统达到帕累托最优或帕累托改进的效果，即让供应链上的参与者（个体）与整体供应链系统的绩效同时实现最大化。供应链契约的最终目的是使供应链达到协调，即指分散决策下的供应链与集中决策下的供应链实现同等的绩效，即使无法实现最好的协调，也至少能保证供应链上各方的利益将优于初始的状况。

供应链契约理论最早由帕斯特纳（Pasterna）在 1985 年提出，并随后取得了飞速的发展。下面就针对常用的批发价格契约、收益共享契约、回购契约、数量折扣契约、数量弹性契约做一个简单的介绍。

（1）批发价格契约。

批发价格契约（wholesale price contract）是最基础的契约，它一般由供应商确定批发价格，零售商依照市场需求和批发价格确定最优的订货量，然后向供应商发出订货要约，供应商依照零售商的订单组织生产。这种契约在现实生活中，是最早产生的一种契约，也是最原始的一种契约，后来的几种契约都是在这种契约的基础上改良后的结果。

（2）收益共享契约。

收益共享契约（revenue sharing contract）指供应商以较低的批发价将产品提供给零售商，但是在销售期末可以获得一部分零售商销售收入的协议。这种契约最大的特点就是将"共赢"的理念挪用到供应链契约中，其实质是由供应商以低价将产品卖给零售商，以促使零售商多订货，然后在销售期末获得一部分销售收入作为低价售货给零售商的"补偿"。"低价售货"其实就是相当于供应商给零售商提供融资，以解决零售商资金不足。在市场需求旺盛，而零售商资金不足时，采用这种方法可获得奇效，可使整个供应链获取利益最大化。

（3）回购契约。

回购契约（buy back contract）也可称作退货契约（return contract），其广泛运用于以短生命周期产品或者季节性产品（如生鲜食品、有保鲜期的饮料、时装、鞋帽等）为对象的供应链当中。主要是在销售期结束后，供应商以低于批发价收回零售商未售出的商品，目的是帮零售商分担季末售不出商品的风险。在具体操作过程中，有的是直接将剩余商品运回，残值归供应商，但这种回购成本很高，由于是运回的成本偏高，有时得不偿失。更多情况的是供应商给零售商一个价格补贴，剩余商品由零售商处理，商品残值归零售商所得。

（4）数量弹性契约。

数量弹性契约（quantity flexibility contract）指生产商按照高于最初订货量的产量组织生产，当市场需求发生变化后，允许零售商根据实际市场需求，在最初订货量基础上浮动一定的比例范围内提货，并规定了最大的订货波动比例的协议。

供应链下游企业在销售周期开始前预测市场需求，并向上游企业提出一个初始的订货量，然后供应商与零售商协商，确定订货量可上下波动的比例范围。在销售期开始后，契约允许供应链下游企业针对市场波动的需求量更改提货数量，而上游的供应商则依据订货量最大的可上调比例组织生产，但要求零售商在具体提货时只能在契约提供的波动范围内进行调整。数量弹性契约最大的特点就是允许零售商针对波动的市场需求灵活提货。因为市场具有不稳定性，而且零售商的预测手段也有限，不能保证市场的需求及时得到反映。而该契约通过灵活提货，一定程度上弥补一次性订货的偏差，使提货量逐渐趋近于真实的市场需求，赋予零售商在提货时具有一定程度的灵活度，降低了市场需求波动所带来的风险，进而保证了供应链的协调稳定。但这样会给供应商带来很大的风险，所以这种产品必须是本薄利大的商品，或是半成品，如果零售商不提走剩下的产品，这些产品可再一步加工改造成新产品。否则，一般供应商都不太愿意与下游企业采用这种方法合作。

（5）数量折扣契约。

数量折扣契约（quantity discount contract）是指上游供应商向下游零售商提供与订购量成反比的单位批发价的契约，该契约主要运用于薄利多销的工业品或鲜活农产品的行业。数量折扣契约的优势主要在于保障下游节点企业享受较低批发价格的同时，又能有效地控制上游供应商库存量；其缺点是容易将库存过量的风险转嫁给下游零售商。

（6）期权契约。

期权又称为选择权，它是在期货的基础上产生的一种金融工具。从其本质上讲，期权实质上是在金融领域中将权利和义务分开进行定价，使权利的受让人在规定时间内行使其权利，而义务方必须履行。在期权的交易时，购买期权的合约方称作买方，而出售合约的一方则叫做卖方；买方即是权利的受让人，而卖方则是必须履行买方行使权利的义务人。期权交易起始于18世纪后期的美国和欧洲市场。由于制度不健全等因素影响，期权交易的发展一直受到抑制。

期权是在期货的基础上产生的一种金融工具，这种金融衍生工具的最大魅力在于，可以使期权的买方将风险锁定在一定的范围之内。

商务印书馆《英汉证券投资词典》解释期权亦作：期权合约。期权合约以金融衍生产品作为行权品种的交易合约，指在特定时间内以特定价格买卖一定数量交易品种的权利。合约买入者或持有者以支付保证金——期权费的方式拥有权利；合约卖出者或立权者收取期权费，在买入者希望行权时，必须履行义务。期权交易为投资行为的辅助手段。当投资者看好后市时会持有认购期权，而当其看淡后市时则会持有低估期权。期权交易充满了风险，一旦市场朝着合约相反的方向发展，就可能给投资者带来巨大的损失。实际操作过程中绝大多数合约在到期之前已被平仓（此处指的是美式期权，欧式期权则必须到合约到期日执行）。

期权主要有如下几个构成因素：①执行价格（又称履约价格、敲定价格）。期权的买方行使权利时事先规定的标的物买卖价格。②权利金。期权的买方支付的期权价格，即买方为获得期权而付给期权卖方的费用。③履约保证金。期权卖方必须存入交易所用于履约的财力担保。④看涨期权和看跌期权。看涨期权，是指在期权合约有效期内按执行价格买进一定数量标的物的权利；看跌期权，是指卖出标的物的权利。当期权买方预期标的物价格会超出执行价格时，他就会买进看涨期权，相反就会买进看跌期权。

每一期权合约都包括四个特别的项目：标的资产、期权行使价、数量和行使时限。

（7）期权数量折扣契约。

期权数量折扣契约是将期权契约与数量折扣契约相融合，用期权契约来平衡批发价的波动，用数量折扣契约来控制生产成本曲线，以期利用两者的优点来协调供应链。

2.1.3 委托—代理理论

委托—代理这一关系最早运用于法律领域，其主要发生在当乙获得甲授权而代理甲从事某项活动之中。当运用于经济学领域后，委托—代理关系其本质就是在建立或签订某种合同前后，合同参与双方所掌握的信息不对称，其中掌握信息较多的一方为代理人，掌握信息较少的一方为委托人。委托人希望代理人能够按照前者的利益最大化做出行动，但是委托人仅能观察到代理人行动的结果（主要由行动和其他随机因素共同决定）。委托—代理理论试图解决的问题是，委托人应该如何依据现有的不完全信息来合理设计机制，以确保代理人采取的行动对委托人最有益。

2.1.4 前提假设

本书涉及的供应链只有两种类型，一种是最简单的二级供应链，即由一个零售商和一个供应商（或制造商）组成的二级供应链；另一种是最简单的三级供应链，即由一个零售商、一个分销商和一个供应商（或制造商）组成的三组供应链，而且是开环的，不是闭环的。本书有以下一些基本前提假设。

假设1：当突发事件危害性不大时，只造成商品需求随机变化，而不造成商品市场价格变化，在本书中，假设在价格稳定突发事件下的商品市场价格为 p_0。当突发事件危害性比较大，给供应链带来的影响比较大时，尤其是在商品市场价格发生变化，此时商品市场价格为 p，并且它随供求关系的变化而变化，且满足 $\mathrm{d}p = [p_0 + a(x-q)]\mathrm{d}x$，其中 a 为市场规模系数，x 表示市场需求随机，q 表示零售商向供应商的一次性订货量，在本书中，不管是采用那种契约，在一个销售季度，零售商只向供应商，或零售商向分销商，分销商向供应商只订一次货。在本书中，假设突发事件造成市场价格随机变化，而且市场价格随供求关系的变化而变化，即 $\mathrm{d}p = [p_0 + a(x-q)]\mathrm{d}x$。在采用期权数量折扣契约时，假设 $\mathrm{d}p = [p_0 + a(x-(q+m))]\mathrm{d}x$。

假设 2：在信息对称条件下，假设系统中的商品为短生命周期商品，各成员均为风险中性和完全理性的；供需双方之间的信息是完全的，供应链中的成员都知道彼此的成本结构及收益函数等信息；系统面临随机市场需求分布，供需双方均可以准确预测此分布。

假设 3：在信息不对称条件下，若零售商作为市场中的主导者，供应商作为市场中的跟随者，其中生产成本作为私有信息存在，供应商的真实成本为 c_s，可是却向零售商撒谎其成本为 $\hat{c}_s$，在零售商根据过去的合作信息判断供应商可能撒谎的情况下，因此会估计其产品的成本 c_s 是在 $[\underline{c_s}, \overline{c_s}]$ 范围内的均匀分布，其分布函数和密度函数分别是 $Y(c_s)$、$y(c_s)$，并满足分布函数与密度函数的比值为 c_s 的增函数，此时，零售商为了让供应商尽量报出其真实成本价格，会提供一组契约清单 $[[w(q(c_s))_i, q(c_s)_i], (i=1,2,3,\cdots,N)]$ 由供应商进行合理选择。若供应商作为市场中的主导者，零售商作为市场中的跟随者，零售商可能隐藏销售成本信息，零售商的真实成本为 c_r，其虚假成本为 $\hat{c}_r$。此时，供应商为了让零售商尽量报出其真实成本，则也向零售商提供一组契约清单 $[[w(q(c_r))_i, q(c_r)_i], (i=1,2,3,\cdots,N)]$ 供其选择。在此种状态下，信息隐瞒者只有选择的权利，没有讨价还价的权利，如果不选择，只能放弃合作。

假设 4：在信息对称、供应链上的参与者存在风险厌恶时，设其在险价值 V 为 $\frac{q}{\Theta}$ 的函数，即当参与者认为当其销售量小于 $\frac{q}{\Theta}$ 时，其风险态度就会发生变化，由风险中性转为风险厌恶。其中，$\Theta(0 \leqslant \Theta \leqslant 1)$ 为风险厌恶因子，当 $\Theta = 0$ 时，表示供应链参与者风险极大，一定会发生风险；当 $\Theta = 1$ 时，表示供应链参与者风险中性。

涉及参数含义：

q 为零售商向供应商提出的订货量。

q^* 为最优订货量。

c_s 为供应商边际生产成本。

c_r 为零售商边际销售成本。

c_d 为分销商边际分销成本，若为二级供应链，则记整个供应链的成本为 $c = c_r + c_s$；若为三级供应链，则记供应链的成本为 $c = c_r + c_s + c_d$。

g_r 为零售商缺货而导致的商誉单位惩罚成本。

g_s 为供应商缺货的商誉单位惩罚成本。

g_d 为供应商缺货的商誉单位惩罚成本，若为二级供应链，则记整个供应链的缺货商誉单位惩罚成本为 $g = g_r + g_s$；若为三级供应链，则记整个供应链的缺货商誉单位惩罚成本为 $g = g_r + g_s + g_d$。

其中，v 为单位商品残值；w 为供应商向零售商提供的批发价格；ϕ 是采用收益共享契约时，二级供应链中零售商留给自己的收益占整个销售收益的比例，$1 - \phi$ 为零售商分给供应商占整个销售收益的比例，且 $(0 < \phi < 1)$；η_r 表示采用收益共享契约时，三级供应链中，$\eta_r(0 < \eta_r < 1)$ 是零售商共享销售收益的比例，$\eta_d(0 < \eta_d < 1)$ 是分销商共享收益的比例；零售商留一定比例 η_r 的销售收益给自己，将比例 $1 - \eta_r$ 的销售收益分给分销商，分销商将比例为 η_d 的收益留给自己，将比例为 $1 - \eta_d$ 的收益分给供应商；$D(x)$ 为零售商面临的随机需求；$F(x)$、$f(x)$ 为正常状态下的市场需求随机分布函数和密度函数，且 $F(x)$ 是可微和严格递增的，在风险厌恶状态下 $f(x)$ 也要求是可微和严格递增的，并有 $F(0) = 0$，$\bar{F}(x) = 1 - F(x)$，且 $\mu = E(D) = \int_0^\infty xf(x)\,\mathrm{d}x$ 为期望需求；当供应链遭遇价格稳定的突发事件时，$F(x)$，$f(x)$ 变为 $G(x)$ 和 $g(x)$，$G(x)$ 同样是可微和严格增加的，且 $G(0) = 0$，$\bar{G}(x) = 1 - G(x)$；期望需求 $\mu_G = E_G(D) = \int_0^\infty xg(x)\,\mathrm{d}x$；当供应链遭遇价格随机的突发事件时，$F(x)$，$f(x)$ 变为 $H(x)$ 和 $h(x)$，$H(x)$ 同样是可微和严格增加的，且 $H(0) = 0$，$\bar{H}(x) = 1 - H(x)$；期望需求 $\mu_H = E_H(D) = \int_0^\infty xh(x)\,\mathrm{d}x$。$S(q)$ 为常态下的期望销售量，且 $S_{(q)} = q - \int_0^q F(x)\,\mathrm{d}x$；价格稳定状态下的期望销售量为 $S_G(q) =$

$q - \int_0^q G(x)\,\mathrm{d}x$，价格随机状态下的期望销售量为 $S_H(q) = q - \int_0^q H(x)\,\mathrm{d}x$。$I(q)$ 为常态下的期末期望库存量，且 $I(x) = q - S(q)$，价格稳定状态下的期末期望库存量为 $I_G(x) = q - S_G(q)$，价格随机状态下的期末期望库存量为 $I_H(x) = q - S_H(q)$；$L(q)$ 为常态下的期末期望缺货量，且 $L(q) = \mu - S(q)$；价格稳定状态下的期末期望缺货量 $L(q) = \mu_G - S_G(q)$，价格随机状态下的期末期望缺货量 $L(q) = \mu_H - S_H(q)$；q^* 为常态下最优订货量；λ_1 为表示突发事件发生后，当新订货量 $q > q^*$，将增加单位生产成本；λ_2 为突发事件发生后，当新的订货量 $q < q^*$，将增加在二级市场单位处理费用。$\pi_i (i = r, s, d, h)$ 为表示为 i 的期望收益函数，其中 r，s，d，h 分别表示零售商、供应商、分销商、整个供应链。

同时令：

$$A(q) = \int_0^q ax^2 h(x)\,\mathrm{d}x - \int_0^q aqxh(x)\,\mathrm{d}x + \int_q^\infty aqxh(x)\,\mathrm{d}x - \int_q^\infty aq^2 h(x)\,\mathrm{d}x$$

$$B(q) = \lambda_1 (q - q^*)^+ - \lambda_2 (q^* - q)\hat{}$$

2.2　国内外研究综述

2.2.1　数量折扣契约协调应急供应链研究综述

（1）风险中性且信息对称时的数量折扣契约协调供应链。

供应链是由不同利益诉求而又相互联系的企业组成的复杂系统，需要合理地分配供应链上相关要素才能使整个供应链系统的绩效达到最大化。鉴于此种情况，供应链协调一词孕育而生，克拉克和斯卡夫（Clark & Scarf，1960，1962）率先在供应链管理领域提出了供应链协调的概念。数量折扣契约作为一种常用的契约，在协调供应链方面有其特殊的功效。莫纳汉等（Monahan et al.，1984）最早提出了数量折扣契约的概念并提出了 Monahan 数量折扣定价模型。江等（Chiang et al.，1994）从博弈论的角度分析了传统的数量折扣契约模型，使用帕累托最优准则找到一组最优订货与定价策略。

李（Lee，1986）将传统的数量折扣契约模型进行了推广，并开发了一种新算法来解决供应商的联合订购和价格折扣问题。张永等（2018）利用弱集成算法解决了报童模型中对市场需求做概率假设的难题，并以此算法研究了数量折扣的多阶段报童模型的在线策略。郑等（Zheng et al.，2019）以多个零售商与一个供应商组成的供应链为研究对象，在独立采购与联合采购两种情形下，采用数量折扣契约，研究了在数量折扣契约下，供应商的最优价格策略和零售商的最优采购策略。黄等（Huang et al.，2011）研究了零售商退货行为导致供应商利润损失的供应链系统，采用数量折扣契约能使整个供应链系统达到帕累托改进，能抑制零售商潜在的退货动机。贾等（Jia et al.，2018）分别采用数量折扣契约和批发价契约协调供应链，对比分析了二者协调供应链的优劣。

以上都是在市场需求稳定的条件下进行的研究。当突发事件来临时，将对市场造成巨大的冲击，造成市场需求随机，原有的供应链将不再协调，于是学者们开始研究此背景下的供应链协调。刘浪等（2016）研究了在市场需求随机的条件下，采用数量折扣契约来协调供应链。张和刘（Zhang & Liu，2017）以短生命周期产品为研究对象，探究了批量采购时批发价和订货量的影响因素，并在随机需求的条件下研究了零售商的定价与订货策略。张和陈（Zhang & Chen，1994）研究了需求不确定时，通过建立混合整数编程模型，采用应急数量折扣契约来协调供应链。于艳娜等（1986）在需求扰动的情况下，基于博弈论建立了零售商之间存在竞争关系的供应链决策模型，探究需求扰动对零售商竞争下双渠道产品供应链的影响。赵正佳（2015）在市场需求随机且受到市场价格影响时，以短生命周期产品为研究对象，采用应急数量折扣契约来协调双渠道供应链。伯内特等（Burnetas et al.，2015）在单周期随机需求的情况下，探究了零售商和供应商之间采用应急数量折扣契约合作方式对供应商库存的影响。彭静等（2015）以单一零售商和单一供应商构成的双渠道供应链为研究对象，对基准情况下的数量折扣契约加以改进，并基于改进数量折扣契约模型对零售商和供应商之间的竞争与协调问题展开研究。吉里等（Giri et al.，2017）在市场需求随机的条件下，以三级供应链为研究对象，在集中决策下求解出整个供应链系统的最优订货与定价策略。

在市场需求随机的前提假设下，也有学者对闭环供应链进行了研究。马万迪瓦等（Mawandiva et al.，2018）在随机需求的前提下，研究了再制造闭环供应链的最优生产—库存策略。法拉吉列等（Fallah et al.，2018）研究两个闭环供应链之间竞争和成员之间的 Stackelberg 竞争对其利润、需求和回报的影响，应用概率论和博弈论方法，得到了不确定条件下的最优解。孙嘉轶等（2017）建立了需求随机条件下的闭环供应链第一及第二周期模型，基于回收数量折扣契约模型研究需求扰动下的回收决策和协调问题。牟宗玉等（2017）考虑了加工再制造商品和全新商品市场定价存在差异的问题，以闭环供应链为研究对象，在突发事件的干扰下基于改进过后的数量折扣契约求出了集中决策下整个供应链系统的最优定价与订货决策。

（2）风险厌恶且信息对称的数量折扣契约协调供应链。

当突发事件来临时，供应链成员因为害怕风险给自身利润带来损失，因此对待风险的态度会由风险中性转变为风险厌恶。陈志明和陈志祥（2015）提出了零售商向供应商收取缺货罚金的方式来降低风险。埃斯康德罗等（Escudero et al.，2015）通过使用新的时间一致性风险规避措施来降低风险。李建斌（2015）等在需求随机及零售商风险厌恶的前提条件下，借助于返利与惩罚契约的方式分散零售商的风险，并对相关的参数进行修正以达到协调供应链的目的。以往的学者都是基于采取什么样的措施来降低和规避风险而进行的研究，并没有采取定量的方法来对风险进行研究，而在金融领域中存在对风险进行定量研究的方法，于是有一些学者将金融风险管理中的风险度量方法引入供应链管理领域，拉开了对供应链风险进行定量研究的序幕。

学者用均值—方差法对供应链风险研究取得了丰硕的成果。许等（Xu et al.，2014）运用了均值—方差模型度量供应链风险。史思雨和孙静春（2019）以风险厌恶的供应商和风险中性零售商组成的二级供应链为研究对象，借助于均值—方差法对供应商风险进行度量，并基于 Stackelberg 博弈原理建立供应商占据主导地位的供应链模型，求解出供应链参与者的最优定价策略。方青等（2018）以风险厌恶的零售商和风险中性的供应商组成的二级供应链为研究对象，运用均值—方差法分别建立了集中决策和分散决策下的供应链模型，求解出不同模式下整个供应链系统的最优决策，并进行对比分析。乔伊等（Choi et al.，2019）讨论了均值—方差法在区块链技术时代如何应用于探讨全球航空物流供应链运作风险。周等（Zhou et al.，2018）基于均值—方差法研究了利用期权契约协调供应链的内部机制。特金等（Tekin et al. , 2015）采用均值—方差法对供应商风险厌恶的供应链模型进行研究，并通过具体算例的方式分析了风险厌恶程度对整个供应链系统最优订货量的影响。

后来随着研究的深入，一些学者发现用均值—方差模型度量供应链风险存在一定的缺陷。便有学者提出用在险价值（VaR）来对供应链风险进行度量。宋等（Song et al. , 2018）借助于在险价值法，研究了一类短周期易逝品供应链的最优定价和货架空间决策问题。朱传波等（2014）运用 VaR 风险度量准则，对风险厌恶的零售商和风险中性的供应商组成的二级供应链系统展开研究。洛克菲勒和乌利亚塞夫（Rockafller & Uryasev, 2000, 2002）认为在险价值衡量风险也具有一定的局限性，故将在险价值改进成条件风险价值（CVaR）来度量供应链风险。鉴于条件风险价值对风险度量的先进性和普遍适用性，故其成为当前供应链风险研究领域最常用的方法。代建生与秦开大（2017）运用 CVaR 风险度量准则对零售商风险进行度量，探究在实施销售努力条件下供应商回购契约的设计问题及供应链的协调问题。刘等（Liu et al. , 2019）以仅零售商一方风险厌恶的二级供应链为研究对象，基于 CVaR 风险度量准则建立了 Stackelberg 博弈模型研究了零售商和供应商的最优订货与供货策略。何娟等（2018）考虑仅供应商一方风险厌恶的二级供应链系统，采用 CVaR 准则来衡量供应商风险，借助于由期权和成本分摊契约构成的组合契约来协调供应链。范等（Fan et al. , 2020）研究了在买方主导的供应链中，买方和供应商都是风险厌恶者的情况下，通过条件风险价值（CVaR）法研究了期权价格和期权执行价格对供应链参与者期望收益的影响。周等（Zhou et al. , 2018）以零售商和供应商均风险厌恶的二级供应链为研究对象，采用条件风险价值法建立 Stackelberg 博弈模型来协调供应链。高皮拉等（Golpira et al. , 2017, 2018）基于 CVaR 风险度量准则构建了绿色供应链模型，并用算例仿真对理论分析结果进行了验证。

以上只研究了突发事件造成市场需求波动，但市场价格是稳定的情况。而当市场发生突发事件时，短期内商品的市场价格会随着商品的市场需求变化而发生随机变化，造成价格随机。有学者研究了突发事件造成市场价格随机情况下供应链协调问题。吴双胜、刘浪、史文强等（2017, 2018, 2019）

在价格随机的条件下基于 CVaR 风险度量准则分别采用应急数量弹性契约、应急回购契约来协调参与者风险厌恶的供应链。

（3）风险厌恶且信息不对称的数量折扣契约协调供应链。

突发事件给原本平衡的供应链系统带来了巨大的冲击，供应链参与者为了维护自身的利益，会通过隐瞒自身成本信息的方式来取得信息优势，在博弈中处于领先地位，从而获取更大的利润。国内外相关学者在该领域进行了大量的研究。凯尔坎普（Kerkkamp，2018）分析了供应商与零售商之间信息不对称的委托代理契约模型，并证明了零售商存在最优订货量的充分条件。李等（Li et al.，2019）以政府和企业组成的二级供应链为研究对象，基于建立的委托代理模型设计了政府激励合同鼓励企业增加减排的效率，研究企业隐瞒私人信息降低企业减排效率的问题。刘等（Liu et al.，2019）采用Stackelberg 博弈方法，探讨了企业社会责任成本信息不对称对供应链成员决策的影响，比较了企业社会责任成本信息不对称和对称决策下的决策效果。李等（Li et al.，2019）在需求信息不对称的情况下，推导出契约选择的贝叶斯—纳什均衡。王等（Wang et al.，2018）以供应商占据主导地位的二级供应链为研究对象，其中零售商拥有私人成本信息，探究了销售成本信息不对称对零售商和供应商期望收益的影响。唐振宇等（2019）针对生鲜农产品的时鲜特性，借助于显示原理分别构建了物流成本信息不对称和生产成本信息不对称的期权契约模型，探究了新鲜度信息不对称对供应链绩效的影响。杨亚等（2016）在生鲜农产品上下游企业之间新鲜度信息不对称的条件下，基于报童模型研究了供应商隐瞒农产品新鲜度信息对供应链绩效的影响。张盼和熊中楷（2019）以回收再制造的闭环供应链为研究对象，考虑制造商的回收成本信息不对称对整个闭环供应链的影响。王（Wang，2018）以仅零售商一方风险厌恶且供应商拥有私人成本信息的二级供应链为研究对象，通过恰当的契约设置机制使整个供应链系统达到最佳性能。史文强和刘浪（2018）在突发事件造成市场需求与市场价格随机的背景下，运用显示原理分别建立了生产成本信息不对称、销售成本信息不对称的应急数量折扣契约模型及应急数量弹性契约模型，得出整个供应链系统的最优订货量和批发价，并与信息对称情况下的最优订货量和批发价进行了对比。计国军等（2017）以双渠道供应链为研究对象，在质量信息不对称的条件下，探究了不同信息的披露方式对整个供应链系统的最优定价策略的影响。王等（Wang et al.，2017）利用 M – V 方法建立了双边信息不对称下的供应链模型，通过设置的批发价格合同能有效地协调供应链，达到帕累托最优。肖美丹等（2020）基于委托—代理理论建立了创新机制供应链模型，研究了供应链成员之间双边创新信息不对称的问题，并分析了创新程度对激励机制中相关参数的影响。吕飞等（2019）以最简单的二级供应链为研究对象，在需求信息和成本信息均不对称的情况下，基于委托—代理理论对了供应商的最优价格契约进行了研究。陈等（Chen et al.，2017）在零售商风险厌恶和生产成本信息不对称的条件下，基于委托—代理理论建立了供应链模型研究了零售商提供的最优契约模式。李等（Li et al.，2017）在零售商风险厌恶及销售成本信息不对称的条件下，基于构建的双渠道供应链模型，研究了零售商的风险厌恶行为和供应商的单位销售成本对供应商最优决策的影响。王道平等（2016）以供应链参与者均风险厌恶且生产成本信息不对称的二级供应链为研究对象，基于供应链参与者期望效益最大化准则建立了 Stackelberg 博弈模型，研究了整个供应链系统的最优定价策略。田巍等（2020）考虑零售商和供应商双方均风险厌恶，且在零售商风险规避程度为私有信息的情况下，探究了供应链参与者的风险厌恶及零售商保留私人风险厌恶信息的程度对整个供应链系统期望利润的影响。王新辉等（2015）以零售商和供应商分别保留私人成本信息且零售商风险厌恶的二级供应链为研究对象，对供应链契约机制的设计问题展开了研究，并以算例的方式验证了相关结论。

通过对上述文献的梳理可知：国内外学者进行了大量的研究，研究对象由最简单的二级供应链拓展到三级甚至更高级别的供应链，研究的前提假设由市场需求稳定拓展到市场需求随机、由参与者风险中性拓展到风险厌恶、由信息对称拓展到信息不对称。但是通过对相关文献进行整合归纳不难发现，仍有以下几点值得深入探究。

（1）以往的学者主要是在市场价格稳定不变的前提下进行的研究，而在实际的应急供应链管理中，突发事件使市场需求发生随机变化，而市场需求影响市场价格，即市场价格也会随着市场需求随机变化而发生随机变化。因此研究市场价格随机下供应链协调与绩效分析具有重要理论与实践意义。

（2）以往学者主要在价格稳定的条件下，采用回购契约、数量弹性契约及期权契约协调多因素干扰下的供应链，还鲜有学者在市场需求随机、价格随机的条件下应用数量折扣契约协调参与者风险厌恶信息不对称的供应链。因此将数量折扣契约应用到多因素干扰下的供应链系统对于丰富复杂环境下供应链契约应用具有重要的意义。

（3）以往学者在信息不对称情形下的供应链建模时，往往以某一供应链参与者作为协调主体而忽视其余参与者，本书借助于"利他委托人"的概念构建了突发事件下的供应链模型，为复杂环境下供应链建模提供了新思路。

2.2.2 期权契约协调应急供应链研究综述

期权契约主要是用来提高资产投资效率、规避转移风险的金融衍生工具，是指在特定时间内以特定价格买卖一定数量交易品种的权利。由于它的风险规避作用，从而被学者引入供应链风险管理领域。期权契约本身就是为了应付风险而产生的，因此，它在应对风险或突发事件也比其他契约更具有优势。如何利用金融工具进行供应链的风险管理已成为一个热点研究问题，许多学者在这个领域做了大量的研究工作。

巴恩斯舒斯特等（Barnesschuster et al.，2002）是第一批在研究供应链管理的过程中引入期权契约的学者，他们对由单一的零售商和供应商所构成的两级供应链系统进行了研究。王等（Wang et al.，2006）研究了市场环境改变引起市场需求变化时导致需求增长或者减少的双向期权供应链协调问题。王等（Wang et al.，2012）对供应链契约中使用看涨期权来提供柔性的风险进行了分析，发现使用看涨期权可以提高采购商在计划周期开始时的期望利润。王慧等（2013）在供应链和金融期权契约的理论基础上，对水期权市场和现货市场的最优购买策略、现货水权购买量和期权契约预购量的最佳策略进行了探讨。田军等（2014）将实物期权契约引入由政府和供应商组成的非营利性供应链中，通过建立协调机制，提出了基于实物期权契约的应急物资采购模型。吴英晶等（2014）研究了一个由单零售商和单供应商组成的二级供应链，其中零售商可以获得风险规避银行的无限额贷款，分析了看跌期权、看涨期权和双向期权契约下零售商融资的最优策略。李绩才等（2016）对季节性短寿命周期产品供应链进行了研究，构建了双向期权契约机制下的供应链博弈模型，得出了零售商的最佳采购策略与供应商的最优生产计划。张文杰等（2016）考虑了需求随机下单零售商和单供应商组成的二级供应链，对期权契约与传统契约下的供应链最优订货决策与生产进行了比较分析。王恒等（2017）建立了市场需求与现货价格相关条件下销售商规避风险的混合采购决策模型，通过模型求解得到实现销售商收益最大的最优商品销售价格和期权订货波动量的解析表达式，讨论了模型参数对期权订货波动量及销售商决策的影响。

2.2.3 期权混合契约协调应急供应链研究综述

从上述文献来看，学者们主要的工作还是简单地将期权契约引入不同的具体供应链中。但也有许多学者将期权契约与其他供应链契约融合起来使用。赵等（Zhao et al., 2010）将期权契约引入非柔性供应链，构建了双重采购条件下期权契约与回购契约协调合作的三级供应链模型。华莱士等（Wallace et al., 2011）将期权契约与数量弹性契约结合起来协调供应链。赵等（Zhao et al., 2013）对基于双向期权的柔性供应链契约进行了研究，给出了供应链协调下的买方最优初始订货量、期权购买量等条件。胡本勇等（2010）研究了由销售商和供应商组成的两级供应链，在需求随机和与努力水平相关条件下，提出了一种基于期望损失的期权定价策略，并对努力因素对供应链协调的影响进行了分析。郑克俊（2011）考虑了单个制造商和单个零售商组成的二级供应链系统，建立了基于期权契约的数量柔性决策模型。研究表明，采用期权机制和数量柔性等策略既能提高供应商和零售商的期望利润，还易于实现供应链的协调。舒彤等（2015）研究了用期权的方式使回购契约模型达到供应链协调。冯颖等（2016）在零售商为主导者、生产商为跟随者且承担物流服务的模式下，建立了物流服务水平影响市场需求情形下的两级 Stackelberg 博弈模型。研究表明，分散决策下生产商的生产量和物流服务水平均低于集中决策下的结果，引入期权契约和物流服务成本共担契约可同时协调生产量及物流服务水平。宋平等（2017）在零售商存在资金约束的两阶段供应链中，探讨了收益共享和期权契约对供应链成员决策的协调作用。马坤田（2017）以公平关切的零售商和公平中性的供应商组成的二级供应链为研究对象，基于期权契约、批发价和期权契约、回馈惩罚契约，研究了公平关切对供应链协调的影响。

从以上综述可以看出，国内外众多学者从各个方面运用不同的契约模型对供应链应对突发事件进行了探讨。随着时间推移学者们考虑的问题正在逐步深入，供应链研究周期由单周期延伸为多周期，研究对象由简单的二级供应链转变为多级供应链，研究情形也由单因素扰动拓展到多因素扰动，研究成果已相当丰富。但是通过对期权契约和数量折扣契约的文献梳理，不难发现当前依然存在诸多不足与较大的研究空间。

现有的研究多以市场需求为随机变量和市场价格为常量作为供应链的基本特征，以市场需求波动、信息不对称或生产成本变化等单因素扰动为前提展开的。也有学者对突发事件导致市场需求随机、参与者风险厌恶等多种因素干扰的情景进行了探讨。上述其他所有参考文献中的商品市场价格均是稳定的。但在现实生活中，由于外界环境的不确定性，导致商品的市场价格也是随机的。突发事件发生后很多商品的价格就会随行就市，随供需双方的改变而改变。因此，将市场价格随机作为突发事件环境下的扰动因素具有一定的必要性和现实意义。

现有文献中，期权契约与批发价契约、回购契约、数量弹性契约、收益共享契约等融合使用的情形较多，而将期权契约与数量折扣契约结合使用的研究则极少。将期权机制引入数量折扣契约，既丰富了应急供应链管理理论，又为供应链节点企业协调应急供应链提供了相关参考，具有重要的理论价值和管理实践意义。

第 3 章

价格稳定的数量折扣契约协调供应链

3.1 价格稳定的数量折扣契约

3.1.1 基准二级数量折扣契约模型

考虑产品生命周期短的最简单的二阶段供应链，供应链上成员均为风险中性和完全理性者。供应链上信息完全，成员均知各自的相关信息。市场需求随机，供销双方都能准确预测其分布。

设基准模型的边际市场价格为 p_0，由市场竞争决定，因此 p_0 为外生变量，是一个固定常数；c_s 为供应商边际生产成本；c_r 为零售商边际销售成本，记 $c = c_r + c_s$；g_s、g_r 分别为供应商与零售商的缺货损失成本，记 $g = g_r + g_s$；v 为单位产品残值；$w(q)$ 为供应商提供给零售商的与订货量成反比的单位批发价格，表明订得越多，享受得折扣越多；零售商面临的随机需求为 D，令其分布函数为 $F(x)$，$F(x)$ 为可微和严格递增，概率密度函数为 $f(x)$，且有 $F(0) = 0$，$\bar{F}(x) = 1 - F(x)$，$\mu = E(D) = \int_0^{+\infty} xf(x)\,\mathrm{d}x$ 为期望需求；$S(q)$ 为给定订货量 q 下零售商的期望销售量，则 $S(q) = \int_0^q xf(x)\,\mathrm{d}x + \int_q^{+\infty} qf(x)\,\mathrm{d}x = q - \int_0^q F(x)\,\mathrm{d}x$；$I(q)$ 为期末期望库存量，$I(q) = q - S(q)$；$L(q)$ 为期末期望缺货量，$L(q) = \mu - S(q)$。上述参数要满足如下关系：$v < c < w(q) < p_0$。

供应链的运作方式：在销售季节开始前，供需双方共同对市场需求进行预测后得到其分布 $F(x)$，供应商向零售商提供数量折扣契约 $T[q,w(q)]$，零售商根据契约确定订货量，供应商则根据零售商的订货量组织生产，最后零售商将产品进行销售。

设零售商提供的转移支付为 $T[q,w(q)] = w(q)q$，则零售商的期望利润函数为：

$$
\begin{aligned}
\pi_r(q) &= \int_0^q [p_0 + v(q-x)]f(x)\,\mathrm{d}x + \int_q^\infty [p_0 q - g_r(x-q)]f(x)\,\mathrm{d}x - \\
&\quad c_r q - T[q,w(q)] \\
&= (p_0 + g_r - v)S(q) - [w(q) + c_r - v]q - g_r\mu \quad (3-1)
\end{aligned}
$$

供应商的期望利润函数为：

$$
\pi_s(q) = T[q,w(q)] - c_s q - g_s[\mu - S(q)] = [w(q) - c_s] + g_s S(q) - g_s\mu \tag{3-2}
$$

供应链的期望利润函数为：

$$
\pi_h(q) = \pi_r(q) + \pi_s(q) = (p_0 + g - v)S(q) - (c-v)q - g\mu \tag{3-3}
$$

下面找出合适的 $(q,w(q))$ 使数量折扣契约 $T[q,w(q)]$ 能使上面的供应链达到协调。

对式（3-3）分别求一阶、二阶导数，得：

$$
\frac{\partial \pi_h(q)}{\partial q} = (p_0 + g - v)[1 - F(q)] - (c-v) \tag{3-4}
$$

$$
\frac{\partial^2 \pi_h(q)}{\partial q^2} = -(p_0 + g - v)f(q) < 0 \tag{3-5}
$$

因此，$\pi_h(q)$ 是关于 q 的凹函数，因此可取得在集中控制下的最优订货量，设 q^* 为未发生突发事件时系统的最优订货量。令 $\dfrac{\partial \pi_h(q)}{\partial q} = 0$，得 $\bar{F}(q^*) = \dfrac{c-v}{p_0 + g - v}$，则最优订货量 $q^* = \bar{F}^{-1}\left[\dfrac{c-v}{p_0 + g - v}\right]$。

定理 3.1 若要使零售商的订货量为供应链的最优订货量，即供应链实现协调，则在 $T[q^*,w(q^*)]$ 中契约参数 $w(q^*)$ 必须满足：对于任意的 $\eta(0 <$

$\eta < 1$），有 $w(q^*) = \dfrac{\left[(1-\eta)(p_0 + g - v) - g_s\right]S(q^*)}{q^*} + (1-\eta)v - c_r + \eta c$。

此时，零售商期望利润

$$
\begin{aligned}
\pi_r(q^*) &= (p_0 + g_r - v)S(q^*)\left[w(q^*) + c_r - v\right]q^* - g_r\mu \\
&= \eta\pi_h(q^*) + \mu(\eta g - g_r)
\end{aligned}
\tag{3-6}
$$

可见，在数量折扣契约 $T[q^*, w(q^*)]$ 下，零售商的期望利润函数与供应链期望利润函数二者之间成仿射关系，此时供应链可以实现协调。

本节继续研究价格稳定和价格随机两类突发事件发生之后，数量折扣契约协调供应链的内在规律。

3.1.2　价格稳定的数量折扣契约协调二级应急供应链

当突发事件不会使价格发生变化，但市场需求发生变化，分布函数和概率密度函数 $F(x)$ 和 $f(x)$ 将变为 $G(x)$ 和 $g(x)$，$G(x)$ 严格增加且可微，且 $G(0) = 0$，$\overline{G}(x) = 1 - G(x)$，期望需求 $\mu_G = E_G(D) = \int_0^{+\infty} xg(x)\mathrm{d}x$；期望销售量 $S_G(q) = q - \int_0^q G(x)\mathrm{d}x$；期末期望库存量 $I_G(q) = q - S_G(q)$；期末期望缺货量 $L_G(q) = \mu_G - S_G(q)$。此时，供应链的订货量不再是原来最佳订货量 q^*，订货量的改变将会增加新的成本。当新订货量 $q > q^*$，将增加单位生产成本 λ_1；当新订货量 $q < q^*$，将增加单位处理费用 λ_2，设 $\pi_i^c, (i = r, s, h)$ 分别表示在价格固定的状态下的供销双方和整个供应链的期望利润函数。此时，

零售商的期望利润函数为：

$$
\begin{aligned}
\pi_r^c &= \int_0^q \left[p_0 x + v(q - x)\right]g(x)\mathrm{d}x + \int_q^\infty \left[p_0 q - g_r(x - q)\right]g(x)\mathrm{d}x - \\
&\quad c_r q - w(q)q \\
&= (p_0 - v + g_r)S_G(q) - \left[w(q) + c_r - v\right]q - g_r\mu_G
\end{aligned}
\tag{3-7}
$$

供应商的期望利润函数为：

$$
\begin{aligned}
\pi_s^c &= w(q)q - \int_q^\infty g_s(x - q)g(x)\mathrm{d}x - c_s q - \lambda_1(q - q^*)^+ - \lambda_2(q^* - q)^+ \\
&= g_s S_G(q) - \left[-w(q) + c_s\right]q - g_s\mu_G - B(q)
\end{aligned}
\tag{3-8}
$$

供应链的期望利润函数为：

$$\pi_h^c = (p_0 - v + g)S_G(q) - (c - v)q - g\mu_G - B(q) \qquad (3-9)$$

命题 3.1 突发事件不引起市场价格发生变化即市场价格稳定，但市场规模发生较大变化，若采用基准数量折扣契约，即：

$$w(q) = \frac{[(1-\eta)(p_0 + g - v) - g_s]S(q)}{q} + (1-\eta)v - c_r + \eta c，二级供应链$$

无法实现协调。

证明：将 $w(q) = \dfrac{[(1-\eta)(p_0 + g - v) - g_s]S(q)}{q} + (1-\eta)v - c_r + \eta c$ 代入

式（3-7），可得：

$$\pi_r^c = \eta\pi_h^c + \mu_G(\eta g - g_r) + [(1-\eta)(p_0 + g - v) - g_s][S_G(q) - S(q)] + \eta B(q)$$
$$(3-10)$$

当突发事件不影响市场价格，但对市场规模影响较大时，零售商与供应链的期望利润不成仿射关系，此时数量折扣契约无法使供应链实现协调。

命题 3.2 突发事件只影响市场规模但不引起市场价格变化，且市场规模变化较大，当批发价格调整为：

$$\hat{w}^c(q) = \frac{[(1-\eta)(p_0 + g - v) - g_s]S_G(q)}{q} + (1-\eta)v - c_r + \eta c + \frac{\eta}{q}B(q)$$

时，数量折扣契约能实现二级供应链协调。

证明：设 $\hat{\pi}_i^c,(i = r, h)$ 分别表示在价格固定状态下调整后的零售商和整体供应链的期望利润函数，可得：

$$\hat{\pi}_r^c = \eta\pi_h^c + \mu_G(\eta g - g_r) \qquad (3-11)$$

此时，零售商与整体供应链的期望利润函数之间成仿射关系（此时 $\hat{\pi}_h^c = \pi_h^c$），供应链协调。同时，设 q_1 是市场规模增大时的最佳订货量，q_2 是市场规模减小时的最佳订货量，可得：$q_1 = G^{-1}\left(\dfrac{p_0 - c + \lambda_1}{p_0 - v + g}\right)$，$q_2 = G^{-1}\left(\dfrac{p_0 - c - \lambda_2}{p_0 - v + g}\right)$。

3.1.3 基准三级数量折扣契约模型

考虑产品生命周期短的最简单的二阶段供应链，供应链上成员均为风险中性和完全理性者。供应链上信息完全，成员均知各自的相关信息。市场需求随机，供销双方都能准确预测其分布。

设基准模型的边际市场价格为 p_0，由市场竞争决定，因此 p_0 为外生变量，是一个固定常数；c_s 为供应商边际生产成本；c_r 为零售商边际销售成本，记 $c = c_r + c_s$；g_s、g_r 分别为供应商与零售商的缺货损失成本，记 $g = g_r + g_s$；v 为单位产品残值；$w(q)$ 为供应商提供给零售商的与订货量成反比的单位批发价格，表明订得越多，享受得折扣越多；零售商面临的随机需求为 D，令其分布函数为 $F(x)$，$F(x)$ 为可微和严格递增的，概率密度函数为 $f(x)$，且有 $F(0) = 0$，$\bar{F} = 1 - F(x)$，$u = E(D) = \int_0^{+\infty} x f(x) \, dx$ 为期望需求；$S(q)$ 为给定订货量 q 下零售商的期望销售量，则 $S(q) = \int_0^q x f(x) \, dx = \int_q^{\infty} q f(x) \, dx = q - \int_0^q F(x) \, dx$；$I(q)$ 为期末期望库存量，$I(q) = q - S(q)$；$L(q)$ 为期末期望缺货量，$L(q) = u - S(q)$。上述参数要满足如下关系：$v < c < w(q) < p_0$。

供应链的运作方式：在销售季节开始前，供需双方共同对市场需求进行预测后得到其分布 $F(x)$，供应商向零售商提供数量折扣契约 $T[q, w(q)]$，零售商根据契约确定订货量，供应商则根据零售商的订货量组织生产，最后零售商将产品进行销售。

设零售商提供的转移支付为 $T[q, w(q)] = w(q)q$，则零售商的期望利润函数为：

$$
\begin{aligned}
\pi_r(q) &= \int_0^q [p_0 x + v(q - x)] f(x) \, dx + \int_q^{\infty} [p_0 q - g_r(x - q)] f(x) \, dx - \\
&\quad c_r q - T[q, w(q)] \\
&= (p_0 + g_r - v) S(q) - [w(q) + c_r - v] q - g_r u
\end{aligned}
\tag{3-12}
$$

供应商的期望利润函数为：

$$
\pi_s(q) = T[q, w(q)] - c_s q - g_s[u - S(q)] = [w(q) - c_s] q + g_s S(q) - g_s u
\tag{3-13}
$$

供应链的期望利润函数为：

$$
\pi_h(q) = \pi_r(q) + \pi_s(q) = (p_0 + g - v) S(q) - (c - v) q - g u
\tag{3-14}
$$

下面找出合适的 $[q, w(q)]$ 使得数量折扣契约 $T[q, w(w)]$ 能使上面的供应链达到协调。

对式（3-14）分别求一阶、二阶导数，得：

$$\frac{\partial \pi_h(q)}{\partial q} = (p_0 + g - v)[1 - F(q)] - (c - v) \qquad (3-15)$$

$$\frac{\partial^2 \pi_h(q)}{\partial q^2} = -(p_0 + g - v)f(q) < 0 \qquad (3-16)$$

因此，$\pi_h(q)$ 是关于 q 的凹函数，由此可取得在集中控制下的最优订货量，设 q^* 为未发生突发事件时系统的最优订货量。

令 $\dfrac{\partial \pi_h(q)}{\partial q} = 0$，得 $\overline{F}(q^*) = \dfrac{c - v}{p_0 + g - v}$，则最优订货量 $q^* = \overline{F}^{-1}(q^*) = \dfrac{c - v}{p_0 + g - v}$。

定理2 若要使零售商的订货量为供应链的最优订货量，即供应链实现协调，则在 $T[q^*, w(q^*)]$ 中契约参数 $w(q^*)$ 必须满足：对于任意的 $\eta(0 < \eta < 1)$，有：

$$w(q^*) = \frac{[(1 - \eta)(p_0 + g - v) - g_s]S(q^*)}{q^*} + (1 - \eta)v - c_r + \eta c$$

此时，零售商期望利润为：

$$\begin{aligned} \pi_r(q^*) &= (p_0 + g_r - v)S(q^*)[w(q^*) + c_r - v]q^* - g_r u \\ &= \eta \pi_h(q^*) = u(\eta g - g_r) \end{aligned} \qquad (3-17)$$

可见，在数量折扣契约 $T[q^*, w(q^*)]$ 下，零售商的期望利润函数与供应链期望利润函数二者之间成仿射关系，此时供应链可以实现协调。

接着研究两类突发事件发生之后，探索数量折扣契约协调三级供应链的内在规律。

3.1.4 价格稳定的数量折扣契约协调三级应急供应链

当突发事件不会使价格发生变化，但市场需求发生变化，分布函数和概率密度函数[$F(x)$ 和 $f(x)$]将变为 $G(x)$ 和 $g(x)$，$G(x)$ 严格增加且可微，且 $G(0) = 0$，$\overline{G}(x) = 1 - G(x)$，期望需求 $u_G = E_G(D) = \displaystyle\int_0^{+\infty} xg(x)\,\mathrm{d}x$；期望销售

量 $S_G(q) = q - \int_0^q G(x)\,\mathrm{d}x$；期末期望库存量 $I_G(q) = q - S_G(q)$；期末期望缺货量 $L_G(q) = u_G - S_G(q)$。此时，供应链的订货量不再是原来最佳订货量 q^*，订货量的改变将会增加新的成本。当新订货量 $q > q^*$，将增加单位生产成本 λ_1；当新订货量 $q < q^*$，将增加单位处理费用 λ_2，设 $\pi_i^c,(i = r,s,h)$ 分别表示在价格固定的状态下的供销双方和整个供应链的期望利润函数。此时，零售商的期望利润函数为：

$$
\begin{aligned}
\pi_r^c &= \int_0^q [p_0 x + v(q - x)]g(x)\,\mathrm{d}x + \int_q^\infty [p_0 q - g_r(x - q)]g(x)\,\mathrm{d}x - \\
&\quad c_r q - w(q)q \\
&= (p_0 + g_r - v)S_G(q) - [w(q) + c_r - v]q - g_r u_G
\end{aligned}
\tag{3-18}
$$

供应商期望利润函数为：

$$
\begin{aligned}
\pi_s^c &= w(q)q - \int_q^\infty g_s(x - q)f(x)\,\mathrm{d}x - c_s q - \lambda_1(q - q^*)^+ - \lambda_2(q^* - q)^+ \\
&= g_s S_G(q) - [-w(q) + c_s]q - g_s u_G - B(q)
\end{aligned}
\tag{3-19}
$$

$$
\begin{aligned}
\pi_S^c &= w(q)q - \int_q^\infty g_s(x - q)f(x)\,\mathrm{d}x - c_s q - \lambda_1(q - q^*)^+ - \lambda_2(q^* - q)^+ \\
&= g_s S_G(q) - [_w(q) + c_s]q - g_s u_G - B(q)
\end{aligned}
\tag{3-20}
$$

供应链的期望利润函数为：

$$
\pi_h^c = (p_0 - v + g)S_G(q) - (c - v)q - g u_G - B(q)
\tag{3-21}
$$

命题 3.3 突发事件不引起市场价格发生变化即市场价格稳定，但市场规模发生较大变化，若采用基准数量折扣契约，即：

$$
w(q) = \frac{[(1-\eta)(p_0 + g - v) - g_s]S(q)}{q} + (1-\eta)v - c_r + \eta c,\ \text{二级供应链无法}
$$

实现协调。

证明：将 $w(q) = \dfrac{[(1-\eta)(p_0 + g - v) - g_s]S(q)}{q} + (1-\eta)v - c_r + \eta c$ 代入式（3-21），可得：

$$
\begin{aligned}
\pi_r^c &= \eta \pi_h^c + u_G(\eta g - g_r) + [(1-\eta)(p_0 + g - v) - g_s] \\
&\quad [S_G(q) - S(q)] + \eta B(q)
\end{aligned}
\tag{3-22}
$$

当突发事件不影响市场价格，但对市场规模影响较大时，零售商与供应链的期望利润不成仿射关系，此时数量折扣契约无法使供应链实现协调。

命题 3.4 突发事件只影响市场规模但不引起市场价格变化，且市场规模变化较大时，当批发价格调整为 $\hat{w}^c = \dfrac{[(1-\eta)(p_0 + g - v) - g_s]S_c(q)}{q} +$

$(1-\eta)v - c_r + \eta c = \dfrac{\eta}{q}B(q)$ 时，数量折扣契约能实现二级供应链协调。

证明：设 $\hat{\pi}_i^c, (i = r, h)$ 分别表示在价格固定状态下调整后的零售商和整体供应链的期望利润函数，可得：

$$\hat{\pi}_r^c = \eta\pi_h^c + u_G(\eta g - g_r) \tag{3-23}$$

此时，零售商与整体供应链的期望利润函数之间成仿射关系（此时 $\hat{\pi}_h^c = \pi_h^c$），供应链协调。

同时设 q_1 是市场规模增大时的最佳订货量，q_2 是市场规模减小时的最佳订货量，可得：

$$q_1 = G^{-1}\left(\frac{p_0 - c + \lambda_1}{p_0 - v + g}\right), \quad q_2 = G^{-1}\left(\frac{p_0 - c + \lambda_2}{p_0 - v + g}\right)$$

经过研究后发现，三级供应链得出的基本结论与二级供应链得出的基本规律是一致的，因此后面不再研究三级供应链。

3.2 价格稳定下风险厌恶的数量折扣契约协调应急供应链

3.2.1 现有"利润–CVaR"风险度量准则的局限性

条件风险价值（CVaR）是指在投资组合损失超过给定的 VaR 值的平均损失值，由罗卡费拉和乌里亚塞夫等（Rockafella & Uryasev et al.）在风险价值（Value-at-risk，VaR）的基础上发展出来的一种投资风险计量方法。相比较于 VaR，它具有满足次可加性、正齐次性、单调性、传递不变性及更易计算等特性而备受推崇。设 $\prod_i(i = r, s)$ 为零售商或供应商的利润函数，目的是与期望利润函数 $\pi_i(i = r, s)$ 相区别。CVaR 具体计算式为：

$$CVaR_\Theta \pi_i(x) = E[-X \mid -X \geqslant VaR_\Theta \prod_i(x)]$$

$$= \frac{1}{\Theta} \int_{\prod_i(x) < VaR_\Theta \prod_i(x)} \prod_i(x) f(x)\,\mathrm{d}x \qquad (3-24)$$

其中，$-X(x>0)$ 表示随机损失，VaR_Θ 是风险系数为 Θ 的 VaR 值。

为了简化 $CVaR_\Theta \pi_i(x)$ 的计算，罗卡费拉（RockafeUar）和乌里亚塞夫（Uryasev）提出并证明了 $CVaR_\Theta \pi_i(x)$ 更为一般的等价定义：

$$CVaR_\Theta \prod_i(x) = \max_{V \in R}\left\{V - \frac{1}{\Theta}E\left[-\prod_i(x) + V\right]^+\right\} \qquad (3-25)$$

许多学者认为尽管 $CVaR$ 准则优势突出，但从其定义不难发现 $CVaR$ 反映的只是损失超过给定 VaR 值的情况，而对于利润高于该给定水平时的情形却考虑不足，从而使决策主体的决策行为显得较为保守，为弥补这种缺陷提出以期望利润和 $CVaR$ 的加权平均作为衡量准则，以期达到决策主体在追求高利润的同时又能实现对风险的控制。最大化的度量准则可表示为：

$$\max\{\rho \pi_i(x) + (1-\rho)CVaR_\Theta \prod_i(x)\} \qquad (3-26)$$

其中，权重系数 $\rho \in [0,1]$。

我们对此度量准则进行分析后发现其仍存在一定的局限性和不足。从式（3-26）可以得出，当 $\rho = 1$ 时，式（3-26）退化为 π_i，当 $\rho = 0$ 等于零时，式（3-26）退化为 $CVaR_\Theta \prod_i(x)$。因此，式（3-26）的值在 $[CVaR_\Theta \prod_i(x), \pi_i]$ 之间。相比较于以条件价值风险 $CVaR$ 作为风险度量的供应链研究，此时最大化的目标由 $CVaR_\Theta \prod_i(x)$ 值转为期望利润 π_i 和 $CVaR_\Theta \prod_i(x)$ 的加权平均值。以期望利润 π_i 和 $CVaR_\Theta \prod_i(x)$ 的加权平均值最大化为目标得出供应链上某个参与者最优订货量，虽然这种方法既考虑了决策主体的风险又兼顾了期望利润，但此时的最优订货决策仍然是在分散决策模式下得到的。分散决策模式下，风险厌恶的供应链某个参与者独立决策，仍然会导致其最优订货量小于集中决策时的最优订货量。因此，我们认为若将风险度量准则改为 $\max\{\pi_i(x) + CVaR_\Theta \prod_j(x)\}$，取得的效果会更好。下面我们以信息对称、市场需求随机和市场价格固定为背景，以零售商风险厌恶的收益共享契约（其他契约都可由此契演变而来，所以该证明用在其他契约也行。实际上，只要

令 $\phi = 1$，收益共享契约就与数量折扣契约的形式一致，只不过 wq 变为 $w(q)q$ 为例，来证明我们这一观点的正确性。根据以往文献可知，此时零售商的期望利润函数为：

$$\pi_r = \int_0^q \phi [\, p_0 x + v(q - x)\,] f(x)\,\mathrm{d}x +$$

$$\int_q^\infty [\, \phi p_0 q - g_r(x - q)\,] f(x)\,\mathrm{d}x - c_r q - wq \qquad (3 - 27)$$

供应商的期望利润函数为：

$$\pi_s = wq + \int_0^q [\,(1 - \phi) p_0 x + (1 - \phi) v(q - x)\,] f(x)\,\mathrm{d}x +$$

$$\int_q^\infty [\,(1 - \phi) p_0 q - g_s(x - q)\,] f(x)\,\mathrm{d}x - c_s q \qquad (3 - 28)$$

对式（3 – 27）分别求一阶导和二阶导可得：

$$\frac{\partial \pi_r}{\partial q} = [\,\phi(p_0 - v) + g_r\,][\,1 - F(q)\,] - (w + c_r - \phi v) \qquad (3 - 29)$$

$$\frac{\partial^2 \pi_r}{\partial q^2} = -[\,\phi(p_0 - v) + g_r\,] f(q) < 0 \qquad (3 - 30)$$

对式（3 – 28）分别求一阶导和二阶导可得：

$$\frac{\partial \pi_s}{\partial q} = [\,(1 - \phi)(p_0 - v) + g_s\,][\,1 - F(q)\,] - [\,c_s - w - (1 - \phi) v\,]$$

$$(3 - 31)$$

$$\frac{\partial^2 \pi_s}{\partial q^2} = -[\,(1 - \phi)(p_0 - v) + g_s\,] f(q) < 0 \qquad (3 - 32)$$

结合式（3 – 26），令

$$Z(q) = \max \left\{ \rho \pi_r + (1 - \rho) \left[V - \frac{1}{\Theta} E(V - \prod_r)^+ \right] \right\} \qquad (3 - 33)$$

则对式（3 – 33）分别求一阶导和二阶导可得：

$$\frac{\partial Z(q)}{\partial q} = \rho \{ [\,\phi(p_0 - v) + g_r\,][\,1 - F(q)\,] - (w + c_r - \phi v) \} +$$

$$\frac{1 - \rho}{\Theta} E [\,[\,\phi(p_0 - v) + g_r\,][\,1 - F(q)\,] - (w + c_r - \phi v)\,]$$

$$(3 - 34)$$

$$\frac{\partial^2 Z(q)}{\partial q^2} = -\rho\big[\phi(p_0 - v) + g_r\big]f(q) - \frac{1-\rho}{\Theta}E\big[\big[\phi(p_0 - v) + g_r\big]f(q)\big] < 0$$

$$(3-35)$$

由式（3-35）可知，零售商最优订货量存在唯一解，令式（3-34）等于零，可以得出：

$$q_z^* = F^{-1}\left(1 - \frac{w + c_r - \phi v}{\phi(p_0 - v) + g_r}\right) \tag{3-36}$$

同时令：

$$Y(q) = \max\left\{\pi_s(x) + CVaR_\Theta\prod_r(x)\right\}$$
$$= \max\left\{\pi_s + \left[V - \frac{1}{\Theta}E(V - \prod_r)^+\right]\right\} \tag{3-37}$$

对式（3-37）分别求一阶导和二阶导可得：

$$\frac{\partial Y(q)}{\partial q} = \left\{\big[(1-\phi)(p_0 - v) + g_s\big]\big[1 - F(q)\big] + \big[w - c_s + (1-\phi)v\big]\right\} +$$
$$\frac{1}{\Theta}E\big[\big[\phi(p_0 - v) + g_r\big]\big[1 - F(q)\big] - (w + c_r - \phi v)\big] \tag{3-38}$$

$$\frac{\partial^2 Y(q)}{\partial q^2} = -\big[(1-\phi)(p_0 - v) + g_s\big]f(q) - \frac{1}{\Theta}E\big[\big[\phi(p_0 - v) + g_r\big]f(q)\big] < 0$$

$$(3-39)$$

由式（3-39）可知，存在唯一的最优订货策略，令式（3-38）等于零，因为式（3-38）右边的第一项大于等于零，可知第二项必定小于等于零，可以得出：

$$q_Y^* > F^{-1}\left(1 - \frac{w + c_r - \phi v}{\phi(p_0 - v) + g_r}\right) \tag{3-40}$$

比较式（3-36）与式（3-40）可知，$q_z^* < q_y^*$，即最大化供应商利润与零售商的$CVaR$之和求得的最优订货量显然要高于以零售商期望利润和零售商$CVaR$的加权平均值为准则所求的最优订货量。本节以最大化供应商期望利润与零售商的$CVaR$为目标，最大化的"利润-$CVaR$"风险度量准则修正表示为：

$$Y(q)_r^V = \max_q\left\{\pi_s(x) + CVaR_\Theta\prod_r(x)\right\} \tag{3-41}$$

在零售商风险厌恶时，同时将风险厌恶的供应链协调定义为：当供应商期望利润与零售商的 $CVaR$ 值同时达到最大，零售商的最优订货量和集中决策模式下供应链整体最优订货量相等。

3.2.2 价格稳定下零售商风险厌恶的应急数量折扣契约

本部分考虑当供应链的外部环境遭遇突发事件导致市场需求缩小但商品市场价格不变时，供应链成员的风险态度可能会由风险中性转为风险厌恶。当零售商为风险厌恶，供应商为风险中性情况下采用数量折扣契约来协调供应链。以往的"利润－CVaR"风险评价准则存在不足，此部分采用修正的"利润－CVaR"风险评价准则，即：

$$Y(q)_r^V = \max_q \left\{ \prod_s(x) + CVaR_\Theta \prod_r(x) \right\} \tag{3-42}$$

因为 π_s 和 $CVaR_\Theta(\prod_r)$ 均是大于零的数，这二者之和要实现最大，则这二者要同时达到最大。

根据式（3-24），采用数量折扣契约时，可得市场价格稳定下的零售商风险厌恶的条件风险价值为：

$$CVAaR(\pi_r(x)) = \frac{1}{\Theta} \left\{ \int_0^q [p_0 x + v(q-x)] h(x) dx + \right.$$

$$\int_q^{\frac{q}{\Theta}} [p_0 q - g_r(x-q)] h(x) dx +$$

$$\int_{\frac{q}{\Theta}}^{\infty} \left[p_0 q - g_r\left(x - \frac{q}{\Theta}\right) \right] h(x) dx - w(q)q - c_r q \right\}$$

$$= \frac{1}{\Theta} \left\{ \pi_r + g_r \int_{\frac{q}{\Theta}}^{\infty} \left(\frac{q}{\Theta} - q \right) h(x) dx \right\} \tag{3-43}$$

对式（3-43）求一阶和二阶导可得：

$$\frac{\partial CVaR_\Theta(\prod_r)}{\partial q} = \frac{1}{\Theta} \left\{ \frac{\partial \pi_r^u}{\partial q} + g_r\left(\frac{1}{\Theta} - 1\right)\left(1 - H\left(\frac{q}{\Theta}\right)\right) - \right.$$

$$g_r q\left(\frac{1}{\Theta} - 1\right)\frac{1}{\Theta} h\left(\frac{q}{\Theta}\right) \right\} \tag{3-44}$$

$$\frac{\partial^2 CVaR_{\Theta}\left(\prod_r\right)}{\partial q^2} = \frac{1}{\Theta}\left\{\frac{\partial^2 \pi_r^u}{\partial q^2} - g_r\left(\frac{1}{\Theta} - 1\right)f\left(\frac{q}{\Theta}\right) - g_r\left(\frac{1}{\Theta} - 1\right)\frac{1}{\Theta}f\left(\frac{q}{\Theta}\right) - \right.$$

$$\left. g_r q\left(\frac{1}{\Theta} - 1\right)\frac{1}{\Theta^2}f'\left(\frac{q}{\Theta}\right)\right\} < 0 \tag{3-45}$$

由式（3-25）可知，式（3-24）是严格凹函数，即存在唯一的最优订

货量 q_r^*，使得 $\left.\dfrac{\partial CVaR_{\Theta}\left(\prod_r\right)}{\partial q}\right|_{q=q_r^*} = 0$。

因为只有突发事件导致市场需求缩小时零售商的风险态度才会由风险中性转为风险厌恶，此时供应商的期望利润函数为：

$$\pi_s^u = w(q)q - \int_q^{\infty} g_s(x - q)h(x)\mathrm{d}x - c_s q - \lambda_2(q^* - q)$$

$$= g_s S_H(q) - (-w(q) + c_s)q - g_s\mu_H - \lambda_2(q^* - q) \tag{3-46}$$

对式（3-26）求一阶导和二阶导可得：

$$\frac{\partial \pi_s^u}{\partial q} = g_s(1 - H(q)) + w(q) - c_s + \frac{\partial w(q)}{\partial q}q + \lambda_2 \tag{3-47}$$

$$\frac{\partial^2 \pi_s^u}{\partial q^2} = -g_s h(q) + 2\frac{\partial w(q)}{\partial q} + \frac{\partial w(q)}{\partial q^2}q < 0 \tag{3-48}$$

由于在数量折扣契约中，若零售商订货越多，供应商提供的批发价越低，所以 $\dfrac{\partial w(q)}{\partial q} < 0$，$\dfrac{\partial^2 w(q)}{\partial q^2} < 0$，由式（3-48）可知，式（3-47）是严格凹函

数，即存在唯一的最优订货量 q_s^*，使得 $\left.\dfrac{\partial \pi_s^u}{\partial q}\right|_{q=q_s^*} = 0$。

综上可知，当最优订货量为 $q_h^* = q_r^* = q_s^*$，确定契约中的相关参数后，可以求出最优订货量的具体值，供应链的期望利润能实现最大化。通过科学设置批发价，即可确定供应链成员之间的利润具体如何分配。为了验证上述理论的正确性，下面以案例来验证。

算例分析： 假设某短寿命周期产品的各项参数如下：单位零售价 $p_0 = 300$ 元，单位零售成本 $c_r = 50$ 元，单位生产成本 $c_s = 100$ 元，零售商商誉损失单位成本 $g_r = 10$ 元，供应商商誉损失单位成本 $g_s = 10$ 元，单位商品的处理价为 $v = 80$ 元，$\eta = 0.4$，$\lambda_2 = 20$，考虑突发事件下市场需求分别服从分布 $X \sim N$

$(50000,100^2)$、$X \sim N(50000,80^2)$、$X \sim N(50000,50^2)$ 和 $X \sim N(50000,30^2)$ 时的情况，相关数据如表 3 - 1、表 3 - 2、表 3 - 3、表 3 - 4 所示。

根据算例中的数据，针对上述四种市场需求分布情况，只讨论以 0.001 为步长在 [0.965, 1] 之间的变化时，针对零售商风险厌恶的情况，以 Mathematica 为工具，分别讨论步长变化对零售商最佳订货策略、利润，供应商的批发、价利润及整个供应链收益和供应商利润 + 零售商条件风险价值的影响。

表 3 - 1　　　　数量折扣契约下零售商风险厌恶时 $\sigma = 100$ 时的相关数据

风险系数	最优订货量	最优批发价	零售商期望收益	供应商期望收益	供应链期望收益	$CVaRr$	$\pi_s + CVaRr$
0.965	50081	184	3284810	4207210	7492020	3403950	7611160
0.966	50081	184	3284810	4207210	7492020	3400420	7607630
0.967	50081	184	3284810	4207210	7492020	3396910	7604120
0.968	50081	184	3284810	4207210	7492020	3393400	7600610
0.969	50081	184	3284810	4207210	7492020	3389900	7597110
0.970	50081	184	3284810	4207210	7492020	3386400	7593610
0.971	50081	184	3284810	4207210	7492020	3382910	7590120
0.972	50081	184	3284810	4207210	7492020	3379430	7586640
0.973	50081	184	3284810	4207210	7492020	3375960	7583170
0.974	50081	184	3284810	4207210	7492020	3372490	7579700
0.975	50081	184	3284810	4207210	7492020	3369040	7576250
0.976	50081	184	3284810	4207210	7492020	3365580	7572790
0.977	50081	184	3284810	4207210	7492020	3362140	7569350
0.978	50081	184	3284810	4207210	7492020	3358700	7565910
0.979	50081	184	3284810	4207210	7492020	3355270	7562480
0.980	50081	184	3284810	4207210	7492020	3351850	7559060
0.981	50081	184	3284810	4207210	7492020	3348430	7555640
0.982	50081	184	3284810	4207210	7492020	3345020	7552230
0.983	50081	184	3284810	4207210	7492020	3341620	7548830
0.984	50081	184	3284810	4207210	7492020	3338220	7545430

续表

风险系数	最优订货量	最优批发价	零售商期望收益	供应商期望收益	供应链期望收益	$CVaRr$	$\pi_s + CVaRr$
0.985	50081	184	3284810	4207210	7492020	3334830	7542040
0.986	50081	184	3284810	4207210	7492020	3331450	7538660
0.987	50081	184	3284810	4207210	7492020	3328070	7535280
0.988	50081	184	3284810	4207210	7492020	3324710	7531920
0.989	50081	184	3284810	4207210	7492020	3321340	7528550
0.990	50081	184	3284810	4207210	7492020	3317990	7525200
0.991	50081	184	3284810	4207210	7492020	3314640	7521850
0.992	50081	184	3284810	4207210	7492020	3311300	7518510
0.993	50081	184	3284810	4207210	7492020	3307970	7515180
0.994	50081	184	3284810	4207210	7492020	3304640	7511850
0.995	50081	184	3284810	4207210	7492020	3301320	7508530
0.996	50081	184	3284810	4207210	7492020	3298010	7505220
0.997	50081	184	3284810	4207210	7492020	3294710	7501920
0.998	50080	183	3335000	4157020	7492020	3341720	7498740
0.999	50080	183	3335000	4157020	7492020	3338390	7495410
1	50081	184	3284810	4207210	7492020	3284810	7492020

表3-2 数量折扣契约下零售商风险厌恶时 $\sigma = 80$ 时的相关数据

风险系数	最优订货量	最优批发价	零售商期望收益	供应商期望收益	供应链期望收益	$CVaRr$	$\pi_s + CVaRr$
0.965	50065	184	3287830	4205790	7493620	3407080	7612870
0.966	50065	184	3287830	4205790	7493620	3403550	7609340
0.967	50065	184	3287830	4205790	7493620	3400030	7605820
0.968	50065	184	3287830	4205790	7493620	3396520	7602310
0.969	50065	184	3287830	4205790	7493620	3393010	7598800
0.970	50065	184	3287830	4205790	7493620	3389520	7595310
0.971	50065	184	3287830	4205790	7493620	3386020	7591810
0.972	50065	184	3287830	4205790	7493620	3383540	7589330

续表

风险系数	最优订货量	最优批发价	零售商期望收益	供应商期望收益	供应链期望收益	$CVaRr$	$\pi_s + CVaRr$
0.973	50065	184	3287830	4205790	7493620	3379060	7584850
0.974	50065	184	3287830	4205790	7493620	3375600	7581390
0.975	50065	184	3287830	4205790	7493620	3372130	7577920
0.976	50065	184	3287830	4205790	7493620	3368680	7574470
0.977	50065	184	3287830	4205790	7493620	3365230	7571020
0.978	50065	184	3287830	4205790	7493620	3361790	7567580
0.979	50065	184	3287830	4205790	7493620	3358360	7564150
0.980	50065	184	3287830	4205790	7493620	3354920	7560710
0.981	50065	184	3287830	4205790	7493620	3351510	7557300
0.982	50065	184	3287830	4205790	7493620	3348100	7553890
0.983	50065	184	3287830	4205790	7493620	3344690	7550480
0.984	50065	184	3287830	4205790	7493620	3341290	7547080
0.985	50065	184	3287830	4205790	7493620	3337900	7543690
0.986	50065	184	3287830	4205790	7493620	3334510	7540300
0.987	50065	184	3287830	4205790	7493620	3331130	7536920
0.988	50065	184	3287830	4205790	7493620	3327760	7533550
0.989	50065	184	3287830	4205790	7493620	3324400	7530190
0.990	50065	184	3287830	4205790	7493620	3321040	7526830
0.991	50065	184	3287830	4205790	7493620	3317690	7523480
0.992	50065	184	3287830	4205790	7493620	3314340	7520130
0.993	50065	184	3287830	4205790	7493620	3311010	7516800
0.994	50065	184	3287830	4205790	7493620	3307680	7513470
0.995	50065	184	3287830	4205790	7493620	3304350	7510140
0.996	50065	184	3287830	4205790	7493620	3301040	7506830
0.997	50065	184	3287830	4205790	7493620	3297730	7503520
0.998	50064	183	3338000	4205680	7543680	3344710	7550390
0.999	50064	183	3338000	4205680	7543680	3341380	7547060
1	50065	184	3287830	4205790	7493620	3287830	7493620

表 3 – 3　　　　　数量折扣契约下零售商风险厌恶时 $\sigma = 50$ 时的相关数据

风险系数	最优订货量	最优批发价	零售商期望收益	供应商期望收益	供应链期望收益	$CVaR_r$	$\pi_s + CVaR_r$
0.965	50041	184	3292350	4203660	7496010	3411760	7615420
0.966	50041	184	3292350	4203660	7496010	3408230	7611890
0.967	50041	184	3292350	4203660	7496010	3404710	7608370
0.968	50041	184	3292350	4203660	7496010	3401190	7604850
0.969	50041	184	3292350	4203660	7496010	3397680	7601340
0.970	50041	184	3292350	4203660	7496010	3394180	7597840
0.971	50041	184	3292350	4203660	7496010	3390680	7594340
0.972	50041	184	3292350	4203660	7496010	3387190	7590850
0.973	50041	184	3292350	4203660	7496010	3383710	7587370
0.974	50041	184	3292350	4203660	7496010	3380240	7583900
0.975	50041	184	3292350	4203660	7496010	3376770	7580430
0.976	50041	184	3292350	4203660	7496010	3373310	7576970
0.977	50041	184	3292350	4203660	7496010	3369860	7573520
0.978	50041	184	3292350	4203660	7496010	3366410	7570070
0.979	50041	184	3292350	4203660	7496010	3362970	7566630
0.980	50041	184	3292350	4203660	7496010	3359560	7563220
0.981	50041	184	3292350	4203660	7496010	3356120	7559780
0.982	50041	184	3292350	4203660	7496010	3352700	7556360
0.983	50041	184	3292350	4203660	7496010	3349290	7552950
0.984	50041	184	3292350	4203660	7496010	3345880	7549540
0.985	50041	184	3292350	4203660	7496010	3342490	7546150
0.986	50041	184	3292350	4203660	7496010	3339100	7542760
0.987	50041	184	3292350	4203660	7496010	3335710	7539370
0.988	50041	184	3292350	4203660	7496010	3332340	7536000
0.989	50041	184	3292350	4203660	7496010	3328970	7532630
0.990	50041	184	3292350	4203660	7496010	3325610	7529270
0.991	50041	184	3292350	4203660	7496010	3322250	7525910
0.992	50041	184	3292350	4203660	7496010	3318900	7522560
0.993	50041	184	3292350	4203660	7496010	3315560	7519220
0.994	50041	184	3292350	4203660	7496010	3312220	7515880

续表

风险系数	最优订货量	最优批发价	零售商期望收益	供应商期望收益	供应链期望收益	$CVaRr$	$\pi_s + CVaRr$
0.995	50041	184	3292350	4203660	7496010	3308890	7512550
0.996	50041	184	3292350	4203660	7496010	3305570	7509230
0.997	50041	184	3292350	4203660	7496010	3302260	7505920
0.998	50041	184	3292350	4203660	7496010	3298950	7502610
0.999	50040	183	3342500	4153510	7496010	3345860	7499370
1	50041	184	3292350	4203660	7496010	3292330	7495990

表 3 - 4   **数量折扣契约下零售商风险厌恶时 $\sigma = 30$ 时的相关数据**

风险系数	最优订货量	最优批发价	零售商期望收益	供应商期望收益	供应链期望收益	$CVaRr$	$\pi_s + CVaRr$
0.965	50024	184	3295480	4202130	7497610	3415010	7617140
0.966	50024	184	3295480	4202130	7497610	3411470	7613600
0.967	50024	184	3295480	4202130	7497610	3407940	7610070
0.968	50024	184	3295480	4202130	7497610	3404420	7606550
0.969	50024	184	3295480	4202130	7497610	3400910	7603040
0.970	50024	184	3295480	4202130	7497610	3397400	7599530
0.971	50024	184	3295480	4202130	7497610	3393900	7596030
0.972	50024	184	3295480	4202130	7497610	3390410	7592540
0.973	50024	184	3295480	4202130	7497610	3386930	7589060
0.974	50024	184	3295480	4202130	7497610	3383450	7585580
0.975	50024	184	3295480	4202130	7497610	3379980	7582110
0.976	50024	184	3295480	4202130	7497610	3376520	7578650
0.977	50024	184	3295480	4202130	7497610	3373060	7575190
0.978	50024	184	3295480	4202130	7497610	3369610	7571740
0.979	50024	184	3295480	4202130	7497610	3366170	7568300
0.980	50024	184	3295480	4202130	7497610	3362730	7564860
0.981	50024	184	3295480	4202130	7497610	3359310	7561440
0.982	50024	184	3295480	4202130	7497610	3355890	7558020
0.983	50024	184	3295480	4202130	7497610	3352470	7554600
0.984	50024	184	3295480	4202130	7497610	3349070	7551200

续表

风险系数	最优订货量	最优批发价	零售商期望收益	供应商期望收益	供应链期望收益	$CVaRr$	$\pi_s + CVaRr$
0.985	50024	184	3295480	4202130	7497610	3345660	7547790
0.986	50024	184	3295480	4202130	7497610	3342270	7544400
0.987	50024	184	3295480	4202130	7497610	3338890	7541020
0.988	50024	184	3295480	4202130	7497610	3335510	7537640
0.989	50024	184	3295480	4202130	7497610	3332130	7534260
0.990	50024	184	3295480	4202130	7497610	3328770	7530900
0.991	50024	184	3295480	4202130	7497610	3325410	7527540
0.992	50024	184	3295480	4202130	7497610	3322060	7524190
0.993	50024	184	3295480	4202130	7497610	3318710	7520840
0.994	50024	184	3295480	4202130	7497610	3315370	7517500
0.995	50024	184	3295480	4202130	7497610	3312040	7514170
0.996	50024	184	3295480	4202130	7497610	3308710	7510840
0.997	50024	184	3295480	4202130	7497610	3305400	7507530
0.998	50024	184	3295480	4202130	7497610	3302080	7504210
0.999	50024	184	3295480	4202130	7497610	3298780	7500910
1	50024	184	3295480	4202130	7497610	3295480	7497610

数据分析：

（1）从表3-1至表3-4可知，采用数量折扣契约，当 $\sigma = 30$ 时，最优批发价（通过四舍五入得到）基本一样，没有出现分岔突变现象；当 $\sigma = 50$、$\sigma = 80$、$\sigma = 100$ 时，最优批发价出现了轻微的分岔突变现象。

（2）对比表3-1至表3-4可以看出，最优批发价不随方差 σ 的改变而变化。

（3）从表3-1至表3-4可以看出，在价格固定条件下，零售商风险厌恶时，供应链最优定货量、零售商期望收益、供应商期望收益在一定的区域内均发生轻微的分岔突变现象，而供应链收益并不一定发生变化。

（4）几个参数的分岔突变区间随方差 σ 的增大而增大。

（5）从表3-1至表3-4来看，零售商期望收益和供应商期望收益分岔突变方向呈相反的方向。

（6）从表3-2我们还可以看出，当风险因子等于0.998和0.999，$\sigma = 80$

时，最优订货量减小，但最优供应链期望收益却增大。对比表 3 - 1 至表 3 - 4 也可以看出，随着方差的减小，最优订货量不断减小，但最优供应链期望收益却在不断增大，这说明，此时出现了规模不经济的现象。

（7）从表 3 - 1 至表 3 - 4 可看出，若风险厌恶因子增大，供应商利润 + 零售商条件风险价值将减小。

3.2.3　价格稳定下供应商风险厌恶的应急数量折扣契约

同样，当供应链的外部环境遭遇突发事件导致市场需求缩小时，供应链成员的风险态度可能会由风险中性转为风险厌恶。本节研究供应商为风险厌恶，零售商为风险中性情况下采用回购契约来协调供应链。此时最大化的"利润 - CVaR"风险度量准则修正表示为：

$$Y(q)_s^V = \max_q \{ \pi_r(x) + CVaR_\Theta \prod_s (x) \} \qquad (3-49)$$

根据式（3 - 44），可得市场价格随机下供应商风险厌恶的条件风险价值：

$$CVaR_\Theta(\prod_s) = \frac{1}{\Theta} \left\{ \pi_s + g_s \int_{\frac{q}{\beta}}^{\infty} \left(\frac{q}{\beta} - q \right) f(x)\,\mathrm{d}x - \lambda_2(q^* - q) \right\}$$

$$(3-50)$$

对式（3 - 50）求一阶导和二阶导可得：

$$\frac{\partial CVaR_\Theta(\prod_s)}{\partial q} = \frac{1}{\Theta} \left\{ \frac{\partial \pi_s}{\partial q} + g_s \left(\frac{1}{\Theta} - 1 \right)\left(1 - F\left(\frac{q}{\Theta} \right) \right) - g_s q \left(\frac{1}{\Theta} - 1 \right)\frac{1}{\Theta} f\left(\frac{q}{\Theta} \right) \right\}$$

$$(3-51)$$

$$\frac{\partial^2 CVaR_\Theta(\prod_s)}{\partial q^2} = \frac{1}{\Theta} \left\{ \frac{\partial^2 \pi_s}{\partial q^2} - g_s \frac{1}{\Theta}\left(\frac{1}{\Theta} - 1 \right) f\left(\frac{q}{\Theta} \right) - \right.$$

$$\left. g_s \left(\frac{1}{\Theta} - 1 \right)\frac{1}{\Theta} f\left(\frac{q}{\Theta} \right) - g_s q \left(\frac{1}{\Theta} - 1 \right)\frac{1}{\Theta^2} f'\left(\frac{q}{\Theta} \right) \right\} < 0$$

$$(3-52)$$

由式（3 - 52）可知，式（3 - 51）是严格凹函数，即存在唯一的最优订

货量 $q_s{}^*$ 使 $\dfrac{\partial CVaR_\Theta(\prod_s)}{\partial q}\Bigg|_{q=q_s{}^*}=0$。

此时风险中性的零售商的期望利润函数为：

$$\begin{aligned}
\pi_r &= \int_0^q \big[p_0 x + v(q-x)\big]h(x)\,\mathrm{d}x + \int_q^\infty \big[p_0 q - g_r(x-q)\big]h(x)\,\mathrm{d}x - \\
&\quad c_r - w(q)q \\
&= (p_0 - v + g_r)S_H(q) - (w(q) + c_r - v)q - g_r\mu_H
\end{aligned}$$

$$(3-53)$$

对式（3-50）求一阶导和二阶导可得：

$$\frac{\partial \pi_r}{\partial q} = (p_0 - v + g_r)(1 - H(q)) - (w(q) + c_r - v) - \frac{\partial w(q)}{\partial q}q \quad (3-54)$$

其中：

$$\frac{\partial^2 \pi_r}{\partial q^2} = -(p_0 - v + g_r)h(q) - 2\frac{\partial w(q)}{\partial q} - \frac{\partial^2 w(q)}{\partial q^2} < 0 \quad (3-55)$$

根据常识 $\dfrac{\partial w(q)}{\partial q}$ 和 $\dfrac{\partial^2 w(q)}{\partial q^2}$ 在式（3-55）尽管是个正数，但这两个数字极小，在式（3-55）中的影响忽略不计。由式（3-55）可知，式（3-54）是严格凹函数，即存在唯一的最优订货量 $q_r{}^*$ 使 $\dfrac{\partial \pi_r^u}{\partial q}\Bigg|_{q=q_r{}^*}=0$。

综上可知，供应链的帕累托最优订货量 $q_s{}^*$ 与 $q_r{}^*$ 分别为 $\dfrac{\partial CVaR_\Theta(\prod_s)}{\partial q}\Bigg|_{q=q_s{}^*}=0$ 和 $\dfrac{\partial \pi_r}{\partial q}\Bigg|_{q=q_r{}^*}=0$ 的解，确定契约中的相关参数后，可以求出最优订货量的具体值，通过科学设置批发价和供应链成员的利润分配方法使供应链的期望利润能实现最大化。

根据算例中的数据，同样针对上述四种市场需求分布情况，只讨论以 0.001 为步长在 [0.965,1] 范围的变化时，针对供应商风险厌恶的情况，以 Mathematica 为工具，分别讨论步长变化对零售商最佳订货策略、利润，供应商的批发价、利润以及整个供应链收益和零售商利润+供应商条件风险价值的影响。计算的结果如表 3-5 至表 3-8 所示。

表 3 – 5 　　　　　　数量折扣契约下供应商风险厌恶时 $\sigma = 100$ 时的相关数据

风险系数	最优订货量	最优批发价	零售商期望收益	供应商期望收益	供应链期望收益	CVaRr	$\pi_s + CVaRr$
0.965	50081	184	3284810	4207210	7492020	3403950	7611160
0.966	50081	184	3284810	4207210	7492020	3400420	7607630
0.967	50081	184	3284810	4207210	7492020	3396910	7604120
0.968	50081	184	3284810	4207210	7492020	3393400	7600610
0.969	50081	184	3284810	4207210	7492020	3389900	7597110
0.970	50081	184	3284810	4207210	7492020	3386400	7593610
0.971	50081	184	3284810	4207210	7492020	3382910	7590120
0.972	50081	184	3284810	4207210	7492020	3379430	7586640
0.973	50081	184	3284810	4207210	7492020	3375960	7583170
0.974	50081	184	3284810	4207210	7492020	3372490	7579700
0.975	50081	184	3284810	4207210	7492020	3369040	7576250
0.976	50081	184	3284810	4207210	7492020	3365580	7572790
0.977	50081	184	3284810	4207210	7492020	3362140	7569350
0.978	50081	184	3284810	4207210	7492020	3358700	7565910
0.979	50081	184	3284810	4207210	7492020	3355270	7562480
0.980	50081	184	3284810	4207210	7492020	3351850	7559060
0.981	50081	184	3284810	4207210	7492020	3348430	7555640
0.982	50081	184	3284810	4207210	7492020	3345020	7552230
0.983	50081	184	3284810	4207210	7492020	3341620	7548830
0.984	50081	184	3284810	4207210	7492020	3338220	7545430
0.985	50081	184	3284810	4207210	7492020	3334830	7542040
0.986	50081	184	3284810	4207210	7492020	3331450	7538660
0.987	50081	184	3284810	4207210	7492020	3328070	7535280
0.988	50081	184	3284810	4207210	7492020	3324710	7531920
0.989	50081	184	3284810	4207210	7492020	3321340	7528550
0.990	50081	184	3284810	4207210	7492020	3317990	7525200
0.991	50081	184	3284810	4207210	7492020	3314640	7521850
0.992	50081	184	3284810	4207210	7492020	3311300	7518510
0.993	50081	184	3284810	4207210	7492020	3307970	7515180
0.994	50081	184	3284810	4207210	7492020	3304640	7511850

续表

风险系数	最优订货量	最优批发价	零售商期望收益	供应商期望收益	供应链期望收益	CVaRr	$\pi_s + CVaRr$
0.995	50081	184	3284810	4207210	7492020	3301320	7508530
0.996	50081	184	3284810	4207210	7492020	3298010	7505220
0.997	50081	184	3284810	4207210	7492020	3294710	7501920
0.998	50080	184	3284920	4207100	7492020	3291540	7498640
0.999	50080	184	3284920	4207100	7492020	3288260	7495360
1	50081	184	3284810	4207210	7492020	3284810	7492020

表 3 – 6   **数量折扣契约下供应商风险厌恶时 $\sigma = 80$ 时的相关数据**

风险系数	最优订货量	最优批发价	零售商期望收益	供应商期望收益	供应链期望收益	CVaRr	$\pi_s + CVaRr$
0.965	50065	184	3287830	4205790	7493620	3407080	7612870
0.966	50065	184	3287830	4205790	7493620	3403550	7609340
0.967	50065	184	3287830	4205790	7493620	3400030	7605820
0.968	50065	184	3287830	4205790	7493620	3396520	7602310
0.969	50065	184	3287830	4205790	7493620	3393010	7598800
0.970	50065	184	3287830	4205790	7493620	3389520	7595310
0.971	50065	184	3287830	4205790	7493620	3386020	7591810
0.972	50065	184	3287830	4205790	7493620	3383540	7589330
0.973	50065	184	3287830	4205790	7493620	3379060	7584850
0.974	50065	184	3287830	4205790	7493620	3375600	7581390
0.975	50065	184	3287830	4205790	7493620	3372130	7577920
0.976	50065	184	3287830	4205790	7493620	3368680	7574470
0.977	50065	184	3287830	4205790	7493620	3365230	7571020
0.978	50065	184	3287830	4205790	7493620	3361790	7567580
0.979	50065	184	3287830	4205790	7493620	3358360	7564150
0.980	50065	184	3287830	4205790	7493620	3354920	7560710
0.981	50065	184	3287830	4205790	7493620	3351510	7557300
0.982	50065	184	3287830	4205790	7493620	3348100	7553890
0.983	50065	184	3287830	4205790	7493620	3344690	7550480
0.984	50065	184	3287830	4205790	7493620	3341290	7547080

续表

风险系数	最优订货量	最优批发价	零售商期望收益	供应商期望收益	供应链期望收益	$CVaRr$	$\pi_s + CVaRr$
0.985	50065	184	3287830	4205790	7493620	3337900	7543690
0.986	50065	184	3287830	4205790	7493620	3334510	7540300
0.987	50065	184	3287830	4205790	7493620	3331130	7536920
0.988	50065	184	3287830	4205790	7493620	3327760	7533550
0.989	50065	184	3287830	4205790	7493620	3324400	7530190
0.990	50065	184	3287830	4205790	7493620	3321040	7526830
0.991	50065	184	3287830	4205790	7493620	3317690	7523480
0.992	50065	184	3287830	4205790	7493620	3314340	7520130
0.993	50065	184	3287830	4205790	7493620	3311010	7516800
0.994	50065	184	3287830	4205790	7493620	3307680	7513470
0.995	50065	184	3287830	4205790	7493620	3304350	7510140
0.996	50065	184	3287830	4205790	7493620	3301040	7506830
0.997	50065	184	3287830	4205790	7493620	3297730	7503520
0.998	50064	184	3287940	4205680	7493620	3294550	7500230
0.999	50064	184	3287840	4205680	7493520	3291270	7496950
1	50065	184	3287830	4205790	7493620	3287830	7493620

表 3-7   数量折扣契约下供应商风险厌恶时 $\sigma = 50$ 时的相关数据

风险系数	最优订货量	最优批发价	零售商期望收益	供应商期望收益	供应链期望收益	$CVaRr$	$\pi_s + CVaRr$
0.965	50041	184	3292350	4203660	7496010	3411760	7615420
0.966	50041	184	3292350	4203660	7496010	3408230	7611890
0.967	50041	184	3292350	4203660	7496010	3404710	7608370
0.968	50041	184	3292350	4203660	7496010	3401190	7604850
0.969	50041	184	3292350	4203660	7496010	3397680	7601340
0.970	50041	184	3292350	4203660	7496010	3394180	7597840
0.971	50041	184	3292350	4203660	7496010	3390680	7594340
0.972	50041	184	3292350	4203660	7496010	3387190	7590850
0.973	50041	184	3292350	4203660	7496010	3383710	7587370

续表

风险系数	最优订货量	最优批发价	零售商期望收益	供应商期望收益	供应链期望收益	$CVaRr$	$\pi_s + CVaRr$
0.974	50041	184	3292350	4203660	7496010	3380240	7583900
0.975	50041	184	3292350	4203660	7496010	3376770	7580430
0.976	50041	184	3292350	4203660	7496010	3373310	7576970
0.977	50041	184	3292350	4203660	7496010	3369860	7573520
0.978	50041	184	3292350	4203660	7496010	3366410	7570070
0.979	50041	184	3292350	4203660	7496010	3362970	7566630
0.980	50041	184	3292350	4203660	7496010	3359560	7563220
0.981	50041	184	3292350	4203660	7496010	3356120	7559780
0.982	50041	184	3292350	4203660	7496010	3352700	7556360
0.983	50041	184	3292350	4203660	7496010	3349290	7552950
0.984	50041	184	3292350	4203660	7496010	3345880	7549540
0.985	50041	184	3292350	4203660	7496010	3342490	7546150
0.986	50041	184	3292350	4203660	7496010	3339100	7542760
0.987	50041	184	3292350	4203660	7496010	3335710	7539370
0.988	50041	184	3292350	4203660	7496010	3332340	7536000
0.989	50041	184	3292350	4203660	7496010	3328970	7532630
0.990	50041	184	3292350	4203660	7496010	3325610	7529270
0.991	50041	184	3292350	4203660	7496010	3322250	7525910
0.992	50041	184	3292350	4203660	7496010	3318900	7522560
0.993	50041	184	3292350	4203660	7496010	3315560	7519220
0.994	50041	184	3292350	4203660	7496010	3312220	7515880
0.995	50041	184	3292350	4203660	7496010	3308890	7512550
0.996	50041	184	3292350	4203660	7496010	3305570	7509230
0.997	50041	184	3292350	4203660	7496010	3302260	7505920
0.998	50041	184	3292350	4203660	7496010	3298950	7502610
0.999	50040	184	3292460	4203550	7496010	3295770	7499320
1	50041	184	3292350	4203660	7496010	3292330	7495990

表 3 - 8　　　　　数量折扣契约下供应商风险厌恶时 $\sigma = 30$ 时的相关数据

风险系数	最优订货量	最优批发价	零售商期望收益	供应商期望收益	供应链期望收益	$CVaRr$	$\pi_s + CVaRr$
0.965	50024	184	3295480	4202130	7497610	3415010	7617140
0.966	50024	184	3295480	4202130	7497610	3411470	7613600
0.967	50024	184	3295480	4202130	7497610	3407940	7610070
0.968	50024	184	3295480	4202130	7497610	3404420	7606550
0.969	50024	184	3295480	4202130	7497610	3400910	7603040
0.970	50024	184	3295480	4202130	7497610	3397400	7599530
0.971	50024	184	3295480	4202130	7497610	3393900	7596030
0.972	50024	184	3295480	4202130	7497610	3390410	7592540
0.973	50024	184	3295480	4202130	7497610	3386930	7589060
0.974	50024	184	3295480	4202130	7497610	3383450	7585580
0.975	50024	184	3295480	4202130	7497610	3379980	7582110
0.976	50024	184	3295480	4202130	7497610	3376520	7578650
0.977	50024	184	3295480	4202130	7497610	3373060	7575190
0.978	50024	184	3295480	4202130	7497610	3369610	7571740
0.979	50024	184	3295480	4202130	7497610	3366170	7568300
0.980	50024	184	3295480	4202130	7497610	3362730	7564860
0.981	50024	184	3295480	4202130	7497610	3359310	7561440
0.982	50024	184	3295480	4202130	7497610	3355890	7558020
0.983	50024	184	3295480	4202130	7497610	3352470	7554600
0.984	50024	184	3295480	4202130	7497610	3349070	7551200
0.985	50024	184	3295480	4202130	7497610	3345660	7547790
0.986	50024	184	3295480	4202130	7497610	3342270	7544400
0.987	50024	184	3295480	4202130	7497610	3338890	7541020
0.988	50024	184	3295480	4202130	7497610	3335510	7537640
0.989	50024	184	3295480	4202130	7497610	3332130	7534260
0.990	50024	184	3295480	4202130	7497610	3328770	7530900
0.991	50024	184	3295480	4202130	7497610	3325410	7527540
0.992	50024	184	3295480	4202130	7497610	3322060	7524190
0.993	50024	184	3295480	4202130	7497610	3318710	7520840
0.994	50024	184	3295480	4202130	7497610	3315370	7517500

续表

风险系数	最优订货量	最优批发价	零售商期望收益	供应商期望收益	供应链期望收益	$CVaRr$	$\pi_s + CVaRr$
0.995	50024	184	3295480	4202130	7497610	3312040	7514170
0.996	50024	184	3295480	4202130	7497610	3308710	7510840
0.997	50024	184	3295480	4202130	7497610	3305400	7507530
0.998	50024	184	3295480	4202130	7497610	3302080	7504210
0.999	50024	184	3295480	4202130	7497610	3298780	7500910
1	50024	184	3295480	4202130	7497610	3295480	7497610

数据分析：

（1）从表3-5至表3-8可知，采用数量折扣契约，若方差 σ 不变，当取得最优订货量时，最优批发价（通过四舍五入得到）基本一样，没有分岔突变现象。

（2）对比表3-5至表3-8可以看出，最优批发价不随方差 σ 的改变而变化。

（3）从表3-5至表3-8可以看出，在价格固定条件下，供应商风险厌恶时，供应链最优订货量、零售商期望收益、供应商期望收益在一定的区域内均发生轻微的分岔突变现象。

（4）几个参数的分岔突变区间随方差 σ 的增大而增大。

（5）从表3-5至表3-8来看，零售商期望收益和供应商期望收益分岔突变方向呈相反的方向。

（6）对比表3-5至表3-8也可以看出，随着方差的减小，最优订货量不断减小，但最优供应链期望收益却在不断增大，这说明此时出现了规模不经济的现象。

（7）从表3-5至表3-8可看出，若风险厌恶因子增大，供应商利润＋零售商条件风险价值将减小。

（8）从表3-5至表3-8和表3-1至表3-4相比较来看，在分岔突变区域内，最优批发价、零售商期望收益、供应链期望收益不一样，说明当发生价格稳定的突发事件时，对整体供应链来说，零售商风险厌恶与供应链风险厌恶，其对供应链的影响并不完全相同。

3.2.4　价格稳定下参与者均为风险厌恶时的应急数量折扣契约

当供应链的外部环境遭遇突发事件导致市场需求缩小时，供应链上两个成员的风险态度都可能会由风险中性转为风险厌恶。此时最大化的"利润 – CVaR"风险度量准则修正表示为：

$$Y(q)_h^V = \max_q \left\{ CVaR_\Theta \prod_r(x) + CVaR_\Theta \prod_s(x) \right\} \qquad (3-56)$$

根据式（3 – 24）可知：

$$CVaR\left(\prod_r\right) = \frac{1}{\Theta}\Big\{ \int_0^q [p_0 x + v(q-x)] h(x)\mathrm{d}x +$$

$$\int_q^{\frac{q}{\Theta}} [p_0 q - g_r(x-q)] h(x)\mathrm{d}x +$$

$$\int_{\frac{q}{\Theta}}^\infty \Big[p_0 q - g_r\Big(x - \frac{q}{\Theta}\Big)\Big] h(x)\mathrm{d}x - w(q)q - c_r q\Big\}$$

$$= \frac{1}{\Theta}\Big\{ \pi_r + g_r \int_{\frac{q}{\Theta}}^\infty \Big(\frac{q}{\Theta} - q\Big) h(x)\mathrm{d}x \Big\} \qquad (3-57)$$

$$\frac{\partial CVaR_\Theta\left(\prod_r\right)}{\partial_q} = \frac{1}{\Theta}\Big\{ \frac{\partial \pi_r}{\partial q} + g_r\Big(\frac{1}{\Theta} - 1\Big)\Big(1 - F\Big(\frac{q}{\Theta}\Big)\Big) - g_r q\Big(\frac{1}{\Theta} - 1\Big)\frac{1}{\Theta}f\Big(\frac{q}{\Theta}\Big)\Big\}$$

$$(3-58)$$

$$\frac{\partial^2 CVaR_\Theta\left(\prod_r\right)}{\partial_q^2} = \frac{1}{\Theta}\Big\{ \frac{\partial^2 \pi_r}{\partial q^2} - g_r\Big(\frac{1}{\Theta} - 1\Big)f\Big(\frac{q}{\Theta}\Big) - g_r\Big(\frac{1}{\Theta} - 1\Big)\frac{1}{\Theta}f\Big(\frac{q}{\Theta}\Big) -$$

$$g_r q\Big(\frac{1}{\Theta} - 1\Big)\frac{1}{\Theta^2}f'\Big(\frac{q}{\Theta}\Big)\Big\} < 0 \qquad (3-59)$$

根据式（3 – 24）可知：

$$CVaR_\Theta\left(\prod_s\right) = \frac{1}{\Theta}\Big\{ \pi_s + g_s \int_{\frac{q}{\beta}}^\infty \Big(\frac{q}{\beta} - q\Big)f(x)\mathrm{d}x - \lambda_2(q^* - q)\Big\}$$

$$(3-60)$$

$$\frac{\partial CVaR_\Theta\left(\prod_s\right)}{\partial_q} = \frac{1}{\Theta}\Big\{ \frac{\partial \pi_s}{\partial q} + g_s\Big(\frac{1}{\Theta} - 1\Big)\Big(1 - F\Big(\frac{q}{\Theta}\Big)\Big) - g_s q\Big(\frac{1}{\Theta} - 1\Big)\frac{1}{\Theta}f\Big(\frac{q}{\Theta}\Big)\Big\}$$

$$(3-61)$$

$$\frac{\partial^2 CVaR_\Theta(\prod_s)}{\partial_q^2} = \frac{1}{\Theta}\left\{\frac{\partial^2 \pi_s}{\partial q^2} - g_s\left(\frac{1}{\Theta}-1\right)f\left(\frac{q}{\Theta}\right) - g_s\left(\frac{1}{\Theta}-1\right)\frac{1}{\Theta}f\left(\frac{q}{\Theta}\right)-\right.$$

$$\left. g_s q\left(\frac{1}{\Theta}-1\right)\frac{1}{\Theta^2}f'\left(\frac{q}{\Theta}\right)\right\} < 0 \qquad (3-62)$$

由 3.2.2 和 3.2.3 的分析可知，当 q_s^* 与 q_r^* 分别为 $\left.\dfrac{\partial CVaR_\Theta(\prod_s)}{\partial q}\right|_{q=q_s^*} = $

0 和 $\left.\dfrac{\partial CVaR_\Theta(\prod_r)}{\partial q}\right|_{q=q} = 0$ 的解时，且 $q_r^* = q_s^* = q_h^*$ 时，供应链实现协调。

根据上一节算例中的数据，同样针对上述四种市场需求分布情况，只讨论以 0.001 为步长在 $[0.965，1]$ 范围的变化时，针对参与者均风险厌恶的情况，以 Mathematica 为工具，分别讨论步长变化对零售商最佳订货策略、利润、供应商的批发价、期望收益利润及整个供应链期望收益和零售商条件风险价值 + 供应商条件风险价值之和的影响。计算结果如表 3 - 9 至表 3 - 12 所示。

表 3 - 9　　　数量折扣契约下参与者均风险厌恶时 $\sigma = 100$ 时的相关数据

风险系数	最优订货量	最优批发价	零售商期望收益	供应商期望收益	供应链期望收益	$CVaRr$	$\pi_s + CVaRr$
0.965	50081	184	3284810	4207210	7492020	3403950	7611160
0.966	50081	184	3284810	4207210	7492020	3400420	7607630
0.967	50081	184	3284810	4207210	7492020	3396910	7604120
0.968	50081	184	3284810	4207210	7492020	3393400	7600610
0.969	50081	184	3284810	4207210	7492020	3389900	7597110
0.97	50081	184	3284810	4207210	7492020	3386400	7593610
0.971	50081	184	3284810	4207210	7492020	3382910	7590120
0.972	50081	184	3284810	4207210	7492020	3379430	7586640
0.973	50081	184	3284810	4207210	7492020	3375960	7583170
0.974	50081	184	3284810	4207210	7492020	3372490	7579700
0.975	50081	184	3284810	4207210	7492020	3369040	7576250
0.976	50081	184	3284810	4207210	7492020	3365580	7572790
0.977	50081	184	3284810	4207210	7492020	3362140	7569350
0.978	50081	184	3284810	4207210	7492020	3358700	7565910
0.979	50081	184	3284810	4207210	7492020	3355270	7562480

续表

风险系数	最优订货量	最优批发价	零售商期望收益	供应商期望收益	供应链期望收益	$CVaRr$	$\pi_s + CVaRr$
0.98	50081	184	3284810	4207210	7492020	3351850	7559060
0.981	50081	184	3284810	4207210	7492020	3348430	7555640
0.982	50081	184	3284810	4207210	7492020	3345020	7552230
0.983	50081	184	3284810	4207210	7492020	3341620	7548830
0.984	50081	184	3284810	4207210	7492020	3338220	7545430
0.985	50081	184	3284810	4207210	7492020	3334830	7542040
0.986	50081	184	3284810	4207210	7492020	3331450	7538660
0.987	50081	184	3284810	4207210	7492020	3328070	7535280
0.988	50081	184	3284810	4207210	7492020	3324710	7531920
0.989	50081	184	3284810	4207210	7492020	3321340	7528550
0.99	50081	184	3284810	4207210	7492020	3317990	7525200
0.991	50081	184	3284810	4207210	7492020	3314640	7521850
0.992	50081	184	3284810	4207210	7492020	3311300	7518510
0.993	50081	184	3284810	4207210	7492020	3307970	7515180
0.994	50081	184	3284810	4207210	7492020	3304640	7511850
0.995	50081	184	3284810	4207210	7492020	3301320	7508530
0.996	50081	184	3284810	4207210	7492020	3298010	7505220
0.997	50080	184	3284920	4207100	7492020	3214580	7421680
0.998	50079	184	3285030	4207000	7492030	3291660	7498660
0.999	50079	184	3285030	4207000	7492030	3288410	7495410
1	50081	184	3284810	4207210	7492020	3284890	7492100

表 3-10　　数量折扣契约下参与者均风险厌恶时 $\sigma = 80$ 时的相关数据

风险系数	最优订货量	最优批发价	零售商期望收益	供应商期望收益	供应链期望收益	$CVaRr$	$\pi_s + CVaRr$
0.965	50065	184	3287830	4205790	7493620	3407080	7612870
0.966	50065	184	3287830	4205790	7493620	3403550	7609340
0.967	50065	184	3287830	4205790	7493620	3400030	7605820
0.968	50065	184	3287830	4205790	7493620	3396520	7602310
0.969	50065	184	3287830	4205790	7493620	3393010	7598800
0.97	50065	184	3287830	4205790	7493620	3389520	7595310

风险系数	最优订货量	最优批发价	零售商期望收益	供应商期望收益	供应链期望收益	$CVaRr$	$\pi_s + CVaRr$
0.971	50065	184	3287830	4205790	7493620	3386020	7591810
0.972	50065	184	3287830	4205790	7493620	3382540	7588330
0.973	50065	184	3287830	4205790	7493620	3379060	7584850
0.974	50065	184	3287830	4205790	7493620	3375600	7581390
0.975	50065	184	3287830	4205790	7493620	3372130	7577920
0.976	50065	184	3287830	4205790	7493620	3368680	7574470
0.977	50065	184	3287830	4205790	7493620	3365230	7571020
0.978	50065	184	3287830	4205790	7493620	3361790	7567580
0.979	50065	184	3287830	4205790	7493620	3358360	7564150
0.98	50065	184	3287830	4205790	7493620	3354930	7560720
0.981	50065	184	3287830	4205790	7493620	3351510	7557300
0.982	50065	184	3287830	4205790	7493620	3348100	7553890
0.983	50065	184	3287830	4205790	7493620	3344690	7550480
0.984	50065	184	3287830	4205790	7493620	3341290	7547080
0.985	50065	184	3287830	4205790	7493620	3337900	7543690
0.986	50065	184	3287830	4205790	7493620	3334510	7540300
0.987	50065	184	3287830	4205790	7493620	3331130	7536920
0.988	50065	184	3287830	4205790	7493620	3327760	7533550
0.989	50065	184	3287830	4205790	7493620	3324400	7530190
0.99	50065	184	3287830	4205790	7493620	3321040	7526830
0.991	50065	184	3287830	4205790	7493620	3317690	7523480
0.992	50065	184	3287830	4205790	7493620	3314340	7520130
0.993	50065	184	3287830	4205790	7493620	3311010	7516800
0.994	50065	184	3287830	4205790	7493620	3307680	7513470
0.995	50065	184	3287830	4205790	7493620	3304350	7510140
0.996	50065	184	3287830	4205790	7493620	3301040	7506830
0.997	50065	184	3287830	4205790	7493620	3297730	7503520
0.998	50064	184	3287940	4205680	7493620	3294550	7500230
0.999	50063	184	3288040	4205580	7493620	3291390	7496970
1	50065	184	3287830	4205790	7493620	3287880	7493670

表 3 – 11　　　　　　数量折扣契约下参与者均风险厌恶时 $\sigma = 50$ 时的相关数据

风险系数	最优订货量	最优批发价	零售商期望收益	供应商期望收益	供应链期望收益	$CVaRr$	$\pi_s + CVaRr$
0.965	50041	184	3292350	4203660	7496010	3411760	7615420
0.966	50041	184	3292350	4203660	7496010	3408230	7611890
0.967	50041	184	3292350	4203660	7496010	3404710	7608370
0.968	50041	184	3292350	4203660	7496010	3401190	7604850
0.969	50041	184	3292350	4203660	7496010	3397680	7601340
0.97	50041	184	3292350	4203660	7496010	3394180	7597840
0.971	50041	184	3292350	4203660	7496010	3390680	7594340
0.972	50041	184	3292350	4203660	7496010	3387190	7590850
0.973	50041	184	3292350	4203660	7496010	3383710	7587370
0.974	50041	184	3292350	4203660	7496010	3380240	7583900
0.975	50041	184	3292350	4203660	7496010	3376770	7580430
0.976	50041	184	3292350	4203660	7496010	3373310	7576970
0.977	50041	184	3292350	4203660	7496010	3369860	7573520
0.978	50041	184	3292350	4203660	7496010	3366410	7570070
0.979	50041	184	3292350	4203660	7496010	3362970	7566630
0.98	50041	184	3292350	4203660	7496010	3359540	7563200
0.981	50041	184	3292350	4203660	7496010	3356120	7559780
0.982	50041	184	3292350	4203660	7496010	3352700	7556360
0.983	50041	184	3292350	4203660	7496010	3349290	7552950
0.984	50041	184	3292350	4203660	7496010	3345880	7549540
0.985	50041	184	3292350	4203660	7496010	3342490	7546150
0.986	50041	184	3292350	4203660	7496010	3339100	7542760
0.987	50041	184	3292350	4203660	7496010	3335710	7539370
0.988	50041	184	3292350	4203660	7496010	3332340	7536000
0.989	50041	184	3292350	4203660	7496010	3328970	7532630
0.99	50041	184	3292350	4203660	7496010	3325610	7529270
0.991	50041	184	3292350	4203660	7496010	3322250	7525910

续表

风险系数	最优订货量	最优批发价	零售商期望收益	供应商期望收益	供应链期望收益	$CVaRr$	$\pi_s + CVaRr$
0.992	50041	184	3292350	4203660	7496010	3318900	7522560
0.993	50041	184	3292350	4203660	7496010	3315560	7519220
0.994	50041	184	3292350	4203660	7496010	3312220	7515880
0.995	50041	184	3292350	4203660	7496010	3308890	7512550
0.996	50041	184	3292350	4203660	7496010	3305570	7509230
0.997	50041	184	3292350	4203660	7496010	3302260	7505920
0.998	50040	184	3292460	4203550	7496010	3299060	7502610
0.999	50040	184	3292460	4203550	7496010	3295770	7499320
1	50041	184	3292350	4203660	7496010	3292350	7496010

表 3 – 12　　　数量折扣契约下参与者均风险厌恶时 $\sigma = 30$ 时的相关数据

风险系数	最优订货量	最优批发价	零售商期望收益	供应商期望收益	供应链期望收益	$CVaRr$	$\pi_s + CVaRr$
0.965	50024	184	3295480	4201910	7497390	3415010	7616920
0.966	50024	184	3295480	4201910	7497390	3411470	7613380
0.967	50024	184	3295480	4201910	7497390	3407940	7609850
0.968	50024	184	3295480	4201910	7497390	3404420	7606330
0.969	50024	184	3295480	4201910	7497390	3400910	7602820
0.97	50024	184	3295480	4201910	7497390	3397400	7599310
0.971	50024	184	3295480	4201910	7497390	3393900	7595810
0.972	50024	184	3295480	4201910	7497390	3390410	7592320
0.973	50024	184	3295480	4201910	7497390	3386930	7588840
0.974	50024	184	3295480	4201910	7497390	3383450	7585360
0.975	50024	184	3295480	4201910	7497390	3379980	7581890
0.976	50024	184	3295480	4201910	7497390	3376520	7578430
0.977	50024	184	3295480	4201910	7497390	3373060	7574970
0.978	50024	184	3295480	4201910	7497390	3369610	7571520
0.979	50024	184	3295480	4201910	7497390	3366170	7568080

续表

风险系数	最优订货量	最优批发价	零售商期望收益	供应商期望收益	供应链期望收益	CVaRr	π_s + CVaRr
0.98	50024	184	3295480	4201910	7497390	3362730	7564640
0.981	50024	184	3295480	4201910	7497390	3359310	7561220
0.982	50024	184	3295480	4201910	7497390	3355890	7557800
0.983	50024	184	3295480	4201910	7497390	3352470	7554380
0.984	50024	184	3295480	4201910	7497390	3349070	7550980
0.985	50024	184	3295480	4201910	7497390	3345660	7547570
0.986	50024	184	3295480	4201910	7497390	3342270	7544180
0.987	50024	184	3295480	4201910	7497390	3338890	7540800
0.988	50024	184	3295480	4201910	7497390	3335510	7537420
0.989	50024	184	3295480	4201910	7497390	3332130	7534040
0.99	50024	184	3295480	4201910	7497390	3328770	7530680
0.991	50024	184	3295480	4201910	7497390	3325410	7527320
0.992	50024	184	3295480	4201910	7497390	3322060	7523970
0.993	50024	184	3295480	4201910	7497390	3318710	7520620
0.994	50024	184	3295480	4201910	7497390	3315370	7517280
0.995	50024	184	3295480	4201910	7497390	3312040	7513950
0.996	50024	184	3295480	4201910	7497390	3308710	7510620
0.997	50024	184	3295480	4201910	7497390	3305400	7507310
0.998	50024	184	3295480	4201910	7497390	3302080	7503990
0.999	50024	184	3295480	4201910	7497390	3298780	7500690
1	50024	184	3295480	4201910	7497390	3295480	7497390

数据分析：

（1）从表 3-9 至表 3-12 可知，采用数量折扣契约，若方差 σ 不变，当取得最优销售量时，最优批发价（通过四舍五入得到）基本一样，没有分岔突变现象。

（2）对比表 3-9 至表 3-12 可以看出，最优批发价不随方差 σ 的改变而变化。

（3）从表 3-9 至表 3-12 可以看出，在价格固定条件下，供应商风险厌恶时，供应链最优订货量、零售商期望收益、供应商期望收益在一定的区域内均发生轻微的分岔突变现象。

（4）几个参数的分岔突变区间随方差 σ 的增大而增大。

（5）从表3-9至表3-12来看，零售商期望收益和供应商期望收益分岔突变方向呈相反的方向。

（6）从表3-9至表3-12可看出，当 $\sigma=80$ 及 $\sigma=50$ 时，风险因子为 0.998 和 0.999 时，最优销售量减小了，但供应链期望利润并没有发生变化。而当 $\sigma=100$ 时，风险因子为 0.998 和 0.999 时，最优销售量减小，供应链期望利润却增加了。对比表3-9至表3-12也可以看出，随着方差的减小，最优订货量不断减小，但最优供应链期望收益却在不断增大，这说明此时出现了规模不经济的现象。

（7）从表3-9至表3-12可看出，若风险厌恶因子增大，供应商利润＋零售商条件风险价值将减小。

（8）从3.2.2节中的表3-1至表3-4与3.2.3节中的表3-5至表3-8和3.2.4节中的表3-9至表3-12相比较来看，零售商期望收益、供应商期望收益的总体规律没有变化，即方差 σ 越大，零售商期望收益、供应商期望收益的分岔区域越大。

（9）从3.2.2节中的表3-1至表3-4与3.2.3节中的表3-5至表3-8和3.2.4节中的表3-9至表3-12相比较还可以看出，前者的批发价存在分岔突变现象，而后两者的批发价没有分岔突变现象，而表3-9至表3-12的供应链最优订货量、零售商期望收益和供应商期望收益的分岔突起点比表3-1至表3-4与表3-5至表3-8的供应链最优订货量、零售商期望收益和供应商期望收益的分岔突起点略多。

3.2.5 本节结论

本节在价格固定条件下，分别采用数量折扣契约对零售商风险厌恶、供应商风险厌恶和参与者均风险厌恶的情况的二级供应链协调问题进行了研究，发现数量折扣契约在应对零售商风险厌恶、供应商风险厌恶或参与者均风险厌恶时，对供应链影响的效果并不完全相同。

3.3 价格稳定下信息不对称的数量折扣契约

本节继续研究价格随机条件下信息不对称的应急数量折扣契约协调供应链的情况。

3.3.1 价格稳定下信息不对称的应急数量折扣契约

本部分的假设同 3.1.1 节，据此，可知在信息对称、市场价格随机时的零售商、供应商、整个供应链的期望利润函数分别为：

$$\pi_r(q) = \int_0^q [p_0 + v(q-x)] h(x)\,dx + \int_q^\infty \{[p_0 q - g_r(x-q)]\}$$
$$h(x)\,dx - c_r q - w(q)q$$
$$= (p_0 - v + g_r) S(q) - (w(q) + c_r - v)q - g_r u \qquad (3-63)$$

$$\pi_s(q) = w(q)q - \int_q^\infty g_s(x-q)h(x)\,dx - c_s q - \lambda_1 (q - q^*)^+ -$$
$$\lambda^2 (q^* - q)^+$$
$$= g_s S(q) + (w(q) - c_s)q - g_s \mu \qquad (3-64)$$

$$\pi_h(q) = (p_0 - v + g)S(q) - (c-v)q - g\mu \qquad (3-65)$$

由 3.1.1 节可知，当 $w(q) = \dfrac{[(1-\eta)(p_0 + g - v) - g_s]S(q)}{q} + (1-\eta)v -$

$c_r + \eta c + \dfrac{\eta B(q)}{q}$ 时：

$$\pi_r(q) = \eta \pi_h + (\eta g - g_r)\mu \qquad (3-66)$$

$$\pi_s(q) = (1-\eta)\pi_h + ((1-\eta)g - g_s)\mu \qquad (3-67)$$

数量折扣契约下的零售商和供应商的期望收益与整个供应链的期望收益成仿射关系，也即供应链能实现协调（证明见 3.1.1），同时可得：

当 $q \geqslant q^*$，最优定货量 q_1^* 是式（3-68）的解：

$$(p_0 + g - v)[1 - H(q)] - (c - v + \lambda_1) = 0 \qquad (3-68)$$

当 $q \leqslant q^*$ 最优定货量 q_2^* 是式（3-69）的解：

$$(p_0 + g - v)[1 - H(q)] - (c - v + \lambda_2) = 0 \qquad (3-69)$$

此时，q_1^* 和 q_2^* 分别是两个超越方程的解，但得不出简洁的表达式，只有当 $H(x)$ 和 $h(x)$ 与其他参数确定后，才能得出确切的值。

3.3.2 价格稳定下生产成本信息不对称的应急数量折扣契约

现假设供销双方构成一个 Stackelberg 博弈，零售商作为主导方而供应商作为跟随方，其中生产成本为供应商的私有信息，供应商的真实成本为 c_s，却向零售商谎报成本为 $\hat{C}_s$。零售商根据以往的交易信息判断供应商可能撒谎，并估计其生产成本 c_s 服从在 $[\underline{c_s}, \overline{c_s}]$ 区间上的均匀分布，其分布函数为 $Y(c_s)$、密度函数为 $y(c_s)$，并满足分布函数与密度函数的比值 $\dfrac{Y(c_s)}{y(c_s)}$ 为 c_s 的增函数。此时，零售商为了让供应商尽量报出真实的成本价，提供一组契约清单 $[w(q(c_s)_i), q(c_s)i)]$，$(i = 1,2,3,\cdots,N)$ 由供应商选择。根据显示原理，供应商在选出一组最佳的组合时，即向零售商透露出其真实的成本信息。下面就根据此思路，寻找在信息不对称和市场价格随机的条件下，供应链系统最佳的批发价和最优订货量。设 $\pi_r^a(c_s)$ 表示在生产成本信息不对称条件下零售商的期望收益，$\pi_s^a(\hat{c}_s)$ 表示在信息不对称条件下供应商的期望收益，可得：

$$\pi_r^a(c_s) = \int_{\underline{c_s}}^{\overline{c_s}} \pi_r^u(c_s) y(c_s)\, \mathrm{d}c_s$$

$$= \int_{\underline{c_s}}^{\overline{c_s}} \left\{ \int_0^{q(c_s)} [p_0 x + v(q(c_s) - x)] h(x)\, \mathrm{d}x + \right.$$

$$\int_{q(c_s)}^{\infty} [p_0 q(c_s) - g_r(x - q(c_s))] h(x)\, \mathrm{d}x -$$

$$\left. c_r q(c_s) - w(q(c_s)) q(c_s) \right\} y(c_s)\, \mathrm{d}c_s \qquad (3-70)$$

$$\pi_s^a(\hat{c}_s) = w(q(\hat{c}_s) q) \hat{c}_s - \int_{q(\hat{c}_s)}^{\infty} g_s(x - q(\hat{c}_s)) h(x)\, \mathrm{d}x -$$

$$c_s q(\hat{c}_s) - \lambda_1 (q(\hat{c}_s) - q^*)^+ - \lambda_2 (q^* - q(\hat{c}_s))^+ \qquad (3-71)$$

此时，零售商需要重新设置批发价和订货量以保障供应链整体效益及链上成员企业的效益实现优化。根据 Myerson 显示原理，最优机制的设置需要保证供应商能够如实报出其实际的生产成本。要使供应商愿意如实地报出私有信息，零售商就需要分别设置参与约束与激励相容约束，以确保供应商在报出真实成本时收益不劣于报出虚假成本时的收益，同时还要确保供应商在信息不对称时的目标期望收益，即供应商拥有私人信息时比不拥有私人信息时的收益要高。设 π_s^{0min} 代表供应商隐瞒信息时的最低目标期望收益，它是一个心理价位值，当供应商的收益低于这个值时就会选择放弃隐瞒信息，甚至放弃合作，本书同样设其等于在信息对称供应链协调时的期望收益。

故在生产成本信息不对称和零售价格随机条件下的应急数量折扣契约优化模型为：

$$\max \pi_r^a(c_s) = \int_{\underline{c_s}}^{\overline{c_s}} \pi_r(c_s) y(c_s) \, \mathrm{d}c_s$$

$$= \int_{\underline{c_s}}^{\overline{c_s}} (p_0 - v + g) S(q(c_s)) - [w(q(c_s)) +$$

$$c_r - v] q(c_s) - g_r \bar{\mu}_H(\mathrm{d}Y(c_s)) \qquad (3-72)$$

参与约束（IR）：

$$\pi_s^a(c_s) \geqslant \pi_s^{0min} \qquad (3-73)$$

激励约束（IC）：

$$\pi_s^a(c_s) = \pi_s(c_s) \geqslant \pi_s^a(\hat{c}_s) \qquad (3-74)$$

对 $\pi_s^a(\hat{c}_s)$ 求 $\hat{c}_s$ 的一阶偏导数，并令导数在 $\hat{c}_s = c_s$ 时取到零，即表示供应商在如实报出成本信息时的收益最大：

$$\frac{\partial \pi_s^a(\hat{c}_s)}{\partial \hat{c}_s} = \frac{\partial w(q(\hat{c}_s))}{\partial (q(\hat{c}_s))} \frac{\partial q(\hat{c}_s)}{\partial (\hat{c}_s)} q(\hat{c}_s) + w(q(\hat{c}_s)) \frac{\partial q(\hat{c}_s)}{\partial \hat{c}_s} +$$

$$g_s \frac{\partial q(\hat{c}_s)}{\partial \hat{c}_s} \int_{q(\hat{c}_s)}^{\infty} h(x) \, \mathrm{d}x - \hat{c}_s \frac{\partial q(\hat{c}_s)}{\partial \hat{c}_s} -$$

$$\lambda_1 \frac{\partial q(\hat{c}_s)}{\partial \hat{c}_s} + \lambda_2 \frac{\partial q(\hat{c}_s)}{\partial \hat{c}_s} \bigg|_{\hat{c}_s = c_s} = 0 \qquad (3-75)$$

再求 $\pi_s^a(c_s)$ 关于 c_s 的一阶导数：

$$\frac{\partial \pi_s^a(c_s)}{\partial c_s} = \frac{\partial w(q(c_s))}{\partial(q(c_s))}\frac{\partial q(c_s)}{\partial(c_s)}q(c_s) + w(q(c_s))\frac{\partial q(c_s)}{\partial c_s} +$$

$$g_s\frac{\partial q(c_s)}{\partial c_s}\int_{q(c_s)}^{\infty}h(x)\mathrm{d}x - q(c_s) -$$

$$c_s\frac{\partial q(c_s)}{\partial c_s} - \lambda_1\frac{\partial(c_s)}{\partial c_s} + \lambda_2\frac{\partial q(c_s)}{\partial c_s} \quad (3-76)$$

将式（3-75）代入式（3-76），可得：

$$\frac{\partial \pi_s^a(c_s)}{\partial c_s} = -q(c_s) < 0 \quad (3-77)$$

由式（3-77）可知，在生产成本信息不对称条件下，$\pi_s^a(c_s)$ 是关于真实成本的单调递减函数，因此供应商的目标期望收益最低临界值将在 $\bar{c}_s$ 处取到，即 $\pi_s^{0\min} = \pi_s^\mu(\bar{c}_s)$，在 c_s 处取得最大值。因此，可将 c_s 的成本区间由 $[\underline{c}_s, \bar{c}_s]$ 缩小至 $[c_s, \bar{c}_s]$，此时，$Y(c_s) = 0, Y(\bar{c}_s) = 1$。同时根据式（3-74）

可得 $\pi_s^a(c_s) = \pi_s^{0\min} + \int_{c_s}^{\bar{c}_s}q(c_s)\mathrm{d}Y(c_s)$ 据此，可知：

$$\max \pi_r^a(c_s) = \int_{c_s}^{\bar{c}_s}(\pi_h(c_s) - \pi_s(c_s))y(c_s)\mathrm{d}c_s$$

$$= \int_{c_s}^{\bar{c}_s}\pi_h(c_s)\mathrm{d}Y(c_s) - \int_{c_s}^{\bar{c}_s}\pi_s(c_s)\mathrm{d}Y(c_s)$$

$$= \int_{c_s}^{\bar{c}_s}\pi_h(c_s)\mathrm{d}Y(c_s) - \left[\pi_s(c_s)Y(c_s)\Big|_{c_s}^{\bar{c}_s} - \int_{c_s}^{\bar{c}_s}Y(c_s)\mathrm{d}\pi_s(c_s)\right]$$

$$= \int_{c_s}^{\bar{c}_s}\pi_h^\mu(c_s)Y(c_s) - \int_{c_s}^{\bar{c}_s}Y(c_s)q(c_s)\mathrm{d}c_s - \pi_s(\bar{c}_s)$$

$$= \int_{c_s}^{\bar{c}_s}\left\{\pi_h(c_s) - \frac{Y(c_s)}{y(c_s)}q(c_s)\right\}\mathrm{d}Y(c_s) - \pi_s^{0\min}$$

$$= \int_{c_s}^{\bar{c}_s}\left\{(p_0 - v + g)S(c_s) - \right.$$

$$\left.\left(c - v - \frac{Y(c_s)}{y(c_s)}\right)q(c_s) - g\mu + \right\}\mathrm{d}Y(c_s) - \pi_s^{0\min} \quad (3-78)$$

将式（3-78）大括号内的内容与式（3-65）进行比较可知它们是同构的，因此可知：

当 $q(c_s) \geq q^*$ 时，$q_1^*(c_s)$ 是方程（3-79）的解：

$$(p_0 - v + g)[1 - H(q(c_s))] - \left(c - v + \lambda_1 - \frac{Y(c_s)}{y(c_s)}\right) = 0 \qquad (3-79)$$

当 $q(c_s) \leq q^*$ 时，$q_2^*(c_s)$ 是方程（3-80）的解：

$$(p_0 - v + g)[1 - H(q(c_s))] - \left(c - v + \lambda_2 - \frac{Y(c_s)}{y(c_s)}\right) = 0 \qquad (3-80)$$

根据式（3-65）和式（3-80）即可得供应链的最优批发价表达式为：

$$w^*(q(c_s)) = \frac{\lambda_1(q^*(c_s) - q^*)^+ + \lambda_2(q^* - q^*(c_s))^+ - g_s(S(c_s) - \mu) + \pi_s^{0min}}{q^*(c_s)} +$$

$$c_s - \frac{Y(c_s)}{y(c_s)} \qquad\qquad\qquad\qquad\qquad\qquad\qquad (3-81)$$

3.3.3 价格稳定下销售成本信息不对称的应急数量折扣契约

同样假设产销双方构成一个 Stackelberg 博弈中，但此时供应商作为主导方而零售商作为跟随方，其中销售成本为零售商的私有信息，零售商真实成本为 c_r，却向供应商谎报成本为 $\hat{c}_r$，供应商根据以往的交易信息判断零售商可能撒谎，并估计其销售成本 c_r 服从在 $[\underline{c_r}, \overline{c_r}]$ 区间上的均匀分布，其分布函数为 $Y(c_r)$、密度函数为 $y(c_r)$，并满足分布函数与密度函数的比值 $\frac{Y(c_r)}{y(c_r)}$ 为 c_r 的增函数。此时，供应商为了让零售商尽量报出真实成本价，同样给出一组契约清单 $[w(q(c_r)_i, q(c_r)_i)]$（$i = 1, 2, 3, \cdots, N$）由零售商选择，根据显示原理，零售商在选出一组最佳的组合时，即向供应商透露出其真实的成本信息情况。因此下面也循着这个思路，通过模型计算求出在信息不对称，而且市场价格是随机的情况下，供应链系统最佳的批发价和最优订货量。由上述条件可知，在销售成本信息不对称、市场价格随机的条件下，零售商在报出真实成本下的期望收益为：

$$\pi_r^a(c_r) = \pi_r(c_r) = \int_0^{q(c_r)} \left[p_0 x + v(q(c_r) - x) \right] h(x) \, dx +$$

$$\int_{q(c_r)}^{\infty} \left[p_0 q(c_r) - g_r(x - q(c_r)) \right] h(x) \, dx -$$

$$c_r q(c_r) - w(q(c_r)) q(c_r) \qquad (3-82)$$

零售商在报出虚假成本下的期望收益为：

$$\pi_r^a(\hat{c}_r) = \int_0^{q(\hat{c}_r)} \left[p_0 x + v(q(\hat{c}_r) - x) \right] h(x) \, dx +$$

$$\int_{q(\hat{c}_r)}^{\infty} \left[p_0 q(\hat{c}_r) - g_r(x - q(\hat{c}_r)) \right] h(x) \, dx -$$

$$c_r q(\hat{c}_r) - w(q(\hat{c}_r)) q(\hat{c}_r) \qquad (3-83)$$

令

$$\left. \frac{\partial \pi_r^a(\hat{c}_r)}{\partial \hat{c}_r} \right|_{\hat{c}_r = c_r} = 0 \qquad (3-84)$$

则有：

$$\frac{\partial \pi_r^a(c_r)}{\partial c_r} = -q(c_r) \leqslant 0 \qquad (3-85)$$

由式（3-82）可知，在零售成本信息不对称时，$\pi_r^a(c_r)$ 是关于真实成本 c_r 的单调递减函数，因此零售商期望收益最低临界值将在 $\overline{c_r}$ 处取到。同样设其为零售商在隐瞒私人信息时的最低目标期望值，亦设其为信息对称供应链协调时零售商的期望收益。同理，零售商在隐瞒信息时，其期望收益若低于此值，则可放弃隐瞒私人信息的行为，甚至放弃合作，以体现其拥有私人信息的价值，所以 $\pi_r^{0min} = \pi_r^a(\overline{c_r})$。根据式（3-85）可得 $\pi_r^a(c_r) = \pi_r^{0min} +$ $\int_{c_r}^{\overline{c_r}} q(c_r) \, dY(c_r)$。其成本区间也由 $[\underline{c_r}, \overline{c_r}]$ 缩小至 $[c_r, \overline{c_r}]$，此时 $Y(c_r) = 0$，$Y(\overline{c_r}) = 1$。据此，可以建立在零售生产成本信息不对称条件下，市场价格随机的应急数量折扣契约的优化模型：

$$\max \pi_s^a(c_r) = \int_{c_r}^{\overline{c_r}} \pi_s^\mu y(c_r) \, dc_r \qquad (3-86)$$

参与约束（IR）：

$$\pi_r^a(c_r) \geqslant \pi_r^{0\min} \tag{3-87}$$

激励约束（IC）：

$$\pi_r^a(c_r) = \pi_r(c_r) \geqslant \pi_r^a(\hat{c}_r) \tag{3-88}$$

式（3-64）、式（3-86）可分别表示为式（3-89）和式（3-90）：

$$
\begin{aligned}
\max \pi_s^a(c_r) &= \int_{c_r}^{\overline{c_r}} \pi_s(c_r)\,\mathrm{d}Y(c_r) \\
&= \int_{c_r}^{\overline{c_r}} \left\{ w(q(c_r))q(c_r) - \int_{q(c_r)}^{\infty} g_r(x - q(c_r))h(x)\,\mathrm{d}x - \right. \\
&\quad \left. c_s q(c_r) - \lambda_1(q(c_r) - q^*)^+ - \lambda_2(q^* - q(c_r))^+ \right\}\mathrm{d}Y(c_r) \\
&= \int_{c_r}^{\overline{c_r}} \left\{ g_s S(q(c_r)) - [c_s - w(q(c_r))]q(c_r) - g_s\mu - \right. \\
&\quad \left. \lambda_1(q(c_r) - q^*)^+ - \lambda_2(q^* - q(c_r))^+ \right\}\mathrm{d}Y(c_r)
\end{aligned} \tag{3-89}
$$

$$
\begin{aligned}
\max \pi_s^a(c_r) &= \int_{c_r}^{\overline{c_r}} \pi_s(c_r)\,\mathrm{d}Y(c_r) = \int_{c_r}^{\overline{c_r}} (\pi_h(c_r) - \pi_r(c_r))\,\mathrm{d}Y(c_r) \\
&= \int_{c_r}^{\overline{c_r}} \left\{ (p_0 - v + g)S(c_r) - \left(c - v - \frac{Y(c_r)}{y(c_r)} \right)q(c_r) - \right. \\
&\quad g\mu - \lambda_1(q(c_r) - q^*)^+ - \lambda_2(q^* - \\
&\quad \left. q(c_r))^+ \right\}\mathrm{d}Y(c_r) - \pi_r^{0\min}
\end{aligned} \tag{3-90}
$$

比较式（3-64）与式（3-90），可知其同构方程，则可得：

当 $q(c_r) \geqslant q^*$ 时，$q_1^*(c_r)$ 是方程（3-91）的解：

$$(p_0 - v + g)[1 - H(q(c_r))] - \left(c - v + \lambda_1 - \frac{Y(c_r)}{y(c_r)} \right)\mathrm{d}x = 0 \tag{3-91}$$

当 $q(c_r) \leqslant q^*$ 时，$q_2^*(c_r)$ 是方程（3-92）的解：

$$(p_0 - v + g)[1 - H(q(c_r))] - \left(c - v + \lambda_2 - \frac{Y(c_r)}{y(c_r)} \right) = 0 \tag{3-92}$$

根据式（3-89）和式（3-90）可得：

$$w^*(q(c_r)) = \frac{(p_0 - v + g_r)S(c_r) - g_r\mu - \pi_r^{0\min}}{q^*(c_r)} - c_r + v + \frac{Y(c_r)}{y(c_r)}$$

$$(3-93)$$

比较式（3-79）与式（3-81）、式（3-80）与式（3-82），当 $\frac{Y(c_s)}{y(c_s)} = \frac{Y(c_r)}{y(c_r)}$ 时，可得：$q_1^*(c_s) = q_1^*(c_r), q_2^*(c_s) = q_2^*(c_r)$，也就是说此时不管是在供应商隐瞒私人信息的状态下，还是在零售商隐瞒私人信息的状态下，其最优订量是一样的，整个供应链的收益也是一样的。

算例分析：假设某种应急商品，在正常情况下每单位的售价 $p_0 = 120$ 元，真实的边际生产成本 $c_r = 50$ 元，真实的边际销售成本 $c_r = 30$ 元，单位商品残值 $v = 20$ 元，零售商和供应商的缺货成本分别为 $g_s = 3$ 元和 $g_s = 2$ 元。当发生突发事件后，额外的边际生产成本 $\lambda_2 = 10$ 元，边际处理费用 $\lambda_2 = 20$ 元，设利润分配系数 $\eta = 0.4$，求出下面几种情况下的相关要素：（1）在基准状态下，市场需求服从 $X \sim N(100000, 300^2)$ 的正态分布。（2）在信息对称时。①当 $q \geqslant q^*$，市场价格随机的突发事件发生时，市场需求服从 $X \sim N(20000, 400^2)$ 的正态分布；②当 $q \leqslant q^*$，市场价格随机的突发事件发生时，市场需求服从 $X \sim N(6000, 300^2)$ 的正态分布。（3）在生产成本信息不对称时。①当 $q(c_s) \geqslant q^*$，市场价格随机的突发事件发生时，市场需求服从 $X \sim N(20000, 400^2)$ 的正态分布，生产成本分别服从在 $[48, 52]$、$[46, 54]$、$[44, 56]$ 区间上的均匀分布；②当 $q(c_s) \leqslant q^*$，市场价格随机的突发事件发生时，市场需求服从 $X \sim N(6000, 300^2)$ 正态分布，生产成本分别服从在 $[48, 52]$、$[46, 54]$、$[44, 56]$ 区间上的均匀分布。（4）销售成本信息不对称时。①当 $q(c_r) \geqslant q^*$，市场价格随机的突发事件发生时，市场需求服从 $X \sim N(20000, 400^2)$ 的正态分布，销售成本分别服从在 $[28, 32]$、$[26, 34]$、$[24, 36]$ 区间上的均匀分布时的相关值；②当 $q(c_r) \leqslant q^*$，市场需求服从 $X \sim N(6000, 300^2)$ 的正态分布，销售成本分别服从在 $[28, 32]$、$[26, 34]$、$[24, 36]$ 区间上的均匀分布。以 Mathematica 软件为工具，可计算出数量折扣契约在上述各种条件下的相关数据，具体如表 3-13 所示。

表 3 – 13　　　　　　　各种条件下数量折扣契约的参数及相关利润比较

信息状况	突发事件状况	市场状况	$[\underline{c_s}, \overline{c_s}]$	最优订货量	最优批发价	零售商最低目标收益	供应商最低目标收益	零售商收益	供应商收益	供应链收益
信息对称	价格固定无突发事件	$q = q^*$	—	9946	74.4			145054	242581	387635
	价格固定的突发事件	$q \geqslant q^*$	—	19828	76.7			253676	430513	684189
		$q \leqslant q^*$	—	5786	80.3			51112	91668	142780
信息不对称	价格固定的突发事件	生产成本信息不对称	[48,52]	19869	72.7	—	430513	332777	351329	684106
			[46,54]	19909	68.6	—	430513	413606	270259	683865
			[44,56]	19947	64.6	—	430513	492644	190841	683485
			[48,52]	5822	76.0	—	91668	75705	68434	144139
			[46,54]	5855	71.7	—	91668	100439	44822	145261
			[44,56]	5886	67.4	—	91668	125346	20846	146192
		销售成本信息不对称	[28,32]	19869	80.7	253676	—	173825	510281	684106
			[26,34]	19909	84.6	253676	—	95062	588803	683865
			[24,36]	19947	88.6	253676	—	13916	669569	683485
			[28,32]	5822	84.2	51112	—	27965	116174	144139
			[26,34]	5855	88.1	51112	—	15542	129719	145261
			[24,36]	5886	92.0	51112	—	3506	142686	146192

数值结果分析：

结果（1）：当生产成本信息不对称时，不管是在 $q(c_s) \geqslant q^*$ 还是在 $q(c_s) \leqslant q^*$ 的条件下，若零售商对生产成本区间估值越大，零售商提出的最优订货量随之增大，约定的最优批发价随之减小，供应商的收益也随之减小，而零售商的收益随之增大。在 $q(c_s) \geqslant q^*$ 时，整个供应链的收益随估值区间的增大而减少；在 $q(c_s) \leqslant q^*$ 时，整个供应链的收益随估值区间的增大而增大。

结果（2）：当销售成本信息不对称时，不管是在 $q(c_r) \geqslant q^*$ 还是在 $q(c_r) \leqslant q^*$ 的条件下，若供应商对销售成本区间估值越大，供应商约定的最优订货量随之增大，提出的最优批发价也随之增大，零售商的收益却随之减小，而供应商的收益随之增大。在 $q(c_r) \geqslant q^*$ 时，整个供应链的收益随估值区间的增大而减少；在 $q(c_r) \leqslant q^*$ 时，整个供应链的收益随估值区间的增大而增大。

结果（3）：当 $q(c_i) \geqslant q^*, (i=r,s)$ 时，信息不对称状态下的整个供应链的收益均小于信息对称状态下的收益；当 $q(c_i) \leqslant q^*, (i=r,s)$ 时，信息不对称状态下的整个供应链的收益均大于信息对称状态下的收益。

结果（4）：生产成本信息不对称情形下，供应商的收益小于其最低目标收益；销售成本信息不对称情形下，零售商的收益也小于其最低目标收益。这说明，发生价格稳定的突发事件时，若供应商与零售商隐瞒信息，会导致他们所获利润减少。

3.3.4 本节结论

结论（1）：从结果（1）可以看出，在价格稳定情况下，当供应商隐瞒生产成本信息时，如果零售商对供应商的生产成本估计不准，采取提高最优订货量与降低最优批发价的组合策略，可使其收益增加，而供应商的收益将会因为隐瞒信息而减少，整个供应链的收益情况却出现了分化；在 $q(c_s) \geqslant q^*$ 时，因供应商隐瞒私人信息而受损，在 $q(c_s) \leqslant q^*$ 时却受益。

结论（2）：从结果（2）可以看出，在价格稳定情况下，当零售商隐瞒销售成本信息时，如果供应商对零售商的生产成本估计不准，采取同时提高最优订货量与最优批发价的组合策略，就能使其收益越来越大，而零售商的收益会因为隐瞒私人信息而受损，整个供应链的收益情况也出现了分化，在 $q(c_r) \geqslant q^*$ 时，因零售商隐瞒私人信息而受损，在 $q(c_r) \leqslant q^*$ 时却受益。

结论（3）：从结果（3）可以看出，当 $q(c_i) \geqslant q^*, (i=r,s)$ 时，整个供应链的收益在信息对称的状态下比不对称的状态下要大，也就是说，当市场规模扩大时，供应商与零售商公开信息，将有益于整个供应链；当 $q(c_i) \leqslant q^*, (i=r,s)$ 时，供应链的收益在信息对称状态下比不对称状态下要小，也就是说，当市场规模减小时，隐瞒信息将使供应链获得更高的收益。

结论（4）：发生价格稳定的突发事件时，供应商隐瞒生产成本信息并不会使其收益高于信息对称状态时的收益，且零售商隐瞒销售成本信息也不会使其收益高于信息对称状态时的收益，故在这种情况下，供应商和零售商隐瞒信息是不明智的，也就是说，在价格稳定情形下，供应商和零售商不会隐瞒成本信息。

3.4　价格稳定下风险厌恶及信息不对称的数量折扣契约

3.4.1　价格稳定下零售商风险厌恶且生产成本信息不对称的数量折扣契约

当市场遭遇突发事件的袭击时，供应商作为理性的经济人因担心突发事件给自身收益带来损失，于是供应商在市场经济活动中会以自身利益最大化为行为准则，通过隐瞒真实生产成本信息的方式来获取超额收益，生产成本信息不对称就由此产生。假设供应链是零售商占据主导地位的 Stackelberg 博弈，供应商作为跟随者。供应商真实的生产成本用 c_s 表示，谎报的生产成本用 $\hat{c}_s$ 表示，根据以往的记录及市场调查可知：零售商对供应商真实生产成本信息的预测服从区间 $[c_1,c_2]$ 上的均匀分布，且分布函数与密度函数的比值 $\dfrac{Y(c_s)}{y(c_s)}$ 是关于真实生产成本 c_s 的递增函数。而整个供应链系统的订货量与批发价受到生产成本 c_s 的影响，因此在这里将订货量和批发价设置成生产成本 c_s 的函数，表示为 $w(c_s)$ 和 $q(c_s)$。

按照 Stackelberg 博弈的原则，零售商按照 Myerson 显示原理设计出一系列订货量和批发价 $[w(c_s)_i,q(c_s)_i]$（$i=1,2,3,\cdots,N$）的组合清单。供应商根据自身收益最大化原则从零售商提供的清单中挑出一个组合进行合作，零售商只有制定清单的权力，但没有优先挑选的权力；供应商有优先挑选的权力，但没有修改组合清单的权力，相互之间以期通过过程制衡来实现结果公平。组合清单具体的设计原则是：把批发价及订货量都设计成生产成本 c_s 的函数，并且让供应商在谎报生产成本信息时的期望收益函数在真实生产成本 c_s 处取得最大值。于是供应商一旦选择了某种清单，零售商就知道了供应商真实的生产成本信息。

因此在价格稳定的条件下，零售商风险厌恶生产成本信息不对称的数量折扣契约优化模型为：

$$
\begin{aligned}
\max CVaR_\theta^a \pi_r^c &= \int_{c_1}^{c_2} CVaR_\theta \pi_r^c y(c_s) \mathrm{d}(c_s) = \int_{c_1}^{c_2} \frac{1}{\theta} \Big\{ \int_0^{q(c_s)} \big\{ p_0 x + v \big[q(c_s) - \\
&\quad x \big] \big\} g(x) \mathrm{d}x + \int_{q(c_s)}^{\frac{q(c_s)}{\theta}} \big\{ p_0 q(c_s) - g_r \big[x - q(c_s) \big] \big\} g(x) \mathrm{d}x + \\
&\quad \int_{\frac{q(c_s)}{\theta}}^{\infty} \Big\{ p_0 q(c_s) - g_r \Big[x - \frac{q(c_s)}{\theta} \Big] \Big\} g(x) \mathrm{d}x - w[q(c_s)] q(c_s) - \\
&\quad c_r q(c_s) \Big\} y(c_s) \mathrm{d}(c_s) \\
&= \frac{1}{\theta} \Big\{ \int_{c_1}^{c_2} (p_0 - v + g_r) \overline{S}[q(c_s)] - \Big\{ w[q(c_s)] + c_r - \\
&\quad v \Big\} q(c_s) - g_r \overline{\mu}_G + g_r \int_{\frac{q(c_s)}{\theta}}^{\infty} \Big[\frac{q(c_s)}{\theta} - q(c_s) \Big] g(x) \mathrm{d}x \mathrm{d}Y(c_s) \Big\}
\end{aligned}
$$

$$(3-94)$$

参与约束：

$$\pi_s^c(c_s) \geqslant \pi_s^{c\min} \tag{3-95}$$

激励约束：

$$\pi_s^c(c_s) \geqslant \pi_s^c(\hat{c}_s, c_s) \tag{3-96}$$

供应商报出真实生产成本的期望收益函数为：

$$
\begin{aligned}
\pi_s^c(c_s) &= w[q(c_s)] q(c_s) - \int_{q(c_s)}^{\infty} g_s[x - q(c_s)] g(x) \mathrm{d}x - \\
&\quad c_s q(c_s) - \lambda[q^* - q(c_s)]
\end{aligned}
$$

$$(3-97)$$

$\pi_s^{c\min}$ 表示供应商接受契约的最低期望收益，用价格稳定信息对称时的供应商期望收益代替，这是供应商隐瞒私人信息的内在动力。$\pi_s^c(\hat{c}_s, c_s)$ 表示供应商谎报成本时的期望收益函数，参与约束表示供应商作为理性经济人需要满足接受契约的期望收益大于等于供应商接受契约的最低心理期望收益。如果低于心理期望收益，供应商将选择不合作，激励约束表示供应商接受零售商契约的期望收益大于等于供应商谎报成本的期望收益，作为理性经济人供应商将选择收益大的决策方案，因此满足激励约束条件时供应商将选择接受契约。

命题 3.5 价格稳定条件下，生产成本信息不对称时 $\pi_s^c(c_s)$ 是关于真实生产成本 c_s 的减函数。

证明：为使供应商透露真实成本信息，应该使供应商谎报成本的收益函数在真实成本 c_s 处取得最大值，因此将 $\pi_s^c(\hat{c}_s, c_s)$ 对 $\hat{c}_s$ 求一阶导并令其在 c_s 处等于零。

$$\left. \frac{\partial \pi_s^c(\hat{c}_s, c_s)}{\partial \hat{c}_s} \right|_{\hat{c}_s = c_s} = \left\{ g_s \int_{q(\hat{c}_s)}^{\infty} g(x) \, \mathrm{d}x + \frac{\partial w[q(\hat{c}_s)]}{\partial q(\hat{c}_s)} q(\hat{c}_s) + w[q(\hat{c}_s)] - \right.$$

$$\left. c_s + \lambda \right\} \left. \frac{\partial q(\hat{c}_s)}{\partial \hat{c}_s} \right|_{\hat{c}_s = c_s} = 0 \qquad (3-98)$$

再将 $\pi_s^c(c_s)$ 对 c_s 求一阶导数得到：

$$\frac{\partial \pi_s^c(c_s)}{\partial c_s} = \left\{ g_s \int_{q(c_s)}^{\infty} g(x) \, \mathrm{d}x + \frac{\partial w[q(c_s)]}{\partial q(\hat{c}_s)} q(c_s) + w[q(c_s)] - \right.$$

$$\left. c_s + \lambda \right\} \frac{\partial q(c_s)}{\partial c_s} - q(c_s) \qquad (3-99)$$

将式（3-98）代入式（3-99）得到：

$$\frac{\partial \pi_s^c(c_s)}{\partial c_s} = -q(c_s) < 0 \qquad (3-100)$$

根据式（3-100）小于零，说明 $\pi_s^c(c_s)$ 在区间 $[c_1, c_2]$ 上是关于 c_s 的减函数，说明在生产成本信息不对称条件下，供应商的期望收益在 c_2 处取得最小值，即 $\pi_s^{c\min} = \pi_s^c(c_2)$，在 c_s 处取得最大值。因此可以将生产成本区间由 $[c_1, c_2]$ 缩小至 $[c_s, c_2]$，此时 $Y(c_s) = 0, Y(c_2) = 1$，对式（3-100）两边在区间 $[c_s, c_2]$ 上积分可得如下表达式：

$$\pi_s^a(c_s) = \pi_s^{c\min} + \int_{c_s}^{c_2} q(c_s) y(c_s) \, \mathrm{d}(c_s) \qquad (3-101)$$

根据式（3-100）、式（3-101）可得：

$$\max CVaR_{\theta}^a \pi_r^c = \int_{c_s}^{c_2} \frac{1}{\theta} \left\{ \pi_h^c(c_s) - \pi_s^c(c_s) + \right.$$

$$g_r \int_{\frac{q(c_s)}{\theta}}^{\infty} \left[\frac{q(c_s)}{\theta} - q(c_s) \right] g(x) \, \mathrm{d}x \left. \right\} y(c_s) \, \mathrm{d}(c_s)$$

$$= \frac{1}{\theta} \left\{ \int_{c_s}^{c_2} \left\{ \pi_h^c(c_s) + g_r \int_{\frac{q(c_s)}{\theta}}^{\infty} \left[\frac{q(c_s)}{\theta} - q(c_s) \right] g(x) \, \mathrm{d}x \right\} \right.$$

$$y(c_s)\mathrm{d}(c_s) - \int_{c_s}^{c2} \pi_s^c(c_s)y(c_s)\mathrm{d}(c_s)\}$$

$$= \frac{1}{\theta}\left\{\int_{c_s}^{c2}\left\{\pi_h^c(c_s) + g_r\int_{\frac{q(c_s)}{\theta}}^{\infty}\left[\frac{q(c_s)}{\theta} - q(c_s)\right]g(x)\mathrm{d}x\right\}\right.$$

$$\left. y(c_s)\mathrm{d}(c_s) - \left\{\pi_s^c(c_s)Y(c_s)\mid_{c_s}^{c2} - \int_{c_s}^{c2}Y(c_s)\mathrm{d}\left[\pi_s^u(c_s)\right]\right\}\right\}$$

$$= \frac{1}{\theta}\left\{\int_{c_s}^{c2}\left\{\pi_h^c(c_s) + g_r\int_{\frac{q(c_s)}{\theta}}^{\infty}\left[\frac{q(c_s)}{\theta} - q(c_s)\right]g(x)\mathrm{d}x\right\}\mathrm{d}Y(c_s) - \right.$$

$$\left. \int_{c_s}^{c2}\frac{Y(c_s)}{y(c_s)}q(c_s)\mathrm{d}Y(c_s) - \pi_s^c(c_2)\right\}$$

$$= \frac{1}{\theta}\left\{\int_{c_s}^{c2}\left\{(p_0 - v + g)\bar{S}\left[q(c_s)\right] - (c - v)q(c_s) - g\bar{\mu}_G - \right.\right.$$

$$\left. B\left[q(c_s)\right] + g_r\int_{\frac{q(c_s)}{\theta}}^{\infty}\left[\frac{q(c_s)}{\theta} - q(c_s)\right]g(x)\mathrm{d}x\right\}\mathrm{d}Y(c_s) - $$

$$\left. \int_{c_s}^{c2}\frac{Y(c_s)}{y(c_s)}q(c_s)\mathrm{d}Y(c_s) - \pi_s^{mmin}\right\}$$

$$= \frac{1}{\theta}\left\{\int_{c_s}^{c2}\left\{(p_0 - v + g)\bar{S}\left[q(c_s)\right] - \left[c - v + \frac{Y(c_s)}{y(c_s)} - \right.\right.\right.$$

$$\left. g_r\int_{\frac{q(c_s)}{\theta}}^{\infty}\left(\frac{1}{\theta} - 1\right)g(x)\mathrm{d}x\right]q(c_s) - g\bar{\mu}_G - $$

$$\left. B\left[q(c_s)\right]\right\}\mathrm{d}Y(c_s) - \pi_s^{mmin}\right\} \qquad (3-102)$$

其中，$B(q(c_s)) = \lambda\left[q^* - q(c_s)\right]$。

对式（3-102）关于 $q(c_s)$ 求一阶导，并令其等于零，可得最优订货量 q^{a*} 的表达式为：

$$(p_0 - v + g)\left[1 - G(q(c_s))\right] - \left[c - v - \lambda + \frac{Y(c_s)}{y(c_s)}\right] + $$

$$g_r\int_{\frac{q(c_s)}{\theta}}^{\infty}\left(\frac{1}{\theta} - 1\right)g(x)\mathrm{d}x - g_r q(c_s)\frac{1-\theta}{\theta^2}g\left[\frac{q(c_s)}{\theta}\right] = 0 \qquad (3-103)$$

由于销售商信息是完全对称的，故将式（3-104）和式（3-102）联立起来可得最优批发价 w^{a*} 的表达式为：

$$w^{a*} = \frac{\lambda\left[q^* - q(c_s)\right] - g_s\left\{\bar{S}\left[q(c_s)\right] - \bar{\mu}_G\right\} + \pi_s^{cmin}}{q(c_s)} + c_s + \frac{Y(c_s)}{y(c_s)}$$

$$(3-104)$$

算例分析： 在之前算例的基础上，相关参数设置为：$p_0 = 300$，$c_r = 50$，$c_s = 100$，$g_r = 10$，$g_s = 10$，$v = 80$，$\lambda = 20$（具体字母含义见前文），市场需求服从 $X \sim N(100000, 100^2)$ 的正态分布，突发事件导致市场需求萎缩，此时的市场需求服从 $X \sim N(50000, 100^2)$ 的正态分布，考虑生产成本信息不对称时零售商根据历史交易记录及市场信息预测供应商的生产成本服从 $c_s \sim U(95, 105)$、$c_s \sim U(97, 103)$ 的均匀分布。

接下来用 Mathematica 软件进行计算，分别计算出生产成本信息对称及生产成本信息不对称情况下的最优订货量、批发价，计算结果如表 3-14 所示。

表 3-14　　风险厌恶因子 θ 以 0.01 为步长在 [0，1] 之间变化的
最优订货量和批发价

θ	信息对称		预测生产成本区间在 [95，105]		预测生产成本区间在 [97，103]	
—	q^*	w^*	q_1^{a*}	w_1^{a*}	q_2^{a*}	w_2^{a*}
0.01	50081	185	50074	190	50077	188
0.02	50081	185	50074	190	50077	188
0.03	50081	185	50074	190	50077	188
…	…	…	…	…	…	…
0.94	50081	185	50074	190	50077	188
0.95	50081	185	50074	190	50077	188
0.96	50081	185	50074	190	50077	188
0.97	50081	185	50074	190	50077	188
0.98	50081	185	50074	190	50077	188
0.99	50081	185	50074	190	50077	188
1	50081	185	50074	190	50077	188

由表 3-14 可以得出，无论生产成本信息对称还是不对称，当风险厌恶因子 θ 以 0.01 为步长在区间 [0.01，1] 之间变化时，最优订货量和批发价均保持不变。现以 0.1 为步长在 [0.1，1] 之间变化分别计算出与之相对应的最优订货量、批发价、零售商期望收益、供应商期望收益及供应链期望收益，绘制出图 3-1 至图 3-5。

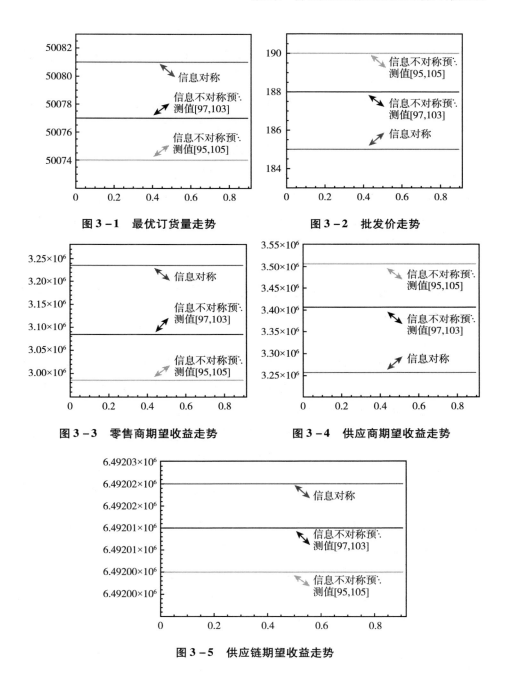

图 3-1 最优订货量走势

图 3-2 批发价走势

图 3-3 零售商期望收益走势

图 3-4 供应商期望收益走势

图 3-5 供应链期望收益走势

根据图 3-1 至图 3-5 可以得出以下结论。

结论（1）：由图 3-1 至图 3-5 可以得出，无论是生产成本信息对称还是生产成本信息不对称情况下的最优订货量、批发价、零售商期望收益、供应商期望收益及整个供应链系统的期望收益并没有随着风险厌恶因子的变动发生变化，均为一条水平的直线。

结论（2）：由图 3 – 1 至图 3 – 5 可以得出，最优订货量、零售商期望收益及供应链期望收益在生产成本信息对称下的数值大于生产成本信息不对称下的数值，进一步可以发现生产成本的预测区间为 [97，103] 时的数值大于生产成本的预测值区间为 [95，105] 时的数值；而批发价和供应商期望收益在生产成本信息对称下的数值小于生产成本信息不对称下的数值，进一步可以发现生产成本的预测区间为 [97，103] 时的数值小于生产成本的预测值区间为 [95，105] 时的数值。

3.4.2 价格稳定下供应商风险厌恶且销售成本信息不对称的数量折扣契约

当市场遭遇突发事件时，零售商担心突发事件给自身利润带来损失，会通过隐藏真实销售成本信息的方式来获取超额利润，销售成本信息不对称就由此产生。假设供应链是由供应商占据主导地位的 Stackelberg 博弈，零售商作为跟随者。零售商真实的销售成本用 c_r 表示、谎报的销售成本用 $\hat{c}_s$ 表示，根据以往学者的研究成果和市场调研可知：供应商对零售商真实销售成本的预测服从区间 $[c_1，c_2]$ 上的均匀分布，且分布函数和密度函数的比值 $\dfrac{Y(c_r)}{y(c_r)}$ 是关于 c_r 的增函数。而销售成本作为订货量和批发价的一个影响因素，因此可将订货量与批发价设置成销售成本 c_r 的函数，分别表示为 $w(c_r)$ 和 $q(c_r)$。

供应商为了获取零售商真实的销售成本信息，会精心拟定一组订货量与批发价清单 $[w(q(c_r))_i，q(c_r)_i]，(i = 1，2，3，\cdots，N)$。零售商作为理性的"经济人"，在收到供应商提供的清单后，必然会以自身利益最大化为准则进行选择。此时零售商要么从所有清单中选择一个进行合作，要么放弃合作，没有修改清单契约的资格。由于批发价、订货量是关于销售成本 c_r 的函数，根据 Myerson 显示原理可知：只要让零售商的期望收益函数在真实销售成本 c_r 处获取最大值，零售商就会不自觉地透露出其真实的销售成本信息。

因此，在价格稳定的条件下，供应商风险厌恶销售成本信息不对称的数量折扣契约优化模型为：

$$\max CVaR_\theta^a(\pi_s^c) = \int_{c_1}^{c_2} CVaR_\theta(\pi_s^c)y(c_r)\mathrm{d}(c_r) = \int_{c_1}^{c_2}\frac{1}{\theta}\{w(q(c_r))q(c_r) -$$

$$c_s q(c_r) - \int_{q(c_r)}^{\frac{q(c_r)}{\theta}} g_s(x - q(c_r))g(x)\mathrm{d}x -$$

$$\int_{\frac{q(c_r)}{\theta}}^{\infty} g_s\left(x - \frac{q(c_r)}{\theta}\right)g(x)\mathrm{d}x - \lambda(q^* - q(c_r))\}y(c_r)\mathrm{d}(c_r)$$

$$= \frac{1}{\theta}\left\{\int_{c_1}^{c_2} g_s \overline{S}[q(c_r)] + \{w(q(c_r)) - c_s\}q(c_r) - g_s\overline{\mu}_G +\right.$$

$$\left. g_r\int_{\frac{q(c_r)}{\theta}}^{\infty}\left(\frac{q(c_r)}{\theta} - q(c_r)\right)g(x)\mathrm{d}x - B(q(c_r))\mathrm{d}Y(c_r)\right\}$$

$$(3-105)$$

参与约束：

$$\pi_r^c(c_r) \geqslant \pi_r^{cmin} \qquad (3-106)$$

激励约束：

$$\pi_r^c(c_r) \geqslant \pi_r^c(\widehat{c_r}, c_r) \qquad (3-107)$$

π_r^{cmin} 表示零售商接受契约的最低期望收益函数，用信息对称时的零售商期望收益代替，这是零售商隐瞒私人信息的内在动力，$\pi_r^c(c_r)$ 表示零售商接受供应商契约时的期望收益函数。$\pi_s^c(c_s^l, c_s)$ 表示零售商谎报成本时的期望收益函数，参与约束表示零售商作为理性经济人需要满足接受契约的期望收益大于等于零售商接受契约时的最低心理期望收益。如果低于心理期望收益，零售商将选择不合作，激励约束表示零售商接受供应商契约的期望收益大于等于零售商谎报成本时的期望收益，作为理性经济人的零售商将选择收益大的决策方案，因此满足激励约束条件时零售商将选择接受契约。

命题 3.6 价格稳定条件下，销售成本信息不对称时 $\pi_r^c(c_r)$ 是关于真实销售成本 c_r 的减函数。

证明：为了使得零售商透露出真实的销售成本信息，应该使零售商谎报成本的利润函数在真实销售成本 c_r 处取得最大值，因此将 $\pi_r^c(\hat{c}_s, c_r)$ 对 $\hat{c}_s$ 求一阶导并令其在 c_r 处等于零可得：

$$\pi_r^c(\widehat{c}_r, c_r) = \int_0^{q(\widehat{c}_r)} [p_0 x + v(q(\widehat{c}_r) - x)] g(x) \mathrm{d}x + \int_{q(\widehat{c}_r)}^{\infty} [p_0 q(\widehat{c}_r) -$$

$$g_r(x - q(\widehat{c}_r))] g(x) \mathrm{d}x - c_r q(\widehat{c}_r) - w(q(\widehat{c}_r)) q(\widehat{c}_r)$$

$$(3-108)$$

$$\frac{\partial \pi_r^c(\widehat{c}_r, c_r)}{\partial \widehat{c}_r}\bigg|_{\widehat{c}_r = c_r} = \{(p_0 - v + g_r)(1 - G(q(\widehat{c}_r)) - (w(q(\widehat{c}_r)) + c_r - v) -$$

$$\frac{\partial w[q(\widehat{c}_r)]}{\partial q(\widehat{c}_r)} q(\widehat{c}_r)\} \frac{\partial q(\widehat{c}_r)}{\partial \widehat{c}_r}\bigg|_{\widehat{c}_r = c_r} = 0 \qquad (3-109)$$

将 $\pi_r^m(c_r)$ 对 c_r 求一阶导得到:

$$\frac{\partial \pi_r^m(c_r)}{\partial c_r} = \{(p_0 - v + g_r)(1 - G(q(c_r)) - (w(q(c_r)) + c_r - v) -$$

$$\frac{\partial w[q(c_r)]}{\partial q(c_r)} q(c_r)\} \frac{\partial q(c_r)}{\partial c_r} - q(c_r) \qquad (3-110)$$

将式 (3-108) 代入式 (3-110) 可得:

$$\frac{\partial \pi_r^c(c_r)}{\partial c_r} = -q(c_r) < 0 \qquad (3-111)$$

根据式 (3-102) 小于零, 可知 $\pi_r^c(c_r)$ 在区间 $[c_1, c_2]$ 上是关于 c_r 的减函数, 即零售商的期望收益函数在 c_2 处取得最小值, $\pi_r^{cmin} = \pi_r^c(c_2)$, 在 c_r 处取得最大值。故可将销售成本预测区间由 $[c_1, c_2]$ 缩小为 $[c_r, c_2]$, 满足 $Y(c_r) = 0$, $Y(c_2) = 1$, 对式 (3-110) 两边在区间 $[c_r, c_2]$ 上积分可得如下表达式:

$$\pi_r^a(c_r) = \pi_r^{cmin} + \int_{c_r}^{c_2} q(c_r) y(c_r) \mathrm{d}(c_r) \qquad (3-112)$$

根据式 (3-105)、式 (3-112) 可得:

$$\max CVaR_\theta^a(\pi_s^c) = \int_{c_r}^{c_2} \frac{1}{\theta} \left\{ \pi_h^c(c_r) - \pi_s^c(c_r) + g_r \int_{\frac{q(c_r)}{\theta}}^{\infty} (\frac{q(c_r)}{\theta} -$$

$$q(c_r)) g(x) \mathrm{d}x \right\} y(c_r) \mathrm{d}(c_r)$$

$$= \frac{1}{\theta} \left\{ \int_{c_r}^{c_2} (\pi_h^c(c_r) + g_r \int_{\frac{q(c_r)}{\theta}}^{\infty} (\frac{q(c_r)}{\theta} -$$

$$q(c_r)) g(x) \mathrm{d}x) y(c_r) \mathrm{d}(c_r) - \int_{c_r}^{c_2} \pi_r^c(c_r) y(c_r) \mathrm{d}(c_r) \right\}$$

$$= \frac{1}{\theta} \left\{ \int_{c_r}^{c2} \left(\pi_h^c(c_r) + g_r \int_{\frac{q(c_r)}{\theta}}^{\infty} \left(\frac{q(c_r)}{\theta} - \right. \right. \right.$$

$$\left. q(c_r) \right) g(x) dx \right) y(c_r) d(c_r) - \pi_r^c(c_r) Y(c_r) \mid_{c_r}^{c2} -$$

$$\left. \int_{c_r}^{c2} Y(c_r) d(\pi_r^c(c_r)) \right\}$$

$$= \frac{1}{\theta} \left\{ \int_{c_r}^{c2} \left(\pi_h^c(c_r) + g_r \int_{\frac{q(c_r)}{\theta}}^{\infty} \left(\frac{q(c_r)}{\theta} - \right. \right. \right.$$

$$\left. q(c_r) \right) g(x) dx \right) y(c_r) d(c_r) - \int_{c_r}^{c2} Y(c_r) q(c_r) d(c_r) - \pi_r^c(c_2) \right\}$$

$$= \frac{1}{\theta} \left\{ \int_{c_r}^{c2} \left[(p_0 - v + g) \overline{S}[q(c_r)] - (c - v)q(c_r) - g\overline{\mu}_G - \right. \right.$$

$$\left. B(q(c_r)) + g_r \int_{\frac{q(c_r)}{\theta}}^{\infty} \left(\frac{q(c_r)}{\theta} - q(c_r) \right) g(x) dx \right] dY(c_r) -$$

$$\left. \int_{c_r}^{c2} \frac{Y(c_r)}{y(c_r)} q(c_r) dY(c_r) - \pi_r^{cmin} \right\}$$

$$= \frac{1}{\theta} \left\{ \int_{c_r}^{c2} \left[(p_0 - v + g) \overline{S}[q(c_r)] - \left[c - v + \frac{Y(c_r)}{y(c_r)} - \right. \right. \right.$$

$$\left. g_r \int_{\frac{q(c_r)}{\theta}}^{\infty} \left(\frac{1}{\theta} - 1 \right) g(x) dx \right] q(c_r) - g\overline{\mu}_G -$$

$$\left. B(q(c_r)) \right] dY(c_r) - \pi_r^{cmin} \right\} \tag{3-113}$$

将式（3-113）对 $q(c_r)$ 求一阶导并令其等于零，可得最优订货量 q^{a*} 的表达式为：

$$(p_0 - v + g)[1 - G(q(c_r))] - \left[c - v - \lambda + \frac{Y(c_r)}{y(c_r)} \right]$$

$$+ g_s \int_{\frac{q(c_r)}{\theta}}^{\infty} \left(\frac{1}{\theta} - 1 \right) g(x) dx - g_r q(c_r) \frac{1 - \theta}{\theta^2} g\left(\frac{q(c_r)}{\theta} \right) = 0 \tag{3-114}$$

由于供应商信息是完全对称的，故将式（3-105）和式（3-113）联立起来可得最优批发价 w^{a*} 的表达式为：

$$w^{a*} = \frac{(p_0 - v + g_r) \overline{S}[q(c_r)] - g_r \overline{\mu}_G - \pi_r^{mmin}}{q(c_r)} - c_r + v - \frac{Y(c_r)}{y(c_r)} \tag{3-115}$$

算例分析：参照上一节的算例，设 $p_0 = 300$，$c_r = 50$，$c_s = 100$，$g_r = 10$，

$g_s = 10$，$v = 80$，$\lambda = 20$（具体字母含义见前文），市场需求服从 $X \sim N(100000,100^2)$ 的正态分布，突发事件导致市场需求萎缩，此时的市场需求服从 $X \sim N(50000,100^2)$ 的正态分布，考虑销售成本信息不对称时供应商根据历史交易记录及市场信息预测零售商的销售成本服从 $c_r \sim U(48,52)$、$c_r \sim U(45,55)$ 上的均匀分布。

接下来用 Mathematica 软件进行计算，分别计算出销售成本信息对称及销售成本信息不对称情况下的最优订货量、批发价，计算结果如表 3 - 15 所示。

表 3 - 15 　　　　风险厌恶因子 θ 以 0.01 为步长在 [0，1] 范围变化的最优订货量和批发价

θ	信息对称		预测销售成本区间在 [48，52]		预测销售成本区间在 [45，55]	
—	q^*	w^*	q_1^{a*}	w_1^{a*}	q_2^{a*}	w_2^{a*}
0.01	50081	185	50078	183	50074	180
0.02	50081	185	50078	183	50074	180
0.03	50081	185	50078	183	50074	180
…	…	…	…	…	…	…
0.94	50081	185	50078	183	50074	180
0.95	50081	185	50078	183	50074	180
0.96	50081	185	50078	183	50074	180
0.97	50081	185	50078	183	50074	180
0.98	50081	185	50078	183	50074	180
0.99	50081	185	50078	183	50074	180
1	50081	185	50078	183	50074	180

由表 3 - 15 可以得出，无论销售成本信息对称还是销售成本信息不对称，当风险厌恶因子 θ 以 0.01 为步长在区间 [0.01，1] 范围变化时，最优订货量和批发价均保持不变。现以 0.1 为步长在区间 [0.1，1] 范围变化分别计算出与之相对应的最优订货量、批发价、零售商期望收益、供应商期望收益以及供应链期望收益，绘制图 3 - 6 至图 3 - 10。

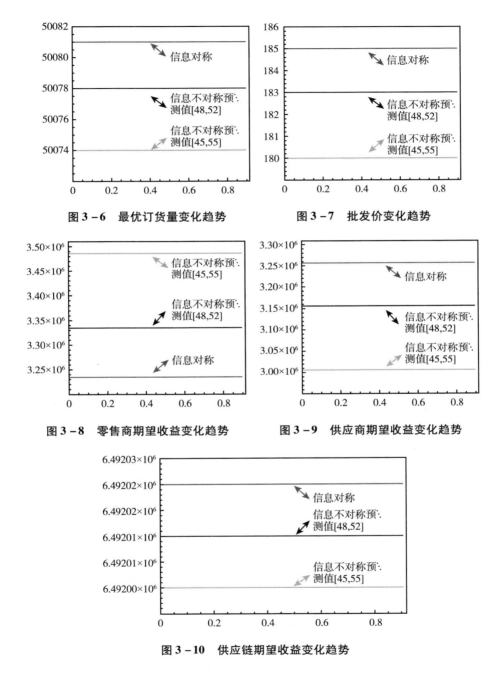

图3-6　最优订货量变化趋势

图3-7　批发价变化趋势

图3-8　零售商期望收益变化趋势

图3-9　供应商期望收益变化趋势

图3-10　供应链期望收益变化趋势

根据图3-6至图3-10可以得出以下结论。

结论（1）：由图3-6至图3-10可以得出，无论是销售成本信息对称还是销售成本信息不对称下的最优订货量、批发价、零售商期望收益、供应商期望收益及整个供应链系统的期望收益并没有随着风险厌恶因子 θ 的变动而发生弯曲，均为一条水平的直线。

结论（2）：由图 3-6 至图 3-10 可以得出，最优订货量、批发价、供应商期望收益及供应链期望收益在销售成本信息对称下的数值大于销售成本信息不对称下的数值，进一步可以发现销售成本的预测区间为［48，52］时的数值大于生产成本的预测值区间为［45，55］时的数值。而零售商期望收益在销售成本信息对称下的数值小于销售成本信息不对称下的数值，进一步可以发现销售成本的预测区间为［48，52］时的数值小于销售成本的预测值区间为［45，55］时的数值。

3.4.3　本节结论

本章以单一零售商和单一供应商组成的二级供应链为研究对象，在价格稳定的前提下，考虑突发事件造成市场需求随机、供应链参与者风险厌恶及信息不对称的情形，首先建立信息对称条件下供应链参与者风险厌恶的 CVaR 模型，然后根据显示原理通过科学的设置参与约束与激励约束构建了单边信息不对称供应链参与者风险厌恶的 CVaR 模型。通过算例分析，可以得出如下结论。

结论（1）：在价格稳定条件的前提下，当零售商风险厌恶时，生产成本信息不对称提高了供应商的期望收益却降低了零售商的期望收益，供应商必然会从自己持有的私人信息中获利，而零售商就会因为不了解供应商的真实生产成本信息造成自身的利润遭受损失，同时从整个供应链系统的角度来看，供应商保留生产成本信息会危害整个供应链系统的绩效，不利于供应链系统健康稳定的发展。生产成本信息不对称降低了整个供应链系统的最优订货量却提高了批发价，即供应商拥有私人信息，必然会借助于信息优势来提高批发价为自己获取更大的收益。

结论（2）：在价格稳定条件的前提下，当供应商风险厌恶时，销售成本信息不对称提高了零售商的期望收益却降低了供应商和整个供应链的期望收益，零售商必然会从自己持有的私人信息中获利，而供应商就会因为不了解零售商的真实销售成本信息造成自身的利润遭受损失，同时从整个供应链系统的角度来看，零售商保留销售成本信息会危害整个供应链系统的绩效，不利于供应链系统健康稳定的发展。销售成本信息不对称在降低了整个供应链系统的最优订货量的同时也降低了批发价，即零售商拥有私人信息，必然会借助于信息优势来降低批发价为自己获取更大的收益。

结论（3）：在价格稳定条件的前提下，无论是生产成本信息不对称零售商风险厌恶还是销售成本信息不对称供应商风险厌恶，最优订货量、批发价、零售商期望收益、供应商期望收益及整个供应链的期望收益随着风险厌恶因子的变化均为一条水平的直线，即在价格稳定的条件下，数量折扣契约能有效应对风险厌恶和信息不对称给供应链系统带来的干扰，实现供应链协调。

3.5 价格稳定下风险厌恶及双边信息不对称的数量折扣契约

本节在价格稳定的条件下，考虑突发事件造成市场需求随机、供应链参与者风险厌恶、零售商和供应商之间双边信息不对称等扰动因素，借助于修正过后的"利润 – CVaR"风险度量准则并科学设置激励约束和参与约束，构建了参与者风险厌恶双边信息不对称的数量折扣契约模型，并用算例进行验证。探究在风险厌恶因子一定的情况下，零售商和供应商对生产成本、销售成本不同的预测精度对供应链上各决策变量的影响，以及在零售商和供应商对生产成本、销售成本预测的精度不变的情况下，探究风险厌恶因子变动对供应链上各决策变量的影响。

3.5.1 价格稳定下参与者风险厌恶且双边信息不对称的数量折扣契约

在参与者风险厌恶双边信息不对称的供应链系统中，实现双边信息的透明化与供应链协调主要从以下两个方面进行考虑。

（1）对于供应链参与者风险的度量。对于风险的度量有很多方法，如均值方差法（Mean-Variance，MV）、在险价值法（Value-at-Risk，VaR）等。本书基于以往学者研究的基础上，修正了以往"利润 – CVaR"风险度量准则，并基于修正过后的"利润 – CVaR"风险度量准则对供应链参与者的风险厌恶程度进行度量。

（2）协调主体的确定与信息揭示机制的设置。由于零售商和供应商均保有私人成本信息，同时零售商和供应商作为理性的"经济人"在决策时必然以自身利润最大化为准则，不会考虑对方的利润及整个供应链主体的利润，这必然导致双重边际化效应的产生，使整个供应链系统的绩效受到损失。鉴于此，本书引入"利他委托人"的概念，"利他委托人"没有自己的利润，其期望效用等于整个供应链系统的效用。以"利他委托人"作为协调的主体本质就是以整个供应链为协调主体，这样就很好地避免了双重边际化效应带来的利润损失，有助于提升整个供应链系统的绩效。同时，本书在双边信息不对称的研究中通过科学设置激励约束和参与约束来提升整个供应链系统的信息透明度，在一定程度上消除信息不对称给整个供应链系统带来的利润损失。

基于以上两点，建立参与者风险厌恶双边信息不对称的数量折扣契约模型为：

$$\max \int_{\underline{c_s}}^{\overline{c_s}} \int_{\underline{c_r}}^{\overline{c_r}} \left\{ CVaR_\theta \pi_i + \pi_j \right\} y(c_r) y(c_s) \, \mathrm{d}c_r \mathrm{d}c_s \qquad (3-116)$$

参与约束：

$PC_1：\qquad\qquad\qquad \pi_s^m(c_s) \geq \pi_s^{mmin} \qquad\qquad\qquad (3-117)$

$PC_2：\qquad\qquad\qquad \pi_r^m(c_r) \geq \pi_r^{mmin} \qquad\qquad\qquad (3-118)$

激励约束：

$$IC_1：\qquad \int_{\underline{c_r}}^{\overline{c_r}} \pi_s^m(c_s, c_r) y(c_r) \, \mathrm{d}c_r \geq \int_{\underline{c_r}}^{\overline{c_r}} \pi_s^m(c_s^l, c_s, c_r) y(c_r) \, \mathrm{d}c_r \qquad (3-119)$$

$$IC_2：\qquad \int_{\underline{c_s}}^{\overline{c_s}} \pi_r^m(c_s, c_r) y(c_s) \, \mathrm{d}c_s \geq \int_{\underline{c_r}}^{\overline{c_r}} \pi_r^m(c_r^l, c_s, c_r) y(c_s) \, \mathrm{d}c_s \qquad (3-120)$$

3.5.2 价格稳定下零售商风险厌恶且双边信息不对称的数量折扣契约

在价格稳定的条件下，考虑突发事件造成零售商的风险态度由风险中性转变为风险厌恶、零售商和供应商之间双边信息不对称的情形，根据式（3 – 116）建立价格稳定零售商风险厌恶双边信息不对称的数量折扣契约模型为：

$$\max \int_{\underline{c_s}}^{\overline{c_s}} \int_{\underline{c_r}}^{\overline{c_r}} \{ CVaR_\theta \pi_r^c + \pi_s^c \} y(c_r) y(c_s) \, \mathrm{d}c_r \mathrm{d}c_s$$

$$= \max \int_{\underline{c_s}}^{\overline{c_s}} \int_{\underline{c_r}}^{\overline{c_r}} \left\{ \frac{1}{\theta} \left(\pi_r^c + g_r \int_{\frac{q}{\theta}}^{\infty} \left(\frac{q}{\theta} - q \right) g(x) \, \mathrm{d}x \right) + \pi_s^c \right\} y(c_r) y(c_s) \, \mathrm{d}c_r \mathrm{d}c_s$$

$$(3 - 121)$$

参与约束：

$$PC_1: \qquad\qquad \pi_s^c(c_s) \geqslant \pi_s^{c\min} \qquad\qquad\qquad (3 - 122)$$

$$PC_2: \qquad\qquad \pi_r^c(c_r) \geqslant \pi_r^{c\min} \qquad\qquad\qquad (3 - 123)$$

激励约束：

$$IC_1: \qquad \int_{\underline{c_r}}^{\overline{c_r}} \pi_s^c(c_s, c_r) y(c_r) \, \mathrm{d}c_r \geqslant \int_{\underline{c_r}}^{\overline{c_r}} \pi_s^c(c_s^l, c_s, c_r) y(c_r) \, \mathrm{d}c_r \qquad (3 - 124)$$

$$IC_2: \qquad \int_{\underline{c_s}}^{\overline{c_s}} \pi_r^c(c_s, c_r) y(c_s) \, \mathrm{d}c_s \geqslant \int_{\underline{c_r}}^{\overline{c_r}} \pi_r^c(c_r^l, c_s, c_r) y(c_s) \, \mathrm{d}c_s \qquad (3 - 125)$$

命题 3.7 价格稳定条件下，生产成本信息不对称时的 $\pi_s^c(c_s, c_r)$ 是关于真实生产成本 c_s 的减函数。

证明：为使供应商透露出真实的生产成本信息，应该使供应商谎报成本时的期望收益函数在真实成本 c_s 处取得最大值，因此将 $\pi_s^c(\widehat{c_s}, c_s, c_r)$ 对 $\widehat{c_s}$ 求一阶导并令其在 c_s 处等于零可得：

$$\frac{\partial \pi_s^c(\widehat{c_s}, c_s, c_r)}{\partial \widehat{c_s}} \bigg|_{\widehat{c_s} = c_s} = \left\{ g_s \int_{q(\widehat{c_s}, c_r)}^{\infty} g(x) \, \mathrm{d}x + \frac{\partial w[q(\widehat{c_s}, c_r)]}{\partial q(\widehat{c_s}, c_r)} q(\widehat{c_s}, c_r) + \right.$$

$$\left. w[q(\widehat{c_s}, c_r)] - c_s + \lambda \right\} \frac{\partial q(\widehat{c_s}, c_r)}{\partial \widehat{c_s}} \bigg|_{\widehat{c_s} = c_s} = 0$$

$$(3 - 126)$$

再将 $\pi_s^c(c_s, c_r)$ 对 c_s 求一阶导可得：

$$\frac{\partial \pi_s^c(c_s, c_r)}{\partial c_s} = \left\{ g_s \int_{q(c_s, c_r)}^{\infty} g(x)\,\mathrm{d}x + \frac{\partial w[q(c_s, c_r)]}{\partial q(c_s, c_r)} q(c_s, c_r) + w[q(c_s, c_r)] - \right.$$
$$\left. c_s + \lambda \right\} \frac{\partial q(c_s, c_r)}{\partial c_s} - q(c_s, c_r) \qquad (3-127)$$

将式（3-126）代入式（3-127）可得：

$$\frac{\partial \pi_s^c(c_s, c_r)}{\partial c_s} = -q(c_s, c_r) < 0 \qquad (3-128)$$

根据式（3-128）小于零，可知 $\pi_s^c(c_s, c_r)$ 是关于 c_s 的减函数，说明在生产成本信息不对称条件下，供应商的期望收益在 $\overline{c_s}$ 处取得最小值，即 $\pi_s^{cmin} = \pi_s^c(\overline{c_s})$，在 c_s 处取得最大值。因此可以将生产成本区间缩小至 $[c_s, \overline{c_s}]$，此时 $Y(c_s) = 0, Y(\overline{c_s}) = 1$，同时对式（3-128）等号两边对区间 $[c_s, \overline{c_s}]$ 积分可得：

$$\pi_s^a(c_s, c_r) = \pi_s^{cmin} + \int_{c_s}^{\overline{c_2}} q(c_s, c_r) y(c_s) \mathrm{d}(c_s) \qquad (3-129)$$

满足激励约束 IC_1。

命题 3.8 价格稳定条件下，销售成本信息不对称时的 $\pi_r^c(c_s, c_r)$ 是关于真实销售成本 c_r 的减函数。

证明：为了使零售商透露出真实的销售成本信息，应该使零售商谎报成本的利润函数在真实销售成本 c_r 处取得最大值，因此将 $\pi_r^c(\widehat{c_s}, c_s, c_r)$ 对 $\widehat{c_s}$ 求一阶导并令其在 c_r 处等于零可得：

$$\pi_r^c(\widehat{c_s}, c_s, c_r) = \int_0^{q(\widehat{c_s}, c_s)} [p_0 x + v(q(\widehat{c_s}, c_s) - x)] g(x)\,\mathrm{d}x +$$
$$\int_{q(\widehat{c_s}, c_s)}^{\infty} [p_0 q(\widehat{c_s}, c_s) - g_r(x - q(\widehat{c_s}, c_s))] g(x)\,\mathrm{d}x -$$
$$c_r q(\widehat{c_s}, c_s) - w(q(\widehat{c_s}, c_s)) q(\widehat{c_s}, c_s) \qquad (3-130)$$

$$\left. \frac{\partial \pi_r^c(\widehat{c_s}, c_s, c_r)}{\partial \widehat{c_s}} \right|_{\widehat{c_s} = c_r} = \left\{ (p_0 - v + g_r)(1 - G(q(\widehat{c_s}, c_s)) - \right.$$
$$(w(q(\widehat{c_s}, c_s)) + c_r - v) -$$
$$\left. \frac{\partial w[q(\widehat{c_s}, c_s)]}{\partial q(\widehat{c_s}, c_s)} q(\widehat{c_s}, c_s) \right\} \left. \frac{\partial q(\widehat{c_s}, c_s)}{\partial \widehat{c_s}} \right|_{\widehat{c_s} = c_r} = 0 \qquad (3-131)$$

将 $\pi_r^c(c_s, c_r)$ 对 c_r 求一阶导可得:

$$\frac{\partial \pi_r^c(c_r, c_s)}{\partial c_r} = \left\{ (p_0 - v + g_r)(1 - G(q(c_r, c_s)) - (w(q(c_r, c_s)) + c_r - v) - \right.$$

$$\left. \frac{\partial w[q(c_r, c_s)]}{\partial q(c_r, c_s)} q(c_r, c_s) \right\} \frac{\partial q(c_r, c_s)}{\partial c_r} - q(c_r, c_s) \qquad (3-132)$$

将式（3-131）代入式（3-132）可得:

$$\frac{\partial \pi_r^c(c_s, c_r)}{\partial c_r} = -q(c_s, c_r) < 0 \qquad (3-133)$$

根据式（3-133）小于零，可得 $\pi_r^c(c_s, c_r)$ 在区间 $[c_r, \overline{c}_r]$ 上是关于 c_r 的减函数，因此 $\pi_r^c(c_s, c_r)$ 在 $\overline{c}_r$ 处取得最小值，即 $\pi_r^{cmin} = \pi_r^c(\overline{c}_r)$，在 c_r 处取得最大值。故可将销售成本预测区间缩小为 $[c_r, \overline{c}_r]$，且满足 $Y(c_r) = 0$，$Y(\overline{c}_r) = 1$，对式（3-133）等号两边同时在区间 $[c_r, \overline{c}_r]$ 上积分可得:

$$\pi_r^a(c_s, c_r) = \pi_r^{cmin} + \int_{c_r}^{\overline{c}_r} q(c_s, c_r) y(c_r) d(c_r) \qquad (3-134)$$

满足激励约束 IC_2。

将式（3-129）与式（3-134）代入式（3-121）可得:

$$\max \int_{c_s}^{\overline{c}_s} \int_{c_r}^{\overline{c}_r} \left\{ \frac{1}{\theta} \left(\pi_r^c + g_r \int_{\frac{q(c_s, c_r)}{\theta}}^{\infty} \left(\frac{q(c_s, c_r)}{\theta} - q(c_s, c_r) \right) g(x) dx \right) + \pi_s^c \right\} y(c_s) y(c_r) dc_r dc_s$$

$$= \frac{1}{\theta} \int_{c_s}^{\overline{c}_s} \int_{c_r}^{\overline{c}_r} (\pi_h^c - \pi_s^c) y(c_r) y(c_s) dc_r dc_s + \int_{c_s}^{\overline{c}_s} \int_{c_r}^{\overline{c}_r} (\pi_h^c - \pi_r^c) y(c_r) y(c_s) dc_r dc_s +$$

$$\frac{1}{\theta} \int_{c_s}^{\overline{c}_s} \int_{c_r}^{\overline{c}_r} g_r \int_{\frac{q(c_s, c_r)}{\theta}}^{\infty} \left(\frac{q(c_s, c_r)}{\theta} - q(c_s, c_r) \right) g(x) dx y(c_s) y(c_r) dc_r dc_s$$

$$= \frac{1}{\theta} \int_{c_s}^{\overline{c}_s} \int_{c_r}^{\overline{c}_r} \pi_h^c y(c_r) y(c_s) dc_r dc_s - \frac{1}{\theta} \int_{c_r}^{\overline{c}_r} \int_{c_s}^{\overline{c}_s} \pi_s^c y(c_s) dc_s dY(c_r)$$

$$\int_{c_s}^{\overline{c}_s} \int_{c_r}^{\overline{c}_r} \pi_h^c y(c_r) y(c_s) dc_r dc_s - \int_{c_s}^{\overline{c}_s} \int_{c_r}^{\overline{c}_r} \pi_r^c y(c_r) y(c_r) dc_r dY(c_s) +$$

$$\frac{1}{\theta} \int_{c_s}^{\overline{c}_s} \int_{c_r}^{\overline{c}_r} g_r \int_{\frac{q(c_s, c_r)}{\theta}}^{\infty} \left(\frac{q(c_s, c_r)}{\theta} - q(c_s, c_r) \right) g(x) dx y(c_s) y(c_r) dc_r dc_s$$

$$= \frac{1}{\theta} \int_{c_s}^{\overline{c}_s} \int_{c_r}^{\overline{c}_r} \pi_h^c y(c_r) y(c_s) dc_r dc_s - \frac{1}{\theta} \int_{c_r}^{\overline{c}_r} \left(\int_{c_s}^{\overline{c}_s} \frac{Y(c_s)}{y(c_s)} q(c_s, c_r) dY(c_s) + \pi_s^{cmin} \right) dY(c_r) +$$

$$\int_{c_s}^{\overline{c_s}}\int_{c_r}^{\overline{c_r}}\pi_h^c y(c_r)y(c_s)\mathrm{d}c_r\mathrm{d}c_s - \int_{c_s}^{\overline{c_s}}\left(\int_{c_r}^{\overline{c_r}}\frac{Y(c_r)}{y(c_r)}q(c_s,c_r)\mathrm{d}Y(c_r)+\pi_r^{c\min}\right)\mathrm{d}Y(c_s)+$$

$$\frac{1}{\theta}\int_{c_s}^{\overline{c_s}}\int_{c_r}^{\overline{c_r}}g_r\int_{\frac{q(c_s,c_r)}{\theta}}^{\infty}\left(\frac{q(c_s,c_r)}{\theta}-q(c_s,c_r)\right)g(x)\mathrm{d}xy(c_s)y(c_r)\mathrm{d}c_r\mathrm{d}c_s$$

$$=\int_{c_s}^{\overline{c_s}}\int_{c_r}^{\overline{c_r}}\frac{1+\theta}{\theta}\pi_h^c - \frac{1}{\theta}\frac{Y(c_s)}{y(c_s)}q(c_s,c_r)-\frac{1}{\theta}\pi_s^{c\min}-\frac{Y(c_r)}{y(c_r)}q(c_s,c_r)-\pi_r^{c\min}+$$

$$\frac{1}{\theta}g_r\int_{\frac{q(c_s,c_r)}{\theta}}^{\infty}\left(\frac{q(c_s,c_r)}{\theta}-q(c_s,c_r)\right)g(x)\mathrm{d}x\mathrm{d}Y(c_r)\mathrm{d}Y(c_s)$$

$$=\int_{c_s}^{\overline{c_s}}\int_{c_r}^{\overline{c_r}}\frac{1+\theta}{\theta}[(p_0-v+g)s(q(c_s,c_r))-(c-v)q(c_s,c_r)-g\mu-$$

$$B(q(c_s,c_r))]-\frac{1}{\theta}\frac{Y(c_s)}{y(c_s)}q(c_s,c_r)-\frac{1}{\theta}\pi_s^{c\min}-\frac{Y(c_r)}{y(c_r)}q(c_s,c_r)-\pi_r^{c\min}+$$

$$\frac{1}{\theta}g_r\int_{\frac{q(c_s,c_r)}{\theta}}^{\infty}\left(\frac{q(c_s,c_r)}{\theta}-q(c_s,c_r)\right)g(x)\mathrm{d}x\mathrm{d}Y(c_r)\mathrm{d}Y(c_s) \qquad (3-135)$$

对式（3-135）关于 $q(c_r,c_s)$ 求一阶导，并令其等于零，可得 $q^{a^*}(c_s,c_r)$ 的表达式为：

$$\frac{1+\theta}{\theta}[(p_0-v+g)(1-G(q(c_s,c_r)))-(c-v)+\lambda]-\frac{1}{\theta}\frac{Y(c_s)}{y(c_s)}-\frac{Y(c_r)}{y(c_r)}+$$

$$\frac{1}{\theta}g_r\int_{\frac{q(c_s,c_r)}{\theta}}^{\infty}\left(\frac{1}{\theta}-1\right)g(x)\mathrm{d}x-g_rq(c_s,c_r)\frac{1-\theta}{\theta^3}g\left(\frac{q(c_s,c_r)}{\theta}\right)=0$$

$$(3-136)$$

联立式（3-121）、式（3-135）可得 $w^{a^*}(c_s,c_r)$ 的表达式为：

$$w=\left\{\frac{1}{\theta}\frac{Y(c_s)}{y(c_s)}q(c_s,c_r)+\frac{1}{\theta}\pi_s^{c\min}+\frac{Y(c_r)}{y(c_r)}q(c_s,c_r)+\pi_r^{c\min}-\right.$$

$$\left.(p_0-v+g)s(q(c_s,c_r))+(c-v)q(c_s,c_r)+g\mu+B(q(c_s,c_r))\right\}$$

$$\frac{\theta}{(1-\theta)q(c_s,c_r)}+\frac{g_s(\mu-s(q(c_s,c_r)))+\lambda(q^*-q(c_s,c_r))}{q(c_s,c_r)}+c_s$$

$$(3-137)$$

算例分析：相关参数设置为 $p_0=300$，$c_r=50$，$c_s=100$，$g_r=10$，$g_s=10$，$v=80$，$\lambda=20$（具体字母含义见前文）。市场需求服从 $X\sim N(100000,100^2)$

的正态分布，突发事件导致市场需求萎靡，此时市场需求服从 $X \sim N(50000,$ $100^2)$ 的正态分布，考虑生产成本信息不对称、销售成本信息不对称时，供应商对零售商真实销售成本的预测分别服从区间 $[47，53]$、$[45，55]$ 上的均匀分布，零售商对供应商真实生产成本的预测分别服从区间 $[98，102]$、$[96，104]$ 上的均匀分布。

将上面的公式以及具体数值代入 Mathematica 中进行计算，结果如表 3 – 16 所示。

表 3 – 16　　　　　价格稳定零售商不同风险厌恶水平与成本预测区间下相关参数比较

θ	成本预测区间	q	w	π_r	π_s	π_h
0.2	$C_s \sim U(96，104)$ $C_r \sim U(45，55)$	50006	191	2940530	3549200	6489730
	$C_s \sim U(98，102)$ $C_r \sim U(47，53)$	50008	188	3090450	3399410	6489860
0.5	$C_s \sim U(96，104)$ $C_r \sim U(45，55)$	50006	198	2590490	3899240	6489730
	$C_s \sim U(98，102)$ $C_r \sim U(47，53)$	50008	192	2890420	3599440	6489860
0.8	$C_s \sim U(96，104)$ $C_r \sim U(45，55)$	50006	225	1240330	5249400	6489730
	$C_s \sim U(98，102)$ $C_r \sim U(47，53)$	50008	207	2140300	4349560	6489860

根据表 3 – 16 可以得出以下结论。

结论（1）：从表 3 – 16 可得，当风险厌恶因子为 0.2 时，生产成本和销售成本的预测区间由（96，104）、（45，55）变为（98，102）、（47，53），最优订货量由 50006 上升到 50008、零售商期望收益由 2940530 上升到 3090450、供应链期望收益由 6489730 上升到 6489860，与之相对应的涨幅为 0.004%、5.1%、0.002%；而最优批发价从 191 下降到 188、供应商期望收益从 3549200 下降到 3399410，与之相对应的降幅为 1.6%、4.2%。当风险厌恶因子为 0.5、0.8 时均表现出一样的上升或下降规律，即当风险厌恶水平一定时，对成本区间的预测越准确，其最优订货量、零售商期望收益及供应链期望收益均呈现出上升的趋势，而最优批发价及供应商期望收益均呈现出下降的趋势。

结论（2）：从表 3 - 16 可得，当生产成本和销售成本的预测区间为（96，104）、（45，55）时，随着风险厌恶因子 θ 的增大（0.2→0.5→0.8），最优批发价、供应商期望收益均在一定程度上得到增加，具体为：最优批发价的变化为 191→198→225、供应商期望收益的变化为 3549200→3899240→5249400，与之相对应的涨幅为 13.6%、34.6%；而最优订货量、零售商期望收益以及供应链期望收益却随着风险厌恶因子 θ 的增加在一定程度上减小，具体为：最优订货量的变化为 50006→50006→50006、零售商的期望收益的变化为 2940530→2590490→1240330、供应链期望收益的变化为 6489730→6489730→6489730，与之相对应的降幅为 0、52.1%、0。当生产成本和销售成本的预测区间缩小为（98，102）、（47，53）时，随着风险厌恶因子 θ 的增大（0.2→0.5→0.8），最优批发价、供应商期望收益、最优订货量、零售商期望收益、供应链期望收益也表现出相同的变化趋势。即随着风险厌恶的因子 θ 的增加，不管生产成本和销售成本的预测区间是扩大还是缩小，整个供应链系统的最优订货量、最优批发价、零售商期望收益、供应商期望收益及供应链期望收益的变化趋势均一致，与生产成本和销售成本区间的预测精度无关。

3.5.3　价格稳定下供应商风险厌恶且双边信息不对称的数量折扣契约

在价格稳定的条件下，考虑突发事件造成供应商的风险态度由风险中性转变为风险厌恶及零售商和供应商之间双边信息不对称的情形，根据式（3 - 116）建立价格稳定供应商风险厌恶双边信息不对称的数量折扣契约模型为：

$$\max \int_{\underline{c_s}}^{\overline{c_s}} \int_{\underline{c_r}}^{\overline{c_r}} \{ CVaR_\theta \pi_s^c + \pi_r^c \} y(c_r) y(c_s) \, dc_r dc_s$$

$$= \max \int_{\underline{c_s}}^{\overline{c_s}} \int_{\underline{c_r}}^{\overline{c_r}} \left\{ \frac{1}{\theta} \left(\pi_s^c + g_r \int_{\frac{q}{\theta}}^{\infty} \left(\frac{q}{\theta} - q \right) g(x) \, dx \right) + \pi_r^c \right\} y(c_r) y(c_s) \, dc_r dc_s$$

$$(3 - 138)$$

参与约束：

PC_1: $$\pi_s^c(c_s) \geqslant \pi_s^{cmin} \qquad (3-139)$$

PC_2: $$\pi_r^c(c_r) \geqslant \pi_r^{cmin} \qquad (3-140)$$

激励约束：

IC_1:
$$\int_{\underline{c_r}}^{\overline{c_r}} \pi_s^c(c_s, c_r) y(c_r) dc_r \geqslant \int_{\underline{c_r}}^{\overline{c_r}} \pi_s^c(c_s^l, c_s, c_r) y(c_r) dc_r \qquad (3-141)$$

IC_2:
$$\int_{\underline{c_s}}^{\overline{c_s}} \pi_r^c(c_s, c_r) y(c_s) dc_s \geqslant \int_{\underline{c_s}}^{\overline{c_s}} \pi_r^c(c_r^l, c_s, c_r) y(c_s) dc_s \qquad (3-142)$$

将式（3-129）与式（3-134）代入式（3-138）可得：

$$\max \int_{\underline{c_s}}^{\overline{c_s}} \int_{\underline{c_r}}^{\overline{c_r}} \left\{ \frac{1}{\theta} \left(\pi_s^c + g_r \int_{\frac{q(c_s,c_r)}{\theta}}^{\infty} \left(\frac{q(c_s,c_r)}{\theta} - q(c_s,c_r) \right) g(x) dx \right) + \pi_r^c \right\} y(c_s) y(c_r) dc_r dc_s$$

$$= \int_{\underline{c_s}}^{\overline{c_s}} \int_{\underline{c_r}}^{\overline{c_r}} (\pi_h^c - \pi_s^c) y(c_r) y(c_s) dc_r dc_s + \frac{1}{\theta} \int_{\underline{c_s}}^{\overline{c_s}} \int_{\underline{c_r}}^{\overline{c_r}} (\pi_h^c - \pi_r^c) y(c_r) y(c_s) dc_r dc_s +$$

$$\frac{1}{\theta} \int_{\underline{c_s}}^{\overline{c_s}} \int_{\underline{c_r}}^{\overline{c_r}} g_r \int_{\frac{q(c_s,c_r)}{\theta}}^{\infty} \left(\frac{q(c_s,c_r)}{\theta} - q(c_s,c_r) \right) g(x) dx y(c_s) y(c_r) dc_r dc_s$$

$$= \int_{\underline{c_s}}^{\overline{c_s}} \int_{\underline{c_r}}^{\overline{c_r}} \pi_h^c y(c_r) y(c_s) dc_r dc_s - \int_{\underline{c_r}}^{\overline{c_r}} \int_{\underline{c_s}}^{\overline{c_s}} \pi_s^c y(c_s) dc_s dY(c_r) +$$

$$\frac{1}{\theta} \int_{\underline{c_s}}^{\overline{c_s}} \int_{\underline{c_r}}^{\overline{c_r}} \pi_h^c y(c_r) y(c_s) dc_r dc_s - \frac{1}{\theta} \int_{\underline{c_s}}^{\overline{c_s}} \int_{\underline{c_r}}^{\overline{c_r}} \pi_r^c y(c_r) y(c_r) dc_r dY(c_s) +$$

$$\frac{1}{\theta} \int_{\underline{c_s}}^{\overline{c_s}} \int_{\underline{c_r}}^{\overline{c_r}} g_r \int_{\frac{q(c_s,c_r)}{\theta}}^{\infty} \left(\frac{q(c_s,c_r)}{\theta} - q(c_s,c_r) \right) g(x) dx y(c_s) y(c_r) dc_r dc_s$$

$$= \int_{\underline{c_s}}^{\overline{c_s}} \int_{\underline{c_r}}^{\overline{c_r}} \pi_h^c y(c_r) y(c_s) dc_r dc_s - \int_{\underline{c_r}}^{\overline{c_r}} \left(\int_{\underline{c_s}}^{\overline{c_s}} \frac{Y(c_s)}{y(c_s)} q(c_s, c_r) dY(c_s) + \pi_s^{cmin} \right) dY(c_r) +$$

$$\frac{1}{\theta} \int_{\underline{c_s}}^{\overline{c_s}} \int_{\underline{c_r}}^{\overline{c_r}} \pi_h^c y(c_r) y(c_s) dc_r dc_s - \frac{1}{\theta} \int_{\underline{c_s}}^{\overline{c_s}} \left(\int_{\underline{c_r}}^{\overline{c_r}} \frac{Y(c_r)}{y(c_r)} q(c_s, c_r) dY(c_r) + \pi_r^{cmin} \right) dY(c_s) +$$

$$\frac{1}{\theta} \int_{\underline{c_s}}^{\overline{c_s}} \int_{\underline{c_r}}^{\overline{c_r}} g_r \int_{\frac{q(c_s,c_r)}{\theta}}^{\infty} \left(\frac{q(c_s,c_r)}{\theta} - q(c_s,c_r) \right) g(x) dx y(c_s) y(c_r) dc_r dc_s$$

$$= \int_{\underline{c_s}}^{\overline{c_s}} \int_{\underline{c_r}}^{\overline{c_r}} \frac{1+\theta}{\theta} \pi_h^c - \frac{1}{\theta} \frac{Y(c_r)}{y(c_r)} q(c_s, c_r) - \frac{1}{\theta} \pi_r^{cmin} - \frac{Y(c_s)}{y(c_s)} q(c_s, c_r) - \pi_s^{cmin} +$$

$$\frac{1}{\theta} g_r \int_{\frac{q(c_s,c_r)}{\theta}}^{\infty} \left(\frac{q(c_s,c_r)}{\theta} - q(c_s,c_r) \right) g(x) dx dY(c_r) dY(c_s)$$

$$= \int_{c_s}^{\overline{c_s}} \int_{c_r}^{\overline{c_r}} \frac{1+\theta}{\theta} \big[(p_0 - v + g) s(q(c_s, c_r)) - (c - v)q(c_s, c_r) - g\mu -$$

$$B(q(c_s, c_r)) \big] - \frac{1}{\theta} \frac{Y(c_r)}{y(c_r)} q(c_s, c_r) - \frac{1}{\theta} \pi_r^{c\min} - \frac{Y(c_s)}{y(c_s)} q(c_s, c_r) - \pi_s^{c\min} +$$

$$\frac{1}{\theta} g_r \int_{\frac{q(c_s, c_r)}{\theta}}^{\infty} \Big(\frac{q(c_s, c_r)}{\theta} - q(c_s, c_r) \Big) g(x) \mathrm{d}x \mathrm{d}Y(c_r) \mathrm{d}Y(c_s) \qquad (3-143)$$

对式（3-143）关于 $q(c_r, c_s)$ 求一阶导，并令其等于零，可得 $q^{a*}(c_s, c_r)$ 的表达式为：

$$\frac{1+\theta}{\theta} \big[(p_0 - v + g)(1 - G(q(c_s, c_r))) - (c - v) + \lambda \big] -$$

$$\frac{1}{\theta} \frac{Y(c_r)}{y(c_r)} - \frac{Y(c_s)}{y(c_s)} + \frac{1}{\theta} g_r \int_{\frac{q(c_s, c_r)}{\theta}}^{\infty} \Big(\frac{1}{\theta} - 1 \Big) g(x) \mathrm{d}x -$$

$$g_r q(c_s, c_r) \frac{1-\theta}{\theta^3} g\Big(\frac{q(c_s, c_r)}{\theta} \Big) = 0 \qquad (3-144)$$

联立式（3-138）、式（3-143）可得 $w^{a*}(c_s, c_r)$ 的表达式为：

$$w = \Big\{ \frac{1}{\theta} \frac{Y(c_r)}{y(c_r)} q(c_s, c_r) + \frac{1}{\theta} \pi_r^{c\min} + \frac{Y(c_s)}{y(c_s)} q(c_s, c_r) + \pi_s^{c\min} - (p_0 - v +$$

$$g) s(q(c_s, c_r)) + (c - v)q(c_s, c_r) + g\mu + B(q(c_s, c_r)) \Big\} \frac{\theta}{(\theta - 1)q(c_s, c_r)} +$$

$$\frac{(p_0 - v + g_r) s(q(c_s, c_r)) - g_r \mu}{q(c_s, c_r)} + v - c_r \qquad (3-145)$$

算例分析：相关参数设置为 $p_0 = 300$，$c_r = 50$，$c_s = 100$，$g_r = 10$，$g_s = 10$，$v = 80$，$\lambda = 20$（具体字母含义见前文）。市场需求服从 $X \sim N(100000, 100^2)$ 的正态分布，突发事件导致市场需求萎靡，此时的市场需求服从 $X \sim N(50000, 100^2)$ 的正态分布，考虑生产成本信息不对称、销售成本信息不对称时，供应商对零售商真实销售成本的预测分别服从区间 [49，51]、[47，53] 上的均匀分布，零售商对供应商真实生产成本的预测分别服从区间 [98，102]、[96，104] 上的均匀分布。

将上面的公式及具体数值代入 Mathematica 中进行计算，结果如表 3-17 所示。

表3－17　　　　价格稳定供应商不同风险厌恶水平与成本预测区间下相关参数比较

θ	成本预测区间	q	w	π_r	π_s	π_h
0.2	$C_s \sim U$ (96，104) $C_r \sim U$ (47，53)	50007	180	3490550	2999240	6489790
	$C_s \sim U$ (98，102) $C_r \sim U$ (49，51)	50009	183	3340450	3149470	6489920
0.5	$C_s \sim U$ (96，104) $C_r \sim U$ (47，53)	50007	175	3740590	2749200	6489790
	$C_s \sim U$ (98，102) $C_r \sim U$ (49，51)	50009	181	3440460	3049460	6489920
0.8	$C_s \sim U$ (96，104) $C_r \sim U$ (47，53)	50007	154	4790730	1699060	6489790
	$C_s \sim U$ (98，102) $C_r \sim U$ (49，51)	50009	172	3890540	2599380	6489920

根据表3－17可以得出以下结论。

结论（1）：从表3－17可得，当风险厌恶因子为0.2时，生产成本和销售成本预测区间由（96，104）、（47，53）变为（98，102）、（49，51），最优订货量由50007上升到50009、批发价从180上升到183、供应商期望收益由2999240上升到3149470、供应链期望收益由6489790上升到6489920，与之相对应的涨幅分别为0.004%、1.37%、5.0%、0.002%；零售商期望收益从3490550下降到3340450，与之相对应的降幅为3.3%。当风险厌恶因子分别为0.5、0.8时均表现出一样的上升或下降规律，即当风险厌恶水平一定时，对真实生产成本和销售成本区间的预测越准确，其最优订货量、批发价、供应商期望收益以及供应链期望收益均呈现出上升的趋势，而零售商期望收益呈现出下降的趋势。

结论（2）：从表3－17可得，当生产成本和销售成本的预测区间为（96，104）、（47，53）时，随着风险厌恶因子 θ 的增大（0.2→0.5→0.8），零售商期望收益在一定程度上得到增加，具体为：零售商期望收益的变化为3490550→3740590→4790730，涨幅为37.2%；而最优订货量、最优批发价、供应商期望收益及整个供应链系统的期望收益却随着风险厌恶因子 θ 的增加在一定程度上减小，具体变化为：最优订货量的变化为50007→50007→50007、最优批发价的变化为180→175→154、供应商期望收益的变化为

2999240→2749200→1699060、供应链期望收益的变化为6489790→6489790→6489790，与之相对应的降幅分别为0、14%、43.4%、0。当生产成本和销售成本预测区间缩小为（98，102）、（49，51）时，随着风险厌恶因子 θ 的增大（0.2→0.5→0.8），最优订货量、最优批发价、零售商期望收益、供应商期望收益、供应链期望收益也表现出相同的变化趋势，即随着风险厌恶因子 θ 的增加，不管生产成本和销售成本的预测区间是扩大还是缩小，整个供应链系统的最优订货量、最优批发价、零售商期望收益、供应商期望收益及供应链期望收益的变化趋势均一致，与生产成本和销售成本区间的预测精度无关。

3.5.4 本节结论

在市场价格稳定的条件下，考虑突发事件造成市场需求随机、供应链参与者由风险中性转变为风险厌恶、零售商和供应商之间双边信息不对称时，借助于修正过后的"利润－CVaR"风险度量准则并科学设置激励约束和参与约束，建立价格稳定条件下参与者风险厌恶双边信息不对称的数量折扣契约模型，并通过算例进行分析，可以得出如下结论。

结论（1）：在市场价格稳定的条件下，考虑突发事件造成零售商风险厌恶，供应商和零售商之间双边信息不对称的情形。当风险厌恶因子一定时，零售商和供应商通过提高对生产成本和销售成本的预测精度，能有效地提高订货量和整个供应链的期望收益，优化整个供应链系统的绩效；同时，可以发现在零售商和供应商均提高对成本预测精度的前提下，且零售商对生产成本的预测精度高于供应商对销售成本的预测精度时，零售商的期望收益是增加的，而供应商的期望收益和批发价却是降低的。这是由于零售商预测的精度更高，掌握了更多的关于供应商生产成本的信息。而零售商作为理性的经济人，通过自身掌握的信息优势以降低批发价的方式来提高自身的期望收益，相对于零售商而言供应商却是信息缺乏者，其期望收益必然受到损失。这要求在现实管理中，无论零售商还是供应商都应该在条件允许的条件下尽可能地通过一切途径来提高对于生产成本和销售成本区间的预测精度，只有这样，才能提高自身和整个供应链系统的期望收益。

结论（2）：在市场价格稳定的条件下，考虑突发事件造成零售商风险厌恶，供应商和零售商之间双边信息不对称的情形。当零售商和供应商对销售成本和生产成本预测区间的精度一定时，零售商的风险厌恶因子 θ 越大，零售商的期望收益是减小的，而供应商的期望收益却是增加的，而最优订货量和供应链期望收益却保持不变。零售商的风险厌恶程度使自身期望收益受到损失，供应商会因为零售商的风险厌恶态度而获利，零售商收益的损失值与供应商收益的增加值相等。在价格稳定的条件下，采用数量折扣契约能有效地消除零售商风险厌恶的态度给整个供应链带来利润损失，但是不能避免零售商自身的利润受到损失。

结论（3）：在市场价格稳定的条件下，考虑突发事件造成供应商风险厌恶，零售商和供应商之间双边信息不对称的情形。当风险厌恶因子一定时，零售商和供应商通过提高对生产成本及销售成本的预测精度，能有效地提高订货量和整个供应链的期望收益，优化整个供应链系统的绩效；同时，可以发现在零售商和供应商均提高对成本预测精度的前提下，且供应商对销售成本的预测精度高于零售商对生产成本的预测精度时，供应商的批发价和期望收益是增加的，而零售商的期望收益却是降低的。这是由于供应商预测的精度更高，掌握了更多的关于零售商销售成本的信息。而供应商作为理性的经济人，必然会通过自身掌握的信息优势来提高批发价，从而提高自身的期望收益，相对于供应商而言零售商却是信息缺乏者，期望收益必然受到损失。这要求在现实管理中，无论零售商还是供应商都应该在条件允许的条件下尽可能获取更多的成本信息，提高对于真实成本信息的预测精度。在同时提高预测精度的情况下，供应商预测的更准确就能获得更多的利润，零售商在做决策时应考虑这点，消除这种由于信息量差带来的利润损失。

结论（4）：在市场价格稳定的条件下，考虑突发事件造成供应商风险厌恶，供应商和零售商之间双边信息不对称的情形。当零售商和供应商对成本区间的预测精度一定时，供应商的风险厌恶因子 θ 越大，供应商的期望收益是减小的，而零售商的期望收益却是增加的，而最优订货量和供应链期望保持不变。供应商的风险厌恶程度使自身的期望收益受到损失，零售商会因供应商的风险厌恶态度而获利，供应商收益的损失值与零售商收益的增加值相等。在价格稳定的条件下，采用数量折扣契约能有效地消除供应商风险厌恶的态度给整个供应链带来利润损失，但是不能避免零售商自身的利润受到损失。

第 4 章

价格随机的数量折扣契约协调供应链

4.1 价格随机的应急数量折扣契约

当突发事件引起市场价格变化并随供需关系的变化而随机变化时，市场需求的分布函数和概率密度函数由 $F(x)$ 与 $f(x)$ 变为 $H(x)$ 和 $h(x)$，$H(x)$ 可微和严格增加，且 $H(0)=0$，$\bar{H}(x)=1-H(x)$；期望需求 $\mu_H = E_H(D) = \int_0^{+\infty} x h(x) \mathrm{d}x$；期望销售量 $S_H(q) = q - \int_0^q H(X) \mathrm{d}x$；期末期望库存量 $I_H(q) = q - S_H(q)$；期末期望缺货量 $L_H(q) = \mu_H - S_H(q)$。设市场随机价格 $\mathrm{d}p = [p_0 + a(x-q)] \mathrm{d}x$。在价格随机状态下，同样假设当新的订货量 $q > q^*$，新增边际生产成本为 λ_1，当新的订货量 $q < q^*$，新增边际管理费用为 λ_2，设 $\pi_i^\mu, (i = r, s, h)$ 分别表示在价格随机的状态下供销双方及整个供应链的期望利润函数，据此，可得零售商的期望利润函数为：

$$\pi_r^u = \int_0^q \left[(p_0 + a(x-q))x + v(q-x) \right] h(x) \mathrm{d}x + \int_q^\infty \left[(p_0 + a(x-q))q - g_r(x-q) \right] h(x) \mathrm{d}x - c_r q - w(q)q$$

$$= (p_0 - v + g_r)S_H(q) - (w(q) + c_r - v)q - g_r \mu_H + \int_0^q a x^2 h(x) \mathrm{d}x + A(q)$$

$$(4-1)$$

供应商的期望利润函数为：

$$\pi_s^u = w(q)q - \int_q^\infty g_s(x-q)h(x)\mathrm{d}x - c_s q - \lambda_1(q-q^*) - \lambda_2(q^*-q)$$

$$= g_s S_H(q) - (-w(q)+c_s)q - g_s\mu_H - B(q) \tag{4-2}$$

供应链的期望利润函数为：

$$\pi_h^u = (p_0 - v + g)S_H - (c-v)q - g\mu_H + A(q) - B(q) \tag{4-3}$$

命题 4.1 当突发事件引起市场价格随机后，若二级供应链仍采用基准数量折扣契约，即当 $w(q) = \dfrac{[(1-\eta)(p_0+g-v)-g_s]S(q)}{q} + (1-\eta)v - c_r + \eta c$，数量折扣契约不能使供应链协调。

证明：将 $w(q) = \dfrac{[(1-\eta)(p_0+g-v)-g_s]S(q)}{q} + (1-\eta)v - c_r + \eta c$，代入式（4-1）可得：

$$\pi_r^u = \eta\pi_h^u + (\eta g - g_r)\mu_H + [(1-\eta)(p_0+g-v)-g_s][S_H(q)-S(q)] +$$
$$(1-\eta)A(q) + \eta A(q) \tag{4-4}$$

此时，零售商与整体供应链的期望利润函数之间不成仿射关系，供应链失调。

命题 4.2 在市场价格随机的条件下，将批发价调整为 $\hat{w}^u(q)$，当 $\hat{w}^u(q) = \dfrac{[(1-\eta)(p_0+g-v)-g_s]S_G(q)}{q} + (1-\eta)v - c_r + \eta c + \dfrac{(1-\eta)A(q)+\eta B(q)}{q}$ 时，数量折扣契约下的二级供应链也能实现协调。

证明：设 $\hat{\pi}_i^u$，$(i = r, h)$ 分别表示在价格随机条件下调整后的零售商与供应链的利润函数，将 $w(q)$ 调整为 $\hat{w}^u(q)$，可得零售商新的期望利润函数为：

$$\hat{\pi}_r^u = [p_0 - v + g_r]S_H(q) - [\widehat{w^u(q)} + c_r - v]q - g_r\mu_H + A(q)$$
$$= \eta(p_0-v+g)S_H(q) - \eta(c-v)q - \eta g\mu_H + \eta A(q) - \eta B(q) + \mu_H(\eta g - g_r)$$
$$= \eta\pi_h^u + (\eta g - g_r)\mu_H \tag{4-5}$$

可见，此时零售商与整个供应链的期望利润函数成仿射关系（此时 $\hat{\pi}_h^u = \pi_h^u$），供应链恢复协调。

本部分主要探讨价格随机条件下最优订货量表达式。

① 当 $q > q^*$ 时，$\pi_h^u(q)$ 可以简化为：

$$\pi_{h1}^u = (p_0 + g - v)S_G(q) - (c - v)q + A(q) - \lambda_1(q - q^*) - g\mu_G \quad (4-6)$$

② 当 $0 \leqslant q \leqslant q^*$，$\pi_h^u(q)$ 可以简化为：

$$\pi_{h2}^u(q) = (p_0 + g - v)S_G(q) - (c - v)q + A(q) - \lambda_2(q^* - q)^+ - g\mu_G$$
$$(4-7)$$

通过对式（4-6）求最大值，可得最大值 q_1^*，通过对式（4-7）求最大值，可得最大值 q_2^*。其中，q_1^* 是方程 $(p_0 + g - v)[1 - H(g)] - (c - v + \lambda_1 - a\mu_H + 2aq) + 2a\int_0^q H(x)\mathrm{d}x = 0$ 的解，q_2^* 是方程 $(p_0 + g - v)[1 - H(g)] - (c - v - \lambda_2 - a\mu_H + 2aq) + 2a\int_0^q H(x)\mathrm{d}x = 0$ 的解。此时，q_1^* 和 q_2^* 分别是二个超越方程的解，得不出简洁的表达式，只有当 $H(x)$ 和 $h(x)$ 及其他参数确定以后，才能得出确切的值。下面以算例来仿真验证上述理论存在最优解。

算例分析： 假设某种应急用的物资，在正常情况下该物资的销售价格 $p_0 = 120$ 元，边际生产成本 $c_s = 50$ 元，边际销售成本 $c_r = 30$ 元，单位商品残值 $v = 20$ 元，零售商和供应商的缺货成本分别为 $g_r = 3$ 元和 $g_s = 2$ 元。当发生突发事件后，额外的边际生产成本 $\lambda_1 = 10$ 元，边际处理费用 $\lambda_2 = 20$ 元，根据供应商和零售商的博弈力量及谈判能力设定供应链的利润分配系数 η 的值，在此设 $\eta = 0.4$。设在价格随机时的规模系数 $a = 0.004$，实际销售时可能遇到的情况：

① 在常态下，市场需求服从 $X \sim N(10000, 300^2)$ 的正态分布；

② 当 $q > q^*$，P 固定的突发事件发生时，市场需求服从 $X \sim N(12000, 300^2)$ 的正态分布；

③ 当 $q \leqslant q^*$，P 固定的突发事件发生时，市场需求服从 $X \sim N(8000, 300^2)$ 的正态分布；

④ 当 $q > q^*$，P 随机的突发事件发生时，市场需求服从 $X \sim N(20000, 300^2)$ 的正态分布；

⑤ 当 $q \leqslant q^*$，P 随机的突发事件发生时，市场需求服从 $X \sim N(6000, 300^2)$ 的正态分布，通过计算，可得表 4-1。

表4-1 　　　　　　突发事件发生前后采用不同契约的各参数及利润比较

项目	无突发事件	采用原数量折扣契约				采用调整后的数量折扣契约			
		P固定突发事件		P随机突发事件		P固定突发事件		P随机突发事件	
	$q=q^*$	$q>q^*$	$q<q^*$	$q>q^*$	$q<q^*$	$q>q^*$	$q<q^*$	$q>q^*$	$q<q^*$
批发价格	74.4	74.4	74.4	74.4	74.4	75.3	75.5	89.7	79.7
最优定货量	9946	11871	8091	14375	5926	11871	8091	14375	5926
零售商利润	145054	177994	108916	530812	85207	167310	100016	310875	53800
供应商利润	242581	270012	160161	295210	63874	280696	169061	515147	95281
供应链总利润	387635	448006	269077	826022	149081	448006	269077	826022	149081
是否协调	是	否	否	否	否	是	是	是	是

算例数据如表4-1所示，分析可得出以下一些结论：

① 当突发事件发生后，不管是否影响价格，在基准数量弹性契约下难以使二级供应链协调，但适当调整批发价，供应链就能恢复协调。

② 若仍采用基准数量折扣契约，在引起价格随机的突发事件条件下，市场需求增大时零售商与供应商的利润都会以较大的幅度增加，而且零售商的增幅要比供应商的增幅大许多（零售商在此状态下比无突发事件状态下的增幅多265.94%，供应商的增幅只多21.70%）；在不引起价格变化的突发事件条件下，零售商与供应商利润也会增加，但增幅不大。零售商利润的增幅也大于供应商的利润增幅（零售商在此状态下比无突发事件状态下的增幅多22.71%，供应商的增幅只多11.31%）。

③ 若仍采用基准数量折扣契约，在引起价格随机的突发事件条件下，市场需求减小时零售商与供应商利润都会以较大幅度减小，而且零售商利润的减幅小于供应商利润的减幅（零售商的利润在状态下比无突发事件状态下的利润减少41.26%，供应商的利润减少73.67%）；在不引起价格变化的突发事件条件下，零售商与供应商利润也会减小，但减小的幅度不大，零售商利润的减幅也小于供应商利润的减幅（在突发状态下的零售商利润比无突发事件条件下的利润减少24.91%，供应商的利润比无突发事件条件下的利润减少33.98%）。

④ 若采用调整后的数量折扣契约，在引起价格随机的突发事件条件下，当市场需求增加时，零售商利润和供应商利润均会大幅增加，但零售商的利

润增幅与供应商的利润增幅相差不大（零售商利润比无突发事件条件下的利润多114.32%，供应商的利润比无突发事件条件下的利润多112.36%）；在不引起价格变化的突发事件条件下，零售商与供应商利润都会增加，但幅度较小，零售商的利润增幅也与供应商的利润增幅相差不大（零售商利润比无突发事件条件下的利润多15.34%，供应商的利润比无突发事件条件下的利润多15.71%）。

⑤ 若采用调整后的数量折扣契约，在不引起价格随机的突发事件条件下，当市场需求减小时，零售商与供应商利润均会减少，但供销双方减幅相差不大（在突发事件下的零售商利润比无突发事件条件下的利润减少62.91%，供应商的利润比无突发事件条件下的利润减少60.72%）；在价格固定的突发事件条件下，供销双方利润均会减小，但减幅不大，幅度要小一些，且二者减幅相差不大（零售商利润比无突发事件条件下的利润减少31.05%，供应商的利润比无突发事件条件下的利润减少30.31%）。

通过对价格随机条件下数量弹性契约对二级应急供应链的协调研究，可以得出以下结论：

① 只要突发事件发生并引起市场需求发生变化，不管市场价格是否变化，在基准数量折扣契约下二级供应链不能够协调。若当地调整批发价，在数量折扣契约下就能够协调二级供应链。

② 当引起价格随机的突发事件发生之后，市场价格随供求关系的变化而发生波动时，在使用数量折扣契约去协调供应链时，不需要人为干预市场价格，只需要恰当地调整契约的批发价，供应链就能实现协调。

③ 当引起价格随机的突发事件导致市场需求增大时，若采用调整后的数量折扣契约，零售商利润和供应商利润均会大幅增加，但零售商的利润增幅与供应商的利润增幅相差不大。同时，整个供应链的利润也会大幅增加，说明供应链上的企业此时抓住机遇能获得超额利润。

④ 当价格随机的突发事件导致市场需求减少时，若采用调整后的数量折扣契约，零售商利润和供应商利润均会减少，但零售商的利润减幅与供应商的利润减幅相差不大。同时，整个供应链的利润也会大幅减少。供应链上的企业开拓新市场消化现有产品成为必然选择。

本节只研究了信息对称、参与者风险中性时在市场价格随机下运用数量弹性契约协调二级应急供应链的情况，对信息不对称、参与者中有风险厌恶时在市场价格随机下运用数量弹性契约协调二级应急供应链的研究，将在后面章节中继续研究。

4.2　价格随机下风险厌恶的数量折扣契约

4.2.1　价格随机下零售商风险厌恶的应急数量折扣契约

本部分考虑当供应链的外部环境遭遇突发事件导致市场需求缩小时，供应链成员的风险态度由风险中性转为风险厌恶。当零售商为风险厌恶、供应商为风险中性情况时，采用数量折扣契约来协调供应链。在 3.2.1 节中，我们讨论过以往的"利润 – CVaR"风险评价准则存在不足，此部分我们仍然采用修正的"利润 – CVaR"风险评价准则，即：

$$Y(q)_r^V = \max_q \{ \pi_s(x) + CVaR_\Theta \Pi_r(x) \} \qquad (4-8)$$

因为 π_s 和 $CVaR_\theta(\prod_r)$ 均是大于零的数，这二者之和要实现最大，则这二者要同时达到最大。

采用数量折扣契约时，可得市场价格随机下的零售商风险厌恶的条件风险价值为：

$$
\begin{aligned}
CVaR_\theta\left(\prod_r\right) &= \frac{1}{\theta}\Big\{ \int_0^q \big[(p_0 + a(x-q))x + v(q-x) \big] h(x)\,\mathrm{d}x \\
&\quad \int_q^{\frac{q}{\theta}} \big[(p_0 + a(x-q))q - g_r(x-q) \big] h(x)\,\mathrm{d}x + \\
&\quad \int_{\frac{q}{\theta}}^{\infty} \big[(p_0 + a(x-q))q - g_r\Big(x - \frac{q}{\theta}\Big) h(x) \big]\,\mathrm{d}x - w(q)q - c_r q \Big\} \\
&= \frac{1}{\theta}\Big\{ \pi_r^u + g_r \int_{\frac{q}{\theta}}^{\infty} (x-q) h(x)\,\mathrm{d}x - g_r \int_{\frac{q}{\theta}}^{\infty} (x-q) h(x)\,\mathrm{d}x \Big\} \\
&= \frac{1}{\theta}\Big\{ \pi_r^u + g_r \int_{\frac{q}{\theta}}^{\infty} \Big(\frac{q}{\theta} - q\Big) h(x)\,\mathrm{d}x \Big\} \qquad (4-9)
\end{aligned}
$$

对式（4-9）求一阶导和二阶导可得：

$$\frac{\partial CVaR_\theta(\prod_r)}{\partial q} = \frac{1}{\theta}\left\{\frac{\partial \pi_r^u}{\partial q} + g_r\left(\frac{1}{\theta}-1\right)\left(1-H\left(\frac{q}{\theta}\right)\right) - g_r q\left(\frac{1}{\theta}-1\right)\frac{1}{\theta}h\left(\frac{q}{\theta}\right)\right\}$$

$$(4-10)$$

$$\frac{\partial^2 CVaR_\theta(\prod_r)}{\partial q^2} = \frac{1}{\theta}\left\{\frac{\partial^2 \pi_r^u}{\partial q^2} - g_r\left(\frac{1}{\theta}-1\right)f\left(\frac{q}{\theta}\right) - g_r\left(\frac{1}{\theta}-1\right)\frac{1}{\theta}f\left(\frac{q}{\theta}\right) -$$

$$g_r q\left(\frac{1}{\theta}-1\right)\frac{1}{\theta^2}f'\left(\frac{q}{\theta}\right)\right\} \qquad (4-11)$$

由式 (4-11) 可知，式 (4-10) 是严格凹函数，即存在唯一的最优订

货量 q_r^* 使 $\left.\dfrac{\partial CVaR_\theta(\prod_r)}{\partial q}\right|_{q=q_r^*}$。

因为只有突发事件导致市场需求缩小时零售商的风险态度才会由风险中性转为风险厌恶，此时供应商的期望利润函数由式 (4-5) 调整为：

$$\pi_s^u = w(q)q - \int_q^\infty g_s(x-q)h(x)\mathrm{d}x - c_s q - \lambda_2(q^*-q)$$

$$= g_s S_H(q) - (-w(q)+c_s)q - g_s\mu_H - \lambda_2(q^*-q) \qquad (4-12)$$

对式 (4-12) 求一阶导和二阶导可得：

$$\frac{\partial \pi_s^u}{\partial q} = g_s(1-H(q)) + w(q) - c_s + \frac{\partial w(q)}{\partial q} + \lambda_2 \qquad (4-13)$$

$$\frac{\partial^2 \pi_s^u}{\partial q^2} = -g_s h(q) + 2\frac{\partial w(q)}{\partial q} + \frac{\partial^2 w(q)}{\partial q^2}q < 0 \qquad (4-14)$$

由于在折扣契约中，若零售商订货越多，批发价越低，所以 $\dfrac{\partial w(q)}{\partial q}<0$，

$\dfrac{\partial^2 w(q)}{\partial q^2}<0$，由式 (4-14) 可知，式 (4-13) 是严格凹函数，即存在唯一

的最优订货量 q_s^* 使 $\left.\dfrac{\partial \pi_s^u}{\partial q}\right|_{q=q_s^*}=0$。

综上可知，当最优订货量为 $q_h^*=q_r^*=q_s^*$，确定契约中的相关参数后，可以求出最优订货量的具体值，供应链的期望利润能实现最大化。通过科学设置批发价，即可确定供应链成员之间的利润具体如何分配。为了验证上述理论的正确性，下面以算例来仿真验证。

算例分析：假设某种应急资，其各项参数如下：单位零售价 $p_0 = 300$ 元，单位零售成本 $c_r = 50$ 元，单位生产成本 $c_s = 100$ 元，零售商商誉损失单位成本 $g_r = 10$ 元，供应商商誉损失单位成本 $g_s = 10$ 元，单位商品的处理价为 $v = 80$ 元，市场规模系数 $a = 0.004$，考虑突发事件下市场需求分别服从分布 $X \sim N(50000, 100^2)$、$X \sim N(50000, 80^2)$、$X \sim N(50000, 50^2)$ 和 $X \sim N(50000, 30^2)$ 时的情况。

根据算例中的数据，同样针对上述四种市场需求分布情况，只讨论以 0.001 为步长在 [0.965，1] 之间的变化时，针对供应商风险厌恶的情况，以 Mathematica 为工具，分别讨论步长变化对零售商最佳订货策略、期望收益，供应商的批发价、期望收益，整个供应链期望收益以及供应商期望收益 + 零售商条件风险价值之和的影响。通过计算可得表 4 – 2 至表 4 – 5、图 4 – 1 至图 4 – 5。

表 4 – 2　　　　　数量折扣契约下零售商风险厌恶时 $\sigma = 100$ 时的相关数据

风险系数	最优订货量	最优批发价	零售商期望收益	供应商期望收益	供应链期望收益	$CVaRr$	$\pi_s + CVaRr$
0.965	48750	195	2912500	3592650	6505150	3018130	6610780
0.966	48750	195	2912500	3592650	6505150	3015010	6607660
0.967	48748	195	2912500	3592650	6505150	3012150	6604800
0.968	48726	195	2915500	3589650	6505150	3011880	6601530
0.969	48775	195	2909370	3595780	6505150	3002450	6598230
0.970	48824	195	2903230	3601900	6505130	2993030	6594930
0.971	48874	195	2896940	3608150	6505090	2983470	6591620
0.972	48923	195	2890760	3614280	6505040	2974030	6588310
0.973	48972	194	2933520	3571430	6504950	3014930	6586360
0.974	49021	194	2927350	3577500	6504850	3005500	6583000
0.975	49070	194	2921160	3583580	6504740	2996070	6579650
0.976	48550	195	2937340	3567650	6504990	3021740	6589390
0.977	48594	195	2931900	3573150	6505050	3012580	6585730
0.978	48635	195	2926820	3578280	6505100	3003810	6582090
0.979	48675	195	2921850	3583280	6505130	2990410	6573690
0.980	48711	195	2917370	3587780	6505150	2982810	6570590

风险系数	最优订货量	最优批发价	零售商期望收益	供应商期望收益	供应链期望收益	$CVaRr$	$\pi_s + CVaRr$
0.981	48741	195	2913620	3591530	6505150	2976480	6568010
0.982	48761	195	2911120	3594030	6505150	2972180	6566210
0.983	48769	195	2910120	3595030	6505150	2968650	6563680
0.984	48770	195	2910000	3595150	6505150	2965370	6560520
0.985	48769	195	2910120	3595030	6505150	2961980	6557010
0.986	48768	195	2910250	3594900	6505150	2958590	6553490
0.987	48767	195	2910370	3594780	6505150	2955210	6549990
0.988	48765	195	2910620	3594530	6505150	2951970	6546500
0.989	48764	195	2910750	3594400	6505150	2948610	6543010
0.990	48763	195	2910870	3594280	6505150	2945250	6539530
0.991	48761	195	2911120	3594030	6505150	2942030	6536060
0.992	48760	195	2911250	3593900	6505150	2938690	6532590
0.993	48759	195	2911250	3593900	6505150	2935360	6529260
0.994	48758	195	2911500	3593650	6505150	2932040	6525690
0.995	48756	195	2911750	3593400	6505150	2928840	6522240
0.996	48755	195	2911870	3593280	6505150	2925540	6518820
0.997	48754	195	2912000	3593150	6505150	2922230	6515380
0.998	48753	195	2912120	3593030	6505150	2918940	6511970
0.999	48751	195	2912370	3592780	6505150	2915780	6508560
1	48750	195	2912500	3592650	6505150	2912500	6505150

表 4-3　　　　数量折扣契约下零售商风险厌恶时 $\sigma = 80$ 时的相关数据

风险系数	最优订货量	最优批发价	零售商期望收益	供应商期望收益	供应链期望收益	$CVaRr$	$\pi_s + CVaRr$
0.965	48750	195	2912500	3592650	6505150	3018130	6610780
0.966	48750	195	2912500	3592650	6505150	3015010	6607660
0.967	48750	195	2912500	3592650	6505150	3011890	6604540
0.968	48750	195	2912500	3592650	6505150	3008780	6601430
0.969	48742	195	2913500	3591650	6505150	3006710	6598360
0.970	48771	195	2909870	3595280	6505150	2999870	6595150

续表

风险系数	最优订货量	最优批发价	零售商期望收益	供应商期望收益	供应链期望收益	$CVaRr$	$\pi_s + CVaRr$
0.971	48820	195	2903730	3601400	6505130	2990460	6591860
0.972	48869	195	2897570	3607530	6505100	2981040	6588570
0.973	48919	195	2891260	3613780	6505040	2971490	6585270
0.974	48968	194	2934030	3570930	6504960	3012350	6583280
0.975	49017	194	2927860	3577010	6504870	3002930	6579940
0.976	48588	195	2932650	3572400	6505050	3016960	6589360
0.977	48632	195	2927190	3577900	6505090	3007790	6585690
0.978	48673	195	2922100	3583030	6505130	2999010	6582040
0.979	48712	195	2917240	3587900	6505140	2990480	6578380
0.980	48744	195	2913250	3591900	6505150	2982850	6574750
0.981	48766	195	2910500	3594650	6505150	2976500	6571150
0.982	48772	195	2909750	3595400	6505150	2972190	6567590
0.983	48772	195	2909750	3595400	6505150	2968650	6564050
0.984	48770	195	2910000	3595150	6505150	2965370	6560520
0.985	48769	195	2910120	3595030	6505150	2961980	6557010
0.986	48768	195	2910250	3594900	6505150	2958590	6553490
0.987	48767	195	2910370	3594780	6505150	2955210	6549990
0.988	48765	195	2910620	3594530	6505150	2951970	6546500
0.989	48764	195	2910750	3594400	6505150	2948610	6543010
0.990	48763	195	2910870	3594280	6505150	2945250	6539530
0.991	48761	195	2911120	3594030	6505150	2942030	6536060
0.992	48760	195	2911250	3593900	6505150	2938690	6532590
0.993	48759	195	2911370	3593780	6505150	2935360	6529140
0.994	48758	195	2911500	3593650	6505150	2932040	6525690
0.995	48756	195	2911750	3593400	6505150	2928840	6522240
0.996	48755	195	2911870	3593280	6505150	2925540	6518820
0.997	48754	195	2912000	3593150	6505150	2922230	6515380
0.998	48753	195	2912120	3593030	6505150	2918940	6511970
0.999	48751	195	2912370	3592780	6505150	2915780	6508560
1	48750	195	2912500	3592650	6505150	2912500	6505150

表 4 - 4　　　　　　数量折扣契约下零售商风险厌恶时 $\sigma = 50$ 时的相关数据

风险系数	最优订货量	最优批发价	零售商期望收益	供应商期望收益	供应链期望收益	CVaRr	$\pi_s + CVaRr$
0.965	48750	195	2912500	3592650	6505150	3018130	6610780
0.966	48750	195	2912500	3592650	6505150	3015010	6607660
0.967	48750	195	2912500	3592650	6505150	3011890	6604540
0.968	48750	195	2912500	3592650	6505150	3008780	6601430
0.969	48750	195	2912500	3592650	6505150	3005680	6598330
0.970	48750	195	2912500	3592650	6505150	3002580	6595230
0.971	48746	195	2913000	3592150	6505150	3000000	6592150
0.972	48782	195	2908500	3596650	6505150	2992280	6588930
0.973	48832	195	2902220	3602900	6505120	2982760	6585660
0.974	48881	195	2896060	3609030	6505090	2973370	6582400
0.975	48607	195	2930290	3574780	6505070	3018190	6592970
0.976	48653	195	2924590	3580530	6505120	3008750	6589280
0.977	48696	195	2919240	3585900	6505140	2999690	6585590
0.978	48737	195	2914120	3591030	6505150	2990880	6581910
0.979	48767	195	2910370	3594780	6505150	2983490	6578270
0.980	48775	195	2909370	3595780	6505150	2978900	6574680
0.981	48774	195	2909500	3595650	6505150	2975480	6571130
0.982	48773	195	2909620	3595530	6505150	2972060	6567590
0.983	48772	195	2909750	3595400	6505150	2968650	6564050
0.984	48770	195	2910000	3595150	6505150	2965370	6560520
0.985	48769	195	2910120	3595030	6505150	2961980	6557010
0.986	48768	195	2910250	3594900	6505150	2958590	6553490
0.987	48767	195	2910370	3594780	6505150	2955210	6549990
0.988	48765	195	2910620	3594530	6505150	2951970	6546500
0.989	48764	195	2910750	3594400	6505150	2948310	6542710
0.990	48763	195	2910870	3594280	6505150	2945250	6539530
0.991	48761	195	2911120	3594030	6505150	2942030	6536060
0.992	48760	195	2911250	3593900	6505150	2938690	6532590
0.993	48759	195	2911370	3593780	6505150	2935360	6529140
0.994	48758	195	2911500	3593650	6505150	2932040	6525690
0.995	48756	195	2911750	3593400	6505150	2928840	6522240
0.996	48755	195	2911870	3593280	6505150	2925540	6518820
0.997	48754	195	2912000	3593150	6505150	2922230	6515380

续表

风险系数	最优订货量	最优批发价	零售商期望收益	供应商期望收益	供应链期望收益	$CVaR_r$	$\pi_s + CVaR_r$
0.998	48753	195	2912120	3593030	6505150	2918940	6511970
0.999	48751	195	2912370	3592780	6505150	2915780	6508560
1	48750	195	2912500	3592650	6505150	2912500	6505150

表 4 – 5　　　数量折扣契约下零售商风险厌恶时 $\sigma = 30$ 时的相关数据

风险系数	最优订货量	最优批发价	零售商期望收益	供应商期望收益	供应链期望收益	$CVaR_r$	$\pi_s + CVaR_r$
0.965	48750	195	2912500	3592650	6505150	3018130	6610780
0.966	48750	195	2912500	3592650	6505150	3015010	6607660
0.967	48750	195	2912500	3592650	6505150	3011890	6604540
0.968	48750	195	2912500	3592650	6505150	3008780	6601430
0.969	48750	195	2912500	3592650	6505150	3005680	6598330
0.970	48750	195	2912500	3592650	6505150	3002580	6595230
0.971	48750	195	2912500	3592650	6505150	2999490	6592140
0.972	48750	195	2912500	3592650	6505150	2996400	6589050
0.973	48561	195	2935980	3569030	6505010	3031290	6600320
0.974	48817	195	2904110	3601030	6505140	2981630	6582660
0.975	48867	195	2897820	3607280	6505100	2972120	6579400
0.976	48702	195	2918490	3586650	6505140	3002520	6589170
0.977	48746	195	2913000	3592150	6505150	2993320	6585470
0.978	48776	195	2909250	3595900	6505150	2985910	6581810
0.979	48777	195	2909120	3596030	6505150	2982210	6578240
0.980	48776	195	2909250	3595900	6505150	2978780	6574680
0.981	48774	195	2909500	3595650	6505150	2975480	6571130
0.982	48773	195	2909620	3595530	6505150	2972060	6567590
0.983	48772	195	2909750	3595400	6505150	2968650	6564050
0.984	48770	195	2910000	3595150	6505150	2965370	6560520
0.985	48769	195	2910120	3595030	6505150	2961980	6557010
0.986	48768	195	2910250	3594900	6505150	2958590	6553490
0.987	48767	195	2910370	3594780	6505150	2955210	6549990
0.988	48765	195	2910620	3594530	6505150	2951970	6546500

续表

风险系数	最优订货量	最优批发价	零售商期望收益	供应商期望收益	供应链期望收益	$CVaRr$	$\pi_s + CVaRr$
0.989	48764	195	2910750	3594400	6505150	2948610	6543010
0.990	48763	195	2910870	3594280	6505150	2945250	6539530
0.991	48761	195	2911120	3594030	6505150	2942030	6536060
0.992	48760	195	2911250	3593900	6505150	2938690	6532590
0.993	48759	195	2911370	3593780	6505150	2935360	6529140
0.994	48758	195	2911500	3593650	6505150	2932040	6525690
0.995	48756	195	2911750	3593400	6505150	2928840	6522240
0.996	48755	195	2911870	3593280	6505150	2925540	6518820
0.997	48754	195	2912000	3593150	6505150	2922230	6515380
0.998	48753	195	2912120	3593030	6505150	2918940	6511970
0.999	48751	195	2912370	3592780	6505150	2915780	6508560
1	48750	195	2912500	3592650	6505150	2912500	6505150

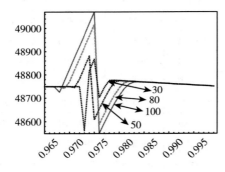

图 4 - 1 最优订货量分岔

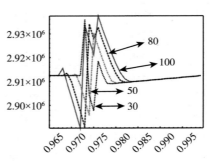

图 4 - 2 零售商期望收益分岔

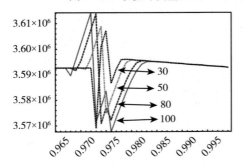

图 4 - 3 供应商期望收益分岔

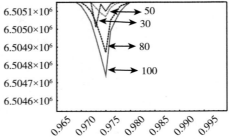

图 4 - 4 供应链期望收益分岔

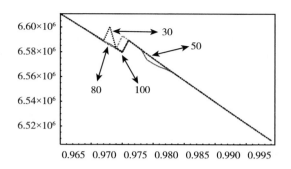

图 4 – 5　"利润 – CVaR（π_r）"走势

数据分析：

（1）从表 4 – 2 至表 4 – 5 可知，采用数量折扣契约，当取得最优订货量时，最优批发价基本一样（通过四舍五入得到），出现了分岔突变现象。

（2）从图 4 – 1 至图 4 – 3 可以看出，在价格随机条件下，零售商风险厌恶时，供应链最优定货量、零售商期望收益、供应链期望收益和供应链期望收益在一定的区域内均发生分岔突变现象。

（3）几个参数的分岔突变区间随方差 σ 的增大而增大。

（4）从图 4 – 3 和图 4 – 5 来看，零售商期望收益和供应商期望收益分岔突变方向呈相反的方向。

（5）从图 4 – 5 可以看出，不管供应链上的最优订货量如何突变，最优供应链的收益均不会超过风险中性时的最优供应链收益。

（6）从图 4 – 5 我们还可以看出，当风险因子为 0.975，$\sigma = 100$ 时，最优供应链期望收益最小，但最优订货量却最大，这时出现规模不经济的现象。

4.2.2　价格随机下供应商风险厌恶的应急数量折扣契约

同样，当供应链的外部环境遭遇突发事件导致市场需求缩小时，供应链成员的风险态度可能会由风险中性转为风险厌恶。本节研究供应商为风险厌恶、零售商为风险中性情况下采用回购契约来协调供应链。此时最大化的"利润 – CVaR"风险度量准则修正表示为：

$$Y(q)_s^V = \max_q \{ \pi_r(x) + CVaR_\theta \Pi_s(x) \} \qquad (4-15)$$

此时可得市场价格随机下供应商风险厌恶的条件风险价值:

$$CVaR_\theta \left(\prod_s \right) = \frac{1}{\theta} \left\{ \pi_s^u + g_s \int_{\frac{q}{\beta}}^{\infty} \left(\frac{q}{\beta} - q \right) f(x) \, dx - \lambda_2 (q^* - q) \right\} \qquad (4-16)$$

对式 (4-16) 求一阶导和二阶导可得:

$$\frac{\partial CVaR_\theta \left(\prod_s \right)}{\partial q} = \frac{1}{\theta} \left\{ \frac{\partial \pi_s^u}{\partial q} + g_s \left(\frac{1}{\theta} - 1 \right) \left(1 - F\left(\frac{q}{\theta} \right) \right) - g_s q \left(\frac{1}{\theta} - 1 \right) \frac{1}{\theta} f\left(\frac{q}{\theta} \right) \right\} \qquad (4-17)$$

$$\frac{\partial^2 CVaR_\theta \left(\prod_s \right)}{\partial q^2} = \frac{1}{\theta} \left\{ \frac{\partial^2 \pi_s^u}{\partial q^2} - g_s \frac{1}{\theta} \left(\frac{1}{\theta} - 1 \right) f\left(\frac{q}{\theta} \right) - g_s \left(\frac{1}{\theta} - 1 \right) \frac{1}{\theta} f\left(\frac{q}{\theta} \right) - \right.$$
$$\left. g_s q \left(\frac{1}{\theta} - 1 \right) \frac{1}{\theta^2} f'\left(\frac{q}{\theta} \right) \right\} < 0 \qquad (4-18)$$

由式 (4-18) 可知,式 (4-17) 是严格凹函数,即存在唯一的最优订货量 q^* 使 $\left. \dfrac{\partial CVaR_\theta \left(\prod_s \right)}{\partial q} \right|_{q=q_s^*} = 0$。

此时风险中性的零售商的期望利润函数为:

$$\pi_r^u = \int_0^q \{ [p_0 + a(x - q)] x + v(q - x) h(x) \} \, dx + \int_q^{\infty} [p_0 + a(x - q)] q -$$
$$g_r(x - q) h(x) \, dx - c_r - w(q) q$$
$$= (p_0 - v + g_r) S_H(q) - (w(q) + c_r - v) q - g_r \mu_H + A(q) \qquad (4-19)$$

对式 (4-19) 求一阶导和二阶导可得:

$$\frac{\partial \pi_r^u}{\partial q} = (p_0 - v + g_r)(1 - H(q)) - (w(q) + c_r - v) - \frac{\partial w(q)}{\partial q} q + \frac{\partial A(q)}{\partial q} \qquad (4-20)$$

其中,$\dfrac{\partial A(q)}{\partial q} = -2a \displaystyle\int_0^q x h(x) \, dx + a\mu - 2aq + 2aqH(q)$

$$\frac{\partial^2 \pi_r^u}{\partial q^2} = -(p_0 - v + g_r) h(q) - 2a(1 - H(q)) - 2 \frac{\partial w(q)}{\partial q} - \frac{\partial^2 w(q)}{\partial q^2} < 0 \qquad (4-21)$$

根据常识，$\dfrac{\partial w(q)}{\partial q}$ 和 $\dfrac{\partial^2 w(q)}{\partial q^2}$ 在式（4-21）中尽管是个正数，但这两个数字极小，在式（4-21）中的影响忽略不计。可以由式（4-21）可知，式（4-20）是严格凹函数，即存在唯一的最优订货量 q_r^* 使 $\dfrac{\partial \pi_r^u}{\partial q}\Big|_{q=q_r^*}=0$。

综上可知，供应链的最优订货量 q_s^* 与 q_r^* 分别为 $\dfrac{\partial CVaR_\theta(\prod_s)}{\partial q}\Big|_{q=q_s^*}=0$ 和 $\dfrac{\partial \pi_r^u}{\partial q}\Big|_{q=q_r^*}=0$ 的解，确定契约中的相关参数后，可以求出最优订货量的具体值，通过科学设置批发价和供应链成员的利润分配方法使供应链的期望利润能实现最大化。

根据上节算例中的数据，同样针对上述四种市场需求分布情况，只讨论以 0.001 为步长在 [0.965, 1] 范围变化时，针对供应商风险厌恶的情况，以 Mathematica 为工具，分别讨论步长变化对零售商最佳订货策略、利润，供应商的批发价、期望收益，整个供应链期望收益以及零售商期望收益 + 供应商条件风险价值之和的影响。通过计算，可得表 4-6 至表 4-9、图 4-6 至图 4-10。

表 4-6　　　　　数量折扣契约下供应商风险厌恶时 $\sigma=100$ 时的相关数据

风险系数	最优订货量	最优批发价	零售商期望收益	供应商期望收益	供应链期望收益	$CVaRr$	$\pi_s + CVaRr$
0.965	48750	195	2912500	3592650	6505150	3722950	6635450
0.966	48750	195	2912500	3592650	6505150	3719100	6631600
0.967	48748	195	2912500	3592650	6505150	3715000	6627500
0.968	48726	195	2915500	3589650	6505150	3708320	6623820
0.969	48775	195	2909370	3595780	6505150	3710820	6620190
0.970	48824	195	2903230	3601900	6505130	3713310	6616540
0.971	48874	195	2896940	3608150	6505090	3715920	6612860
0.972	48923	195	2890760	3614280	6505040	3718400	6609160
0.973	48972	194	2933520	3571430	6504950	3720870	6654390
0.974	49021	194	2927350	3577500	6504850	3723340	6650690

续表

风险系数	最优订货量	最优批发价	零售商期望收益	供应商期望收益	供应链期望收益	$CVaRr$	$\pi_s + CVaRr$
0.975	49070	194	2921160	3583580	6504740	3725800	6646960
0.976	48550	195	2937340	3567650	6504990	3667550	6604890
0.977	48594	195	2931900	3573150	6505050	3668920	6600820
0.978	48635	195	2926820	3578280	6505100	3669920	6596740
0.979	48675	195	2921850	3583280	6505130	3670780	6592630
0.980	48711	195	2917370	3587780	6505150	3671120	6588490
0.981	48741	195	2913620	3591530	6505150	3670700	6584320
0.982	48761	195	2911120	3594030	6505150	3669000	6580120
0.983	48769	195	2910120	3595030	6505150	3665780	6575900
0.984	48770	195	2910000	3595150	6505150	3661670	6571670
0.985	48769	195	2910120	3595030	6505150	3657310	6567430
0.986	48768	195	2910250	3594900	6505150	3652970	6563220
0.987	48767	195	2910370	3594780	6505150	3648630	6559000
0.988	48765	195	2910620	3594530	6505150	3644180	6554800
0.989	48764	195	2910750	3594400	6505150	3639860	6550610
0.990	48763	195	2910870	3594280	6505150	3635560	6546430
0.991	48761	195	2911120	3594030	6505150	3631130	6542250
0.992	48760	195	2911250	3593900	6505150	3626850	6538100
0.993	48759	195	2911250	3593780	6505030	3622570	6533820
0.994	48758	195	2911500	3593650	6505150	3618300	6529800
0.995	48756	195	2911750	3593400	6505150	3613920	6525670
0.996	48755	195	2911870	3593280	6505150	3609670	6521540
0.997	48754	195	2912000	3593150	6505150	3605430	6517430
0.998	48753	195	2912120	3593030	6505150	3601200	6513320
0.999	48751	195	2912370	3592780	6505150	3596860	6509230
1	48750	195	2912500	3592650	6505150	3592650	6505150

表 4 – 7 数量折扣契约下供应商风险厌恶时 $\sigma = 80$ 时的相关数据

风险系数	最优订货量	最优批发价	零售商期望收益	供应商期望收益	供应链期望收益	CVaRr	π_s + CVaRr
0.965	48750	195	2912500	3592650	6505150	3722950	6635450
0.966	48750	195	2912500	3592650	6505150	3719100	6631600
0.967	48750	195	2912500	3592650	6505150	3715250	6627750
0.968	48750	195	2912500	3592650	6505150	3711420	6623920
0.969	48742	195	2913500	3591650	6505150	3706550	6620050
0.970	48771	195	2909870	3595280	6505150	3706470	6616340
0.971	48820	195	2903730	3601400	6505130	3708960	6612690
0.972	48869	195	2897570	3607530	6505100	3711450	6609020
0.973	48919	195	2891260	3613780	6505040	3714060	6605320
0.974	48968	194	2934030	3570930	6504960	3666260	6600290
0.975	49017	194	2927860	3577010	6504870	3668730	6596590
0.976	48588	195	2932650	3572400	6505050	3672450	6605100
0.977	48632	195	2927190	3577900	6505090	3673820	6601010
0.978	48673	195	2922100	3583030	6505130	3674800	6596900
0.979	48712	195	2917240	3587900	6505140	3675520	6592760
0.980	48744	195	2913250	3591900	6505150	3675350	6588600
0.981	48766	195	2910500	3594650	6505150	3673900	6584400
0.982	48772	195	2909750	3595400	6505150	3670410	6580160
0.983	48772	195	2909750	3595400	6505150	3666160	6575910
0.984	48770	195	2910000	3595150	6505150	3661670	6571670
0.985	48769	195	2910120	3595030	6505150	3657310	6567430
0.986	48768	195	2910250	3594900	6505150	3652970	6563220
0.987	48767	195	2910370	3594780	6505150	3648630	6559000
0.988	48765	195	2910620	3594530	6505150	3644180	6554800
0.989	48764	195	2910750	3594400	6505150	3639860	6550610
0.990	48763	195	2910870	3594280	6505150	3635560	6546430
0.991	48761	195	2911120	3594030	6505150	3631130	6542250
0.992	48760	195	2911250	3593900	6505150	3626850	6538100
0.993	48759	195	2911370	3593780	6505150	3622570	6533940
0.994	48758	195	2911500	3593650	6505150	3618300	6529800

续表

风险系数	最优订货量	最优批发价	零售商期望收益	供应商期望收益	供应链期望收益	$CVaRr$	$\pi_s + CVaRr$
0.995	48756	195	2911750	3593400	6505150	3613920	6525670
0.996	48755	195	2911870	3593280	6505150	3609670	6521540
0.997	48754	195	2912000	3593150	6505150	3605430	6517430
0.998	48753	195	2912120	3593030	6505150	3601200	6513320
0.999	48751	195	2912370	3592780	6505150	3596860	6509230
1	48750	195	2912500	3592650	6505150	3592650	6505150

表 4 – 8　　　　　数量折扣契约下供应商风险厌恶时 $\sigma = 50$ 时的相关数据

风险系数	最优订货量	最优批发价	零售商期望收益	供应商期望收益	供应链期望收益	$CVaRr$	$\pi_s + CVaRr$
0.965	48750	195	2912500	3592650	6505150	3722950	6635450
0.966	48750	195	2912500	3592650	6505150	3719100	6631600
0.967	48750	195	2912500	3592650	6505150	3715250	6627750
0.968	48750	195	2912500	3592650	6505150	3711420	6623920
0.969	48750	195	2912500	3592650	6505150	3707590	6620090
0.970	48750	195	2912500	3592650	6505150	3703760	6616260
0.971	48746	195	2913000	3592150	6505150	3699430	6612430
0.972	48782	195	2908500	3596650	6505150	3700260	6608760
0.973	48832	195	2902220	3602900	6505120	3702880	6605100
0.974	48881	195	2896060	3609030	6505090	3705370	6601430
0.975	48607	195	2930290	3574780	6505070	3679200	6609490
0.976	48653	195	2924590	3580530	6505120	3680810	6605400
0.977	48696	195	2919240	3585900	6505140	3682040	6601280
0.978	48737	195	2914120	3591030	6505150	3683010	6597130
0.979	48767	195	2910370	3594780	6505150	3682570	6592940
0.980	48775	195	2909370	3595780	6505150	3679320	6588690
0.981	48774	195	2909500	3595650	6505150	3674920	6584420
0.982	48773	195	2909620	3595530	6505150	3670530	6580150
0.983	48772	195	2909750	3595400	6505150	3666160	6575910
0.984	48770	195	2910000	3595150	6505150	3661670	6571670

续表

风险系数	最优订货量	最优批发价	零售商期望收益	供应商期望收益	供应链期望收益	$CVaRr$	$\pi_s + CVaRr$
0.985	48769	195	2910120	3595030	6505150	3657310	6567430
0.986	48768	195	2910250	3594900	6505150	3652970	6563220
0.987	48767	195	2910370	3594780	6505150	3648630	6559000
0.988	48765	195	2910620	3594530	6505150	3644180	6554800
0.989	48764	195	2910750	3594400	6505150	3639860	6550610
0.990	48763	195	2910870	3594280	6505150	3635560	6546430
0.991	48761	195	2911120	3594030	6505150	3631130	6542250
0.992	48760	195	2911250	3593900	6505150	3626850	6538100
0.993	48759	195	2911370	3593780	6505150	3622570	6533940
0.994	48758	195	2911500	3593650	6505150	3618300	6529800
0.995	48756	195	2911750	3593400	6505150	3613920	6525670
0.996	48755	195	2911870	3593280	6505150	3609670	6521540
0.997	48754	195	2912000	3593150	6505150	3605430	6517430
0.998	48753	195	2912120	3593030	6505150	3601200	6513320
0.999	48751	195	2912370	3592780	6505150	3596860	6509230
1	48750	195	2912500	3592650	6505150	3592650	6505150

表 4 - 9　　数量折扣契约下供应商风险厌恶时 $\sigma=30$ 时的相关数据

风险系数	最优订货量	最优批发价	零售商期望收益	供应商期望收益	供应链期望收益	$CVaRr$	$\pi_s + CVaRr$
0.965	48750	195	2912500	3592650	6505150	3722950	6635450
0.966	48750	195	2912500	3592650	6505150	3719100	6631600
0.967	48750	195	2912500	3592650	6505150	3715250	6627750
0.968	48750	195	2912500	3592650	6505150	3711420	6623920
0.969	48750	195	2912500	3592650	6505150	3707590	6620090
0.970	48750	195	2912500	3592650	6505150	3703760	6616260
0.971	48750	195	2912500	3592650	6505150	3699950	6612450
0.972	48750	195	2912500	3592650	6505150	3696140	6608640
0.973	48561	195	2935980	3569030	6505010	3668850	6604830

风险系数	最优订货量	最优批发价	零售商期望收益	供应商期望收益	供应链期望收益	$CVaRr$	$\pi_s + CVaRr$
0.974	48817	195	2904110	3601030	6505140	3697150	6601260
0.975	48867	195	2897820	3607280	6505100	3699770	6597590
0.976	48702	195	2918490	3586650	6505140	3675540	6594030
0.977	48746	195	2913000	3592150	6505150	3677380	6590380
0.978	48776	195	2909250	3595900	6505150	3677420	6586670
0.979	48777	195	2909120	3596030	6505150	3673770	6582890
0.980	48776	195	2909250	3595900	6505150	3669860	6579110
0.981	48774	195	2909500	3595650	6505150	3665840	6575340
0.982	48773	195	2909620	3595530	6505150	3661950	6571570
0.983	48772	195	2909750	3595400	6505150	3658060	6567810
0.984	48770	195	2910000	3595150	6505150	3654060	6564060
0.985	48769	195	2910120	3595030	6505150	3650200	6560320
0.986	48768	195	2910250	3594900	6505150	3646340	6556590
0.987	48767	195	2910370	3594780	6505150	3642490	6552860
0.988	48765	195	2910620	3594530	6505150	3638520	6549140
0.989	48764	195	2910750	3594400	6505150	3634690	6545440
0.990	48763	195	2910870	3594280	6505150	3630860	6541730
0.991	48761	195	2911120	3594030	6505150	3626920	6538040
0.992	48760	195	2911250	3593900	6505150	3623110	6534360
0.993	48759	195	2911370	3593780	6505150	3619300	6530670
0.994	48758	195	2911500	3593650	6505150	3615510	6527010
0.995	48756	195	2911750	3593400	6505150	3611600	6523350
0.996	48755	195	2911870	3593280	6505150	3607820	6519690
0.997	48754	195	2912000	3593150	6505150	3604050	6516050
0.998	48753	195	2912120	3593030	6505150	3600280	6512400
0.999	48751	195	2912370	3592780	6505150	3596400	6508770
1	48750	195	2912500	3592650	6505150	3592650	6505150

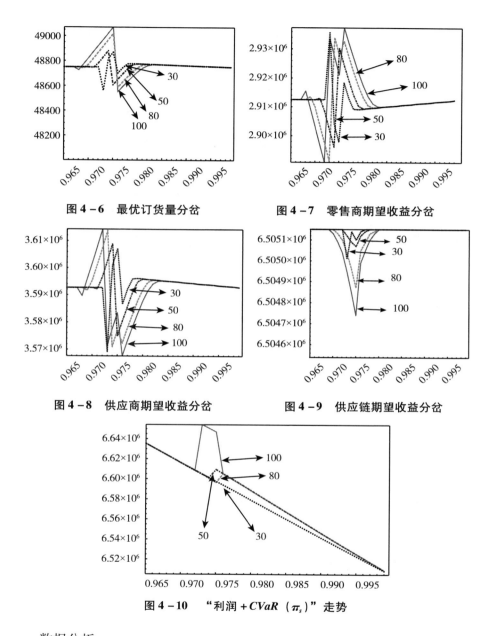

图 4 – 6　最优订货量分岔　　　　　图 4 – 7　零售商期望收益分岔

图 4 – 8　供应商期望收益分岔　　　　图 4 – 9　供应链期望收益分岔

图 4 – 10　"利润 $+CVaR\ (\pi_s)$"走势

数据分析：

（1）从图 4 – 6 至图 4 – 10 和从图 4 – 1 至图 4 – 5 相比较来看，相对应的图的发展是一样的，因为 q 和 w 均相同，所以零售商期望收益、供应链期望收益也是一样，说明对整体个供应链来说，不管是零售商风险厌恶还是供应链风险厌恶，其对供应链影响是等效的。

（2）图 4 – 10 与图 4 – 5 相比，相似的部分更多，只有一两个突变值不一样。这两个图的走势说明采用修正的"利润 – CVaR"作风险测量准则，有一定的稳定性与可靠性。

4.2.3 价格随机参与者均风险厌恶的应急数量折扣契约

当供应链的外部环境遭遇突发事件导致市场需求缩小时，供应链上两个成员的风险态度都可能会由风险中性转为风险厌恶。此时最大化的"利润 – CVaR"风险度量准则修正表示为：

$$Y(q)_h^V = \max_q \left\{ CVaR_\theta \prod_r (x) + CVaR_\theta \prod_s (x) \right\} \quad (4-22)$$

根据 4.2.2 节，可知：

$$CVaR\left(\prod_r\right) = \frac{1}{\theta} \left\{ \int_0^q \left[(p_0 + a(x-q))x + v(q-x) \right] h(x) \mathrm{d}x + \right.$$

$$\int_q^{\frac{q}{\theta}} \left[(p_0 + a(x-q))q - g_r(x-q) \right] h(x) \mathrm{d}x + \int_{\frac{q}{\theta}}^\infty \left[(p_0 + \right.$$

$$a(x-q))q - g_r\left(x - \frac{q}{\theta}\right) \left] h(x) \mathrm{d}x - w(q)q - c_r q \right\}$$

$$= \frac{1}{\theta} \left\{ \pi_r^u + g_r \int_{\frac{q}{\theta}}^\infty \left(\frac{q}{\theta} - q \right) h(x) \mathrm{d}x \right\} \quad (4-23)$$

分别对式（4 – 23）求一阶导和二阶导，可得：

$$\frac{\partial CVaR_\theta\left(\prod_r\right)}{\partial q} = \frac{1}{\theta} \left\{ \frac{\partial \pi_r^u}{\partial q} + g_r\left(\frac{1}{\theta} - 1\right)\left(1 - F\left(\frac{q}{\theta}\right)\right) - g_r q\left(\frac{1}{\theta} - 1\right)\frac{1}{\theta}f\left(\frac{q}{\theta}\right) \right\}$$

$$(4-24)$$

$$\frac{\partial^2 CVaR_\theta\left(\prod_r\right)}{\partial q^2} = \frac{1}{\theta} \left\{ \frac{\partial^2 \pi_r^u}{\partial q^2} - g_r\left(\frac{1}{\theta} - 1\right)f\left(\frac{q}{\theta}\right) - g_r\left(\frac{1}{\theta} - 1\right)\frac{1}{\theta}f\left(\frac{q}{\theta}\right) - \right.$$

$$g_r q\left(\frac{1}{\theta} - 1\right)\frac{1}{\theta^2}f'\left(\frac{q}{\theta}\right) \right\} < 0 \quad (4-25)$$

根据式（4 – 16）可知：

$$CVaR_\theta\left(\prod_s\right) = \frac{1}{\theta}\left\{\pi_s^u + g_s\int_{\frac{q}{\beta}}^{\infty}\left(\frac{q}{\beta} - q\right)f(x)\,\mathrm{d}x - \lambda_2(q^* - q)\right\}$$

$$(4-26)$$

分别对式（4-26）求一阶导和二阶导，可得：

$$\frac{\partial CVaR_\theta\left(\prod_s\right)}{\partial q} = \frac{1}{\theta}\left\{\frac{\partial \pi_s^u}{\partial q} + g_s\left(\frac{1}{\theta} - 1\right)\left(1 - F\left(\frac{q}{\theta}\right)\right) - g_s q\left(\frac{1}{\theta} - 1\right)\frac{1}{\theta}f\left(\frac{q}{\theta}\right)\right\}$$

$$(4-27)$$

$$\frac{\partial^2 CVaR_\theta\left(\prod_s\right)}{\partial q^2} = \frac{1}{\theta}\left\{\frac{\partial^2 \pi_s^u}{\partial q^2} - g_s\frac{1}{\theta}\left(\frac{1}{\theta} - 1\right)f\left(\frac{q}{\theta}\right) - g_s\left(\frac{1}{\theta} - 1\right)\frac{1}{\theta}f\left(\frac{q}{\theta}\right) - \right.$$

$$\left. g_s q\left(\frac{1}{\theta} - 1\right)\frac{1}{\theta^2}f'\left(\frac{q}{\theta}\right)\right\} < 0 \qquad (4-28)$$

令式（4-24）和式（4-27）等于零，当 q_s^* 与 q_r^* 分别为 $\left.\dfrac{\partial CVaR_\theta\left(\prod_s\right)}{\partial q}\right|_{q=q_s^*} = 0$

和 $\left.\dfrac{\partial CVaR_\theta\left(\prod_r\right)}{\partial q}\right|_{q=q_r^*} = 0$ 的解，且 $q_r^* = q_s^* = q_h^*$ 时，供应链实现协调。

算例分析： 根据上节算例中的数据，同样针对上述四种市场需求分布情况，只讨论以 0.001 为步长在 [0.965, 1] 范围的变化时，针对供应商风险厌恶的情况，以 Mathematica 为工具，分别讨论步长变化对零售商最佳订货策略、期望收益，供应商的批发价、期望收益，整个供应链期望收益以及零售商条件风险价值+供应商条件风险价值之和的影响。通过计算，得到表 4-10 至表 4-13 中的数据和图 4-11 至图 4-15。

表 4-10　　　　　　数量折扣契约下零售商风险厌恶时 $\sigma = 100$ 时的相关数据

风险系数	最优订货量	最优批发价	零售商期望收益	供应商期望收益	供应链期望收益	$CVaRr$	$\pi_s + CVaRr$	$CVaRs + CVaRr$
0.965	48750	195	2912500	3592650	6505150	3018130	3722950	6741080
0.966	48750	195	2912500	3592650	6505150	3015010	3719100	6734110
0.967	48746	195	2913000	3592150	6505150	3012410	3714740	6727150
0.968	48747	195	2912870	3592280	6505150	3009170	3711030	6720200
0.969	48204	196	2931350	3572600	6503950	3090700	3652980	6743680

风险系数	最优订货量	最优批发价	零售商期望收益	供应商期望收益	供应链期望收益	$CVaRr$	$\pi_s + CVaRr$	$CVaRs + CVaRr$
0.970	48846	195	2900460	3604650	6505110	2990170	3716140	6706310
0.971	48895	195	2894290	3610780	6505070	2980730	3718620	6699350
0.972	48346	196	2914000	3590500	6504500	3061950	3658450	6720400
0.973	48993	194	2930880	3574030	6504910	2961860	3723560	6685420
0.974	48440	196	2902430	3602340	6504770	3042860	3661990	6704850
0.975	48486	196	2896740	3608140	6504880	3033450	3663630	6697080
0.976	49141	194	2912150	3592380	6504530	2933420	3731070	6664490
0.977	48577	195	2934010	3571030	6505040	3014750	3666770	6681520
0.978	48620	195	2928680	3576400	6505080	3005720	3668010	6673730
0.979	48662	195	2923470	3581650	6505120	2996820	3669120	6665940
0.980	48702	195	2918490	3586650	6505140	2988180	3669980	6658160
0.981	48738	195	2914000	3591150	6505150	2980050	3670320	6650370
0.982	48767	195	2910370	3594780	6505150	2972820	3669770	6642590
0.983	48785	195	2908120	3597030	6505150	2967000	3667810	6634810
0.984	48789	195	2907620	3597530	6505150	2962960	3664080	6627040
0.985	48788	195	2907740	3597400	6505140	2959570	3659730	6619300
0.986	48786	195	2907990	3597150	6505140	2956310	3655250	6611560
0.987	48783	195	2908370	3596780	6505150	2953190	3650660	6603850
0.988	48780	195	2908750	3596400	6505150	2950070	3646080	6596150
0.989	48778	195	2909000	3596150	6505150	2946840	3641630	6588470
0.990	48775	195	2909370	3595780	6505150	2943740	3637070	6580810
0.991	48773	195	2909620	3595530	6505150	2940520	3632650	6573170
0.992	48770	195	2910000	3595150	6505150	2937430	3632650	6570080
0.993	48768	195	2910250	3594900	6505150	2934230	3623700	6557930
0.994	48765	195	2910620	3594530	6505150	2931150	3619180	6550330
0.995	48763	195	2910870	3594280	6505150	2927960	3614800	6542760
0.996	48760	195	2911250	3593900	6505150	2924910	3610300	6535210
0.997	48758	195	2911500	3593650	6505150	2921730	3605930	6527660
0.998	48755	195	2911870	3593280	6505150	2918690	3601450	6520140
0.999	48753	195	2912120	3593030	6505150	2915530	3597110	6512640
1	48750	195	2912500	3592650	6505150	2912500	3592650	6505150

表4-11 数量折扣契约下参与者均风险厌恶时 $\sigma=80$ 时的相关数据

风险系数	最优订货量	最优批发价	零售商期望收益	供应商期望收益	供应链期望收益	$CVaRr$	$\pi_s + CVaRr$	$CVaRs + CVaRr$
0.965	48750	195	2912500	3592650	6505150	3018130	3722950	6741080
0.966	48750	195	2912500	3592650	6505150	3015010	3719100	6734110
0.967	48750	195	2912500	3592650	6505150	3011890	3715250	6727140
0.968	48749	195	2912620	3592530	6505150	3008910	3711290	6720200
0.969	48737	195	2914120	3591030	6505150	3007350	3705910	6713260
0.970	48787	195	2907870	3597280	6505150	2997810	3708530	6706340
0.971	48836	195	2901720	3603400	6505120	2988390	3711020	6699410
0.972	48886	195	2895430	3609650	6505080	2978840	3713630	6692470
0.973	48435	196	2903040	3601710	6504750	3047150	3665650	6712800
0.974	48482	196	2897230	3607630	6504860	3037600	3667410	6705010
0.975	49034	194	2925710	3579120	6504830	2950440	3721180	6671620
0.976	48575	195	2934250	3570780	6505030	3018620	3670800	6689420
0.977	48620	195	2928680	3576400	6505080	3009320	3672290	6681610
0.978	48663	195	2923340	3581780	6505120	3000280	3673530	6673810
0.979	48705	195	2918120	3587030	6505150	2991370	3674630	6666000
0.980	48743	195	2913370	3591780	6505150	2982980	3675220	6658200
0.981	48774	195	2909500	3595650	6505150	2975480	3674920	6650400
0.982	48791	195	2907370	3597780	6505150	2969770	3672830	6642600
0.983	48793	195	2907120	3598030	6505150	2965980	3668830	6634810
0.984	48791	195	2907370	3597780	6505150	2962710	3664340	6627050
0.985	48788	195	2907740	3597400	6505140	2959570	3659730	6619300
0.986	48786	195	2907990	3597150	6505140	2956310	3655250	6611560
0.987	48783	195	2908370	3596780	6505150	2953190	3650660	6603850
0.988	48780	195	2908750	3596400	6505150	2950070	3646080	6596150
0.989	48778	195	2909000	3596150	6505150	2946840	3641630	6588470
0.990	48775	195	2909370	3595780	6505150	2943740	3637070	6580810
0.991	48773	195	2909620	3595530	6505150	2940520	3632650	6573170
0.992	48770	195	2910000	3595150	6505150	2937430	3628110	6565540
0.993	48768	195	2910250	3594900	6505150	2934230	3623700	6557930
0.994	48765	195	2910620	3594530	6505150	2931150	3619180	6550330

续表

风险系数	最优订货量	最优批发价	零售商期望收益	供应商期望收益	供应链期望收益	$CVaR_r$	$\pi_s +$ $CVaR_r$	$CVaR_s +$ $CVaR_r$
0.995	48763	195	2910870	3594280	6505150	2927960	3614800	6542760
0.996	48760	195	2911250	3593900	6505150	2924910	3610300	6535210
0.997	48758	195	2911500	3593650	6505150	2921730	3605930	6527660
0.998	48755	195	2911870	3593280	6505150	2918690	3601450	6520140
0.999	48753	195	2912120	3593030	6505150	2915530	3597110	6512640
1	48750	195	2912500	3592650	6505150	2912500	3592650	6505150

表 4 - 12   数量折扣契约下参与者均风险厌恶时 $\sigma = 50$ 时的相关数据

风险系数	最优订货量	最优批发价	零售商期望收益	供应商期望收益	供应链期望收益	$CVaR_r$	$\pi_s +$ $CVaR_r$	$CVaR_s +$ $CVaR_r$
0.965	48750	195	2912500	3592650	6505150	3018130	3722950	6741080
0.966	48750	195	2912500	3592650	6505150	3015010	3719100	6734110
0.967	48750	195	2912500	3592650	6505150	3011890	3715250	6727140
0.968	48750	195	2912500	3592650	6505150	3008780	3711420	6720200
0.969	48750	195	2912500	3592650	6505150	3005680	3707590	6713270
0.970	48750	195	2912500	3592650	6505150	3002580	3703760	6706340
0.971	48746	195	2913000	3592150	6505150	3000000	3699430	6699430
0.972	48782	195	2908500	3596650	6505150	2992280	3700260	6692540
0.973	48832	195	2902220	3602900	6505120	2982760	3702880	6685640
0.974	48881	195	2896060	3609030	6505090	2973370	3705370	6678740
0.975	48607	195	2930290	3574780	6505070	3018190	3679200	6697390
0.976	48653	195	2924590	3580530	6505120	3008750	3680810	6689560
0.977	48696	195	2919240	3585900	6505140	2999690	3682040	6681730
0.978	48737	195	2914120	3591030	6505150	2990880	3683010	6673890
0.979	48767	195	2910370	3594780	6505150	2983490	3682570	6666060
0.980	48775	195	2909370	3595780	6505150	2978900	3679320	6658220
0.981	48774	195	2909500	3595650	6505150	2975480	3674920	6650400
0.982	48773	195	2909620	3595530	6505150	2972060	3670530	6642590
0.983	48772	195	2909750	3595400	6505150	2968650	3666160	6634810
0.984	48770	195	2910000	3595150	6505150	2965370	3661670	6627040

续表

风险系数	最优订货量	最优批发价	零售商期望收益	供应商期望收益	供应链期望收益	$CVaRr$	$\pi_s + CVaRr$	$CVaRs + CVaRr$
0.985	48769	195	2910120	3595030	6505150	2961980	3657310	6619290
0.986	48768	195	2910250	3594900	6505150	2958590	3652970	6611560
0.987	48767	195	2910370	3594780	6505150	2955210	3648630	6603840
0.988	48765	195	2910620	3594530	6505150	2951970	3644180	6596150
0.989	48764	195	2910750	3594400	6505150	2948610	3639860	6588470
0.990	48763	195	2910870	3594280	6505150	2945250	3635560	6580810
0.991	48761	195	2911120	3594030	6505150	2942030	3631130	6573160
0.992	48760	195	2911250	3593900	6505150	2938690	3626850	6565540
0.993	48759	195	2911370	3593780	6505150	2935360	3622570	6557930
0.994	48758	195	2911500	3593650	6505150	2932040	3618300	6550340
0.995	48756	195	2911750	3593400	6505150	2928840	3613920	6542760
0.996	48755	195	2911870	3593280	6505150	2925540	3609670	6535210
0.997	48754	195	2912000	3593150	6505150	2922230	3605430	6527660
0.998	48753	195	2912120	3593030	6505150	2918940	3601200	6520140
0.999	48751	195	2912370	3592780	6505150	2915780	3596860	6512640
1	48750	195	2912500	3592650	6505150	2912500	3592650	6505150

表4-13 数量折扣契约下参与者均风险厌恶时 $\sigma = 30$ 时的相关数据

风险系数	最优订货量	最优批发价	零售商期望收益	供应商期望收益	供应链期望收益	$CVaRr$	$\pi_s + CVaRr$	$CVaRs + CVaRr$
0.965	48750	195	2912500	3592650	6505150	2993590	3691180	6684770
0.966	48750	195	2912500	3592650	6505150	3015010	3719100	6734110
0.967	48750	195	2912500	3592650	6505150	3011890	3715250	6727140
0.968	48750	195	2912500	3592650	6505150	3008780	3711420	6720200
0.969	48750	195	2912500	3592650	6505150	3005680	3707590	6713270
0.970	48750	195	2912500	3592650	6505150	3002580	3703760	6706340
0.971	48750	195	2912500	3592650	6505150	2999490	3699950	6699440
0.972	48750	195	2912500	3592650	6505150	2996400	3696140	6692540
0.973	48561	195	2935980	3569030	6505010	3031290	3681900	6713190

续表

风险系数	最优订货量	最优批发价	零售商期望收益	供应商期望收益	供应链期望收益	$CVaRr$	$\pi_s + CVaRr$	$CVaRs + CVaRr$
0.974	48817	195	2904110	3601030	6505140	2981630	3697150	6678780
0.975	48867	195	2897820	3607280	6505100	2972120	3699770	6671890
0.976	48702	195	2918490	3586650	6505140	3002520	3687110	6689630
0.977	48746	195	2913000	3592150	6505150	2993320	3688460	6681780
0.978	48776	195	2909250	3595900	6505150	2985910	3688010	6673920
0.979	48777	195	2909120	3596030	6505150	2982210	3683850	6666060
0.980	48776	195	2909250	3595900	6505150	2978780	3679440	6658220
0.981	48774	195	2909500	3595650	6505150	2975480	3674920	6650400
0.982	48773	195	2909620	3595530	6505150	2972060	3670530	6642590
0.983	48772	195	2909750	3595400	6505150	2968650	3666160	6634810
0.984	48770	195	2910000	3595150	6505150	2965370	3661670	6627040
0.985	48769	195	2910120	3595030	6505150	2961980	3657310	6619290
0.986	48768	195	2910250	3594900	6505150	2958590	3652970	6611560
0.987	48767	195	2910370	3594780	6505150	2955210	3648630	6603840
0.988	48765	195	2910620	3594530	6505150	2951970	3644180	6596150
0.989	48764	195	2910750	3594400	6505150	2948610	3639860	6588470
0.990	48763	195	2910870	3594280	6505150	2945250	3635560	6580810
0.991	48761	195	2911120	3594030	6505150	2942030	3631130	6573160
0.992	48760	195	2911250	3593900	6505150	2938690	3626850	6565540
0.993	48759	195	2911370	3593780	6505150	2935360	3622570	6557930
0.994	48758	195	2911500	3593650	6505150	2932040	3618300	6550340
0.995	48756	195	2911750	3593400	6505150	2928840	3613920	6542760
0.996	48755	195	2911870	3593280	6505150	2925540	3609670	6535210
0.997	48754	195	2912000	3593150	6505150	2922230	3605430	6527660
0.998	48753	195	2912120	3593030	6505150	2918940	3601200	6520140
0.999	48751	195	2912370	3592780	6505150	2915780	3596860	6512640
1	48750	195	2912500	3592650	6505150	2912500	3592650	6505150

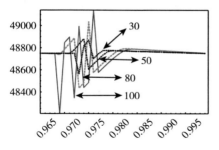

图 4 - 11 最优订货量的分岔

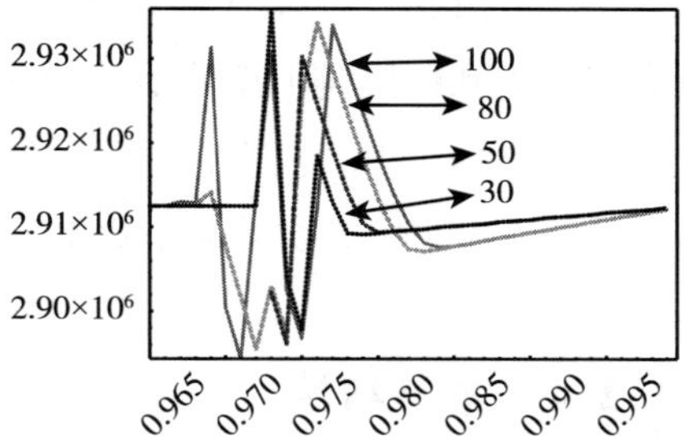

图 4 - 12 零售商期望收益的分岔

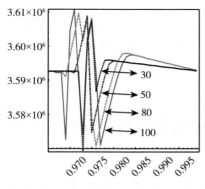

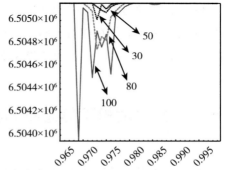

图 4 - 13 供应商期望收益的分岔

图 4 - 14 供应链期望收益的分岔

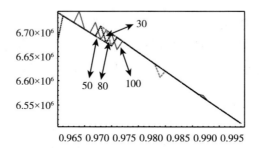

图 4 - 15 "$CVaR(\pi_r) + CVaR(\pi_s)$" 趋势

数据分析:

（1）从图 4 - 11 至图 4 - 15 与从图 4 - 6 至图 4 - 10 和从图 4 - 1 至图 4 - 5 相比较来看，总的规律没有变化，即方差 σ 越大，供应链最优订货量、零售商期望收益、供应商期收益和供应链期望收益的分岔区域越大。

（2）从图 4 - 11 至图 4 - 15 与从图 4 - 6 至图 4 - 10 和从图 4 - 1 至图 4 - 5

相比较还可以看出，前者比后两者的供应链最优订货量、零售商期望收益、供应商期收益和供应链期望收益的分岔突起点更多。

（3）从图 4 – 15 与图 4 – 10 和图 4 – 5 相比可得，前者 $CVaR_\theta(\pi_r)$ + $CVaR_\theta(\pi_s)$ 趋势图比后两者的走势更平整。

4.2.4　本节结论

本节在价格随机条件下，采用数量折扣契约分别对零售商风险厌恶、供应商风险厌恶和参与者均风险厌恶的情况下的二级供应链协调问题进行了研究，发现数量折扣契约在应对风险厌恶的供应链协调的规律有些相似，即零售商或供应商风险厌恶时，对供应链影响的效果是一样的。

4.3　价格随机下信息不对称的数量折扣契约

4.3.1　价格随机下生产成本信息不对称的应急数量折扣契约

现假设供销双方构成一个 Stackelberg 博弈，零售商作为主导方而供应商作为跟随方，其中生产成本为供应商的私有信息，供应商的真实成本为 c_s，却向零售商谎报成本为 $\hat{c}_s$。零售商根据以往的交易信息判断供应商可能撒谎，并估计其生产成本 c_s 在 $[\underline{c}_s, \bar{c}_s]$ 区间上服从均匀分布，其分布函数为 $Y(c_s)$、密度函数为 $y(c_s)$，并且分布函数与密度函数的比值为 c_s 的增函数。此时，零售商为了让供应商尽量报出真实的成本价，提供一组契约清单 $w(q(c_s)_i, q(c_s)_i)$，$(i = 1, 2, 3, \cdots, N)$ 由供应商选择。根据显示原理，供应商在选出一组最佳的组合时，即向零售商透露出其真实的成本信息。下面就根据此思路，寻找在信息不对称和市场价格随机的条件下，供应链系统最佳的批发价和最优订货量。设 $\pi_r^a(c_s)$ 表示在生产成本信息不对称条件下零售商的期望收益，$\pi_s^a(\hat{c}_s)$ 表示在信息不对称条件下供应商的期望收益，可得：

$$\pi_r^a(c_s) = \int_{\underline{c}_s}^{\bar{c}_s} \pi_r^\mu(c_s) y(c_s) \,\mathrm{d}c_s$$

$$= \int_{\underline{c}_s}^{\bar{c}_s} \left\{ \int_0^{q(c_s)} \left[(p_0 + a(x - q(c_s))) x + v(q(c_s) - x) \right] h(x) \,\mathrm{d}x + \right.$$

$$\int_{q(c_s)}^{\infty} \left[(p_0 + a(x - q(c_s))) q(c_s) - g_r(x - q(c_s)) \right] h(x) \,\mathrm{d}x -$$

$$\left. c_r q(c_s) - w(q(c_s)) q(c_s) y(c_s) \,\mathrm{d}c_s \right\} \tag{4-29}$$

$$\pi_r^a(\hat{c}_s) = w(q(\hat{c}_s)) q(\hat{c}_s) - \int_{q(\hat{c}_s)}^{\infty} g_s(x - q(\hat{c}_s)) h(x) \,\mathrm{d}x - c_s q(\hat{c}_s) -$$

$$\lambda_1 (q(\hat{c}_s) - q^*)^+ - \lambda_2 (q^* - q(\hat{c}_s))^+ \tag{4-30}$$

此时，零售商需要重新设置批发价和订货量以保障供应链整体效益及链上成员企业的效益实现优化。根据 Myerson 显示原理，最优机制的设置需要保证供应商能够如实报出其实际的生产成本。要使供应商愿意如实地报出私有信息，零售商就需要分别设置参与约束与激励相容约束，以确保供应商在如报出真实成本时收益不劣于报出虚假成本时的收益，同时还要确保供应商在信息不对称时的目标期望收益，即供应商拥有私人信息时比不拥有私人信息时的收益要高。设 $\pi_s^{0\min}$ 代表供应商隐瞒信息时的最低目标期望收益，它是一个心理价位值，当供应商的收益低于这个值时就会选择放弃隐瞒信息，甚至放弃合作，本部分同样设其等于在信息对称供应链协调时的期望收益。

故在生产成本信息不对称和零售价格随机条件下的应急数量折扣契约优化模型为：

$$\max \pi_r^a(c_s) = \int_{\underline{c}_s}^{\bar{c}_s} \pi_r^\mu(c_s) y(c_s) \,\mathrm{d}c_s$$

$$= \int_{\underline{c}_s}^{\bar{c}_s} \left\{ (p_0 - v + g) \, \bar{S}(q(c_s)) - [w(q(c_s)) + c_r - v] q(c_s) - \right.$$

$$\left. g_r \bar{\mu}_H + A(q(c_s)) \right\} \mathrm{d}Y(c_s) \tag{4-31}$$

参与约束（IR）：

$$\pi_s^a(c_s) \geqslant \pi_s^{0\min} \tag{4-32}$$

激励约束（IC）：

$$\pi_s^a(c_s) = \pi_s^\mu(c_s) \geqslant \pi_s^a(\hat{c}_s) \tag{4-33}$$

对 $\pi_s^a(\hat{c}_s)$ 求 $\hat{c}_s$ 的一阶偏导数，并令导数在 $\hat{c}_s = c_s$ 时取到零，即表示供应商在如实报出成本信息时的收益最大：

$$\frac{\partial \pi_s^a(\hat{c}_s)}{\partial \hat{c}_s} = \frac{\partial w(q(\hat{c}_s))}{\partial q(\hat{c}_s)}\frac{\partial q(\hat{c}_s)}{\partial \hat{c}_s}q(\hat{c}_s) + w(q(\hat{c}_s))\frac{\partial q(\hat{c}_s)}{\partial \hat{c}_s} + g_s\frac{\partial q(\hat{c}_s)}{\partial \hat{c}_s}\int_{q(\hat{c}_s)}^{\infty}h(x)\,\mathrm{d}x -$$

$$\hat{c}_s\frac{q(\hat{c}_s)}{\partial \hat{c}_s} - \lambda_1\frac{\partial q(\hat{c}_s)}{\partial \hat{c}_s} + \lambda_2\frac{\partial q(\hat{c}_s)}{\partial \hat{c}_s}\bigg|_{\hat{c}_s = c_s} = 0 \qquad (4-34)$$

再求 $\pi_s^a(c_s)$ 关于 c_s 的一阶导数：

$$\frac{\partial \pi_s^a(c_s)}{\partial c_s} = \frac{\partial w(q(c_s))}{\partial q(c_s)}\frac{\partial q(c_s)}{\partial c_s}q(c_s) + w(q(c_s))\frac{\partial q(c_s)}{\partial c_s} +$$

$$g_s\frac{\partial q(c_s)}{\partial c_s}\int_{q(c_s)}^{\infty}h(x)\,\mathrm{d}x - q(c_s) - c_s\frac{q(c_s)}{\partial c_s} -$$

$$\lambda_1\frac{\partial q(c_s)}{\partial c_s} + \lambda_2\frac{\partial q(c_s)}{\partial c_s} \qquad (4-35)$$

将式（4-34）代入式（4-35），可得：

$$\frac{\partial \pi_s^a(c_s)}{\partial c_s} = -q(c_s) < 0 \qquad (4-36)$$

由上式可知，在生产成本信息不对称条件下，$\pi_s^a(c_s)$ 是关于真实成本的单调递减函数，因此供应商的目标期望收益最低临界值将在 $\bar{c}_s$ 处取到，即 $\pi_s^{0\min} = \pi_s^{\mu}(\bar{c}_s)$，在 $\underline{c}_s$ 处取得最大值。因此，可将 c_s 的成本区间由 $[\underline{c}_s, \bar{c}_s]$ 缩小至 $[c_s, \bar{c}_s]$，此时，$Y(\underline{c}_s) = 0, Y(\bar{c}_s) = 1$。同时根据式（4-35）可得 $\pi_s^a(c_s) = \pi_s^{0\min} + \int_{c_s}^{\bar{c}_s}q(c_s)\,\mathrm{d}Y(c_s)$，据此可知：

$$\max\pi_r^a(c_s) = \int_{c_s}^{\bar{c}_s}(\pi_h^{\mu}(c_s) - \pi_s^{\mu}(c_s))y(c_s)\,\mathrm{d}c_s$$

$$= \int_{c_s}^{\bar{c}_s}\pi_h^{\mu}(c_s)\,\mathrm{d}Y(c_s) - \int_{c_s}^{\bar{c}_s}\pi_s^{\mu}(c_s)\,\mathrm{d}Y(c_s)$$

$$= \int_{c_s}^{\bar{c}_s}\pi_h^{\mu}(c_s)\,\mathrm{d}Y(c_s) - [\pi_h^{\mu}(c_s)Y(c_s)]_{c_s}^{\bar{c}_s} - \int_{c_s}^{\bar{c}_s}Y(c_s)\,\mathrm{d}\pi_h^{\mu}(c_s)$$

$$= \int_{c_s}^{\bar{c}_s}\pi_h^{\mu}(c_s)\,\mathrm{d}Y(c_s) - \int_{c_s}^{\bar{c}_s}Y(c_s)q(c_s)\,\mathrm{d}c_s - \pi_s^{0\min}$$

$$= \int_{\underline{c}_s}^{\bar{c}_s} \left\{ \pi_h^\mu(c_s) - \frac{Y(c_s)}{y(c_s)} q(c_s) \right\} \mathrm{d}Y(c_s) - \pi_s^{0\min}$$

$$= \int_{\underline{c}_s}^{\bar{c}_s} \left\{ (p_0 - v + g) \bar{S}(c_s) - (c - v - \frac{Y(c_s)}{y(c_s)}) q(c_s) - g\bar{\mu} + \right.$$

$$\left. A(q(c_s)) - B(q(c_s)) \right\} \mathrm{d}Y(c_s) - \pi_s^{0\min} \qquad (4-37)$$

将式（4-37）大括号内的内容与式（4-24）进行比较可知它们是同构的，因此可知：

当 $q(c_s) \geqslant q^*$ 时，$q_1^*(c_s)$ 是超越方程（4-38）的解。

$$(p_0 - v + g)[1 - H(q(c_s))] - c(c - v - \lambda_1 - \frac{Y(c_s)}{y(c_s)} - a\mu +$$

$$2aq(c_s)) + 2a\int_0^{q(c_s)} H(x)\mathrm{d}x = 0 \qquad (4-38)$$

当 $q(c_s) \leqslant q^*$ 时，$q_2^*(c_s)$ 是超越方程（4-39）的解。

$$(p_0 - v + g)[1 - H(q(c_s))] - (c - v - \lambda_2 - \frac{Y(c_s)}{y(c_s)} -$$

$$a\mu_H + 2aq(c_s)) + 2a\int_0^{q(c_s)} H(x)\mathrm{d}x = 0 \qquad (4-39)$$

根据式（4-24）和式（4-39）即可得供应链的最优批发价表达式为：

$$w^*(q(c_s)) = \frac{\lambda_1(q^*(c_s) - q^*)^+ + \lambda_2(q^* - q^*(c_s))^+ - g_s(\bar{S}(c_s) - \bar{\mu}) + \pi_s^{0\min}}{q^*(c_s)} +$$

$$c_s - \frac{Y(c_s)}{y(c_s)} \qquad (4-40)$$

4.3.2 价格随机下销售成本信息不对称的应急数量折扣契约

同样，假设产销双方构成一个 Stackelberg 博弈，但此时供应商作为主导方而零售商作为跟随方，其中销售成本为零售商的私有信息，零售商真实成本为 c_r，却向供应商谎报成本为 $\hat{c}_s$。供应商根据以往的交易信息判断零售商可能撒谎，并估计其销售成本 c_r 在 $[\underline{c}_s, \bar{c}_s]$ 区间上服从均匀分布，其分布函数为 $Y(c_r)$、密度函数为 $y(c_r)$，并且分布函数与密度函数的比值为 c_r 的增函数。此时，供应商为了让零售商尽量报出真实成本价，同样给出一组契约清单 $[w(q(c_s))_i, q(c_r)_i](i=1,2,3,\cdots,N)$ 由零售商选择，根据显示原理，零售商在选出一组最佳的组合时，即向供应商透露出其真实的成本信息情况。因此下面也循着这个思路，通过模型计算求出在信息不对称时，而且市场价格是随机的情况下，供应链系统最佳的批发价和最优订货量。由上述条件可知，在销售成本信息不对称、市场价格随机的条件下，零售商在报出真实成本下的期望收益为：

$$
\begin{aligned}
\pi_r^a(c_r) = \pi_r^\mu(c_r) = & \int_0^{q(c_r)} \left[(p_0 + a(x - q(c_r)))x + v(q(c_r) - x) \right] h(x) \mathrm{d}x + \\
& \int_{q(c_r)}^\infty \left[(p_0 + a(x - q(c_r)))q(c_r) - g_r(x - q(c_r)) \right] h(x) \mathrm{d}x - \\
& c_r q(c_r) - w(q(c_r))q(c_r)
\end{aligned}
\tag{4-41}
$$

零售商在报出虚假成本下的期望收益为：

$$
\begin{aligned}
\pi_r^a(\hat{c}_s) = & \int_0^{q(\hat{c}_s)} \left[(p_0 + a(x - q(\hat{c}_s)))x + v(q(\hat{c}_s) - x) \right] h(x) \mathrm{d}x + \\
& \int_{q(\hat{c}_s)}^\infty \left[(p_0 + a(x - q(\hat{c}_s)))q(\hat{c}_s) - g_r(x - q(\hat{c}_s)) \right] h(x) \mathrm{d}x - \\
& c_r q(\hat{c}_s) - w(q(\hat{c}_s))q(\hat{c}_s)
\end{aligned}
\tag{4-42}
$$

令

$$
\left. \frac{\partial \pi_r^a(\hat{c}_s)}{\partial \hat{c}_s} \right|_{\hat{c}_s = c_r} = 0
\tag{4-43}
$$

则

$$
\left. \frac{\partial \pi_r^a(c_r)}{\partial c_r} \right| = -q(c_r) \leq 0
\tag{4-44}
$$

由式 (4-41) 可知，在零售成本信息不对称时，$\pi_r^a(c_r)$ 是关于真实成本 c_r 的单调递减函数，因此零售商期望收益最低临界值将在 $\bar{c}_s$ 处取到。同样设其为零售商在隐瞒私人信息时的最低目标期望值，亦设其为信息对称供应链协调时零售商的期望收益。同理，零售商在隐瞒信息时，其期望收益若低于此值，则可放弃隐瞒私人信息的行为，甚至放弃合作，以体现其拥有私人信息的价值，所以 $\pi_r^{0\min} = \pi_r^a(\bar{c}_s)$。根据式（4 – 44）可得 $\pi_r^a(c_r) = \pi_r^{0\min} + \int_{c_r}^{\bar{c}_r} q(c_r)\,\mathrm{d}Y(c_r)$，其成本区间也由 $[\underline{c}_s,\bar{c}_s]$ 缩小至 $[\underline{c}_s,\bar{c}_s]$，此时，$Y(c_r)=0,Y(\bar{c}_r)=1$。据此，可以建立在零售商生产成本信息不对称条件下，市场价格随机的应急数量折扣契约的优化模型：

$$\max \pi_s^a(c_r) = \int_{c_r}^{\bar{c}_r} \pi_s^\mu y(c_r)\,\mathrm{d}c_r \qquad (4-45)$$

参与约束（IR）：

$$\pi_r^a(c_r) \geqslant \pi_r^{0\min} \qquad (4-46)$$

激励约束（IC）：

$$\pi_r^a(c_r) = \pi_r^\mu(c_r) \geqslant \pi_r^a(\hat{c}_s) \qquad (4-47)$$

根据式（4 – 43）、式（4 – 45）可分别表示为式（4 – 48）和式（4 – 49）：

$$\max \pi_s^a(c_r) = \int_{c_r}^{\bar{c}_r} \pi_s^\mu(c_r)\,\mathrm{d}Y(c_r)$$

$$\int_{c_r}^{\bar{c}_r}\left\{w(q(c_r))q(c_r) - \int_{q(c_r)}^{\infty} g_r(x - q(c_r))h(x)\,\mathrm{d}x - c_s q(c_r) - \right.$$

$$\left. \lambda_1(q(c_r) - q^*)^+ - \lambda_2(q^* - q(c_r))^+ \right\}\mathrm{d}Y(c_r)$$

$$= \int_{c_r}^{\bar{c}_r}\left\{g_s \bar{S}(q(c_r)) - [c_s - w(q(c_r))]q(c_r) - g_s \bar{\mu} - \right.$$

$$\left. \lambda_1(q(c_r) - q^*)^+ - \lambda_2(q^* - q(c_r))^+ \right\}\mathrm{d}Y(c_r) \qquad (4-48)$$

$$\max \pi_s^a(c_r) = \int_{c_r}^{\bar{c}_r} \pi_s^\mu(c_r)\,\mathrm{d}Y(c_r) = \int_{c_r}^{\bar{c}_r}\left\{\pi_h^\mu(c_t) - \pi_h^\mu(c_t)\right\}\mathrm{d}Y(c_r)$$

$$= \int_{c_r}^{\bar{c}_r}\left\{(p_0 - v + g)\bar{S}(c_r) - \left(c - v - \frac{Y(c_r)}{y(c_r)}\right)q(q_r) - g\bar{\mu} + \right.$$

$$\left. A(q(c_r)) - B(q(c_r)) \right\}\mathrm{d}Y(c_r) - \pi_r^{0\min} \qquad (4-49)$$

比较式（4 – 43）与式（4 – 49），可知其同构方程，则可得：

当 $q(c_r) \geqslant q^*$ 时，$q_1^*(c_r)$ 是超越方程（4 – 50）的解：

$$(p_0 - v + g)[1 - H(q(c_r))] - \left(c - v + \lambda_1 - \frac{Y(c_r)}{y(c_r)} - au_H + 2aq(c_r)\right) +$$

$$2a\int_0^{q(c_r)} H(x)\,\mathrm{d}x = 0 \qquad (4-50)$$

当 $q(c_r) \leqslant q^*$ 时，$q_2^*(c_r)$ 是超越方程（4 – 51）的解：

$$(p_0 - v + g)[1 - H(q(c_r))] - \left(c - v - \lambda_2 - \frac{Y(c_r)}{y(c_r)} - au_H + 2aq(c_r)\right) +$$

$$2a\int_0^{q(c_r)} H(x)\,\mathrm{d}x = 0 \qquad\qquad (4 - 51)$$

根据式（4 – 48）和式（4 – 49）可得：

$$w^*(q(c_r)) = \frac{(p_0 - v + g_r)\,\overline{S}(c_r) - g_r\,\overline{u} + A(q(c_r)) - \pi_r^{0\min}}{q^*(c_r)} + c_r + v + \frac{Y(c_r)}{y(c_r)}$$

$$(4 - 52)$$

比较式（4 – 38）与式（4 – 40）和式（4 – 39）与式（4 – 41），当 $\frac{Y(c_s)}{y(c_s)} = \frac{Y(c_r)}{y(c_r)}$ 时，可得 $q_1^*(c_s) = q_1^*(c_r)$，$q_2^*(c_s) = q_2^*(c_r)$，也就是说此时不管是在供应商隐瞒私人信息的状态下，还是零售商隐瞒私人信息的状态下，其最优订货量是一样的，整个供应链的收益也是一样的。

算例分析： 假设某种应急商品，在正常情况下每单位的售价 $p_0 = 120$ 元，真实的边际生产成本 $c_s = 50$ 元，真实的边际销售成本 $c_r = 30$ 元，单位商品残值 $v = 20$ 元，零售商和供应商的缺货成本分别为 $g_r = 3$ 元和 $g_s = 2$ 元。当发生突发事件后，额外的边际生产成本 $\lambda_1 = 10$ 元，边际处理费用 $\lambda_2 = 20$ 元，设利润分配系数 $\eta = 0.4$，设在价格随机时的规模系数 $a = 0.004$，求出下面几种情况下的相关要素：

（1）在基准状态下，市场需求服从 $X \sim N(10000, 300^2)$ 的正态分布。

（2）在信息对称时：①当 $q \geqslant q^*$，市场价格随机的突发事件发生时，市场需求服从 $X \sim N(20000, 400^2)$ 的正态分布；②当 $q \leqslant q^*$，市场价格随机的突发事件发生时，市场需求服从 $X \sim N(6000, 300^2)$ 的正态分布。

（3）在生产成本信息不对称时：①当 $q(c_s) \geqslant q^*$，市场价格随机的突发事件发生时，市场需求服从 $X \sim N(20000, 400^2)$ 的正态分布，生产成本分别服从在 [48，52]、[46，54]、[44，56] 区间上的均匀分布；②当 $q(c_r) \leqslant q^*$，市场价格随机的突发事件发生时，市场需求服从 $X \sim N(6000, 300^2)$ 正态分布，生产成本分别服从在 [48，52]、[46，54]、[44，56] 区间上的均匀分布。

（4）销售成本信息不对称时：①当 $q(c_r) \geqslant q^*$，市场价格随机的突发事件发生时，市场需求服从 $X \sim N(20000, 400^2)$ 的正态分布，销售成本分别在 [28，32]、[26，34]、[24，36] 区间上服从均匀分布时的相关值；②当 $q(c_r) \leqslant q^*$，市场需求服从 $X \sim N(6000, 300^2)$ 的正态分布，销售成本分别在 [28，32]、[26，34]、[24，36] 区间上服从均匀分布。

以 Mathematica 软件为工具，可计算出数量折扣契约在上述各种条件下的相关数据，详情见表 4-14。

表 4-14 各种条件下数量折扣契约的参数及相关利润比较

信息状况	突发事件状况	市场状况	$[c_i, c_i]$	最优订货量	最优批发价	零售商最低目标收益	供应商最低目标收益	零售商收益	供应商收益	供应链收益
信息对称	价格固定无突发事件	$q = q^*$	—	9946	74.4	—	—	145054	242581	387635
	价格随机的突发事件	$q \geqslant q^*$	—	14375	89.7	—	—	310875	515147	826022
		$q \leqslant q^*$	—	5926	79.9	—	—	53800	95281	149081
信息不对称	价格随机突发的事件	生产成本信息不对称 $q(c_s) \geqslant q^*$	[48,52]	14625	87.2	—	515147	281375	544379	825772
			[46,54]	14875	84.6	—	515147	250355	574647	825002
			[44,56]	15125	82.1	—	515147	248126	575647	823773
		$q(c_s) \leqslant q^*$	[48,52]	5940	77.5	—	95281	53632	107161	160793
			[46,54]	5954	75.4	—	95281	42424	119097	161521
			[44,56]	5968	73.3	—	95281	31166	131089	162255
		销售成本信息不对称 $q(c_r) \geqslant q^*$	[28,32]	14625	91.1	310875	—	340125	485647	825772
			[26,34]	14875	92.6	310875	—	370375	454627	825002
			[24,36]	15125	94.0	310875	—	401625	308710	823773
		$q(c_r) \leqslant q^*$	[28,32]	5940	83.5	53800	—	65680	95113	160793
			[26,34]	5954	85.5	53800	—	77616	83950	161521
			[24,36]	5968	57.5	53800	—	89680	73383	162255

结果（1）：当生产成本信息不对称时，不管是在 $q(c_s) \geqslant q^*$ 还是在 $q(c_s) \leqslant q^*$ 的条件下，若零售商对生产成本区间估值越大，零售商提出的最优订货量随之增大，约定的最优批发价随之减小，零售商的收益也随之减小，而供应商的收益随之增大。在 $q(c_s) \geqslant q^*$ 时，整个供应链的收益随估值区间的增大

而减少；在 $q(c_s) \leqslant q^*$ 时，整个供应链的收益随估值区间的增大而增大。

结果（2）：当销售成本信息不对称时，不管是在 $q(c_s) \geqslant q^*$ 还是在 $q(c_s) \leqslant q^*$ 的条件下，若供应商对销售成本区间估值越大，供应商约定的最优订货量随之增大，提出的最优批发价也随之增大，供应商的收益却随之减小，而零售商的收益随之增大。在 $q(c_r) \geqslant q^*$ 时，整个供应链的收益随着估值区间的增大而减少；在 $q(c_r) \leqslant q^*$ 时，整个供应链的收益随估值区间的增大而增大，这一点跟生产成本信息不对称的情况是一样的。

结果（3）：当 $q(c_i) \geqslant q^*, (i=r,s)$ 时，信息不对称状态下的整个供应链的收益均小于信息对称状态下的收益；当 $q(c_i) \leqslant q^*, (i=r,s)$ 时，信息不对称状态下的整个供应链的收益均大于信息对称状态下的收益。

4.3.3　本节结论

从上述结果，可以得出以下结论：

结论（1）：从结果（1）可以看出，当供应商隐瞒生产成本信息时，如果零售商对供应商的生产成本估计不准，尽管采取提高最优订货量与降低最优批发价的组合策略，也无法改变其收益越来越小的结局。而供应商能从隐瞒私人信息中获益，从而体现出拥有私人信息的价值；整个供应链的收益情况却出现了分化，在 $q(c_s) \geqslant q^*$ 时，因供应商隐瞒私人信息而受损，在 $q(c_s) \leqslant q^*$ 时却受益。

结论（2）：从结果（2）可以看出，当零售商隐瞒销售成本信息时，如果供应商对零售商的生产成本估计不准，尽管采取同时提高最优订货量与最优批发价的组合策略，也无法改变其收益越来越小的结局。而零售商从隐瞒私人信息中获益，同样也体现出了拥有私人信息的价值。整个供应链的收益情况也出现了分化，在 $q(c_r) \geqslant q^*$ 时，因零售商隐瞒私人信息而受损，在 $q(c_r) \leqslant q^*$ 时却受益。

结论（3）：从结果（3）可以看出，当 $q(c_i) \geqslant q^*, (i=r,s)$ 时，整个供应链的收益在信息对称的状态下比不对称的状态下要多，此时通过透明信息可以改善供应链的绩效；当 $q(c_i) \leqslant q^*, (i=r,s)$ 时，供应链的收益在信息对称状态下比不对称状态下要少，这说明并不是所有信息不对称的情况下都会使整个供应链绩效减少，究其原因，是供销双方为了应对市场需求缩小的危局，在领导者对跟随者真实成本估计不准时，通过提高最优订货量与最优批发价的组合策略，从而提高了整个供应链的绩效。这说明在市场需求缩小和市场价格随机时，供应链上的跟随者通过隐瞒私人成本信息反而会增加供应链的绩效，这一点跟以往学者研究的结论不相同。

4.4 价格随机下风险厌恶暨信息不对称的数量折扣契约

4.4.1 价格随机下零售商风险厌恶及生产成本信息不对称的数量折扣契约

基于零售商风险厌恶生产成本信息不对称条件下的 Stackelberg 博弈原理和 Myerson 显示原理，可得价格随机条件下零售商风险厌恶生产成本信息不对称的数量折扣契约优化模型为：

$$
\begin{aligned}
\max CVaR_\theta^a \pi_r^\mu &= \int_{c_1}^{c_2} CVaR_\theta \pi_r^u y(c_s) \mathrm{d}(c_s) = \int_{c_1}^{c_2} \frac{1}{\theta} \Big\{ \int_0^{q(c_s)} \big\{ [p_0 + a(x - \\
& q(c_s))]x + v[q(c_s) - x] \big\} g(x)\mathrm{d}x + \int_{q(c_s)}^{\frac{q(c_s)}{\theta}} \big\{ [p_0 + \\
& a(x - q(c_s))]q(c_s) - g_r[x - q(c_s)] \big\} g(x)\mathrm{d}x + \\
& \int_{\frac{q(c_s)}{\theta}}^{\infty} \big\{ [p_0 + a(x - q(c_s))]q(c_s) - g_r[x - \frac{q(c_s)}{\theta}] \big\} \\
& g(x)\mathrm{d}x - w[q(c_s)]q(c_s) - c_r q(c_s) \Big\} y(c_s)\mathrm{d}(c_s) \\
&= \frac{1}{\theta} \Big\{ \int_{c_1}^{c_2} (p_0 - v + g_r) \bar{S}[q(c_s)] - \{ w[q(c_s)] + c_r - \\
& v \} q(c_s) - g_r \bar{\mu}_G + g_r \int_{\frac{q(c_s)}{\theta}}^{\infty} [\frac{q(c_s)}{\theta} - q(c_s)]g(x)\mathrm{d}x + \\
& A(q(c_s)) \Big\} \mathrm{d}Y(c_s)
\end{aligned}
$$

(4−53)

参与约束： $$\pi_s^\mu(c_s) \geqslant \pi_s^{\mu \min}$$ (4−54)

激励约束： $$\pi_s^\mu(c_s) \geqslant \pi_s^\mu(c_s^l, c_s)$$ (4−55)

供应商报出真实成本的期望收益 $\pi_s^\mu(c_s)$ 为：

$$\pi_s^\mu(c_s) = w[q(c_s)]q(c_s) - \int_{q(c_s)}^\infty g_s[x - q(c_s)]g(x)\mathrm{d}x -$$

$$c_s q(c_s) - \lambda[q^* - q(c_s)] \qquad (4-56)$$

命题 4.3 价格随机条件下，生产成本信息不对称时的 $\pi_s^\mu(c_s)$ 是关于真实生产成本 c_s 的减函数。

证明： 为使供应商透露真实成本信息，应该使供应商谎报成本的收益函数在真实成本 c_s 处取得最大值，因此将 $\pi_s^\mu(c_s^l, c_s)$ 对 c_s^l 求一阶导并令其在 c_s 处等于零。

$$\frac{\partial \pi_s^\mu(c_s^l, c_s)}{\partial c_s^l}\bigg|_{c_s^l = c_s} = \left\{ g_s \int_{q(c_s^l)}^\infty g(x)\mathrm{d}x + \frac{\partial w[q(c_s^l)]}{\partial q(c_s^l)}q(c_s^l) + \right.$$

$$\left. w[q(c_s^l)] - c_s + \lambda \right\} \frac{\partial q(c_s^l)}{\partial c_s^l}\bigg|_{c_s^l = c_s} = 0 \quad (4-57)$$

再将 $\pi_s^\mu(c_s)$ 对 c_s 求一阶导可得：

$$\frac{\partial \pi_s^\mu(c_s)}{\partial c_s} = \left\{ g_s \int_{q(c_s)}^\infty g(x)\mathrm{d}x + \frac{\partial w[q(c_s)]}{\partial q(c_s^l)}q(c_s) + w[q(c_s)] - \right.$$

$$\left. c_s + \lambda \right\} \frac{\partial q(c_s)}{\partial c_s} - q(c_s) \qquad (4-58)$$

将式（4-57）代入式（4-58）得到：

$$\frac{\partial \pi_s^\mu(c_s)}{\partial c_s} = -q(c_s) < 0 \qquad (4-59)$$

根据式（4-59）小于零，说明 $\pi_s^\mu(c_s)$ 是关于 c_s 的减函数，又说明在生产信息不对称条件下，供应商的期望收益函数在 c_2 处取得最小值，即 $\pi_s^{\mu\min} = \pi_s^\mu(c_2)$，在 c_s 处取得最大值。因此可以将成本区间由 $[c_1, c_2]$ 缩小至 $[c_s, c_2]$，此时 $Y(c_s) = 0, Y(c_2) = 1$，同时对式（4-59）等号两边在区间 $[c_s, c_2]$ 上积分可得：

$$\pi_s^a(c_s) = \pi_s^{\mu\min} + \int_{c_s}^{c_2} q(c_s)y(c_s)\mathrm{d}(c_s) \qquad (4-60)$$

根据式（4-60）、式（4-53）可得：

$$\max CVaR_\theta^a \pi_r^\mu = \int_{c_s}^{c_2} \frac{1}{\theta} \Big\{ \pi_h^u(c_s) - \pi_s^u(c_s) + g_r \int_{\frac{q(c_s)}{\theta}}^{\infty} \Big[\frac{q(c_s)}{\theta} -$$

$$q(c_s) \Big] g(x)\,\mathrm{d}x \Big\} y(c_s)\,\mathrm{d}(c_s)$$

$$= \frac{1}{\theta} \Big\{ \int_{c_s}^{c_2} \Big\{ \pi_h^u(c_s) + g_r \int_{\frac{q(c_s)}{\theta}}^{\infty} \Big[\frac{q(c_s)}{\theta} - q(c_s) \Big] g(x)\,\mathrm{d}x \Big\}$$

$$y(c_s)\,\mathrm{d}(c_s) - \int_{c_s}^{c_2} \pi_s^u(c_s) y(c_s)\,\mathrm{d}(c_s) \Big\}$$

$$= \frac{1}{\theta} \Big\{ \int_{c_s}^{c_2} \Big\{ \pi_h^u(c_s) + g_r \int_{\frac{q(c_s)}{\theta}}^{\infty} \Big[\frac{q(c_s)}{\theta} - q(c_s) \Big] g(x)\,\mathrm{d}x \Big\}$$

$$y(c_s)\,\mathrm{d}(c_s) - \Big\{ \pi_s^u(c_s) Y(c_s) \mid_{c_s}^{c_2} - \int_{c_s}^{c_2} Y(c_s)\,\mathrm{d}\big[\pi_s^u(c_s) \big] \Big\} \Big\}$$

$$= \frac{1}{\theta} \Big\{ \int_{c_s}^{c_2} \Big\{ \pi_h^u(c_s) + g_r \int_{\frac{q(c_s)}{\theta}}^{\infty} \Big[\frac{q(c_s)}{\theta} - q(c_s) \Big] g(x)\,\mathrm{d}x \Big\} \mathrm{d}Y(c_s) -$$

$$\int_{c_s}^{c_2} \frac{Y(c_s)}{y(c_s)} q(c_s)\,\mathrm{d}Y(c_s) - \pi_s^u(c_2) \Big\}$$

$$= \frac{1}{\theta} \Big\{ \int_{c_s}^{c_2} \Big\{ (p_0 - v + g) \overline{S}\big[q(c_s) \big] - (c - v) q(c_s) - g\bar{\mu}_G +$$

$$A\big[q(c_s) \big] - B\big[q(c_s) \big] + g_r \int_{\frac{q(c_s)}{\theta}}^{\infty} \Big[\frac{q(c_s)}{\theta} - q(c_s) \Big] g(x)\,\mathrm{d}x \Big\}$$

$$\mathrm{d}Y(c_s) - \int_{c_s}^{c_2} \frac{Y(c_s)}{y(c_s)} q(c_s)\,\mathrm{d}Y(c_s) - \pi_s^{\mu\min} \Big\}$$

$$= \frac{1}{\theta} \Big\{ \int_{c_s}^{c_2} \Big\{ (p_0 - v + g) \overline{S}\big[q(c_s) \big] - \Big[c - v + \frac{Y(c_s)}{y(c_s)} -$$

$$g_r \int_{\frac{q(c_s)}{\theta}}^{\infty} \big(\frac{1}{\theta} - 1 \big) g(x)\,\mathrm{d}x \Big] q(c_s) - g\bar{\mu}_G +$$

$$A\big[q(c_s) \big] - B\big[q(c_s) \big] \Big\} \mathrm{d}Y(c_s) - \pi_s^{\mu\min} \Big\} \qquad (4-61)$$

对式（4-61）关于 $q(c_s)$ 求一阶导，并令其等于零，可得最优订货量 q^{a*} 的表达式为：

$$(p_0 - v + g)\big[1 - G(q(c_s)) \big] + 2a\int_0^{q(c_s)} G(x)\,\mathrm{d}x -$$

$$\Big[c - v - \lambda + \frac{Y(c_s)}{y(c_s)} - a\bar{\mu}_G + 2aq(c_s) \Big] +$$

$$g_r \int_{\frac{q(c_s)}{\theta}}^{\infty} \big(\frac{1}{\theta} - 1 \big) g(x)\,\mathrm{d}x - g_r q(c_s) \frac{1-\theta}{\theta^2} g\big(\frac{q(c_s)}{\theta} \big) = 0 \qquad (4-62)$$

由于销售商信息是完全对称的，故将式（4 - 53）和式（4 - 61）联立起来可得最优批发价 w^{a*} 的表达式为：

$$w^{a*} = \frac{\lambda \left[q^* - q(c_s) \right] - g_s \left\{ \overline{S} \left[q(c_s) \right] - \overline{\mu}_G \right\} + \pi_s^{\mu \min}}{q(c_s)} + c_s + \frac{Y(c_s)}{y(c_s)}$$

$$(4 - 63)$$

算例分析：设市场上某种应急物资的相关参数如下：$p_0 = 300$，$c_r = 50$，$c_s = 100$，$g_r = 10$，$g_s = 10$，$v = 80$，$\lambda = 20$，$a = 0.004$（具体字母含义见前文）。市场需求服从 $X \sim N(100000, 100^2)$ 的正态分布，当突发事件造成市场需求萎靡后，此时的市场需求服从 $X \sim N(50000, 100^2)$ 的正态分布，考虑生产成本信息不对称时零售商根据历史交易记录及市场信息预测供应商真实的生产成本服从 $c_s \sim U(95, 105)$、$c_s \sim U(97, 103)$ 均匀分布。

接下来用 Mathematica 软件进行计算，分别计算出生产成本信息对称及生产成本信息不对称情况下的最优订货量、批发价，计算结果如表 4 - 15 所示。

表 4 - 15　　　　风险厌恶因子 θ 以 0.01 为步长在 [0，1] 之间
变化的最优订货量和批发价

θ	信息对称		预测生产成本区间在 [95, 105]		预测生产成本区间在 [97, 103]	
—	$q^{\mu*}$	w^{u*}	q_1^{a*}	w_1^{a*}	q_2^{a*}	w_2^{a*}
0.01	48750	188.0	48125	194.6	48375	191.9
0.02	48750	188.0	48125	194.6	48375	191.9
0.03	48750	188.0	48125	194.6	48375	191.9
…	…	…	…	…	…	…
0.94	48750	188.0	48125	194.6	48375	191.9
0.95	48750	188.0	48125	194.6	48375	191.9
0.96	48750	188.0	47557	195.5	48368	192.0
0.97	48824	187.8	48125	194.5	48234	192.3
0.98	48711	188.1	48151	194.5	48401	191.9
0.99	48763	188.0	48138	194.5	48388	191.9
1	48750	188.0	48125	194.6	48375	191.9

　　由表 4-15 可以得出，在生产成本信息对称的情况下，风险厌恶因子以 0.01 为步长在 [0.01，0.96] 区间变化时，最优订货量和批发价均没有发生变化，而当风险厌恶因子在 [0.96，1] 区间变化时，最优订货量和批发价均发生变化。在生产成本信息不对称的情况下，当对生产成本的预测分别在区间 [95，105]、[97，103] 上服从均匀分布时，风险厌恶因子 θ 以 0.01 为步长在 [0.95，1] 区间内变化时，最优订货量和批发价均发生变化，在该区间内分别计算出最优订货量、批发价、零售商期望收益、供应商期望收益及整个供应链的期望收益，具体数值如表 4-16 所示。

表 4-16　　　　风险厌恶因子 θ 以 0.01 为步长在 [0.95，1] 之间变化供应链上的相关参数

风险厌恶因子 θ		0.95	0.96	0.97	0.98	0.99	1.0
信息对称	q^*	48750	48750	48824	48711	48763	48750
	w^*	188.02	188.02	187.84	188.12	187.99	188.02
	π_r^*	3252580	3252580	3252570	3252570	3252580	3252580
	π_s^*	3252580	3252580	3252570	3252570	3252580	3252580
	π_h^*	6505160	6505160	6505140	6505140	6505160	6505160
预测生产成本区间在 [95，105]	q^*	48125	47757	48152	48151	48138	48125
	w^*	194.56	194.56	194.49	194.49	194.53	194.56
	π_r^*	2989060	3032680	2985820	2985940	2987500	2989060
	π_s^*	3514530	3468530	3517900	3517780	3516150	3514530
	π_h^*	6503590	6501210	6503720	6503720	6503650	6503590
预测生产成本区间在 [97，103]	q^*	48375	48368	48234	48401	48388	48375
	w^*	191.94	191.96	192.29	191.88	191.91	191.94
	π_r^*	3103940	3104770	3120640	3100840	3102390	3103940
	π_s^*	3400650	3399800	3383450	3403820	3402240	3400650
	π_h^*	6504590	6504570	6504090	6504660	6504630	6504590

通过对表 4 - 16 中的数据分析可得，当风险厌恶因子 θ 以 0.01 为步长在 [0.95，1] 区间变化时，不仅最优订货量和批发价发生变化，而且零售商期望收益、供应商期望收益及整个供应链的期望收益均发生变化，并且会随着风险厌恶因子 θ 的增大各数值均会回归到起始值。为了进一步探究风险厌恶因子 θ 对最优订货量、批发价、零售商期望收益、供应商期望收益、供应链期望收益的影响，以及比较在生产成本信息对称和生产成本信息不对称两种情况下各决策变量的差异，接下来以 0.001 为步长计算风险厌恶因子在区间 [0.950，1] 上变化时，上述五个决策变量的具体数值。

以数学软件 Mathematica 为工具，以风险厌恶因子 θ 为横轴，分别以最优订货量、批发价、零售商期望收益、供应商期望收益以及供应链期望收益为纵轴绘出相应的图形，如图 4 - 16 至图 4 - 22 所示（图 4 - 21 和图 4 - 22 分别是图 4 - 18 和图 4 - 19 中信息对称时的扩大图）。

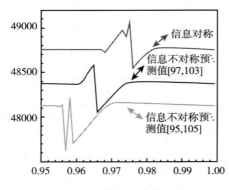

图 4 - 16　最优订货量走势

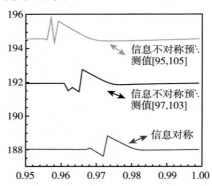

图 4 - 17　批发价走势

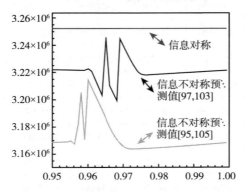

图 4 - 18　零售商期望收益走势

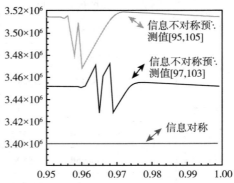

图 4 - 19　供应商期望收益走势

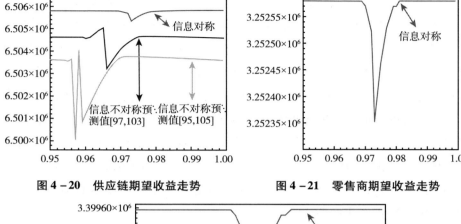

图 4 – 20　供应链期望收益走势　　　　图 4 – 21　零售商期望收益走势

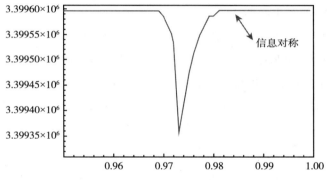

图 4 – 22　供应商期望收益走势

根据图 4 – 16 至图 4 – 22 可得以下结论：

结论（1）：由图 4 – 16 可以看出，在生产成本信息对称和不对称的情况下，随着风险厌恶因子的增大，供应链的最优订货量都会出现分岔突变现象；且随着对生产成本的预测越准确，分岔突变区间会向右移动。生产成本信息对称时的最优订货量明显高于生产成本信息不对称时的最优订货量。进一步可以发现生产成本的预测区间为 ［97，103］ 时的最优订货量要高于生产成本的预测值区间为 ［95，105］ 时的最优订货量。

结论（2）：由图 4 – 17 可以看出，随着风险厌恶因子的增大，在生产成本信息对称和不对称情况下的批发价在一定的区间也会出现分岔突变现象，且随着对生产成本的预测越准确，分岔突变区间会向右移动。生产成本信息不对称时的批发价要高于生产成本信息对称时的批发价，且当生产成本的预测区间为 ［95，105］ 时的批发价要高于生产成本的预测区间为 ［97，103］ 时的批发价。

结论（3）：由图 4 - 18 和图 4 - 21 可以看出，在生产成本信息对称和生产成本信息不对称的情况下零售商期望收益均发生分岔突变现象，且随着对生产成本的预测越准确，分岔突变区域会向右移动。但是我们在图 4 - 18 中只看到了生产成本信息不对称下的零售商收益发生分岔突变现象，而生产成本信息对称下的零售商收益没有发生明显的分岔突变现象。可以得出生产成本信息不对称增加了零售商期望收益的分岔突变程度，让零售商期望收益变得更加不稳定。生产成本信息对称时的零售商期望收益要高于生产成本信息不对称时的零售商期望收益。在生产成本信息不对称的情况下，生产成本的预测区间为［97，103］时的零售商期望收益要高于生产成本的预测区间为［95，105］时的零售商期望收益。

结论（4）：由图 4 - 19 和图 4 - 22 可以看出，供应商期望收益在信息对称和信息不对称的情况下均发生分岔现象，和零售商的期望收益类似，且随着对生产成本的预测越准确，分岔突变区间会向右移动。生产成本信息不对称时的供应商期望收益要高于生产成本信息对称时的供应商期望收益，生产成本的预测区间为［95，105］时的供应商期望收益要高于生产成本的预测区间为［97，103］时的供应商期望收益。

结论（5）：由图 4 - 20 可以看出，在生产成本信息对称和不对称的情况下，供应链的期望收益均发生分岔突变现象，且随着对生产成本区间的预测越准确，分岔突变区间会向右移动。在生产成本信息不对称情况下的分岔突变程度大于生产成本信息对称情况下的分岔突变程度。生产成本信息不对称情况下的供应链期望收益小于生产成本信息对称情况下的供应链期望收益，生产成本的预测区间为［97，103］时的供应链期望收益高于生产成本的预测区间为［95，105］时的供应链期望收益。

4.4.2　价格随机下供应商风险厌恶及销售成本信息不对称的数量折扣契约

同样，基于供应商风险厌恶销售成本信息不对称条件下的 Stackelberg 博弈原理和 Myerson 显示原理，可得价格随机条件下供应商风险厌恶销售成本信息不对称的数量折扣契约优化模型为：

$$
\max CVaR_\theta^a(\pi_s^\mu) = \int_{c_1}^{c_2} CVaR_\theta(\pi_s^u) y(c_r) \mathrm{d}(c_r)
$$

$$
= \int_{c_1}^{c_2} \frac{1}{\theta} \Big\{ w(q(c_r)) q(c_r) - c_s q(c_r) -
$$

$$
\int_{q(c_r)}^{\frac{q(c_r)}{\theta}} g_s(x - q(c_r)) g(x) \mathrm{d}x -
$$

$$
\int_{\frac{q(c_r)}{\theta}}^{\infty} g_s\Big(x - \frac{q(c_r)}{\theta}\Big) g(x) \mathrm{d}x - \lambda(q^* - q(c_r)) \Big\} y(c_r) \mathrm{d}(c_r)
$$

$$
= \frac{1}{\theta} \Big\{ \int_{c_1}^{c_2} g_s \overline{S}[q(c_r)] + \{w(q(c_r)) - c_s\} q(c_r) - g_s \overline{\mu}_G +
$$

$$
g_r \int_{\frac{q(c_r)}{\theta}}^{\infty} \Big(\frac{q(c_r)}{\theta} - q(c_r)\Big) g(x) \mathrm{d}x - B(q(c_r)) \mathrm{d}Y(c_r) \Big\}
$$

$$
(4-64)
$$

参与约束：

$$
\pi_r^\mu(c_r) \geqslant \pi_r^{\mu \min} \qquad (4-65)
$$

激励约束：

$$
\pi_r^\mu(c_r) \geqslant \pi_r^\mu(c_r^L, c_r) \qquad (4-66)
$$

零售商的期望收益函数为：

$$
\pi_r^\mu = \int_0^{q(c_r)} [(p_0 + a(x - q(c_r))) x + v(q(c_r) - x)] g(x) \mathrm{d}x +
$$

$$
\int_{q(c_r)}^{\infty} [(p_0 + a(x - q(c_r))) q(c_r) - g_r(x - q(c_r))] g(x) \mathrm{d}x -
$$

$$
c_r q(c_r) - w(q(c_r)) q(c_r) \qquad (4-67)
$$

命题 4.4 价格随机条件下，销售成本信息不对称时的 $\pi_r^\mu(c_r)$ 是关于真实销售成本 c_r 的减函数。

证明：为了使零售商透露出真实的销售成本信息，应该使零售商谎报成本的利润函数在真实销售成本 c_r 处取得最大值，因此将 $\pi_r^\mu(c_r^l, c_r)$ 对 c_r^l 求一阶导并令其在 c_r 等于零可得：

$$
\pi_r^\mu(c_r^l, c_r) = \int_0^{q(c_r^l)} [(p_0 + a(x - q(c_r^l))) x + v(q(c_r^l) - x)] g(x) \mathrm{d}x +
$$

$$
\int_{q(c_r^l)}^{\infty} [(p_0 + a(x - q(c_r^l))) q(c_r^l) - g_r(x - q(c_r^l))] g(x) \mathrm{d}x -
$$

$$
c_r q(c_r^l) - w(q(c_r^l)) q(c_r^l) \qquad (4-68)
$$

$$\frac{\partial \pi_r^\mu(c_r^l, c_r)}{\partial c_r^l}\bigg|_{c_r^l = c_r} = \left\{ \int_0^{q(c_r^l)} (v - ax)g(x)\,\mathrm{d}x + \int_{q(c_r^l)}^\infty (p_0 + ax + g_r - \right.$$

$$2aq(c_r^l))g(x)\,\mathrm{d}x - \frac{\partial w[q(c_r^l)]}{\partial q(c_r^l)}q(c_r^l) - c_r -$$

$$\left. w[q(c_r^l)] \right\} \frac{\partial q(c_r^l)}{\partial c_r^L}\bigg|_{c_r^l = c_r} = 0 \qquad (4-69)$$

将 $\pi_r^\mu(c_r)$ 对 c_r 求一阶导得到：

$$\frac{\partial \pi_r^\mu(c_r)}{\partial c_r} = \left\{ \int_0^{q(c_r)} (v - ax)g(x)\,\mathrm{d}x + \int_{q(c_r)}^\infty (p_0 + ax + g_r - 2aq(c_r))g(x)\,\mathrm{d}x - \right.$$

$$\left. \frac{\partial w[q(c_r)]}{\partial q(c_r)}q(c_r) - c_r - w[q(c_r)] \right\} \frac{\partial q(c_r)}{\partial c_r} - q(c_r) \qquad (4-70)$$

将式（4-69）代入式（4-70）可得：

$$\frac{\partial \pi_r^\mu(c_r)}{\partial c_r} = -q(c_r) < 0 \qquad (4-71)$$

根据式（4-71）小于零，可得 $\pi_r^\mu(c_r)$ 在区间 $[c_1, c_2]$ 上是关于 c_r 的减函数，即零售商的期望收益函数在 c_2 处取得最小值，$\pi_r^{\mu \min} = \pi_r^\mu(c_2)$，在 c_r 处取得最大值。故可将销售成本的预测区间由 $[c_1, c_2]$ 缩小为 $[c_r, c_2]$，满足 $Y(c_r) = 0, Y(c_2) = 1$，对式（4-71）等号两边同时在区间 $[c_r, c_2]$ 上积分可得：

$$\pi_r^a(c_r) = \pi_r^{\mu \min} + \int_{c_r}^{c_2} q(c_r)y(c_r)\,\mathrm{d}(c_r) \qquad (4-72)$$

根据式（4-74）、式（4-72）可得：

$$\max CVaR_\theta^a(\pi_s^\mu) = \int_{c_r}^{c_2} \frac{1}{\theta} \left\{ \pi_h^u(c_r) - \pi_s^u(c_r) + g_r \int_{\frac{q(c_r)}{\theta}}^\infty (\frac{q(c_r)}{\theta} - \right.$$

$$q(c_r))g(x)\,\mathrm{d}x \Big\} y(c_r)\,\mathrm{d}(c_r)$$

$$= \frac{1}{\theta} \left\{ \int_{c_r}^{c_2} (\pi_h^u(c_r) + g_r \int_{\frac{q(c_r)}{\theta}}^\infty (\frac{q(c_r)}{\theta} - \right.$$

$$q(c_r))g(x)\,\mathrm{d}x)y(c_r)\,\mathrm{d}(c_r) - \int_{c_r}^{c_2} \pi_r^u(c_r)y(c_r)\,\mathrm{d}(c_r) \Big\}$$

$$= \frac{1}{\theta} \left\{ \int_{c_r}^{c_2} (\pi_h^u(c_r) + g_r \int_{\frac{q(c_r)}{\theta}}^\infty (\frac{q(c_r)}{\theta} - \right.$$

$$q(c_r))g(x)\,\mathrm{d}x)y(c_r)\,\mathrm{d}(c_r) - (\pi_r^u(c_r)Y(c_r)\,|_{c_r}^{c_2} -$$

$$\int_{c_r}^{c_2} Y(c_r)\,\mathrm{d}(\pi_r^u(c_r))) \Big\}$$

$$
\begin{aligned}
&= \frac{1}{\theta}\Big\{ \int_{c_r}^{c_2}\Big(\pi_h^u(c_r) + g_r\int_{\frac{q(c_r)}{\theta}}^{\infty}\Big(\frac{q(c_r)}{\theta} - q(c_r)\Big)g(x)\mathrm{d}x\Big)y(c_r)\mathrm{d}(c_r) - \\
&\quad \int_{c_r}^{c_2}Y(c_r)q(c_r)\mathrm{d}(c_r) - \pi_r^u(c_2)\Big\} \\
&= \frac{1}{\theta}\Big\{ \int_{c_r}^{c_2}\Big[(p_0 - v + g)\,\overline{S}\,[q(c_r)] - (c - v)q(c_r) - g\bar{\mu}_G + \\
&\quad A[q(c_r)] - B(q(c_r)) + g_r\int_{\frac{q(c_r)}{\theta}}^{\infty}\Big(\frac{q(c_r)}{\theta} - \\
&\quad q(c_r)\Big)g(x)\mathrm{d}x\Big]\mathrm{d}Y(c_r) - \int_{c_r}^{c_2}\frac{Y(c_r)}{y(c_r)}q(c_r)\mathrm{d}Y(c_r) - \pi_r^{\mu \min}\Big\} \\
&= \frac{1}{\theta}\Big\{ \int_{c_r}^{c_2}\Big[(p_0 - v + g)\,\overline{S}\,[q(c_r)] - \Big[c - v + \frac{Y(c_r)}{y(c_r)} - \\
&\quad g_r\int_{\frac{q(c_r)}{\theta}}^{\infty}\Big(\frac{1}{\theta} - 1\Big)g(x)\mathrm{d}x\Big]q(c_r) - g\bar{\mu}_G + \\
&\quad A[q(c_r)] - B(q(c_r))\Big]\mathrm{d}Y(c_r) - \pi_r^{\mu \min}\Big\} \qquad (4-73)
\end{aligned}
$$

对式（4-73）关于 $q(c_r)$ 求一阶导并令其等于零，可得最优订货量 q^{a*} 的表达式为：

$$
\begin{aligned}
&(p_0 - v + g)[1 - G(q(c_r))] + 2a\int_0^{q(c_r)}G(x)\mathrm{d}x - \\
&\quad \Big(c - v - \lambda + \frac{Y(c_r)}{y(c_r)} - a\bar{\mu}_G + 2aq(c_r)\Big) + \\
&\quad g_r\int_{\frac{q(c_r)}{\theta}}^{\infty}\Big(\frac{1}{\theta} - 1\Big)g(x)\mathrm{d}x - g_r q(c_r)\frac{1-\theta}{\theta^2}g\Big(\frac{q(c_r)}{\theta}\Big) \qquad (4-74)
\end{aligned}
$$

由于供应商信息是完全对称的，故将式（4-75）和式（4-73）联立起来可得最优批发价 w^{a*} 的表达式为：

$$
w^{a*} = \frac{(p_0 - v + g_r)\,\overline{S}\,[q(c_r)] - g_r\bar{\mu}_G + A[q(c_r)] - \pi_r^{\mu \min}}{q(c_r)} - c_r + v - \frac{Y(c_r)}{y(c_r)} \qquad (4-75)
$$

算例分析：相关参数设置为：$p_0 = 300$，$c_r = 50$，$c_s = 100$，$g_r = 10$，$g_s = 10$，$v = 80$，$\lambda = 20$，$a = 0.004$（具体字母含义见前文）。市场需求服从 $X \sim N(100000, 100^2)$ 的正态分布，突发事件导致市场需求萎靡，此时的市场需求服

从 $X \sim N(50000,100^2)$ 的正态分布，考虑销售成本信息不对称时，供应商根据以往的交易记录及市场信息对零售商真实销售成本的预测分别在区间 [48，52]、[45，55] 上服从均匀分布。

将上面参数的具体数值代入相应的公式中，然后将公式输入 Mathematica 中进行计算，结果如表 4 - 17 所示。

表 4 - 17 θ 以 0.01 为步长在 [0.01，1] 之间变化的最优订货量和批发价

θ	信息对称		预测销售成本 区间在 [48，52]		预测销售成本 区间在 [45，55]	
—	q^{u*}	w^{u*}	q_1^{a*}	w_1^{a*}	q_2^{a*}	w_2^{a*}
0.01	48750	188.0	48500	186.6	48125	184.5
0.02	48750	188.0	48500	186.6	48125	184.5
0.03	48750	188.0	48500	186.6	18125	184.5
…	…	…	…	…	…	…
0.95	48750	188.0	48500	186.6	48125	184.5
0.96	48750	188.0	48500	186.6	48331	184.0
0.97	48824	187.8	48251	187.2	48152	184.5
0.98	48711	188.1	48526	186.6	48151	184.5
0.99	48763	188.0	48513	186.6	48138	184.5
1	48750	188.0	48500	186.6	48125	184.5

根据表 4 - 17 可得，在销售成本信息对称的情况下，风险厌恶因子 θ 在区间 [0.96，1] 上的最优订货量和批发价发生变化；在销售成本信息不对称的情况下，风险厌恶因子 θ 在区间 [0.95，1] 上的最优订货量和批发价发生变化，在该变化区域内分别计算出最优订货量、批发价、零售商期望收益、供应商期望收益及供应链期望收益，如表 4 - 18 所示。

表 4 - 18   风险厌恶因子 θ 以 0.01 为步长在 [0.95，1] 之间
变化供应链上的相关参数

风险厌恶因子 θ		0.95	0.96	0.97	0.98	0.99	1.0
信息对称	q^*	48750	48750	48824	48711	48763	48750
	w^*	188.02	188.02	187.84	188.12	187.99	188.02
	π_r^*	3252580	3252580	3252570	3252570	3252580	3252580
	π_s^*	3252580	3252580	3252570	3252570	3252580	3252580
	π_h^*	6505160	6505160	6505140	6505140	6505160	6505160

续表

风险厌恶因子 θ		0.95	0.96	0.97	0.98	0.99	1.0
预测销售成本区间在 $[45,55]$	q^*	48125	48331	48152	48151	48138	48125
	w^*	184.52	184.03	184.46	184.46	184.49	184.52
	π_r^*	3470310	3495810	3467340	3467450	3468880	3470310
	π_s^*	3033280	3008640	3036380	3036270	3034770	3033280
	π_h^*	6503590	6504450	6503720	6503720	6503650	6503590
预测销售成本区间在 $[48,52]$	q^*	48500	48500	48251	48526	48513	48500
	w^*	186.63	186.63	187.22	186.57	186.60	186.63
	π_r^*	3331500	3331500	3359890	3328510	3330000	3331500
	π_s^*	3173400	3173400	3144270	3176440	3174920	3173400
	π_h^*	6504900	6504900	6504160	6504950	6504930	6504900

通过对表 4-18 中的数据分析可得：当风险厌恶因子 θ 以 0.01 为步长在区间 $[0.95, 1]$ 变化时，不仅最优订货量和批发价发生变化，而且零售商期望收益、供应商期望收益及整个供应链的期望收益均发生变化，并且会随着风险厌恶因子 θ 的增大相应的数值均会回归到起始值。为了进一步探究供应链上相关决策变量在分岔突变区域里的内在机制以及演化规律，现将风险厌恶因子 θ 以 0.001 为步长在区间 $[0.950, 1]$ 里变化时，分别计算出每个风险厌恶因子 θ 所对应的最优订货量、批发价、零售商期望收益、供应商期望收益及整个供应链系统的期望收益。然后以风险厌恶因子 θ 为横坐标，以最优订货量、批发价、零售商期望收益、供应商期望收益及整个供应链系统的期望收益为纵坐标进行绘图，如图 4-23 至图 4-29 所示（其中图 4-28 和图 4-29 为图 4-25 和图 4-26 信息对称时的扩大图）。

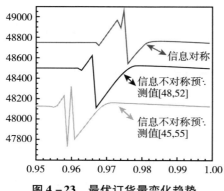

图 4-23　最优订货量变化趋势

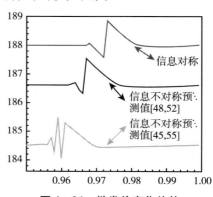

图 4-24　批发价变化趋势

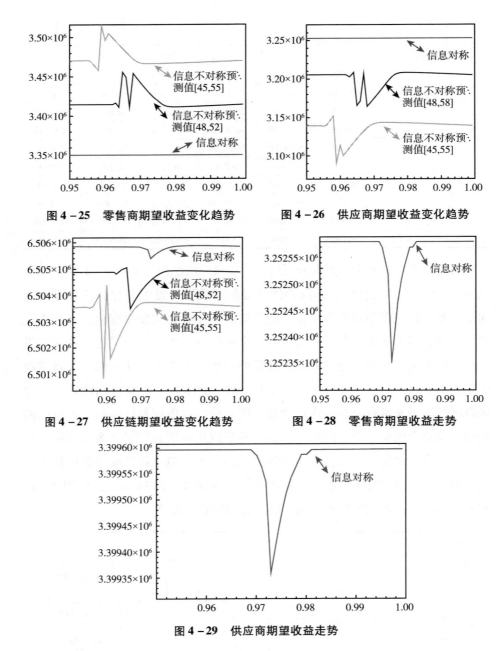

图 4 – 25　零售商期望收益变化趋势　　图 4 – 26　供应商期望收益变化趋势

图 4 – 27　供应链期望收益变化趋势　　图 4 – 28　零售商期望收益走势

图 4 – 29　供应商期望收益走势

根据图 4 – 23 到图 4 – 29 可得以下结论。

结论（1）：由图 4 – 23 和图 4 – 24 可以看出，当风险厌恶因子达到 0.954，然后以 0.001 为步长进行变化时，零售商对销售成本的预测区间为

［45，55］、［48，52］及销售成本信息对称时的最优订货量和批发价依次发生分岔突变现象，且随着销售成本信息越来越对称，分岔突变区域会向右发生移动。销售成本信息对称情况下的最优订货量和批发价要高于销售成本信息不对称情况下的最优订货量和批发价，供应商对零售商销售成本的预测区间为［48，52］时的最优订货量和批发价大于预测区间为［45，55］时的最优订货量和批发价，即销售成本信息越对称，整个供应链系统的最优订货量和批发价就越大，越接近销售成本信息对称时的最优订货量和批发价。

结论（2）：结合图4-25和图4-28可以得出，随着风险厌恶因子的增大，销售成本信息对称和信息不对称情况下的零售商期望收益均发生分岔突变现象，且随着销售成本信息越来越对称，分岔突变区域会向右发生移动。销售成本信息不对称情况下的零售商期望收益要高于销售成本信息对称情况下的零售商期望收益，销售成本的预测区间为［45，55］时的零售商期望收益大于销售成本预测区间为［48，52］时的零售商期望收益，即销售成本信息越不对称，零售商的期望收益就越大，这与客观事实相符，零售商必然从自身保留的私人成本信息中获利且保留的私人成本信息越多获利就越多，二者正相关。销售成本预测区间为［45，55］、［48，52］及销售成本信息对称时的零售商期望收益在分岔突变区域［0.956，0.970］、［0.962，0.978］、［0.968，0.982］内的震荡范围为［3458610，3515270］、［3410360，3455357］、［3349921，3350157］，相应的振幅分别为：56660、44997、236。

结论（3）：从图4-26和图4-29中可以看出，随着风险厌恶因子θ变大，信息对称和信息不对称情况下供应商期望收益均发生分岔突变现象，且随着销售成本信息越来越对称，分岔突变区域会向右发生移动。销售成本信息对称情况下的供应商期望收益要高于销售成本信息不对称情况下的供应商期望收益，销售成本的预测区间为［48，52］时的供应商期望收益大于销售成本的预测区间为［45，55］时的供应商期望收益，即销售成本信息越对称，供应商的期望收益就越高，销售成本信息不对称给供应商带来的利润损失就越小。销售成本预测区间为［45，55］、［48，52］及销售成本信息对称时的供应商期望收益在分岔突变区域［0.956，0.970］、［0.962，0.978］、［0.968，0.982］内的震荡范围为［3090044，3152064］、［3164956，3208447］、［3252350，3252580］，相应的振幅分别为：62020、43491、230。

结论（4）：从图 4 - 27 可以看出，随着风险厌恶因子 θ 变大，销售成本信息对称和信息不对称情况下供应链期望收益均发生分岔突变现象，且随着销售成本信息越来越对称，分岔突变区域会向右发生移动。销售成本信息对称情况下的供应链期望收益要高于销售成本信息不对称情况下的供应链期望收益，销售成本的预测区间为［48，52］时的供应链期望收益大于销售成本的预测区间为［45，55］时的供应链期望收益，即销售成本信息越对称，供应链期望收益就越大，二者呈现出正向相关关系。销售成本预测区间为［45，55］、［48，52］及信息对称时的供应链期望收益在分岔突变区域［0.956，0.970］、［0.962，0.978］、［0.968，0.982］内的震荡范围分别为［6500830，6504450］、［6503530，6505090］、［6505416，6505876］，相应的振幅分别为：3620、1560、460。

4.4.3　本节结论

本节以单一零售商和单一供应商组成的二级供应链为研究对象，在价格随机的条件下，考虑突发事件造成市场需求随机、供应链参与者风险厌恶及信息不对称的情形，分别建立了信息对称与单边信息不对称参与者风险厌恶的数量折扣契约模型，并以仿真案例进行了分析，得出如下结论。

结论（1）：在价格随机的条件下，当零售商风险厌恶时，生产成本信息不对称降低了整个供应链系统的最优订货量，同时提高了批发价，二者呈相反方向变动；而且生产成本信息越不对称，批发价越来越高，但最优订货量和零售商的期望收益（见图 4 - 18）及整个供应链系统的期望收益（见图 4 - 20）越来越低，供应商的期望收益会越来越大。在零售商风险中性的情况下，生产成本信息越不对称整个供应链系统的最优订货量越来越大，批发价越来越小，但零售商的期望收益和整个供应链的期收益也越来越小，而供应商的收益会越来越大。这说明零售商不同的风险态度，应对生产成本信息不对称的策略是不一样的，但不管零售商风险态度怎样，生产成本信息不对称都会降低零售商和供应链的期望收益，而供应商会从生产成本信息不对称中获得超额收益，从而造成零售商超额损失，且供应商的超额收益值小于零售商的超额损失值，从而造成整个供应链收益损失。这也说明零售商应对信息不对称最好的办法就是要尽量获取供应商的生产成本信息，使生产成本信息透明化，从而增加自己和整个供应链的期望收益。

结论（2）：在价格随机的条件下，当供应商风险厌恶时，销售成本信息不对称提高了零售商的期望收益（见图4-25）却降低了供应商的期望收益（见图4-26），这一结论也符合市场经济的一般规律，零售商必然会从自己持有的私人信息中获利，而供应商就会因为不了解零售商的真实销售成本信息造成自身的利润遭受损失，同时从整个供应链系统的角度来看，零售商保留销售成本信息会危害整个供应链系统的绩效，不利于供应链系统健康稳定发展。销售成本信息不对称在降低了整个供应链系统的最优订货量的同时也降低了批发价和供应链的利润。本书考虑了供应商的风险态度由风险中性转变为风险厌恶，不同风险偏好的供应商对待不同的风险所采取的策略不一样。

结论（3）：在价格随机的条件下，无论是零售商风险厌恶生产成本信息不对称还是供应商风险厌恶销售成本信息不对称，供应链系统中的最优订货量、批发价、零售商期望收益、供应商期望收益及整个供应链的期望收益均发生了分岔现象；在价格稳定的情况下，不管信息是否对称，还是参与者是否风险厌恶，供应链均没有出现分岔突变现象。在价格随机条件下，供应链参与者风险中性时不管生产成本信息与销售成本信息是否对称，供应链上相关决策变量也没有发生分岔突变现象。但在价格随机和参与者风险厌恶的情况下，不管生产成本信息与销售成本信息是否对称，供应链上相关决策变量均发生了分岔突变现象，这就说明分岔突变是价格随机与供应链参与者风险厌恶耦合作用的一种特有现象，在分岔突变区间里供应链失调，供应链的绩效不能达到最大化。在现实的管理中，这种现象表现为决策者在价格随机和特定的风险厌恶因子同时作用下产生犹豫不决的生理体征，在这种情况下做出的决策可能不是最佳决策。犹如股价在振荡时，炒股人抛出或买入股票其结局都可能是错误的决策。这要求在现实管理中，供应链上的管理者尽量不要有风险厌恶的态度。若有风险厌恶的态度，在做决策时，要规避分岔突变区域，只有这样才能在最大限度上实现供应链绩效最大化。

结论（4）：分岔突变区域随着生产成本信息或销售成本信息越来越不对称而向左发生移动，这一现象说明了生产成本信息或销售成本信息不对称的程度越大、供应链参与者的风险厌恶程度越大，越容易导致分岔突变现象的产生。这说明在现实管理中，零售商在生产成本信息越不透明或供应商在销售成本信息越不透明的情况下，对待风险的态度越谨慎，越容易出现犹豫不决的现象。这就要求在管理现实中，通过提高信息的透明度，来降低供应链参与者的风险厌恶程度，从而尽量避免分岔现象出现。

结论（5）：无论生产成本信息越不对称还是销售成本信息越不对称，整个供应链系统的期望收益就越低，反之则反。这说明在整个供应链管理中信息透明有利于提高整个供应链的收益。同时可以看出，不管是生产成本信息越不对称还是销售成本信息越不对称，供应链期望收益的波动就越大。这说明信息不对称让整个供应链系统变得更加不稳定，降低了供应链系统的柔性。

4.5　价格随机下风险厌恶及双边信息不对称的数量折扣契约

本节以价格随机为前提条件，在突发事件造成市场需求随机、供应链参与者风险厌恶及零售商和供应商之间双边信息不对称的背景下，以数量折扣契约为工具，借助于"利他委托人"并科学设置参与约束和激励约束，构建了参与者风险厌恶双边信息不对称的数量折扣契约模型，并以案例仿真进行分析。探究在风险厌恶因子一定的情况下，零售商和供应商对生产成本、销售成本预测的不同精度对各决策变量的影响；以及在零售商和供应商对生产成本、销售成本预测精度不变的情况下，探究风险厌恶因子对各决策变量的影响。

4.5.1　价格随机下零售商风险厌恶及双边信息不对称的数量折扣契约

在价格随机的条件下，考虑突发事件造成零售商的风险态度由风险中性转变为风险厌恶及零售商和供应商之间双边信息不对称的情形，根据式（4－1）建立价格随机条件下零售商风险厌恶双边信息不对称的数量折扣契约模型为：

$$\max \int_{\underline{c_s}}^{\overline{c_s}} \int_{\underline{c_r}}^{\overline{c_r}} \{ CVaR_\theta \pi_r^\mu + \pi_s^\mu \} y(c_r) y(c_s) \mathrm{d}c_r \mathrm{d}c_s$$

$$= \max \int_{\underline{c_s}}^{\overline{c_s}} \int_{\underline{c_r}}^{\overline{c_r}} \left\{ \frac{1}{\theta} (\pi_r^\mu + g_r \int_{\frac{q}{\theta}}^{\infty} (\frac{q}{\theta} - q) g(x) \mathrm{d}x) + \pi_s^\mu \right\} y(c_r) y(c_s) \mathrm{d}c_r \mathrm{d}c_s$$

$$(4-76)$$

参与约束：

$$PC_1: \qquad\qquad \pi_s^\mu(c_s) \geqslant \pi_s^{\mu\min} \qquad\qquad (4-77)$$

$$PC_2: \qquad\qquad \pi_r^\mu(c_r) \geqslant \pi_r^{\mu\min} \qquad\qquad (4-78)$$

激励约束：

$$IC_1: \qquad \int_{\underline{c_r}}^{\overline{c_r}} \pi_s^\mu(c_s,c_r) y(c_r) \mathrm{d}c_r \geqslant \int_{\underline{c_r}}^{\overline{c_r}} \pi_s^\mu(c_s^l,c_s,c_r) y(c_r) \mathrm{d}c_r \qquad (4-79)$$

$$IC_2: \qquad \int_{\underline{c_s}}^{\overline{c_s}} \pi_r^\mu(c_s,c_r) y(c_s) \mathrm{d}c_s \geqslant \int_{\underline{c_r}}^{\overline{c_r}} \pi_r^\mu(c_r^l,c_s,c_r) y(c_s) \mathrm{d}c_s \qquad (4-80)$$

命题 4.5　价格随机条件下，生产成本信息不对称的 $\pi_s^\mu(c_s,c_r)$ 是关于真实生产成本 c_s 的减函数。

证明：为使供应商透露出真实的生产成本信息，应该使供应商谎报成本的期望收益函数在真实成本 c_s 处取得最大值，因此将 $\pi_s^\mu(c_s^l, c_s, c_r)$ 对 c_s^l 求一阶导并令其在 c_s 处等于零：

$$\frac{\partial \pi_s^\mu(c_s^l,c_s,c_r)}{\partial c_s^l} \bigg|_{c_s^l = c_s} = \left\{ g_s \int_{q(c_s^l,c_r)}^{\infty} g(x) \mathrm{d}x + \frac{\partial w[q(c_s^l,c_r)]}{\partial q(c_s^l,c_r)} q(c_s^l,c_r) + \right.$$

$$\left. w[q(c_s^l,c_r)] - c_s + \lambda \right\} \frac{\partial q(c_s^l,c_r)}{\partial c_s^l} \bigg|_{c_s^l = c_s} = 0$$

$$(4-81)$$

再将 $\pi_s^\mu(c_s,c_r)$ 对 c_s 求一阶导得到：

$$\frac{\partial \pi_s^\mu(c_s,c_r)}{\partial c_s} = \left\{ g_s \int_{q(c_s,c_r)}^{\infty} g(x) \mathrm{d}x + \frac{\partial w[q(c_s,c_r)]}{\partial q(c_s,c_r)} q(c_s,c_r) + \right.$$

$$\left. w[q(c_s,c_r)] - c_s + \lambda \right\} \frac{\partial q(c_s,c_r)}{\partial c_s} - q(c_s,c_r) \qquad (4-82)$$

将式（4-81）代入式（4-82）得到：

$$\frac{\partial \pi_s^{\mu}(c_s, c_r)}{\partial c_s} = -q(c_s, c_r) < 0 \qquad (4-83)$$

根据式（4-83）小于零，说明 $\pi_s^{\mu}(c_s, c_r)$ 是关于 c_s 的减函数，说明在生产成本信息不对称条件下，供应商的期望收益函数在 $\overline{c_s}$ 处取得最小值，即 $\pi_s^{\mu min} = \pi_s^{\mu}(\overline{c_s})$，在 c_s 处取得最大值。因此可以将成本区间缩小至 $[c_s, \overline{c_s}]$，此时 $Y(c_s) = 0, Y(\overline{c_s}) = 1$，同时对式（4-83）在区间 $[c_s, \overline{c_s}]$ 上积分可得：

$$\pi_s^a(c_s, c_r) = \pi_s^{\mu min} + \int_{c_s}^{\overline{c_2}} q(c_s, c_r) y(c_s) \mathrm{d}(c_s) \qquad (4-84)$$

满足激励约束 IC_1。

命题 4.6 价格随机条件下，销售成本信息不对称的 $\pi_r^{\mu}(c_s, c_r)$ 是关于真实销售成本 c_r 的减函数。

证明：为了使零售商透露出真实的销售成本信息，应该使零售商谎报成本的利润函数在真实销售成本 c_r 处取得最大值，因此将 $\pi_r^{\mu}(c_r^l, c_s, c_r)$ 对 c_r^l 求一阶导并令其在 c_r 处等于零可得：

$$\pi_r^{\mu}(c_r^l, c_s, c_r) = \int_0^{q(c_r^l, c_s)} [(p_0 + a(x - q(c_r^l, c_s,))) x + v(q(c_r^l, c_s) - x)] g(x) \mathrm{d}x + \int_{q(c_r^l, c_s)}^{\infty} [(p_0 + a(x - q(c_r^l, c_s))) q(c_r^l, c_s) - g_r(x - q(c_r^l, c_s))] g(x) \mathrm{d}x - c_r q(c_r^l, c_s) - w(q(c_r^l, c_s)) q(c_r^l, c_s) \qquad (4-85)$$

$$\frac{\partial \pi_r^{\mu}(c_r^l, c_s, c_r)}{\partial c_r^l}\bigg|_{c_r^l = c_r} = \left\{ \int_0^{q(c_r^l, c_s)} (v - ax) g(x) \mathrm{d}x + \int_{q(c_r^l, c_s)}^{\infty} (p_0 + ax + g_r - 2aq(c_r^l, c_s)) g(x) \mathrm{d}x - \frac{\partial w[q(c_r^l, c_s)]}{\partial q(c_r^l, c_s)} q(c_r^l, c_s) - c_r - w[q(c_r^l, c_s)] \right\} \frac{\partial q(c_r^l, c_s)}{\partial c_r^l}\bigg|_{c_r^l = c_r} = 0 \qquad (4-86)$$

将 $\pi_r^{\mu}(c_s, c_r)$ 对 c_r 求一阶导可得：

$$\frac{\partial \pi_r^\mu(c_s, c_r)}{\partial c_r} = \left\{ \int_0^{q(c_s, c_r)} (v - ax) g(x) \mathrm{d}x + \int_{q(c_s, c_r)}^\infty (p_0 + ax + g_r - \right.$$

$$2aq(c_s, c_r)) g(x) \mathrm{d}x - \frac{\partial w[q(c_s, c_r)]}{\partial q(c_s, c_r)} q(c_s, c_r) - c_r -$$

$$\left. w[q(c_s, c_r)] \right\} \frac{\partial q(c_s, c_r)}{\partial c_r} - q(c_s, c_r) \qquad (4-87)$$

将式（4-86）代入式（4-87）可得：

$$\frac{\partial \pi_r^\mu(c_s, c_r)}{\partial c_r} = -q(c_s, c_r) < 0 \qquad (4-88)$$

根据式（4-89）小于零，可得 $\pi_r^\mu(c_s, c_r)$ 在区间 $[\underline{c_r}, \overline{c_r}]$ 上是关于 c_r 的减函数，因此 $\pi_r^\mu(c_s, c_r)$ 在 $\overline{c_r}$ 处取得最小值，$\pi_r^{\mu\min} = \pi_r^\mu(\overline{c_r})$，在 c_r 处取得最大值。故可将销售成本预测区间缩小为 $[\underline{c_r}, \overline{c_r}]$，满足 $Y(\underline{c_r}) = 0$，$Y(\overline{c_r}) = 1$，对式（4-88）同时在区间 $[\underline{c_r}, \overline{c_r}]$ 上积分可得。

$$\pi_r^a(c_s, c_r) = \pi_r^{\mu\min} + \int_{\underline{c_r}}^{\overline{c_r}} q(c_s, c_r) y(c_r) \mathrm{d}(c_r) \qquad (4-89)$$

满足激励约束 IC_2。

将式（4-84）与式（4-89）代入式（4-76）可得：

$$\max \int_{\underline{c_s}}^{\overline{c_s}} \int_{\underline{c_r}}^{\overline{c_r}} \left\{ \frac{1}{\theta} (\pi_r^\mu + g_r \int_{\frac{q(c_s, c_r)}{\theta}}^\infty (\frac{q(c_s, c_r)}{\theta} - q(c_s, c_r)) g(x) \mathrm{d}x) + \pi_s^\mu \right\} y(c_s) y(c_r) \mathrm{d}c_r \mathrm{d}c_s$$

$$= \frac{1}{\theta} \int_{\underline{c_s}}^{\overline{c_s}} \int_{\underline{c_r}}^{\overline{c_r}} (\pi_h^\mu - \pi_s^\mu) y(c_r) y(c_s) \mathrm{d}c_r \mathrm{d}c_s + \int_{\underline{c_s}}^{\overline{c_s}} \int_{\underline{c_r}}^{\overline{c_r}} (\pi_h^\mu - \pi_r^\mu) y(c_r) y(c_s) \mathrm{d}c_r \mathrm{d}c_s +$$

$$\frac{1}{\theta} \int_{\underline{c_s}}^{\overline{c_s}} \int_{\underline{c_r}}^{\overline{c_r}} g_r \int_{\frac{q(c_s, c_r)}{\theta}}^\infty (\frac{q(c_s, c_r)}{\theta} - q(c_s, c_r)) g(x) \mathrm{d}x y(c_s) y(c_r) \mathrm{d}c_r \mathrm{d}c_s$$

$$= \frac{1}{\theta} \int_{\underline{c_s}}^{\overline{c_s}} \int_{\underline{c_r}}^{\overline{c_r}} \pi_h^\mu y(c_r) y(c_s) \mathrm{d}c_r \mathrm{d}c_s - \frac{1}{\theta} \int_{\underline{c_r}}^{\overline{c_r}} \int_{\underline{c_s}}^{\overline{c_s}} \pi_s^\mu y(c_s) \mathrm{d}c_s \mathrm{d}Y(c_r)$$

$$\int_{\underline{c_s}}^{\overline{c_s}} \int_{\underline{c_r}}^{\overline{c_r}} \pi_h^\mu y(c_r) y(c_s) \mathrm{d}c_r \mathrm{d}c_s - \int_{\underline{c_s}}^{\overline{c_s}} \int_{\underline{c_r}}^{\overline{c_r}} \pi_r^\mu y(c_r) y(c_r) \mathrm{d}c_r \mathrm{d}Y(c_s) +$$

$$\frac{1}{\theta} \int_{\underline{c_s}}^{\overline{c_s}} \int_{\underline{c_r}}^{\overline{c_r}} g_r \int_{\frac{q(c_s, c_r)}{\theta}}^\infty (\frac{q(c_s, c_r)}{\theta} - q(c_s, c_r)) g(x) \mathrm{d}x y(c_s) y(c_r) \mathrm{d}c_r \mathrm{d}c_s$$

$$
= \frac{1}{\theta}\int_{c_s}^{\overline{c_s}}\int_{c_r}^{\overline{c_r}}\pi_h^\mu y(c_r)y(c_s)\,\mathrm{d}c_r\mathrm{d}c_s - \frac{1}{\theta}\int_{c_r}^{\overline{c_r}}\left(\int_{c_s}^{\overline{c_s}}\frac{Y(c_s)}{y(c_s)}q(c_s,c_r)\,\mathrm{d}Y(c_s)+\pi_s^{\mu\min}\right)\mathrm{d}Y(c_r) +
$$

$$
\int_{c_s}^{\overline{c_s}}\int_{c_r}^{\overline{c_r}}\pi_h^\mu y(c_r)y(c_s)\,\mathrm{d}c_r\mathrm{d}c_s - \int_{c_s}^{\overline{c_s}}\left(\int_{c_r}^{\overline{c_r}}\frac{Y(c_r)}{y(c_r)}q(c_s,c_r)\,\mathrm{d}Y(c_r)+\pi_r^{\mu\min}\right)\mathrm{d}Y(c_s) +
$$

$$
\frac{1}{\theta}\int_{c_s}^{\overline{c_s}}\int_{c_r}^{\overline{c_r}}g_r\int_{\frac{q(c_s,c_r)}{\theta}}^{\infty}\left(\frac{q(c_s,c_r)}{\theta}-q(c_s,c_r)\right)g(x)\,\mathrm{d}xy(c_s)y(c_r)\,\mathrm{d}c_r\mathrm{d}c_s
$$

$$
= \int_{c_s}^{\overline{c_s}}\int_{c_r}^{\overline{c_r}}\frac{1+\theta}{\theta}\pi_h^\mu - \frac{1}{\theta}\frac{Y(c_s)}{y(c_s)}q(c_s,c_r) - \frac{1}{\theta}\pi_s^{\mu\min} - \frac{Y(c_r)}{y(c_r)}q(c_s,c_r) - \pi_r^{\mu\min} +
$$

$$
\frac{1}{\theta}g_r\int_{\frac{q(c_s,c_r)}{\theta}}^{\infty}\left(\frac{q(c_s,c_r)}{\theta}-q(c_s,c_r)\right)g(x)\,\mathrm{d}x\mathrm{d}Y(c_r)\mathrm{d}Y(c_s)
$$

$$
= \int_{c_s}^{\overline{c_s}}\int_{c_r}^{\overline{c_r}}\frac{1+\theta}{\theta}\left[(p_0-v+g)s(q(c_s,c_r))-(c-v)q(c_s,c_r)-g\mu+A(q(c_s,c_r))-\right.
$$

$$
B(q(c_s,c_r))\bigg] - \frac{1}{\theta}\frac{Y(c_s)}{y(c_s)}q(c_s,c_r) - \frac{1}{\theta}\pi_s^{\mu\min} - \frac{Y(c_r)}{y(c_r)}q(c_s,c_r) - \pi_r^{\mu\min} +
$$

$$
\frac{1}{\theta}g_r\int_{\frac{q(c_s,c_r)}{\theta}}^{\infty}\left(\frac{q(c_s,c_r)}{\theta}-q(c_s,c_r)\right)g(x)\,\mathrm{d}x\mathrm{d}Y(c_r)\mathrm{d}Y(c_s) \qquad (4-90)
$$

对式（4-90）关于 $q(c_r,c_s)$ 求一阶导，并令其等于零，可得 $q^{a*}(c_s,c_r)$ 的表达式为：

$$
\frac{1+\theta}{\theta}\bigg[(p_0-v+g)(1-G(q(c_s,c_r)))-(c-v)+2a\int_0^{q(c_s,c_r)}G(x)\,\mathrm{d}x +
$$

$$
a\mu - 2aq(c_s,c_r)+\lambda\bigg] - \frac{1}{\theta}\frac{Y(c_s)}{y(c_s)} - \frac{Y(c_r)}{y(c_r)} + \frac{1}{\theta}g_r\int_{\frac{q(c_s,c_r)}{\theta}}^{\infty}\left(\frac{1}{\theta}-1\right)g(x)\,\mathrm{d}x -
$$

$$
g_rq(c_s,c_r)\frac{1-\theta}{\theta^3}g\left(\frac{q(c_s,c_r)}{\theta}\right)=0 \qquad (4-91)
$$

联立式（4-76）、式（4-90）可得 $w^{a*}(c_s,\ c_r)$ 的表达式为：

$$
w = \left\{\frac{1}{\theta}\frac{Y(c_s)}{y(c_s)}q(c_s,c_r)+\frac{1}{\theta}\pi_s^{\mu\min}+\frac{Y(c_r)}{y(c_r)}q(c_s,c_r)+\pi_r^{\mu\min}-(p_0-v+\right.
$$

$$
g)s(q(c_s,c_r))+(c-v)q(c_s,c_r)+g\mu-A(q(c_s,c_r))+B(q(c_s,c_r))\bigg\}
$$

$$
\frac{\theta}{(1-\theta)q(c_s,c_r)} + \frac{g_s(\mu-s(q(c_s,c_r)))+\lambda(q^*-q(c_s,c_r))}{q(c_s,c_r)}+c_s
$$

$$
(4-92)
$$

算例分析：将相关参数设置为：$p_0 = 300$，$c_r = 50$，$c_s = 100$，$g_r = 10$，$g_s = 10$，$v = 80$，$\lambda = 20$，$a = 0.004$（具体字母含义见前文）。市场需求服从 $X \sim N(100000, 100^2)$ 的正态分布，突发事件导致市场需求萎靡，此时的市场需求服从 $X \sim N(50000, 100^2)$ 的正态分布，考虑生产成本信息不对称、销售成本信息不对称时，供应商对零售商真实销售成本的预测分别在区间 [47，53]、[45，55] 上服从均匀分布，零售商对供应商真实生产成本的预测分别在区间 [98，102]、[96，104] 上服从均匀分布。

将上面的公式及具体数值代入 Mathematica 软件中进行计算，具体数值如表 4 - 19 所示。

表 4 - 19　　　　零售商不同风险厌恶水平与成本预测区间下相关参数比较

θ	成本预测区间	q	w	π_r	π_s	π_h
0.2	$C_s \sim U$ (96，104) $C_r \sim U$ (45，55)	40729	219	2680280	3567520	6247810
	$C_s \sim U$ (98，102) $C_r \sim U$ (47，53)	40979	215	2822740	3440860	6263600
0.5	$C_s \sim U$ (96，104) $C_r \sim U$ (45，55)	40708	231	2193570	4052890	6246460
	$C_s \sim U$ (98，102) $C_r \sim U$ (47，53)	40958	223	2496810	3765480	6262290
0.8	$C_s \sim U$ (96，104) $C_r \sim U$ (45，55)	40694	277	322995	5922560	6245560
	$C_s \sim U$ (98，102) $C_r \sim U$ (47，53)	40944	256	1146930	5114490	6261420

根据表 4 - 19 可得以下结论。

结论（1）：从表 4 - 19 可得，当风险厌恶因子为 0.2 时，生产成本和销售成本预测区间由（96，104）、（45，55）变为（98，102）、（47，53），最优订货量由 40729 上升到 40979、零售商期望收益由 2680280 上升到 2822740、供应链期望收益由 6247810 上升到 6263600，与之相对应的涨幅为 6.1%、5.3%、0.25%；而最优批发价从 219 下降到 215、供应商期望收益从 3567520 下降到 3440860，与之相对应的降幅为 1.8%、4.6%。当风险厌恶因子为 0.5、0.8 时均表现出一样的上升或下降规律，即当风险厌恶水平一定时，对成本区间的预测越准确，其最优订货量、零售商期望收益以及供应链期望收益均呈现出上升的趋势，而最优批发价及供应商期望收益均呈现出下降的趋势。

结论（2）：从表 4-19 可得，当生产成本和销售成本的预测区间为（96，104）、（45，55）时，随着风险厌恶因子 θ 的增大（$0.2\rightarrow0.5\rightarrow0.8$），最优批发价、供应商期望收益均在一定程度上得到增加，最优批发价的变化为 $219\rightarrow231\rightarrow277$，供应商期望收益的变化为 $3567520\rightarrow4052890\rightarrow5922560$，与之相对应的涨幅为 19.9%、46.1%；而最优订货量、零售商期望收益以及供应链期望收益却随着风险厌恶因子 θ 的增加在一定程度上减小，最优订货量的变化为 $40729\rightarrow40708\rightarrow40694$，零售商期望收益的变化为 $2680280\rightarrow2193570\rightarrow322995$，供应链期望收益的变化为 $6247810\rightarrow6246460\rightarrow6245560$，与之相对应的降幅为 0.03%、87.9%、0.004%。当生产成本和销售成本的预测区间缩小为（98，102）、（47，53）时，随着风险厌恶因子 θ 的增大（$0.2\rightarrow0.5\rightarrow0.8$），最优批发价、供应商期望收益、最优订货量、零售商期望收益、供应链期望收益也表现出相同的变化趋势。即随着风险厌恶的因子 θ 的增加，不管生产成本和销售成本的预测区间是扩大还是缩小，整个供应链系统的最优订货量、批发价、零售商期望收益、供应商期望收益及供应链期望收益的变化趋势均一致，与生产成本和销售成本的区间预测精度无关。

4.5.2 价格随机下供应商风险厌恶及双边信息不对称的数量折扣契约

在价格随机的条件下，考虑突发事件造成供应商的风险态度由风险中性转变为风险厌恶及零售商和供应商之间双边信息不对称的情形，根据式（4-1）建立价格随机条件下供应商风险厌恶双边信息不对称的数量折扣契约模型为：

$$\max \int_{\underline{c_s}}^{\overline{c_s}} \int_{\underline{c_r}}^{\overline{c_r}} (CVaR_\theta \pi_s^\mu + \pi_r^\mu) y(c_r) y(c_s) \mathrm{d}c_r \mathrm{d}c_s$$

$$= \max \int_{\underline{c_s}}^{\overline{c_s}} \int_{\underline{c_r}}^{\overline{c_r}} \left\{ \frac{1}{\theta} \left(\pi_s^\mu + g_r \int_{\frac{q}{\theta}}^{\infty} \left(\frac{q}{\theta} - q \right) g(x) \mathrm{d}x \right) + \pi_r^\mu \right\} y(c_r) y(c_s) \mathrm{d}c_r \mathrm{d}c_s$$

$$(4-93)$$

参与约束：

PC_1:
$$\pi_s^\mu(c_s) \geqslant \pi_s^{\mu\min} \qquad (4-94)$$

PC_2:
$$\pi_r^\mu(c_r) \geqslant \pi_r^{\mu\min} \qquad (4-95)$$

激励约束：

IC_1:
$$\int_{\underline{c_r}}^{\overline{c_r}} \pi_s^\mu(c_s,c_r)y(c_r)\mathrm{d}c_r \geqslant \int_{\underline{c_r}}^{\overline{c_r}} \pi_s^\mu(c_s^l,c_s,c_r)y(c_r)\mathrm{d}c_r \qquad (4-96)$$

IC_2:
$$\int_{\underline{c_s}}^{\overline{c_s}} \pi_r^\mu(c_s,c_r)y(c_s)\mathrm{d}c_s \geqslant \int_{\underline{c_r}}^{\overline{c_r}} \pi_r^\mu(c_r^l,c_s,c_r)y(c_s)\mathrm{d}c_s \qquad (4-97)$$

将式（4-84）与式（4-89）代入式（4-93）可得：

$$\max \int_{\underline{c_s}}^{\overline{c_s}} \int_{\underline{c_r}}^{\overline{c_r}} \left\{ \frac{1}{\theta}(\pi_s^\mu + g_r \int_{\frac{q(c_s,c_r)}{\theta}}^{\infty} (\frac{q(c_s,c_r)}{\theta} - q(c_s,c_r))g(x)\mathrm{d}x) + \pi_r^\mu \right\} y(c_s)y(c_r)\mathrm{d}c_r\mathrm{d}c_s$$

$$= \int_{\underline{c_s}}^{\overline{c_s}} \int_{\underline{c_r}}^{\overline{c_r}} (\pi_h^\mu - \pi_s^\mu)y(c_r)y(c_s)\mathrm{d}c_r\mathrm{d}c_s + \frac{1}{\theta} \int_{\underline{c_s}}^{\overline{c_s}} \int_{\underline{c_r}}^{\overline{c_r}} (\pi_h^\mu - \pi_r^\mu)y(c_r)y(c_s)\mathrm{d}c_r\mathrm{d}c_s +$$

$$\frac{1}{\theta} \int_{\underline{c_s}}^{\overline{c_s}} \int_{\underline{c_r}}^{\overline{c_r}} g_r \int_{\frac{q(c_s,c_r)}{\theta}}^{\infty} (\frac{q(c_s,c_r)}{\theta} - q(c_s,c_r))g(x)\mathrm{d}xy(c_s)y(c_r)\mathrm{d}c_r\mathrm{d}c_s$$

$$= \int_{\underline{c_s}}^{\overline{c_s}} \int_{\underline{c_r}}^{\overline{c_r}} \pi_h^\mu y(c_r)y(c_s)\mathrm{d}c_r\mathrm{d}c_s - \int_{\underline{c_r}}^{\overline{c_r}} \int_{\underline{c_s}}^{\overline{c_s}} \pi_s^\mu y(c_s)\mathrm{d}c_s\mathrm{d}Y(c_r)$$

$$\frac{1}{\theta} \int_{\underline{c_s}}^{\overline{c_s}} \int_{\underline{c_r}}^{\overline{c_r}} \pi_h^\mu y(c_r)y(c_s)\mathrm{d}c_r\mathrm{d}c_s - \frac{1}{\theta} \int_{\underline{c_s}}^{\overline{c_s}} \int_{\underline{c_r}}^{\overline{c_r}} \pi_r^\mu y(c_r)y(c_r)\mathrm{d}c_r\mathrm{d}Y(c_s) +$$

$$\frac{1}{\theta} \int_{\underline{c_s}}^{\overline{c_s}} \int_{\underline{c_r}}^{\overline{c_r}} g_r \int_{\frac{q(c_s,c_r)}{\theta}}^{\infty} (\frac{q(c_s,c_r)}{\theta} - q(c_s,c_r))g(x)\mathrm{d}xy(c_s)y(c_r)\mathrm{d}c_r\mathrm{d}c_s$$

$$= \int_{\underline{c_s}}^{\overline{c_s}} \int_{\underline{c_r}}^{\overline{c_r}} \pi_h^\mu y(c_r)y(c_s)\mathrm{d}c_r\mathrm{d}c_s - \int_{\underline{c_r}}^{\overline{c_r}} (\int_{\underline{c_s}}^{\overline{c_s}} \frac{Y(c_s)}{y(c_s)}q(c_s,c_r)\mathrm{d}Y(c_s) + \pi_s^{\mu\min})\mathrm{d}Y(c_r) +$$

$$\frac{1}{\theta} \int_{\underline{c_s}}^{\overline{c_s}} \int_{\underline{c_r}}^{\overline{c_r}} \pi_h^\mu y(c_r)y(c_s)\mathrm{d}c_r\mathrm{d}c_s - \frac{1}{\theta} \int_{\underline{c_s}}^{\overline{c_s}} (\int_{\underline{c_r}}^{\overline{c_r}} \frac{Y(c_r)}{y(c_r)}q(c_s,c_r)\mathrm{d}Y(c_r) + \pi_r^{\mu\min})\mathrm{d}Y(c_s) +$$

$$\frac{1}{\theta} \int_{\underline{c_s}}^{\overline{c_s}} \int_{\underline{c_r}}^{\overline{c_r}} g_r \int_{\frac{q(c_s,c_r)}{\theta}}^{\infty} (\frac{q(c_s,c_r)}{\theta} - q(c_s,c_r))g(x)\mathrm{d}xy(c_s)y(c_r)\mathrm{d}c_r\mathrm{d}c_s$$

$$= \int_{\underline{c_s}}^{\overline{c_s}} \int_{\underline{c_r}}^{\overline{c_r}} \frac{1+\theta}{\theta}\pi_h^\mu - \frac{1}{\theta}\frac{Y(c_r)}{y(c_r)}q(c_s,c_r) - \frac{1}{\theta}\pi_r^{\mu\min} - \frac{Y(c_s)}{y(c_s)}q(c_s,c_r) - \pi_s^{\mu\min} +$$

$$\frac{1}{\theta}g_r \int_{\frac{q(c_s,c_r)}{\theta}}^{\infty} (\frac{q(c_s,c_r)}{\theta} - q(c_s,c_r))g(x)\mathrm{d}x\mathrm{d}Y(c_r)\mathrm{d}Y(c_s)$$

$$
= \int_{c_s}^{\overline{c_s}} \int_{c_r}^{\overline{c_r}} \frac{1+\theta}{\theta} \big[(p_0 - v + g) s(q(c_s, c_r)) - (c-v)q(c_s, c_r) - g\mu + A(q(c_s, c_r)) -
$$

$$
B(q(c_s, c_r)) \big] - \frac{1}{\theta} \frac{Y(c_r)}{y(c_r)} q(c_s, c_r) - \frac{1}{\theta} \pi_r^{\mu min} - \frac{Y(c_s)}{y(c_s)} q(c_s, c_r) - \pi_s^{\mu min} +
$$

$$
\frac{1}{\theta} g_r \int_{\frac{q(c_s,c_r)}{\theta}}^{\infty} \left(\frac{q(c_s, c_r)}{\theta} - q(c_s, c_r) \right) g(x) \mathrm{d}x \mathrm{d}Y(c_r) \mathrm{d}Y(c_s) \qquad (4-98)
$$

对式（4-98）关于 $q(c_r, c_s)$ 求一阶导，并令其等于零，可得 $q^{a^*}(c_s, c_r)$ 的表达式为：

$$
\frac{1+\theta}{\theta} \big[(p_0 - v + g)(1 - G(q(c_s, c_r))) - (c-v) + 2a\int_0^{q(c_s,c_r)} G(x)\mathrm{d}x +
$$

$$
a\mu - 2aq(c_s, c_r) + \lambda \big] - \frac{1}{\theta} \frac{Y(c_r)}{y(c_r)} - \frac{Y(c_s)}{y(c_s)} + \frac{1}{\theta} g_r \int_{\frac{q(c_s,c_r)}{\theta}}^{\infty} \left(\frac{1}{\theta} - 1 \right) g(x) \mathrm{d}x -
$$

$$
g_r q(c_s, c_r) \frac{1-\theta}{\theta^3} g\left(\frac{q(c_s, c_r)}{\theta} \right) = 0 \qquad (4-99)
$$

联立式（4-93）、式（4-98）可得 $w^{a^*}(c_s, c_r)$ 的表达式为：

$$
w = \left\{ \frac{1}{\theta} \frac{Y(c_r)}{y(c_r)} q(c_s, c_r) + \frac{1}{\theta} \pi_r^{\mu min} + \frac{Y(c_s)}{y(c_s)} q(c_s, c_r) + \pi_s^{\mu min} - \right.
$$

$$
(p_0 - v + g)s(q(c_s, c_r)) + (c-v)q(c_s, c_r) +
$$

$$
\left. g\mu - A(q(c_s, c_r)) + B(q(c_s, c_r)) \right\} \frac{\theta}{(\theta-1)q(c_s, c_r)} +
$$

$$
\frac{(p_0 - v + g_r)s(q(c_s, c_r)) - g_r\mu + A(q(c_s, c_r))}{q(c_s, c_r)} + v - c_r
$$

$$
(4-100)
$$

算例分析： 将相关参数设置为：$p_0 = 300$，$c_r = 50$，$c_s = 100$，$g_r = 10$，$g_s = 10$，$v = 80$，$\lambda = 20$，$a = 0.004$（具体字母含义见前文）。设市场需求服从 $X \sim N(100000, 100^2)$ 的正态分布，突发事件导致市场需求萎靡，此时的市场需求服从 $X \sim N(50000, 100^2)$ 的正态分布，考虑生产成本信息不对称、销售成本信息不对称时，供应商对零售商真实销售成本的预测分别在区间 [49，51]、[47，53] 上服从均匀分布，零售商对供应商真实生产成本的预测分别在区间 [98，102]、[96，104] 上服从均匀分布。

将上面的公式及具体数值代入 Mathematica 进行计算，结果如表 4-20

所示。

表4-20　　　　供应商不同风险厌恶水平与成本预测区间下相关参数比较

θ	成本预测区间	q	w	π_r	π_s	π_h
0.2	$C_s \sim U$ (96, 104) $C_r \sim U$ (47, 53)	40854	198	3527550	2728210	6255770
	$C_s \sim U$ (98, 102) $C_r \sim U$ (49, 51)	41104	201	3387780	2883530	6271310
0.5	$C_s \sim U$ (96, 104) $C_r \sim U$ (47, 53)	40833	189	3896410	2358030	6254440
	$C_s \sim U$ (98, 102) $C_r \sim U$ (49, 51)	41083	195	3635740	2634280	6270020
0.8	$C_s \sim U$ (96, 104) $C_r \sim U$ (47, 53)	40819	149	5529950	723604	6253550
	$C_s \sim U$ (98, 102) $C_r \sim U$ (49, 51)	41069	168	4745500	1523660	6269160

根据表4-20可得以下结论。

结论（1）：从表4-20可得，当风险厌恶因子为0.2时，生产成本和销售成本的预测区间由（96，104）、（47，53）变为（98，102）、（49，51），最优订货量由40854上升到41104、批发价从198上升到201、供应商期望收益由2728210上升到2883530、供应链期望收益由6255770上升到6271310，与之相对应的涨幅为6.1%、1.5%、5.7%、0.25%；零售商期望收益从3527550下降到3387780与之相对应的降幅为4.0%。当风险厌恶因子为0.5、0.8时均表现出一样的上升或下降规律，即当风险厌恶水平一定时，对真实生产成本和销售成本区间的预测越准确，其最优订货量、最优批发价、供应商期望收益及供应链期望收益均呈现出上升的趋势，而零售商期望收益呈现出下降的趋势。

结论（2）：从表4-20可得，当生产成本和销售成本的预测区间为（96，104）、（47，53）时，随着风险厌恶因子θ的增大（0.2→0.5→0.8），零售商期望收益在一定程度上得到增加，零售商期望收益的变化为3527550→3896410→5529950，涨幅为56.8%；而最优订货量、最优批发价、供应商期望收益及整个供应链系统的期望收益却随着风险厌恶因子θ的增加在一定程度上减小，最优订货量的变化为40854→40833→40819、最优批发价的变化为198→189→149、供应商期望收益的变化为2728210→2358030→723604、供应链期望收益的变化为 6255770→6254440→6253550，与之相对应的降幅为 0.09％、24.7％、73.5％、0.04％。当生产成本和销售成本的预测区间缩小 为（98，102）、（49，51）时，随着风险厌恶因子 θ 的增大（0.2→0.5→0.8），最优订货量、最优批发价、零售商期望收益、供应商期望收益、供应链期望收益也表现出相同的变化趋势。即随着风险厌恶因子 θ 的增加，不管生产成本和销售成本的预测区间是扩大还是缩小，整个供应链系统的最优订货量、最优批发价、零售商期望收益、供应商期望收益及供应链期望收益的变化趋势均一致，与生产成本和销售成本区间的预测精度无关。

4.5.3　本节结论

以市场价格随机为前提，在突发事件造成市场需求随机、供应链参与者风险厌恶及零售商和供应商之间双边信息不对称的背景下，以数量折扣契约为工具，建立参与者风险厌恶双边信息不对称的数量折扣契约模型，并以算例进行了分析验证，可得出如下结论。

结论（1）：在价格随机的条件下，考虑突发事件造成零售商风险厌恶、供应商和零售商之间双边信息不对称的情形。当风险厌恶因子一定时，零售商和供应商通过提高对生产成本和销售成本的预测精度，能有效提高订货量和整个供应链的期望收益，增加整个供应链系统绩效；同时可以发现在零售商和供应商均提高对成本预测精度的前提下，当零售商对生产成本的预测精度高于供应商对销售成本的预测精度时，零售商的期望收益是增加的，而供应商的期望收益和批发价却是降低的。这是由于零售商预测的精度更高，掌握了更多的关于供应商生产成本的信息。而零售商作为理性的经济人，必然会通过自身掌握的信息优势来降低批发价，从而提高自身的期望收益，相对于零售商而言供应商却是信息缺乏者，其期望收益必然受到损失。这要求在管理现实中，无论零售商还是供应商都应该在条件允许的情况下尽可能通过一切途径来提高对于生产成本和销售成本的预测精度，只有这样，才能提高自身的期望收益和整个供应链系统的期望收益。

结论（2）：在价格随机的前提下，考虑突发事件造成零售商风险厌恶、供应商和零售商之间双边信息不对称的情形。当零售商和供应商对销售成本和生产成本预测区间的精度一定时，零售商的风险厌恶因子 θ 越大，零售商和整个供应链的期望收益是减小的，而供应商的期望收益却是增加的。零售商的风险厌恶程度使自身的期望收益和整个供应链系统的期望收益受到损失。整个供应链系统的风险厌恶程度与零售商期望收益、供应链期望收益呈反向变动关系，与供应商期望收益呈正向变动关系。从整个供应链的角度来看，风险厌恶对于整个供应链系统的绩效是有害的。这要求在管理现实中，供应链参与者尽量不要产生风险厌恶的态度。

结论（3）：在价格随机的条件下，考虑突发事件造成供应商风险厌恶、零售商和供应商之间双边信息不对称的情形。当风险厌恶因子一定时，零售商和供应商通过提高对生产成本和销售成本的预测精度，能有效提高订货量和供应链期望收益，增加整个供应链系统的绩效；同时可以发现在零售商和供应商均提高对成本预测精度的前提下，当供应商对销售成本的预测精度高于零售商对生产成本的预测精度时，供应商的批发价和期望收益是增加的，而零售商的期望收益却是降低的。这是由于供应商预测的精度更高，掌握了更多的关于零售商销售成本的信息。而供应商作为理性的经济人，必然会通过自身掌握的信息优势来提高批发价，从而提高自身的期望收益，相对于供应商而言零售商却是信息缺乏者，其期望收益必然受到损失。这要求在管理现实中，无论零售商还是供应商都应该在条件允许的情况下尽可能地获取更多的成本信息，提高对于真实成本信息的预测精度。在同时提高预测精度的情况下，供应商预测的更准确就能获得更多的收益，零售商的决策者在做决策时应考虑到这点，消除这种由于信息量差带来的利润损失。

结论（4）：在价格随机的条件下，考虑突发事件造成供应商风险厌恶、供应商和零售商之间双边信息不对称的情形。当零售商和供应商对生产成本和销售成本预测区间的精度一定时，供应商的风险厌恶因子 θ 越大，零售商的期望收益是增加的，而供应商的期望收益和整个供应链系统的期望收益却是减少的，即整个供应链系统的风险厌恶程度与零售商期望收益呈反向变动关系，与供应商期望收益和整个供应链系统的期望收益呈正向变动关系。从整个供应链的角度来看，风险厌恶对于整个供应链系统的绩效是有害的。这要求在管理现实中，供应链参与者尽量不要产生风险厌恶的态度，保持平和的态度进行决策，这样才能增加整个供应链系统的绩效。

第 5 章

价格随机下期权折扣契约协调供应链

5.1　价格随机下看涨期权折扣契约

为了应对突发事件同时造成批发价、市场需求与市场价格随机波动，将期权契约与数量折扣契约相融合，研究新构建的期权数量折扣契约（以下简称期权折扣契约）是否还能协调二级供应链。零售商预测未来市场呈看涨趋势后，供应商预测未来呈看跌趋势，双方很容易达成协议，双方采取看涨期权折扣契约进行合作。在商品销售期开始时，供应商把产品按约定的初始订货量和执行期权购买量之和的数量售给零售商。零售商在销售季节前选择初始订货量和期权购买量，并在销售开始时获取不超过期权的调整初始采购量的机会。供应商在前期根据零售商提交的最优初始订货量和期权购买量，按照数量折扣契约运行的内在规则组织销售。

当引起市场价格随机波动的突发事件发生后，假设市场价格随供需关系变化而变化，即 $\mathrm{d}p = [p_0 + a(x - Q)]\mathrm{d}x$。在销售提前期，由供应商和零售商联合对市场需求 x 进行测算，按以前交易的历史经验数据，依据统计规律得到分布函数 $H(x)$ 和概率密度函数 $h(x)$。此时零售商预测到未来市场是看涨趋势，供应商的看法相反，为了应对市场波动所带来的风险，此时零售商从供应商处购买看涨期权（其中期权购买量为 m、单位期权价格为 w_0）。若市场需求大于 q，未来市场看涨，则批发价由 w 变为 w_1。此时零售商以看涨期

权约定的执行价格 w_{ec} 在区间 $[0, m]$ 灵活购买，购买的数量最多为 m 单位的商品（$w_1 > w_{ec} > w > w_0$），即零售商可以在 $[q, (q+m)]$ 的范围内从供应商处灵活取货。此时市场价格满足 $\mathrm{d}p = p_0 + a[x - (q+m)]\mathrm{d}x$ 的关系。

根据上述期权折扣契约的运行规则，得到零售商的期望利润函数为：

$$\pi_r^{co} = \int_0^q \{\{p_0 + a[x - (q+m)]\}x + \nu[q-x] - (c_r + w(q))q\}h(x)\mathrm{d}x +$$

$$\int_q^{(q+m)} \{\{p_0 + a[x - (q+m)]\}x - w_{ec}[x-q] - c_r x - w(q)q\}h(x)\mathrm{d}x +$$

$$\int_{(q+m)}^{\infty} \{\{p_0 + a[x - (q+m)]\}(q+m) - w_{ec}m - w(q)q - c_r(q+m) -$$

$$g_r[x - (q+m)]\}h(x)\mathrm{d}x - w_0 m \qquad (5-1)$$

式（5-1）等号右边第一个积分里的第一个式子表示销售额，第二个式子表示销售季节结束未销出商品的残值，第三个式子表示在这个区间内的转移支付，即零售商在这个区间付给供应商初次订货量的金额和销售成本之和。第二个积分里面的第一个式子表示销售额，第二个式子表示在这个区间购买期权的金额，第三个式子表示在这个区间内发生的销售费用，第四个式子表示转移支付。第三个积分中的第一个式子表示在这个区间发生的销售额，第二个式子表示零售商付给供应商的执行期权费用，第三个式子表示初次订货量的转移支付，第四个式子表示在这个区间的销售费用，第五个式子表示缺货损失。最后一个式子表示期权费用。

也可得供应商期望利润函数为：

$$\pi_s^{co} = \int_0^q \{w(q)q + \nu[(q+m) - q]\}h(x)\mathrm{d}x + \int_q^{(q+m)} \{w(q)q + \nu[(q+$$

$$m) - x] + w_{ec}[x-q]\}h(x)\mathrm{d}x + \int_{(q+m)}^{\infty} \{w(q)q + w_{ec}m - g_s[x -$$

$$(q+m)]\}h(x)\mathrm{d}x - c_s(q+m) + w_0 m \qquad (5-2)$$

式（5-2）等号右边第一个积分里的第一个式子表示供应商从零售商获得初次订货量的转移支付，第二个式子表示销售季节结束零售商未提走的商品残值。第二个积分里面的第一个式子表示供应商从零售商获得初次订货量的转移支付，第二个式子表示销售季节结束零售商未提走的商品残值，第三个式子表示执行期权后的收入。第三个积分中的第一个式子表示供应商从零售商处获得初次订货量的转移支付，第二个式子表示零售商付给供应商的执行期权费用，第三个式子表示缺货损失。最后两个式子分别表示生产成本和期权费用。

供应链的整体期望利润函数为：

$$\pi_h^{co} = \int_0^q \{\{p_0 + a[x-(q+m)]\}x + v[(q+m)-x] - c_rq\}h(x)\,\mathrm{d}x +$$

$$\int_q^{(q+m)} \{\{p_0 + a[x-(q+m)]\}x + v[(q+m)-x] - c_rx\}h(x)\,\mathrm{d}x +$$

$$\int_{(q+m)}^\infty \{\{p_0 + a[x-(q+m)]\}(q+m) - c_r(q+m) - g_h[x-(q+m)]\}h(x)\,\mathrm{d}x - c_s(q+m) \tag{5-3}$$

对上式 π_h^{col} 分别求 q 与 m 的一阶偏导和二阶偏导得：

$$\frac{\partial \pi_h^{col}}{\partial q} = \int_0^q -(ax-v+c_r)h(x)\,\mathrm{d}x + \int_q^{m+q}(-ax+v)h(x)\,\mathrm{d}x - \int_{m+q}^\infty (2am+2aq-ax+c_r-g_h-p_0)h(x)\,\mathrm{d}x - c_s \tag{5-4}$$

$$\frac{\partial^2 \pi_h^{col}}{\partial q^2} = -2a[1-H(m+q)] - c_rh(q) - (p_0+g_h-v-c_r)h(m+q) < 0 \tag{5-5}$$

$$\frac{\partial \pi_h^{col}}{\partial m} = -\int_0^q (ax-v+c_r)h(x)\,\mathrm{d}x + \int_q^{m+q}(-ax+v)h(x)\,\mathrm{d}x - \int_{m+q}^\infty (2am+2aq-ax+c_r-g_h-p_0)h(x)\,\mathrm{d}x - c_s \tag{5-6}$$

$$\frac{\partial^2 \pi_h^{col}}{\partial m^2} = -2a[1-H(m+q)] - c_rh(q) - (p_0+g_h-v-c_r)h(m+q) < 0 \tag{5-7}$$

$$\frac{\partial^2 \pi_h^{col}}{\partial q\partial m} = \frac{\partial^2 \pi_h^{col}}{\partial m\partial q} = -2a[1-H(q+m)] - (p_0+g-v-c_r)h(q+m) < 0 \tag{5-8}$$

根据式（5-5）、式（5-7）、式（5-8）可得海赛矩阵：

$$\nabla^2 \pi_h^{col} = \begin{vmatrix} \dfrac{\partial^2 \pi_h^{col}}{\partial q^1} & \dfrac{\partial^2 \pi_h^{col}}{\partial q\partial m} \\[2mm] \dfrac{\partial^2 \pi_h^{col}}{\partial m\partial q} & \dfrac{\partial^2 \pi_h^{col}}{\partial m^2} \end{vmatrix} \tag{5-9}$$

根据式（5－5）可知：

$$\frac{\partial^2 \pi_h^{co1}}{\partial q^2} < 0 \tag{5-10}$$

根据式（5－7）和式（5－8）可知式（5－9）得：

$$\begin{vmatrix} \dfrac{\partial^2 \pi_h^{co1}}{\partial q^2} & \dfrac{\partial^2 \pi_h^{co1}}{\partial q \partial m} \\[3mm] \dfrac{\partial^2 \pi_h^{co1}}{\partial m \partial q} & \dfrac{\partial^2 \pi_h^{co1}}{\partial m^2} \end{vmatrix} = 0 \tag{5-11}$$

根据式（5－10）和式（5－11），可知 $\nabla^2 \pi_h^{co2}$ 为半负定，可能存在最优解 q_1^*、m_1^* 使供应链期望收益达到最大值，q_1^*、m_1^* 分别是式（5－12）、式（5－13）两个超越方程的解：

$$\int_0^q -(ax - \nu + c_r)h(x)\,\mathrm{d}x + \int_q^{m+q} (-ax + \nu)h(x)\,\mathrm{d}x -$$

$$\int_{m+q}^{\infty} (2am + 2aq - ax + c_r - g_h - p_0)h(x)\,\mathrm{d}x - c_s = 0 \tag{5-12}$$

$$-\int_0^q (ax - \nu + c_r)h(x)\,\mathrm{d}x + \int_q^{m+q} (-ax + \nu)h(x)\,\mathrm{d}x -$$

$$\int_{m+q}^{\infty} (2am + 2aq - ax + c_r - g_h - p_0)h(x)\,\mathrm{d}x - c_s = 0 \tag{5-13}$$

此时 q_1^*、m_1^* 无法得到精确的解，只有当式（5－12）和式（5－13）中的各个外生变量具体赋值后，才可得到其具体的值，然后将 q_1^*、m_1^* 代入式（5－1）、式（5－2）、式（5－3）可分别得到零售商、供应商与供应链的最大收益。

5.2　价格随机下看跌期权折扣契约

当预测到未来商品的批发价会下跌，为了应对市场批发价的波动，零售商与供应商协商事先约定按看跌期权契约进行合作。此时供应链将按以下方式运行：在期初供应商与零售商共同制定看跌期权的执行价格 w_{ep}，零售商购

买期权后可以在 $[(1-\beta)(q-m),(1+\alpha)q]$ 灵活选择。当未来市场呈看跌趋势，市场批发价由 w 变为 $w_2(w>w_{ep}>w_2>w_0)$（限于篇幅，本书只考虑这种情况，$w>w_2>w_{ep}$ 的情况本书不讨论），单位期权购买价格为 w_0。按照看跌期权折扣契约事先的约定，当市场看跌时，供应商必须以看跌期权执行价与实际市场批发价的差价，即 $w_{ep}-w_2$ 给零售商作为补贴。期权执行量根据实际市场需求在 $[0,(1-\beta)m]$ 灵活选择。

根据上述供应链运作规则得到零售商期望利润函数为：

$$
\begin{aligned}
\pi_z^{po} = & \int_0^{(q-m)} \{[p_0 + a(x-q)]x + v[(q-m)-x] - \\
& (c_r + w(q))(q-m)\}h(x)\mathrm{d}x + \int_{(q-m)}^q \{\{p_0 + a[x-q]\}x + \\
& (w_{ep}-w_2)x - (c_r + w(q))x\}h(x)\mathrm{d}x + \int_q^\infty \{\{p_0 + a(x - \\
& q)\}q - w(q)q - c_r q - g_z(x-q)\}h(x)\mathrm{d}x - w_0 m \qquad (5-14)
\end{aligned}
$$

得到供应商期望利润函数为：

$$
\begin{aligned}
\pi_s^{po} = & \int_0^{(q-m)} \{w(q)(q-m) + v[(1+\alpha)q-(q-m)]\}h(x)\mathrm{d}x - \\
& \int_{(q-m)}^{(1-\beta)q} (w_{ep}-w_2)xh(x)\mathrm{d}x + \int_q^{(1+\alpha)q} w(q)xh(x)\mathrm{d}x + \\
& \int_q^\infty \{w(q)q - g_s(x-q)\}h(x)\mathrm{d}x - c_s q + w_0 m \qquad (5-15)
\end{aligned}
$$

得到供应链整体期望利润函数为：

$$
\begin{aligned}
\pi_h^{po} = & \int_0^{(q-m)} \{[p_0 + a(x-q)]x + v(q-x) - c_r(q-m)\}h(x)\mathrm{d}x + \\
& \int_{(q-m)}^q \{[p_0 + a(x-q)]x + v(q-x) - c_r x\}h(x)\mathrm{d}x + \\
& \int_q^\infty \{[p_0 + a(x-q)]q - c_r q - g_h(x-q)\}h(x)\mathrm{d}x - c_s q \qquad (5-16)
\end{aligned}
$$

对上式 π_h^{up} 分别求 q 与 m 的一阶偏导和二阶偏导得：

$$
\begin{aligned}
\frac{\partial \pi_h^{op}}{\partial q} = & [v - p_0 - g + c_m + 2a(1+\alpha)q](1+\alpha)H[(1+\alpha)q] - \\
& c_m(1-\beta)H[(1-\beta)(q-m)] + (p_0 - c + g)(1+\alpha) +
\end{aligned}
$$

$$a(1+\alpha)\left[\int_{(1+\alpha)q}^{\infty} xh(x)\,dx - \int_0^{(1+\alpha)q} xh(x)\,dx\right] - 2a(1+\alpha)^2 q$$

$$(5-17)$$

$$\frac{\partial^2 \pi_h^{op}}{\partial q^2} = -(p_0 + g_h - \nu - c_r)h(q) - c_r h(q-m) - 2a[1-H(q)] < 0$$

$$(5-18)$$

$$\frac{\partial \pi_h^{op}}{\partial m} = c_r H(q-m) \qquad (5-19)$$

$$\frac{\partial^2 \pi_h^{op}}{\partial m^2} = -c_r h(q-m) < 0 \qquad (5-20)$$

$$\frac{\partial^2 \pi_h^{op}}{\partial q \partial m} = \frac{\partial^2 \pi_h^{op}}{\partial m \partial q} = c_r h(q-m) > 0 \qquad (5-21)$$

根据式（5-18）、式（5-20）和式（5-21）可得海赛矩阵：

$$\nabla^2 \pi_h^{op} = \begin{vmatrix} \dfrac{\partial^2 \pi_h^{op}}{\partial q^2} & \dfrac{\partial^2 \pi_h^{op}}{\partial q \partial m} \\[3mm] \dfrac{\partial^2 \pi_h^{op}}{\partial m \partial q} & \dfrac{\partial^2 \pi_h^{op}}{\partial m^2} \end{vmatrix} \qquad (5-22)$$

由式（5-18）可知：

$$\frac{\partial^2 \pi_h^{op}}{\partial q^2} < 0 \qquad (5-23)$$

$$\begin{vmatrix} \dfrac{\partial^2 \pi_h^{op}}{\partial q^2} & \dfrac{\partial^2 \pi_h^{op}}{\partial q \partial m} \\[3mm] \dfrac{\partial^2 \pi_h^{op}}{\partial m \partial q} & \dfrac{\partial^2 \pi_h^{op}}{\partial m^2} \end{vmatrix} = c_r h(q-m)\{(p_0 + g_h - \nu - c_z)h(q) + 2a[1-H(q)]\} > 0$$

$$（且 q \neq m, \beta \neq 1） \qquad (5-24)$$

由式（5-21）、式（5-22）可知 $\nabla^2 \pi_h^{up}$ 为负定，存在唯一的最优解 q_2^*、m_2^* 使供应链上的利润达到最大，q_2^*、m_2^* 分别是下述超越方程的解：

$$[\nu - p_0 - g_h + c_r + 2aq]H(q) - c_r H(q-m) + (p_0 - c + g_h) +$$

$$a\left[\int_q^{\infty} xh(x)\,dx - \int_0^q xh(x)\,dx\right] - 2aq = 0 \qquad (5-25)$$

$$c_z H(q-m) = 0 \qquad (5-26)$$

同理，q_2^*、m_2^* 无法得到精确的解，只有当式（5-25）和式（5-26）中的各个外生变量具体赋值后，才可得到其具体的值，然后再将 q_2^*、m_2^* 代入式（5-14）、式（5-15）和式（5-16）可以得到零售商、供应链与供应链的最大利润。

5.3　价格随机下双向期权折扣契约

突发事件造成市场价格和批发价随机波动，价格随机波动的方向往往难以预测，人们对价格变化方向的错误预测将会对供应链收益造成巨大的损失。此时一般可用双向期权来平衡波动的批发价。零售商和供应商共同协商制定双向期权折扣契约，共同应对市场价格和市场需求波动带来的风险。

在上述数量折扣契约的基础上，双向期权将看涨期权与看跌期权结合。在看涨期权中假设当且仅当市场需求大于最大订货量，即大于 q 时市场呈看涨趋势，此时零售商从供应商处购买看涨期权（其中期权购买量为 m、单位期权价格为 w_0）。若市场需求大于 q 时，未来市场看涨，则批发价由 w 涨为 w_1。此时零售商以看涨期权约定的执行价格 w_{ec} 在区间 $[0, m]$ 灵活购买数量最多为 m 的商品（此时 $w_1 > w_{ec} > w > w_0$），即零售商可以在 $[q, q+m]$ 的范围内从供应商处灵活订货。此时市场价格满足 $\mathrm{d}p = [p_0 + a(x - (q+m))]\mathrm{d}x$。而在零售商如果认为未来市场价格要下跌，未来市场需求可能低于最小订货量 q 时，市场将呈看跌趋势。同样为了应对市场批发价的波动，零售商与供应商协商达成看跌期权契约。此时，价格仍遵循 $\mathrm{d}p = [p_0 + a(x - q)]\mathrm{d}x$ 变化。供应商与零售商在期初共同制定看跌期权的执行价格 w_{ep}，零售商购买期权后可以在 $[q-m, q]$ 灵活选择。当未来市场呈看跌趋势，市场批发价变为 w_2（此时 $w > w_{ep} > w_2 > w_0$），单位期权购买价格为 w_0。采用看跌期权折扣契约时，约定供应商必须以看跌期权执行价与实际市场批发价的差价，即 $w_{ep} - w_2$ 给零售商作为补贴。执行量根据实际市场需求在 $[0, m]$ 灵活选择。

在双向期权模式下供应链的最大提货量和最小提货量分别为 $q+m$ 和 $q-m$，即零售商可在区间范围为 $[(q-m), (q+m)]$ 灵活选择。此时双向期权的单位期权价格 w_0^1 大于单向期权时的价格 w_0。供应链按上述看涨期权折扣契约与看跌期权折扣契约结合运行。

根据供应链运行模式得到零售商期望利润函数为：

$$\pi_z^{od} = \int_0^{(q-m)} \{\{p_0 + a[x - (q+m)]\}x + \nu[(q-m) - x] - $$

$$[c_r + w(q)](q-m)\}h(x)\mathrm{d}x + \int_{(q-m)}^{q} \{\{p_0 + a[x - (q+m)]\}x + $$

$$(w_{ep} - w_2)x - c_r x\}h(x)\mathrm{d}x + \int_q^{(q+m)} \{\{p_0 + a[x - (q+m)]\}x - $$

$$w_{ec}(x-q) - c_r x - w(q)q\}h(x)\mathrm{d}x + \int_{(q+m)}^{\infty} \{\{p_0 + a[x - (q+m)]\} $$

$$(q+m) - w_{ec}m - w(q)q - c_r(q+m) - g_r[x - (q+m)]\}h(x)\mathrm{d}x - 2w_0 m$$

$$(5-27)$$

供应商期望利润函数为：

$$\pi_s^{od} = \int_0^{(q-m)} \{w(q)(q-m) + \nu[(q+m) - (q-m)]\}h(x)\mathrm{d}x - $$

$$\int_{(q-m)}^{q} (w_{ep} - w_2)x + \nu[(q+m) - x]\}h(x)\mathrm{d}x + $$

$$\int_q^{(q+m)} \{w(1+\alpha)q + \nu[(q+m) - x] + w_{ec}[x - q]\}h(x)\mathrm{d}x + $$

$$\int_{(q+m)}^{\infty} \{w(q)q + w_{ec}m - g_s[x - (q+m)]\}h(x)\mathrm{d}x - $$

$$c_s(q+m) + 2w_0 m \qquad (5-28)$$

供应链整体期望利润函数为：

$$\pi_h^{od} = \int_0^{(q-m)} \{\{p_0 + a[x - (q+m)]\}x + v[(q+m) - x] - $$

$$c_r(q-m)\}h(x)\mathrm{d}x + \int_{(q-m)}^{(q+m)} \{\{p_0 + a[x - (q+m)]\}x - $$

$$c_r x + v[(q+m) - x]\}h(x)\mathrm{d}x + \int_{(q+m)}^{\infty} \{\{p_0 + a[x - (q+m)]\}x - $$

$$m)]\}(q+m) - c(q+m) - g_h[x - (q+m)]\}h(x)\mathrm{d}x \qquad (5-29)$$

对上式 π_h^d 分别求 q 与 m 的一阶偏导和二阶偏导得：

$$\frac{\partial \pi_h^d}{\partial q} = [\nu - p_0 - g_h + c_r + 2a(q+m)]H(q+m) - c_r H(q-m) + $$

$$(p_0 - c + g_h) - 2a(q + m) + a\left[\int_{(q+m)}^{\infty} xh(x)\mathrm{d}x - \int_0^{(q+m)} xh(x)\mathrm{d}x\right]$$

$$(5-30)$$

$$\frac{\partial^2 \pi_h^{\mathrm{d}}}{\partial q^2} = (\nu - p_0 - g_h + c_r)h(q + m) - c_r h(q) - 2a[1 - H(q + m)] < 0$$

$$(5-31)$$

$$\frac{\partial \pi_h^{\mathrm{d}}}{\partial m} = [\nu - p_0 - g_h + c_m + 2a(q + m)]F[(q + m)] + c_m F[(q - m)] +$$

$$(p_0 - c_h + g_h) - 2a(q + m) + a\left[\int_{(q+m)}^{\infty} xf(x)\mathrm{d}x - \int_0^{(q+m)} xf(x)\mathrm{d}x\right]$$

$$(5-32)$$

$$\frac{\partial^2 \pi_h^{\mathrm{d}}}{\partial m^2} = (\nu - p_0 - g_h + c_z)h(q + m) - 2a[1 - F(q + m)] < 0 \quad (5-33)$$

由此可见上述二阶导 $\dfrac{\partial^2 \pi_h^{\mathrm{d}}}{\partial q^2}$、$\dfrac{\partial^2 \pi_h^{\mathrm{d}}}{\partial m^2}$ 为小于 0 的凹函数，存在唯一的最优解 q_3^*、m_3^*，且 q_3^*、m_3^* 分别是式（6-34）和式（6-35）的解：

$$[\nu - p_0 - g_h + c_m + 2a(q + m)]F(q + m) + c_m F(q - m) +$$

$$(p_0 - c_h + g_h) - 2a(q + m)a\left[\int_{(q+m)}^{\infty} xf(x)\mathrm{d}x - \right.$$

$$\left. \int_0^{(q+m)} xf(x)\mathrm{d}x\right] = 0 \qquad (5-34)$$

$$[\nu - p_0 - g_h + c_m + 2a(q + m)]F(q + m) - c_m F(q - m) +$$

$$(p_0 - c_h + g_h) - 2a(q + m) + a\left[\int_{(q+m)}^{\infty} xf(x)\mathrm{d}x - \right.$$

$$\left. \int_0^{(q+m)} xf(x)\mathrm{d}x\right] = 0 \qquad (5-35)$$

再将 q_3^*、m_3^* 代入式（5-27）、式（5-28）和式（5-29）得到供应链上各成员的最大利润。

算例分析：假设某种应急物资，市场稳定状态下单位市场零售价 $p_0 = 120$ 元，边际销售成本 $c_s = 50$ 元，市场批发价 $w = 70$ 元，零售商单位销售成本 $c_r = 30$ 元，单位产品残值 $v = 20$ 元，供、售双方的缺货单位成本分别为 $g_s = 2$ 元与 $g_r = 3$ 元，市场规模系数 $a = 0.004$。当市场呈看跌趋势时实际批发价为

$w_1 = 55$ 元，看跌期权执行价格 $w_{ep} = 65$ 元；当市场呈看涨趋势时 $w_2 = 85$ 元，看涨期权执行价格 $w_{ec} = 75$ 元，单位期权费用 $w_0 = 5$ 元。假设现实情况下出现以下几种情形：

（1）在无突发事发事件下，价格稳定时，市场需求服从 $X \sim N(10000, 300^2)$ 的正态分布；

（2）突发事件发生后造成价格随机，同时市场需求增加，市场需求为 $X \sim N(20000, 300^2)$ 的正态分布；

（3）突发事件发生后，价格随机且市场需求降低，市场需求为 $X \sim N(8000, 300^2)$ 的正态分布（见表 5 - 1）。

表 5 - 1　　　　　　　　不同期权模式下供应链协调对比

类型	状态	最佳订货量（个）	最佳期权购买量（个）	制造商期望收益（元）	供应商期望收益（元）	供应链期望收益（元）	能否协调
无突发事件	需求不变	7750		146570	244737	391307	能
价格随机数量弹性契约	需求增大	11057		519472	307841	827312	能
	需求减小	4579		87388	59881	147269	
价格随机看涨期权弹性契约	需求增大	11260	760	729678	434651	1164329	能
价格随机看跌期权弹性契约	需求减小	4496	4496	175866	103768	279634	能
价格随机双向期权弹性契约	需求增大	17219	3270	223832	253354	477186	能
	需求减小	14800	1203	203155	262877	466032	

数据分析：

（1）从表 5 - 1 中可以看出，在价格随机条件下，当市场行情看涨时，且未来市场行情确实涨了，整个市场最优提货量从 11057 个单位增加到（11260 + 760）个单位，整个系统增加了 8.71% 的提货量。制造商的期望收益增加了 40.47%，供应商的期望收益增加了 41.19%，整个供应链的期望收益增加了 40.74%；当市场行情看跌时，且未来市场行情确实跌了，整个市场最优提货量从4579个单位增加到（4496＋4496）个单位，整个系统增加了96.37%的提货量。制造商的期望收益增加了101.25%，供应商的期望收益增加了73.29%，整个供应链的期望收益增加了89.88%；从结果来看，不管是看涨还是看跌，只要未来趋势看准了，采用期权折扣契约比仅采用单纯数量折扣契约协调供应链的效果更好。如果没有看准上涨趋势，制造商将损失3800（760×5）元期权费用；如果没看准下跌趋势，将损失22480（4496×5）元，这说明若没有看准下跌趋势，给整个供应链带来的损失更大。

（2）从表5-1还可以看出，采用双向期权，当市场行情看涨时，整个供应链系统及其链上成员的期望收益比仅采用看涨期权时的低，但比仅采用看跌期权时的要高。

（3）从表5-1还可以看出，采用双向期权时，整个供应链期望收益不管是行情市场需求增大还是市场行情缩小，两种情况下的收益没有仅采用看涨期权或看跌期权下的变化幅度大。但市场需求增加时，制造商期望收益大于市场需求缩小时的情况；相反，供应商的期望收益大于市场需求缩小时的情况。

5.4　本章结论

本节以最简单的二级供应链为对象，针对市场价格随机和市场批发价都发生波动的情况，分别对采用看涨、看跌期权和双向期权模式三种情况下的供应链协调问题展开了理论研究，具体结论如下。

（1）当突发事件造成批发价上涨，同时导致市场需求扩大，且零售商看准了这一趋势，供应链上的节点企业采用看涨期权折扣契约进行合作，不仅可提高整个供应链的收益，而且可提高每个节点企业的收益。当突发事件可能造成批发价下跌，市场需求缩小，且零售商看准了这一趋势，供应链上的节点企业采用看涨跌期权折扣契约进行合作，不仅可提高整个供应链的收益，而且也可提高每个节点企业的收益。这一结论可以给我们管理实践带来以下几点启示。

管理启示1：不管是看涨还是看跌，只要看准了价格涨跌和市场需求扩缩的趋势，供应链上的节点企业采用相应的期权折扣契约进行合作，不仅可提高整个系统的收益，各个节点企业的个体收益也会增加，能实现共赢的局面。

管理启示 2：在突发事件造成市场价格随机、批发价变化和市场需求随机时，采用期权折扣契约比采用数量折扣契约的收益要大。也就是说，应对这种复杂局面，期权折扣契约是一种较好的供应链契约。

管理启示 3：不管是看涨期权折扣契约还是看跌期权折扣契约，如果看准了趋势，就能获利；如果没有看准趋势，就会造成损失，所以采用这种契约对管理者的水平要求较高。

（2）当突发事件造成批发价格波动且当批发价上涨时，采用基准数量折扣契约模式比双向模式下的期权折扣契约协调供应链的效果更好。说明批发价格上涨时，采用双向期权模式可以协调供应链并可以提高供应链整体的收益，但零售商将承担额外的期权购买费用，使供应链整体的利润比没有基准的数量折扣契约模式下的利润高；当突发事件造成批发价格下降时，采用双向期权模式协调供应链比数量折扣契约更优，说明批发价格下降时，零售商可以根据实际市场需求，在稳定批发价的基础上灵活执行期权获得差价补偿，可以提高整体收益，这一点是传统的数量折扣契约所不及的。采用双向期权，整个供应链的收益没有采用看涨期权折扣契约与看跌期权折扣契约变化幅度大。

管理启示：如果零售商是风险厌恶者，或说是稳健的决策者，采用双向期权折扣契约比采取其他两种决策更好，这种决策下的期望收益更稳定。

（3）不管突发事件造成批发价格上涨还是下降，双向期权模式下均可以提高供应链的最佳订货量，说明期权折扣契约除了有稳定批发价的作用外，在数量折扣契约的基础上进一步增加了整个供应链的折扣，即增加了最大销售量和最小订货量上下浮动的比例。说明无论市场需求和批发价如何变化，选取双向期权折扣契约模式能够稳定波动的批发价格，并能很好地增加供应链整体的折扣，降低因市场价格和批发价的波动引起的风险。

以上表明在面对批发价波动时，通过期权可稳定批发价格；而在面对市场需求波动时可通过购买期权进行追加订货和差价补偿的方式增加整体供应链的折扣。

本节研究的是在信息完全对称的情况下，以批发价和市场价格都随机变化，参与者风险偏好为中性作为前提假设，采用看涨期权折扣契约、看跌期权折扣契约和双向期权折扣契约来应对突发事件造成批发价、市场价格和市场需求同时随机变化的情况。在信息不对称、参与者风险厌恶情况下是否还能协调，将是下一步进行探讨的内容。

第6章

价格随机下信息不对称的
期权折扣契约

当前，供应链所跨越范围越来越广，供应链管理也越来越科学。随着外部环境越加复杂，供应链节点上的企业也越难预测市场，协调的供应链往往失调，不管是遇到天灾还是人祸，传统的供应链在应对突发事件上是非常脆弱的。在信息不对称时，拥有成本信息的一方，为了能获得更多的收益，一般会选择谎报成本，这样就会损害另一方的利益，使供应链不协调。国内外学者也都在研究怎么才能更好地优化供应链，更科学地管理供应链，使零售商与供应商都能实现更大的收益。从当前研究来看，许多学者利用各种契约来协调供应链，也有学者将几种契约组合成一个新的契约来协调供应链，使供应链优化的效果更好，整体效益更优。而数量折扣契约是供应链契约中比较常见的一种，常常用于生产提前期市场需求波动较大的短周期的易逝产品的供应链中。郭琼、杨德礼等首次运用期权契约对供应链进行协调，发现在期权机制下的供应链节点上的企业的收益优于基准的报童模型下的供应链节点上的企业的收益，将期权契约利用在供应链协调中，应对批发价波动给供需双方带来的不确定性风险，减少批发价上涨时给下游企业带来损失、下跌给上游企业带来损失。因此，将期权契约与数量折扣契约结合在一起，对价格随机、信息不对称的供应链是否能更好地协调供应链，对于供应链上的各个节点企业来说都是有利的，这是一个很有意义尝试。

传统的数量折扣契约可以解决供应链在市场需求随机和价格随机的问题，

但却没有解决市场批发价波动对供应链的协调的影响。所以需要利用新的契约来稳定批发价，而期权契约可以用来规避批发价带来的风险，也可以提升资金的利用效率，使买卖双方都可以都得到益处。当批发价上涨，零售商以约定的期权执行价在期权购买量的范围内灵活订货；批发价下跌时，供应商则以期权执行价和市场批发价的差价补偿零售商。在生活中，不管信息化怎么发展，只要人是理性人，都会想自己获得更多的利益。通常情况下，供应链上的各个节点会将自己拥有的信息优势转换成经济优势，而造成整条供应链的不协调。所以利用期权契约和数量折扣契约在信息不对称下对供应链进行协调是一个不错的选择。

在信息不对称时，零售商和供应商无法预测市场需求量在突发事件发生后是增加还是减少，两者共同协商期权购买量和数量折扣订货量，在分析三种期权数量折扣契约后，得出最优选择，给供应商和零售商提供最佳的订货策略方式，使其获得更多收益，让供应链管理更优化。

假设制造和供应商均为理性的"经济人"，零售商和供应商的成本信息是不对称的，在本小节假设生产信息也不对称，零售商就是市场主导者，可以预测供应成本范围。而销售信息不对称时，供应商就是市场主导者，可以预测销售成本范围。除了信息不对称，价格和订货量受到突发事件的影响，除了突发事件对供应链的协调有影响，供应链上各个节点的成员往往会利用自己的信息优势，谎报供应成本，以谋求自己能在供应链中获得更大利益。零售商与供应商在预测未来市场时，双方对市场需求量有看涨的市场趋势，也可以有看跌的市场趋势，还可以有既看涨又看跌的市场趋势，来共同协商看涨期权、看跌期权和混合期权的执行价格，以此来应对供应链上各个节点想维护自身的利益可能会谎报成本，对批发价、期权数量和订货数造成影响，造成供应链不协调。

6.1　价格随机下信息不对称的看涨期权折扣契约

在生产期开始时，供应商和零售商都把未来市场需求量看成上涨趋势，共同协商好看涨期权数量折扣契约下的最初订货量和执行期权购买量。供应商根据协商知道最初的订货量与执行期权购买量，按照约定，采用期权折扣契约进行生产；零售商在生产开始时获取不超过期权的调整初始采购量的机会。

突发事件发生后，产品的市场价格随着突发事件的发生而产生变化，此时市场需求量比没有发生时的高，假设市场价格随着供求双方订货量变化而变化。在生产前，供应商和零售商共同对市场需求 x 进行预测，市场需求量 x 服从正态分布，其中分布函数为 $H(x)$、密度函数为 $h(x)$，根据数量折扣契约，在预测未来市场批发价时，零售商和供应商对未来批发价的走势看法是相反的，零售商认为将来的批发价呈上涨趋势，而供应并不这样认为，这样他们就很容易达成期权折扣契约的约定。当市场需求量大于 q，双方根据期权数量折扣契约协商执行期权购买量，假设期权购买量为 m，单位期权价格为 w_0，批发价由 w 变成 w_1，此时零售商以看涨期权约定的执行价格 w_{ec} 在区间 $[0, m]$ 范围再灵活购买，购买的数量最多为 m 单位的商品（$w_1 > w_{ec} > w_0$），此时零售商可以在 $[q, (q+m)]$ 范围从供应商那里追加提货。这时市场价格满足 $\mathrm{d}p = p_0 + a[x - (q+m)]\mathrm{d}x$。

6.1.1 价格随机下供应成本信息不对称的看涨期权折扣契约

在供应成本信息不对称时，假设零售商与供应商双方构成 Stackelberg 博弈，其中供应商是市场的主导者，而零售商为跟随者。此时，零售商可以根据市场需求情况对供应商的供应成本进行预测，假设供应成本 c_s 在 $[c_{s1}, c_{s2}]$ 区间上，且服从均匀分布。分布函数和密度函数分别为 $Y(c_s)$，$y(c_s)$，其均值是 $\int_{c_{s1}}^{c_{s2}} c_s f(c_s) \mathrm{d}c_s$，且 $\dfrac{Y(c_s)}{y(c_s)}$ 是随着 c_s 的增大而增大。供应商拥有私人成本信息，作为理性人假设，他会选择谎报成本 $\tilde{c}_s$，这样在与零售商合作中可以获得更大收益。供应商谎报供应成本时，由真实成本时的批发价 $w(c_s)$ 变成 $w(\tilde{c}_s)$，订货量由真实成本时的 $q(c_s)$ 变成 $q(\tilde{c}_s)$。供应成本不对称信息下采用看涨期权数量折扣契约应对突发事件造成市场需求、市场价格变化的供应链不协调问题。

在生产信息不对称的条件下，供应商报出虚假成本时，根据看涨期权数量折扣契约运作的规则，得到零售商的期望收益为：

$$\pi_r^{uco}(c_s) = \int_{c_{s1}}^{c_{s2}} \int_0^{q(c_s)} \{\{p_0 + a[x - (q(c_s) + m(c_s))]\}x + v[q(c_s) - x] -$$

$$(c_r + w(q(c_s))q(c_s)\}h(x)\mathrm{d}x + \int_{q(c_s)}^{(q(c_s)+m(c_s))} \{\{p_0 + a[x -$$

$$(q(c_s) + m(c_s))]\}x - w_{ec}[x - q(c_s)] - c_r x - w(q(c_s))q(c_s)\}$$

$$h(x)\mathrm{d}x + \int_{(q(c_s)+m(c_s))}^\infty \{\{p_0 + a[x - (q(c_s) + m(c_s))]\}(q(c_s) +$$

$$m(c_s)) - w_{ec}m(c_s) - c_r(q(c_s) + m(c_s)) - w(q(c_s))q(c_s) -$$

$$g_r[x - (q(c_s) + m(c_s))]\}h(x)\mathrm{d}xy(c_s)\mathrm{d}c_s - w_0 m(c_s)$$

$$(6-1)$$

供应商报出真实成本时零售商的期望收益为：

$$\pi_r^u(c_s) = \int_0^{(q(c_s))} \{\{p_0 + a[x - (q(c_s) + m(c_s))]\}x + v[q(c_s) - x] -$$

$$(c_r + w(q(c_s))q(c_s)\}h(x)\mathrm{d}x + \int_{q(c_s)}^{(q(c_s)+m(c_s))} \{\{p_0 + a[x -$$

$$(q(c_s) + m(c_s))]\}x - w_{ec}[x - q(c_s)] - c_r x -$$

$$w(q(c_s))q(c_s)\}h(x)\mathrm{d}x + \int_{(q(c_s)+m(c_s))}^\infty \{\{p_0 + a[x -$$

$$(q(c_s) + m(c_s))]\}(q(c_s) + m(c_s)) - w_{ec}m(c_s) -$$

$$c_r(q(c_s) + m(c_s)) - w(q(c_s))q(c_s) - g_r[x -$$

$$(q(c_s) + m(c_s))]\}h(x)\mathrm{d}x - w_0 m(c_s) \qquad (6-2)$$

供应商报出虚假成本时供应商的期望收益为：

$$\pi_s^{uco}(\tilde{c}_s) = \int_0^{q(\tilde{c}_s)} [w(q(\tilde{c}_s))x + vm(\tilde{c}_s)]h(x)\mathrm{d}x +$$

$$\int_{q(\tilde{c}_s)}^{(q(\tilde{c}_s)+m(\tilde{c}_s))} \{w(q(\tilde{c}_s))q(\tilde{c}_s) + v[(q(\tilde{c}_s) + m(\tilde{c}_s)) - x] +$$

$$w_{ec}[x - q(\tilde{c}_s)]\}h(x)\mathrm{d}x + \int_{(q(\tilde{c}_s)+m(\tilde{c}_s))}^\infty \{w(q(\tilde{c}_s))q(\tilde{c}_s) +$$

$$w_{ec}m(\tilde{c}_s) - g_s[x - (q(\tilde{c}_s) + m(\tilde{c}_s))]\}h(x)\mathrm{d}x - c_s q(\tilde{c}_s) +$$

$$m(\tilde{c}_s) + w_0 m(\tilde{c}_s) \qquad (6-3)$$

供应商报出真实成本时供应商的期望收益为：

$$\pi_s^{uco}(c_s) = \pi_s^u(c_s) = \int_0^{q(c_s)} \{w(q(c_s))q(c_s) + \nu m(c_s)\}h(x)\mathrm{d}x +$$

$$\int_{q(c_s)}^{(q(c_s)+m(c_s))} \{w(q(c_s))q(c_s) + \nu[(q(c_s) + m(c_s)) - x] +$$

$$w_{ec}[x - q(c_s)]\}h(x)\mathrm{d}x + \int_{(q(c_s)+m(c_s))}^{\infty} \{w(q(c_s))q(c_s) +$$

$$w_{ec}m(c_s) - g_s[x - (q(c_s) + m(c_s))]\}h(x)\mathrm{d}x - c_s(q(c_s) +$$

$$m(c_s)) + w_0 m(c_s) \tag{6-4}$$

供应链在真实成本时的期望收益为：

$$\pi_h^{uco}(c_s) = \int_0^{q(c_s)} \Big\{ \{p_0 + a[x - (q(c_s) + m(c_s))]\}x + \nu[(q(c_s) +$$

$$m(c_s)) - x] - c_r q(c_s) \Big\}h(x)\mathrm{d}x + \int_{q(c_s)}^{(q(c_s)+m(c_s))} \Big\{ \{p_0 +$$

$$a[x - (q(c_s) + m(c_s))]\}x + \nu[(q(c_s) + m(c_s)) -$$

$$x] - c_r x \Big\}h(x)\mathrm{d}x + \int_{(q(c_s)+m(c_s))}^{\infty} \Big\{ \{p_0 + a[x - (q(c_s) +$$

$$m(c_s))]\}(q(c_s) + m(c_s)) - g_h[x - (q(c_s) + m(c_s))] -$$

$$c_r(q(c_s) + m(c_s)) \Big\}h(x)\mathrm{d}x - c_s(q(c_s) + m(c_s)) \tag{6-5}$$

零售商作为市场的主导者，需要重新调整批发价与订货量，减少因为突发事件发生后供应商谎报供应成本，减少信息不对称时造成的经济损失，使供应链整体收益能得到优化。零售商可以采用 Myerson 显示机理理论设置参与约束与激励约束，使供应商报出真实的供应成本获得的收益高于谎报成本时获得的收益，但又不能低于信息对称下期望收益，如果低于信息对称下的期望收益，那么供应商会拒绝与零售商的合作。

采用期权看涨数量折扣契约时零售商的优化模型为：

$$\max_w \pi_r^{uco}(c_s) = \int_{c_{s1}}^{c_{s2}} \Big\{ \int_0^{(q(c_s))} \{\{p_0 + a[x - (q(c_s) + m(c_s))]\}x + \nu[q(c_s) -$$

$$x] - (c_r + w(q(c_s))q(c_s)\}h(x)\mathrm{d}x + \int_{q(c_s)}^{(q(c_s)+m(c_s))} \{\{p_0 +$$

$$a[x - (q(c_s) + m(c_s))]\}x - w_{ec}[x - q(c_s)] - c_r x -$$

$$w(q(c_s))q(c_s)\}h(x)\mathrm{d}x + \int_{(q(c_s)+m(c_s))}^{\infty} \{\{p_0 + a[x -$$

$$(q(c_s) + m(c_s))]\}(q(c_s) + m(c_s)) - w_{ec}m(c_s) -$$

$$c_r(q(c_s) + m(c_s)) - w(q(c_s))q(c_s) - g_r[x - $$

$$(q(c_s) + m(c_s))]\}h(x)dx\Big\}y(c_s)dc_s - w_0m(c_s) \quad (6-6)$$

参与约束：s. t. $(IR)\ \pi_s^{uco}(c_s) \geqslant \pi_s^{uco}(c_s)^{min}$

激励约束：$(IC)\ \pi_s^{uco}(c_s) \geqslant \pi_s^{uco}(\tilde{c}_s)$

对 $\pi_s^{uco}(\tilde{c}_s, c_s)$ 求关于 $\tilde{c}_s$ 的导数，并令其值等于零，此时只有当 $\tilde{c}_s$ 等于 c_s 时，才能使供应商的收益是最大的，即供应商报出真实成本才能获得最大利润。

$$\frac{\partial \pi_s^{uco}(\tilde{c}_s)}{\partial \tilde{c}_s}\bigg|_{(\tilde{c}_s = c_s)} = \int_0^{q(\tilde{c}_s)}\left[\frac{\partial w(q(\tilde{c}_s))}{\partial q(\tilde{c}_s)}\frac{\partial q(\tilde{c}_s)}{\partial \tilde{c}_s}x + \nu\left(\frac{\partial m(\tilde{c}_s)}{\partial \tilde{c}_s}\right)\right]h(x)dx +$$

$$\int_{q(\tilde{c}_s)}^{(q(\tilde{c}_s)+m(\tilde{c}_s))}\left[\frac{\partial w(q(\tilde{c}_s))}{\partial q(\tilde{c}_s)}\frac{\partial q(\tilde{c}_s)}{\partial \tilde{c}_s}q(\tilde{c}_s) + \right.$$

$$w(q(\tilde{c}_s))\frac{\partial q(\tilde{c}_s)}{\partial \tilde{c}_s} + \nu\left(\frac{\partial q(\tilde{c}_s)}{\partial \tilde{c}_s} + \frac{\partial m(\tilde{c}_s)}{\partial \tilde{c}_s}\right) -$$

$$w_{ec}\left(\frac{\partial q(\tilde{c}_s)}{\partial \tilde{c}_s}\right)\bigg]h(x)dx + \int_{(q(\tilde{c}_s)+m(\tilde{c}_s))}^{\infty}\left[\frac{\partial w(q(\tilde{c}_s))}{\partial q(\tilde{c}_s)}\right.$$

$$\frac{\partial q(\tilde{c}_s)}{\partial \tilde{c}_s}q(\tilde{c}_s) + w(q(\tilde{c}_s))\left(\frac{\partial q(\tilde{c}_s)}{\partial \tilde{c}_s}\right) +$$

$$w_{ec}\left(\frac{\partial m(\tilde{c}_s)}{\partial \tilde{c}_s}\right) + g_s\left(\frac{\partial q(\tilde{c}_s)}{\partial \tilde{c}_s} + \frac{\partial m(\tilde{c}_s)}{\partial \tilde{c}_s}\right)\bigg]h(x)dx -$$

$$c_s\left(\frac{\partial q(\tilde{c}_s)}{\partial \tilde{c}_s} + \frac{\partial m(\tilde{c}_s)}{\partial \tilde{c}_s}\right)$$

$$= \int_0^{q(\tilde{c}_s)}\frac{\partial w(q(\tilde{c}_s))}{\partial q(\tilde{c}_s)}\frac{\partial q(\tilde{c}_s)}{\partial \tilde{c}_s}xh(x)dx +$$

$$\nu\left(\frac{\partial m(\tilde{c}_s)}{\partial \tilde{c}_s}\right)H(q(\tilde{c}_s)) + \left[\frac{\partial w(q(\tilde{c}_s))}{\partial q(\tilde{c}_s)}\frac{\partial q(\tilde{c}_s)}{\partial \tilde{c}_s}q(\tilde{c}_s) + \right.$$

$$w(q(\tilde{c}_s)) \frac{\partial q(\tilde{c}_s)}{\partial \tilde{c}_s} + \nu \left(\frac{\partial q(\tilde{c}_s)}{\partial \tilde{c}_s} + \frac{\partial m(\tilde{c}_s)}{\partial \tilde{c}_s} \right) -$$

$$w_{ec} \left(\frac{\partial q(\tilde{c}_s)}{\partial \tilde{c}_s} \right) \Big] \big[H(q(\tilde{c}_s) + m(\tilde{c}_s)) - H(q(\tilde{c}_s)) \big] +$$

$$\left[\frac{\partial w(q(\tilde{c}_s))}{\partial q(\tilde{c}_s)} \frac{\partial q(\tilde{c}_s)}{\partial \tilde{c}_s} q(\tilde{c}_s) + w(q(\tilde{c}_s)) \left(\frac{\partial q(\tilde{c}_s)}{\partial \tilde{c}_s} \right) + \right.$$

$$w_{ec} \left(\frac{\partial m(\tilde{c}_s)}{\partial \tilde{c}_s} \right) + g_s \left(\frac{\partial q(\tilde{c}_s)}{\partial \tilde{c}_s} + \frac{\partial m(\tilde{c}_s)}{\partial \tilde{c}_s} \right) \Big] \big[1 -$$

$$H(q(\tilde{c}_s) + m(\tilde{c}_s)) \big] - c_s \left(\frac{\partial q(\tilde{c}_s)}{\partial \tilde{c}_s} + \frac{\partial m(\tilde{c}_s)}{\partial \tilde{c}_s} \right) + w_0 \frac{\partial m(\tilde{c}_s)}{\partial \tilde{c}_s}$$

$$(6-7)$$

再对 $\pi_s^{uco}(c_s)$ 关于 c_s 求导：

$$\frac{\partial \pi_s^{uco}(c_s)}{\partial c_s} = \int_0^{q(c_s)} \left[\frac{\partial w(q(c_s))}{\partial q(c_s)} \frac{\partial q(c_s)}{\partial c_s} x + \nu \left(\frac{\partial m(c_s)}{\partial c_s} \right) \right] h(x) \mathrm{d}x +$$

$$\int_{q(c_s)}^{(q(c_s)+m(c_s))} \left[\frac{\partial w(q(c_s))}{\partial q(c_s)} \frac{\partial q(c_s)}{\partial c_s} q(c_s) + w(q(c_s)) \frac{\partial q(c_s)}{\partial c_s} + \right.$$

$$\nu \left(\frac{\partial q(c_s)}{\partial c_s} + \frac{\partial m(c_s)}{\partial c_s} \right) - w_{ec} \left(\frac{\partial q(c_s)}{\partial c_s} \right) \Big] h(x) \mathrm{d}x +$$

$$\int_{(q(c_s)+m(c_s))}^{\infty} \left[\frac{\partial w(q(c_s))}{\partial q(c_s)} \frac{\partial q(c_s)}{\partial c_s} q(c_s) + w(q(c_s)) \left(\frac{\partial q(c_s)}{\partial c_s} \right) + \right.$$

$$w_{ec} \left(\frac{\partial m(c_s)}{\partial c_s} \right) + g_s \left(\frac{\partial q(c_s)}{\partial c_s} + \frac{\partial m(c_s)}{\partial c_s} \right) \Big] h(x) \mathrm{d}x - (q(c_s) +$$

$$m(c_s)) - c_s \left(\frac{\partial q(c_s)}{\partial c_s} + \frac{\partial m(c_s)}{\partial c_s} \right)$$

$$= \int_0^{q(c_s)} \frac{\partial w(q(c_s))}{\partial q(c_s)} \frac{\partial q(c_s)}{\partial c_s} x h(x) \mathrm{d}x + \nu \left(\frac{\partial m(c_s)}{\partial c_s} \right) H(q(c_s)) +$$

$$\left[\frac{\partial w(q(c_s))}{\partial q(c_s)} \frac{\partial q(c_s)}{\partial c_s} q(c_s) + w(q(c_s)) \frac{\partial q(c_s)}{\partial c_s} + \nu (\frac{\partial q(c_s)}{\partial c_s} + \right.$$

$$\frac{\partial m(c_s)}{\partial c_s}) - w_{ec} \left(\frac{\partial q(c_s)}{\partial c_s} \right) \Big] \big[H(q(c_s) + m(c_s)) - H(q(c_s)) \big] +$$

$$
\left[\frac{\partial w(q(c_s))}{\partial q(c_s)} \frac{\partial q(c_s)}{\partial c_s} q(c_s) + w(q(c_s))\left(\frac{\partial q(c_s)}{\partial c_s} \right) + \right.
$$

$$
\left. w_{ec}\left(\frac{\partial m(c_s)}{\partial c_s} \right) + g_s\left(\frac{\partial q(c_s)}{\partial c_s} + \frac{\partial m(c_s)}{\partial c_s} \right) \right] [1 - H(q(c_s) +
$$

$$
m(c_s))] - (q(c_s) + m(c_s)) - c_s\left(\frac{\partial q(c_s)}{\partial c_s} + \frac{\partial m(c_s)}{\partial c_s} \right) + w_o \frac{\partial m(c_s)}{\partial c_s}
$$

$$
(6-8)
$$

联立式 (6-7) 和式 (6-8) 关于 c_s 的一阶导数简化为:

$$
\frac{\partial \pi_s^{uco}(c_s)}{\partial c_s} = -[q(c_s) + m(c_s)] < 0 \qquad (6-9)
$$

因为 $\pi_s^{uco}(c_s)$ 的导数是小于零的, 所以 $\pi_s^{uco}(c_s)$ 是真实成本 c_s 的减函数, c_s 在区间 $[c_{s1}, c_{s2}]$ 变化, 供应商期望收益最低时在 c_{s2} 处取值, $\pi_s^{uco}(c_{s2}) = \pi_s^{uco}(c_s)^{\min}$。

对式 (6-7) 积分可得:

$$
\pi_s^{uco}(c_s) = \pi_s^{uco|\min|} + \int_{c_s}^{c_{s2}} [q(c_s) + m(c_s)] \mathrm{d}c_s \qquad (6-10)
$$

联立式 (6-10) 和式 (6-4), 对零售商的期望收益函数进行优化可得:

$$
\begin{aligned}
\max_w \pi_r^{uco}(c_s) &= \int_{c_{s1}}^{c_{s2}} [\pi_h^{uco}(c_s) - \pi_s^{uco}(c_s)] y(c_s) \mathrm{d}c_s \\
&= \int_{c_{s1}}^{c_{s2}} \pi_h^{uco}(c_s) \mathrm{d}Y(c_s) - \int_{c_{s1}}^{c_{s2}} \pi_s^{uco} \mathrm{d}Y(c_s) \\
&= \int_{c_{s1}}^{c_{s2}} \pi_h^{uco}(c_s) \mathrm{d}Y(c_s) - \left[\pi_s^{uco}(c_s) Y(c_s) \mid_{c_{s1}}^{c_{s2}} - \int_{c_{s1}}^{c_{s2}} Y(c_s) \mathrm{d}\pi_s^{uco} \right] \\
&= \int_{c_{s1}}^{c_{s2}} \pi_h^{uco}(c_s) \mathrm{d}Y(c_s) - \int_{c_{s1}}^{c_{s2}} Y(c_s)(q(c_s) + m(c_s)) \mathrm{d}c_s - \pi_s^{uco}(c_{s2}) \\
&= \int_{c_{s1}}^{c_{s2}} \left[\pi_h^{uco}(c_s) - \frac{Y(c_s)}{y(c_s)}(q(c_s) + m(c_s)) \right] \mathrm{d}Y(c_s) - \pi_s^{\min}
\end{aligned}
$$

$$
(6-11)
$$

对式 (6-11) 求关于 q 的偏导数, 令导数等于零, 可求出供应链最优订货量 q_1^{uco*}, 其表达式为:

$$\int_0^{q(c_s)} (v - ax - c_r)h(x)\mathrm{d}x + \int_{q(c_s)}^{q(c_s)+m(c_s)} (v - ax)h(x)\mathrm{d}x +$$

$$\int_{q(c_s)+m(c_s)}^{\infty} \Big[a(x - q(c_s) - m(c_s)) - a(q(c_s) +$$

$$m(c_s)) - c_r + g_h + p_0 \Big] h(x)\mathrm{d}x - c_s - \frac{Y(c_s)}{y(c_s)} = 0 \qquad (6-12)$$

对式（6-11）求关于 m 的偏导数，令导数等于零，可求出供应链最优订货量 m_1^{uco*}，其表达式为：

$$\int_0^{q(c_s)} (v - ax)h(x)\mathrm{d}x + \int_{q(c_s)}^{q(c_s)+m(c_s)} (v - ax)h(x)\mathrm{d}x +$$

$$\int_{q(c_s)+m(c_s)}^{\infty} \Big[a(x - q(c_s) - m(c_s)) - a(q(c_s) +$$

$$m(c_s)) - c_r + g_h + p_0 \Big] h(x)\mathrm{d}x - c_s - \frac{Y(c_s)}{y(c_s)} = 0 \qquad (6-13)$$

因为式（6-10）和式（6-6）是同构的，只要将它们联立求解，就可以得出最优批发价 $w_1(c_s)$：

$$w_1^*(c_s) = \int_0^{q(c_s)} vm(c_s)h(x)\mathrm{d}x + \int_{q(c_s)}^{q(c_s)+m(c_s)} \Big[v(q(c_s) + m(c_s) - x) +$$

$$w_{ec}(x - q(c_s)) \Big] h(x)\mathrm{d}x \int_{q(c_s)+m(c_s)}^{\infty} \Big[w_{ec}m(c_s) - g_s(x - q(c_s) -$$

$$m(c_s)) \Big] h(x)\mathrm{d}x - c_s(q(c_s) + m(c_s)) - \frac{Y(c_s)}{y(c_s)}(q(c_s) + m(c_s)) -$$

$$\pi_s^{\min} - w_0 m(c_s) / \Big[- q(c_s)(1 - H(0)) \Big] \qquad (6-14)$$

6.1.2　价格随机下销售成本信息不对称的看涨期权折扣契约

在销售成本信息不对称时，将 Stackelber 博弈理论运用到协调供应链中，其中供应商是市场的主导者，而零售商为跟随者。供应商可以根据其对市场信息的掌握对零售商的销售成本进行预测，假设销售成本 c_r 在 $[c_{r1}, c_{r2}]$ 区间服从均匀分布，c_z 的分布函数与密度函数为 $Y(c_r)$ 和 $y(c_r)$，其均值是 $\int_{c_{r1}}^{c_{r2}} c_r y(c_r)\mathrm{d}c_r$，$\frac{Y(c_r)}{y(c_r)}$ 随着 c_r 的增加而增加；供应商拥有私人成本信息，且为了获得更大收益而隐藏甚至谎报成本为 $\tilde{c}_r$，零售商若报出真实成本，则批发价是 $w(c_r)$、订货量是 $q(c_r)$；若谎报销售成本，批发价变为 $w(\tilde{c}_r)$、订货量变为 $q(\tilde{c}_r)$。销售成本不对称信息下采用看涨期权数量折扣契约来应对市场需求、市场价格变化导致供应链不协调问题。

在销售成本信息不对称条件下，供应商的期望收益在预测销售成本时期望收益模型为：

$$\pi_s^{uco}(c_r) = \int_{c_{r1}}^{c_{r2}} \Big\{ \int_0^{q(c_r)} \big[w(q(c_r))q(c_r) + \nu m(c_r) \big] h(x)\,\mathrm{d}x +$$
$$\int_{q(c_r)}^{(q(c_r)+m(c_r))} \{ w(q(c_r))q(c_r) + \nu[(q(c_r)+m(c_r))-x] + w_{ec}[x - q(c_r)] \} h(x)\,\mathrm{d}x + \int_{(q(c_r)+m(c_r))}^{\infty} \{ w(q(c_r))q(c_r) + w_{ec}m(c_r) - g_s[x - (q(c_r)+m(c_r))] \} h(x)\,\mathrm{d}x - c_s(q(c_r)+ m(c_r))y(c_r)\mathrm{d}c_r + w_0 m(c_r) \quad (6-15)$$

零售商在报出虚假成本时的期望收益模型为：

$$\pi_r^{uco}(\tilde{c}_r) = \int_0^{q(\tilde{c}_r)} \{ \{p_0 + a[x - (q(\tilde{c}_r)+m(\tilde{c}_r))]\}x + \nu[q(\tilde{c}_r)-x] - (c_r + w(q(\tilde{c}_r))q(\tilde{c}_r) \} h(x)\,\mathrm{d}x + \int_{q(\tilde{c}_r)}^{(q(\tilde{c}_r)+m(\tilde{c}_r))} \{ \{p_0 + a[x - (q(\tilde{c}_r)+m(\tilde{c}_r))]\}x - w_{ec}[x - q(\tilde{c}_r)] - c_r x - w(q(\tilde{c}_r))q(\tilde{c}_r) \} h(x)\,\mathrm{d}x + \int_{(q(\tilde{c}_r)+m(\tilde{c}_r))}^{\infty} \{ \{p_0 + a[x - (q(\tilde{c}_r)+m(\tilde{c}_r))]\}q(\tilde{c}_r) + m(\tilde{c}_r) - w_{ec}m(\tilde{c}_r) - w(q(\tilde{c}_r))q(\tilde{c}_r) - g_r[x - (q(\tilde{c}_r)+m(\tilde{c}_r))] - c_r(q(\tilde{c}_r)+m(\tilde{c}_r)) \} h(x)\,\mathrm{d}x - w_0 m(\tilde{c}_r) \quad (6-16)$$

供应链在真实销售成本下的期望收益模型为：

$$\pi_h^{uco}(c_r) = \int_0^{q(c_r)} \{ \{p_0 + a[x - (q(c_r)+m(c_r))]\}x + \nu[(q(c_r)+ m(c_r)) - x] - c_r q(c_r) \} h(x)\,\mathrm{d}x + \int_{q(c_r)}^{(q(c_r)+m(c_r))} \{ \{p_0 +$$

$$
a[x - (q(c_r) + m(c_r))]\} x + \nu[(q(c_r) + m(c_r)) -
$$

$$
x] - c_r x\} h(x)\,\mathrm{d}x + \int_{(q(c_r) + m(c_r))}^{\infty} \{\{p_0 + a[x - (q(c_r) +
$$

$$
m(c_r))]\}[q(c_r) + m(c_r)] - g_h[x - (q(c_r) + m(c_r))] -
$$

$$
c_r[q(c_r) + m(c_r)]\} h(x)\,\mathrm{d}x - c_s[q(c_r) + m(c_r)] \qquad (6-17)
$$

供应商可以根据 Myerson 显示机理理论设置参与约束和激励约束，让隐藏销售成本的零售商报出自己的真实销售成本，使供应商得到的收益是高于谎报销售成本时的期望收益，此时零售商的收益也是大于信息对称下的期望收益，这才能体现零售商的成本信息的价值。假设 $\pi_r^{uco\mid \min}$ 是零售商在信息对称下的期望收益，也是在信息不对称下的最低期望收益，如果供应商设置的机制使零售商获得收益低于这个最低期望收益，那么零售商就会拒绝与供应商合作，不接受此契约。

在突发事件发生时，供应链看涨期权数量折扣契约在销售成本信息不对称下的优化模型为：

$$
\max_{w} \pi_s^{uco}(c_r) = \int_{c_{r1}}^{c_{r2}} \int_0^{q(c_r)} \{w(c_r)q(c_r) + \nu[(q(c_r) + m(c_r)) -
$$

$$
q(c_r)]\} h(x)\,\mathrm{d}x + \int_{q(c_r)}^{(q(c_r)+m(c_r))} \{w(c_r)q(c_r) + \nu[(q(c_r) +
$$

$$
m(c_r)) - x] + w_{ec}[x - q(c_r)]\} h(x)\,\mathrm{d}x +
$$

$$
\int_{(q(c_r)+m(c_r))}^{\infty} \{w(c_r)q(c_r) + w_{ec}m(c_r) - g_s[x - (q(c_r) +
$$

$$
m(c_r))]\} h(x)\,\mathrm{d}x - c_s(q(c_r) + m(c_r))y(c_r)\mathrm{d}c_r + w_0 m(c_r)
$$

$$
(6-18)
$$

参与约束：s. t. $(IR)\ \pi_r^{uco}(c_r) \geqslant \pi_r^{uco}(c_r)^{\min}$

激励约束：$(IC)\ \pi_r^{uco}(c_r) \geqslant \pi_r^{uco}(\tilde{c}_r)$

由上述模型可知，零售商报出真实销售成本期望收益不低于隐藏销售成本信息时的收益。对 π_r^{uco} 求关于 $\tilde{c}_r$ 的导数，可知导数在 c_r 点等于零。

$$
\frac{\partial \pi_r^{uco}(\tilde{c}_r)}{\partial \tilde{c}_r}\Bigg|_{(\tilde{c}_r = c_r)} = \int_0^{q(\tilde{c}_r)} \left[-ax\left(\frac{\partial q(\tilde{c}_r)}{\partial \tilde{c}_r} + \frac{\partial m(\tilde{c}_r)}{\partial \tilde{c}_r}\right) + v\frac{\partial q(\tilde{c}_r)}{\partial \tilde{c}_r} - \right.
$$

$$
\left. \frac{\partial w(\tilde{c}_r)}{\partial q(\tilde{c}_r)}\frac{\partial q(\tilde{c}_r)}{\partial \tilde{c}_r}q(\tilde{c}_r) - \frac{\partial q(\tilde{c}_r)}{\partial \tilde{c}_r}w(q(\tilde{c}_r)) \right] h(x)\,\mathrm{d}x +
$$

$$\int_{q(\tilde{c}_r)}^{q(\tilde{c}_r)+m(\tilde{c}_r)} \left[-ax\left(\frac{\partial q(\tilde{c}_r)}{\partial \tilde{c}_r} + \frac{\partial m(\tilde{c}_r)}{\partial \tilde{c}_r} \right) + w_{ec}\frac{\partial q(\tilde{c}_r)}{\partial \tilde{c}_r} - \right.$$

$$\left. \frac{\partial w(\tilde{c}_r)}{\partial q(\tilde{c}_r)} \frac{\partial q(\tilde{c}_r)}{\partial \tilde{c}_r} q(\tilde{c}_r) - \frac{\partial q(\tilde{c}_r)}{\partial \tilde{c}_r} w(q(\tilde{c}_r)) \right] h(x)\mathrm{d}x +$$

$$\int_{q(\tilde{c}_r)+m(\tilde{c}_r)}^{\infty} \left[-aq(\tilde{c}_r)\left(\frac{\partial q(\tilde{c}_r)}{\partial \tilde{c}_r} + \frac{\partial m(\tilde{c}_r)}{\partial \tilde{c}_r} \right) - \right.$$

$$a(q(\tilde{c}_r)+m(\tilde{c}_r))\frac{\partial q(\tilde{c}_r)}{\partial \tilde{c}_r} + \frac{\partial m(\tilde{c}_r)}{\partial \tilde{c}_r} - w_{ec}\frac{\partial m(\tilde{c}_r)}{\partial \tilde{c}_r} -$$

$$\frac{\partial w(\tilde{c}_r)}{\partial q(\tilde{c}_r)} \frac{\partial q(\tilde{c}_r)}{\partial \tilde{c}_r} q(\tilde{c}_r) - \frac{\partial q(\tilde{c}_r)}{\partial \tilde{c}_r} w(q(\tilde{c}_r)) +$$

$$g_r\left(\frac{\partial q(\tilde{c}_r)}{\partial \tilde{c}_r} + \frac{\partial m(\tilde{c}_r)}{\partial \tilde{c}_r} \right) - c_r\left(\frac{\partial q(\tilde{c}_r)}{\partial \tilde{c}_r} + \frac{\partial m(\tilde{c}_r)}{\partial \tilde{c}_r} \right) -$$

$$\frac{\partial m(\tilde{c}_r)}{\partial \tilde{c}_r} \left] h(x)\mathrm{d}x - w_0\frac{\partial m(\tilde{c}_r)}{\partial \tilde{c}_r} \right.$$

$$= \int_0^{q(\tilde{c}_r)} -a\left(\frac{\partial q(\tilde{c}_r)}{\partial \tilde{c}_r} + \frac{\partial m(\tilde{c}_r)}{\partial \tilde{c}_r} \right)xh(x)\mathrm{d}x +$$

$$\left(v\frac{\partial q(\tilde{c}_r)}{\partial \tilde{c}_r} - \frac{\partial w(\tilde{c}_r)}{\partial q(\tilde{c}_r)} \frac{\partial q(\tilde{c}_r)}{\partial \tilde{c}_r} q(\tilde{c}_r) - \right.$$

$$\frac{\partial q(\tilde{c}_r)}{\partial \tilde{c}_r} w(q(\tilde{c}_r)) \left) H(q(\tilde{c}_r)) + \int_{q(\tilde{c}_r)}^{q(\tilde{c}_r)+m(\tilde{c}_r)} - \right.$$

$$a\left(\frac{\partial q(\tilde{c}_r)}{\partial \tilde{c}_r} + \frac{\partial m(\tilde{c}_r)}{\partial \tilde{c}_r} \right)xh(x)\mathrm{d}x + \left(w_{ec}\frac{\partial q(\tilde{c}_r)}{\partial \tilde{c}_r} - \right.$$

$$\frac{\partial w(\tilde{c}_r)}{\partial q(\tilde{c}_r)} \frac{\partial q(\tilde{c}_r)}{\partial \tilde{c}_r} q(\tilde{c}_r) - \frac{\partial q(\tilde{c}_r)}{\partial \tilde{c}_r} w(q(\tilde{c}_r)) \left) \right.$$

$$(H(q(\tilde{c}_r)+m(\tilde{c}_r)) - H(q(\tilde{c}_r))) +$$

$$
\begin{aligned}
&\left[-aq(\tilde{c}_r)\left(\frac{\partial q(\tilde{c}_r)}{\partial \tilde{c}_r} + \frac{\partial m(\tilde{c}_r)}{\partial \tilde{c}_r} \right) - a(q(\tilde{c}_r) + \right.\\
&m(\tilde{c}_r))\frac{\partial q(\tilde{c}_r)}{\partial \tilde{c}_r} + \frac{\partial m(\tilde{c}_r)}{\partial \tilde{c}_r} - w_{ec}\frac{\partial m(\tilde{c}_r)}{\partial \tilde{c}_r} - \\
&\frac{\partial w(\tilde{c}_r)}{\partial q(\tilde{c}_r)}\frac{\partial q(\tilde{c}_r)}{\partial \tilde{c}_r}q(\tilde{c}_r) - \frac{\partial q(\tilde{c}_r)}{\partial \tilde{c}_r}w(q(\tilde{c}_r)) + \\
&g_r\left(\frac{\partial q(\tilde{c}_r)}{\partial \tilde{c}_r} + \frac{\partial m(\tilde{c}_r)}{\partial \tilde{c}_r} \right) - c_r\left(\frac{\partial q(\tilde{c}_r)}{\partial \tilde{c}_r} + \frac{\partial m(\tilde{c}_r)}{\partial \tilde{c}_r} \right) - \\
&\left.\frac{\partial m(\tilde{c}_r)}{\partial \tilde{c}_r}\right]\left[1 - H(q(\tilde{c}_r) + m(\tilde{c}_r)) \right] - w_0\frac{\partial m(\tilde{c}_r)}{\partial \tilde{c}_r}
\end{aligned}
$$

$$(6-19)$$

对式（6-14）求关于 c_r 的导数，可得：

$$
\begin{aligned}
\frac{\partial \pi_r^{uco}(c_r)}{\partial c_r} &= \int_0^{q(c_r)}\left[-ax\left(\frac{\partial q(c_r)}{\partial c_r} + \frac{\partial m(c_r)}{\partial c_r} \right) + v\frac{\partial q(c_r)}{\partial c_r} - \right.\\
&\left.\frac{\partial w(c_r)}{\partial q(c_r)}\frac{\partial q(c_r)}{\partial c_r}q(c_r) - \frac{\partial q(c_r)}{\partial c_r}w(q(c_r)) \right]h(x)\,\mathrm{d}x + \\
&\int_{q(c_r)}^{q(c_r)+m(c_r)}\left[-ax\left(\frac{\partial q(c_r)}{\partial c_r} + \frac{\partial m(c_r)}{\partial c_r} \right) + w_{ec}\frac{\partial q(c_r)}{\partial c_r} - \right.\\
&\left.\frac{\partial w(c_r)}{\partial q(c_r)}\frac{\partial q(c_r)}{\partial c_r}q(c_r) - \frac{\partial q(c_r)}{\partial c_r}w(q(c_r)) \right]h(x)\,\mathrm{d}x + \\
&\int_{q(c_r)+m(c_r)}^{\infty}\left[-aq(c_r)\left(\frac{\partial q(c_r)}{\partial c_r} + \frac{\partial m(c_r)}{\partial c_r} \right) - a(q(c_r) + \right.\\
&m(c_r))\frac{\partial q(c_r)}{\partial c_r} + \frac{\partial m(c_r)}{\partial c_r} - w_{ec}\frac{\partial m(c_r)}{\partial c_r} - \frac{\partial w(c_r)}{\partial q(c_r)}\frac{\partial q(c_r)}{\partial c_r}q(c_r) - \\
&\frac{\partial q(c_r)}{\partial c_r}w(q(c_r)) + g_r\left(\frac{\partial q(c_r)}{\partial c_r} + \frac{\partial m(c_r)}{\partial c_r} \right) - c_r\left(\frac{\partial q(c_r)}{\partial c_r} + \right.\\
&\left.\left.\frac{\partial m(c_r)}{\partial c_r} \right) - \frac{\partial m(c_r)}{\partial c_r}\right]h(x)\,\mathrm{d}x \\
&= \int_0^{q(c_r)} -a\left(\frac{\partial q(c_r)}{\partial c_r} + \frac{\partial m(c_r)}{\partial c_r} \right)xh(x)\,\mathrm{d}x + \left(v\frac{\partial q(c_r)}{\partial c_r} - \right.
\end{aligned}
$$

$$\frac{\partial w(c_r)}{\partial q(c_r)}\frac{\partial q(c_r)}{\partial c_r}q(c_r) - \frac{\partial q(c_r)}{\partial c_r}w(q(c_r))\bigg)H(q(c_r)) +$$

$$\int_{q(c_r)}^{q(c_r)+m(c_r)} -a\Big(\frac{\partial q(c_r)}{\partial c_r} + \frac{\partial m(c_r)}{\partial c_r}\Big)xh(x)\,dx + \Big(w_{ec}\frac{\partial q(c_r)}{\partial c_r} -$$

$$\frac{\partial w(c_r)}{\partial q(c_r)}\frac{\partial q(c_r)}{\partial c_r}q(c_r) - \frac{\partial q(c_r)}{\partial c_r}w(q(c_r))\Big)\Big[H(q(c_r)+m(c_r)) -$$

$$H(q(c_r))\Big] + \Big[-aq(c_r)\Big(\frac{\partial q(c_r)}{\partial c_r}+\frac{\partial m(c_r)}{\partial c_r}\Big) - a(q(c_r)+$$

$$m(c_r))\frac{\partial q(c_r)}{\partial c_r}+\frac{\partial m(c_r)}{\partial c_r} - w_{ec}\frac{\partial m(c_r)}{\partial c_r} - \frac{\partial w(c_r)}{\partial q(c_r)}\frac{\partial q(c_r)}{\partial c_r}q(c_r) -$$

$$\frac{\partial q(c_r)}{\partial c_r}w(q(c_r)) + g_r\Big(\frac{\partial q(c_r)}{\partial c_r}+\frac{\partial m(c_r)}{\partial c_r}\Big) - c_r\Big(\frac{\partial q(c_r)}{\partial c_r}+$$

$$\frac{\partial m(c_r)}{\partial c_r}\Big) - \frac{\partial m(c_r)}{\partial c_r}\Big]\Big[1 - H(q(c_r)+m(c_r))\Big] - w_0\frac{\partial m(c_r)}{\partial c_r} -$$

$$\int_0^{q(c_r)}h(x)\,dx - \int_{q(c_r)}^{q(c_r)+m(c_r)}xh(x)\,dx - (q(c_r)+m(c_r))\int_{q(c_r)+m(c_r)}^{\infty}h(x)\,dx$$

$$(6-20)$$

联立式 (6-19) 和式 (6-20) 可得：

$$\frac{\partial \pi_r^{uco}(c_r)}{\partial c_r} = -\int_0^{q(c_r)}h(x)\,dx - \int_{q(c_r)}^{q(c_r)+m(c_r)}xh(x)\,dx -$$

$$(q(c_r)+m(c_r))\int_{q(c_r)+m(c_r)}^{\infty}h(x)\,dx < 0 \qquad (6-21)$$

由于式 (6-21) 必小于零，则 $\pi_r^{uco}(c_r)$ 随着 c_r 的增大而递减，其中 c_r 的取值范围为 $[c_{r1}, c_{r2}]$，当 $c_r = c_{r2}$ 时，零售商的收益最小，即 $\pi_r^{uco}(c_{r2}) = \pi_r^{uco\{min\}}$。

对式 (6-20) 积分可得：

$$\pi_r^{uco}(c_r) = \int_{c_r}^{c_{r2}}\Big[\int_0^{q(c_r)}h(x)\,dx + \int_{q(c_r)}^{q(c_r)+m(c_r)}xh(x)\,dx + (q(c_r)+$$

$$m(c_r))\int_{q(c_r)+m(c_r)}^{\infty}h(x)\,dx\Big]dc_r + \pi_r^{uco\{min\}} \qquad (6-22)$$

将式 (6-22) 代入式 (6-18) 可得：

$$\max_w \pi_s^{uco}(c_r) = \int_{c_{r1}}^{c_{r2}}\big[\pi_h^{uco} - \pi_r^{uco}(c_r)\big]y(c_r)\,dc_r$$

$$
\begin{aligned}
&= \int_{c_{r1}}^{c_{r2}} \int_0^{q(c_r)} \{\{p_0 + a[x - (q(c_r) + m(c_r))]\}x + \nu[(q(c_r) + \\
&\quad m(c_r)) - x] - c_r q(c_r)\} h(x)\,\mathrm{d}x + \int_{q(c_r)}^{(q(c_r)+m(c_r))} \{\{p_0 + a[x - \\
&\quad (q(c_r) + m(c_r))]\}x + \nu[(q(c_r) + m(c_r)) - x] - \\
&\quad c_r x\} h(x)\,\mathrm{d}x + \int_{(q(c_r)+m(c_r))}^{\infty} \{\{p_0 + a[x - (q(c_r) + \\
&\quad w(c_r))]\}(q(c_r) + m(c_r)) - g_h[x - q((c_r) + m(c_r))] - \\
&\quad c_r(q(c_r) + m(c_r))\} h(x)\,\mathrm{d}x - c_r(q(c_r) + m(c_r)) - \\
&\quad \int_{c_{r1}}^{c_{r2}} \Big[\int_0^{q(c_r)} h(x)\,\mathrm{d}x + \int_{q(c_r)}^{q(c_r)+m(c_r)} x h(x)\,\mathrm{d}x + (q(c_r) + \\
&\quad m(c_r)) \int_{q(c_r)+m(c_r)}^{\infty} h(x)\,\mathrm{d}x \Big] \mathrm{d}c_r - \pi_r^{uco|\min|}
\end{aligned}
$$

$$
\begin{aligned}
&= \int_{c_{r1}}^{c_{r2}} \int_0^{q(c_r)} \{\{p_0 + a[x - (q(c_r) + m(c_r))]\}x + \nu[(q(c_r) + \\
&\quad m(c_r)) - x] - c_r q(c_r)\} h(x)\,\mathrm{d}x + \int_{q(c_r)}^{(q(c_r)+m(c_r))} \{\{p_0 + a[x - \\
&\quad (q(c_r) + m(c_r))]\}x + \nu[(q(c_r) + m(c_r)) - x] - \\
&\quad c_r x\} h(x)\,\mathrm{d}x + \int_{(q(c_r)+m(c_z))}^{\infty} \{\{p_0 + a[x - (q(c_r) + \\
&\quad m(c_r))]\}(q(c_r) + m(c_r)) - g_h[x - (q(c_r) + m(c_r))] - \\
&\quad c_r(q(c_r) + m(c_r))\} h(x)\,\mathrm{d}x - c_s(q(c_r) + m(c_r)) - \\
&\quad \frac{Y(c_r)}{y(c_r)} \Big[\big(\int_0^{q(c_r)} h(x)\,\mathrm{d}x + \int_{q(c_r)}^{q(c_r)+m(c_r)} x h(x)\,\mathrm{d}x + (q(c_r) + \\
&\quad m(c_r)) \int_{q(c_r)+m(c_r)}^{\infty} h(x)\,\mathrm{d}x \big] y(c_r)\,\mathrm{d}c_r - \pi_r^{uco|\min|} \qquad (6-23)
\end{aligned}
$$

对式（6-23）求关于 q 的导数，当导数等于零时，便可求出最优订货量 q_2^*。

$$
\begin{aligned}
&\int_0^{q(c_r)} (v - ax - c_r) h(x)\,\mathrm{d}x + \int_{q(c_r)}^{q(c_r)+m(c_r)} (v - ax) h(x)\,\mathrm{d}x + \\
&\int_{q(c_r)+m(c_r)}^{\infty} \Big[a(x - q(c_r) - m(c_r)) - a(q(c_r) + m(c_r)) - \\
&c_r + g_h + p_0 \Big] h(x)\,\mathrm{d}x - c_s - \frac{Y(c_r)}{y(c_r)} [1 - H(q(c_r) + m(c_r)) - \\
&q(c_r) h(q(c_r))] = 0 \qquad (6-24)
\end{aligned}
$$

对式（6-23）求关于 m 的导数，令导数等于零，可求出供应链最优期权执行购买量 m_2^*。

$$\int_0^{q(c_r)} (v - ax)h(x)\,dx + \int_{q(c_r)}^{q(c_r)+m(c_r)} (v - ax)h(x)\,dx +$$

$$\int_{q(c_r)+m(c_r)}^{\infty} \Big[a(x - q(c_r) - m(c_r)) - a(q(c_r) + m(c_r)) - c_r +$$

$$g_h + p_0 \Big]h(x)\,dx - c_s - \frac{Y(c_r)}{y(c_r)}[1 - H(q(c_r) + m(c_r))] = 0 \quad (6-25)$$

当只有供应商隐藏成本时，联立零售商期望收益表达式（6-20）和式（6-15），可得到价格随机波动造成批发价格变化的表达式：

$$w_2^*(c_r) = \int_0^{q(c_r)} \Big[(p_0 + a(x - q(c_r) - m(c_r)))x + v(q(c_r) - x) -$$

$$c_r q(c_r) \Big]h(x)\,dx + \int_{q(c_r)}^{q(c_r)+m(c_r)} \Big[(p_0 + a(x - q(c_r) - m(c_r)))x -$$

$$c_r x - w_{ec}(x - q(c_r)) \Big]h(x)\,dx + \int_{q((c_r)+m(c_r))}^{\infty} \Big[(p_0 + a(x - q(c_r) -$$

$$m(c_r)))(q(c_r) + m(c_r)) - g_r(x - q(c_r) - m(c_r)) -$$

$$w_{ec}m(c_r) \Big]h(x)\,dx - \frac{Y(c_r)}{y(c_r)} \Big[\int_0^{q(c_r)} h(x)\,dx + \int_{q(c_r)}^{q(c_r)+m(c_r)} xh(x)\,dx +$$

$$(q(c_r) + m(c_r)) \int_{q(c_r)+m(c_r)}^{\infty} h(x)\,dx - \pi_r^{uco|\min|} - w_0 m(c_r) \Big] \Big/$$

$$(q(c_r)[1 - H(0)]) \quad (6-26)$$

假设某种应急商品，在正常情况下每单位的售价 $p_0 = 120$ 元，真实的边际生产成本 $c_s = 50$ 元，真实的边际销售成本 $c_r = 30$ 元，单位商品残值 $v = 20$ 元，零售商和供应商的缺货成本分别为 $g_r = 3$ 元和 $g_s = 2$ 元，看涨期权执行价格 $w_{ec} = 75$ 元，$w_0 = 3$ 元，设在价格随机时的规模系数 $a = 0.004$，在生产成本信息不对称时，市场需求服从 $X \sim N(20000, 400^2)$ 的正态分布，生产成本分别服从在 $[48, 52]$、$[46, 54]$、$[44, 56]$、$[42, 58]$、$[40, 60]$ 区间上的均匀分布，销售成本信息不对称，市场价格随机的突发事件发生，市场需求服从 $X \sim N(20000, 400^2)$ 的正态分布，销售成本分别服从在 $[28, 32]$、$[26, 34]$、$[24, 36]$、$[22, 38]$、$[20, 40]$ 区间上的均匀分布（见表6-1）。

表 6 − 1   销售成本和生产成本信息不对称下看涨期权折扣契约供应链协调

信息状况	突发事件状况	$[c_{i1}, c_{i2}]$	最优订货量	期权最优购买量	最优批发价	零售商收益	供应商收益	供应链收益
信息不对称	生产成本信息不对称	$[48, 52]$	0	15375	—	452000	455063	907063
		$[46, 54]$	0	15125	—	444000	461813	905813
		$[44, 56]$	0	14875	—	436000	468063	904063
		$[42, 58]$	0	14625	—	438000	473812	901812
		$[40, 60]$	0	14375	—	430000	479062	899062
	销售成本信息不对称	$[28, 32]$	14171	1204	70.36	563869	312444	876313
		$[26, 34]$	14204	921	64.82	649021	226542	875563
		$[24, 36]$	14216	659	59.73	724789	149524	874313
		$[22, 38]$	14222	403	55.02	800634	71929	872563
		$[20, 40]$	14225	150	50.70	867405	2908	870313

结果 1：当生产成本信息不对称时，不管生产成本的区间是增大还是减小，零售商提出的最优订货量都是 0，批发价也为 0，不存在最优批发价，此时零售商直接从期权折扣契约中商定的期权购买量来购买物资，当生产成本信息区间增大时，期权最优购买量减小，零售商的利润减小，供应商的利润增加，最终导致供应链收益的下降。例如，当供应商生产成本区间从 [48，52] 增加到 [46，54] 时，零售商收益从 452000 减小到 444000，供应商收益从 461813 增加到 468063，供应链收益从 907063 减小到 905813。并且随着供应商生产成本区间的增大，零售商收益的减小量保持不变，均为 8000，但供应商收益的增加量越来越小。

结果 2：当销售成本信息不对称时，若供应商对销售成本区间估值越大，供应商约定的最优订货量随之增大，提出的最优期权购买量却随之减小，最优批发价也随之减小。零售商的收益随之增大，供应链利润随之减小，整个供应链收益也是越来越小的。如当销售成本区间从 [28，32] 增加到 [26，34] 时，最优订货量从 14171 增加到 14204，期权最优购买量从 1204 减小到 921，零售商收益从 563869 增加到 649021，供应商收益从 312444 减小到 226542，供应链收益从 876313 减小到 875563。并且在同样的销售成本区间增长的条件下，销售商的收益增加量小于供应商的收益减小量。如销售成本从 [28，32] 增加到 [26，34] 时，销售商的收益增加了 85152，供应商的收益减小了 85902。

结果 3：比较生产成本信息不对称和销售成本信息不对称的情况，在相同的成本区间宽度下，生产成本信息不对称下最优订货量和期权最优购买量之和等于销售成本信息不对称下最优订货量和期权购买量之和，且销售成本信息不对称下的最优订货量远远大于生产成本信息不对称下的最优订货量，生产成本信息不对称下的期权最优购买量远远大于销售成本信息不对称下的期权最优购买量。在相同的成本区间宽度下，生产成本信息不对称的零售商收益小于销售成本信息不对称的零售商收益，但生产成本不对称的供应商收益却大于销售成本信息不对称的供应商收益，且供应链的收益也呈现出这种规律，如生产成本区间为 [48，52]，对应零售商的收益为 452000，对应的供应商的收益为 455063，对应的供应链收益为 907063，销售成本区间为 [28，32]，区间长度都为 4，对应零售商的收益为 563869，大于 452000，对应的供应商的收益为 312444，小于 455063，对应的供应链收益为 876313，小于 907063。

6.1.3　本节结论

根据以上结果，可以得出以下结论：

结论 1：从结果 1 可以看出，在看涨期权折扣契约下，当生产成本信息不对称时，最优订货量为 0，直接从供应商购买期权约定的购买量，零售商对供应商成本估计越不准，零售商的收益越来越小，而供应商能够从隐瞒私人成本信息中获益，从而体现出拥有私人信息的价值，但会造成供应链整体收益的下降。

结论 2：从结果 2 可以看出，在看涨期权折扣契约下，当销售成本信息不对称时，零售商在契约初期购买大量的初始订货量，仅从期权契约中购买少量的期权订货量，供应商对零售商的成本估计越不准，即使最优订货量越来越大，也无法减少供应商收益逐渐减小的局面。而零售商拥有私人成本信息，其会因隐瞒私人信息获取更大的收益，但也会造成供应链整体收益的下降。

结论 3：从结果 3 可以看出，不管是生产成本信息不对称还是销售成本信息不对称，最优订货量和最优期权购买量总量保持不变，零售商和销售商可以分别通过设置不同的最优订货量和最优期权购买量组合来保证自己的收益不受损，但却使另一方的收益下降，最终导致供应链整体收益的下降。

6.2 价格随机下信息不对称的看跌期权折扣契约

当零售商和供应商共同对市场进行预测，认为未来的市场需求低于数量折扣契约下的最低订货量 $(q-m)$，市场被看成看跌趋势，同时市场批发价也呈下滑趋势，零售商和供应商协商采用看跌期权契约合作，此时市场价格与供需量关系为：$dp = p_0 + a(x-q)$。供应商和零售商一起协商规定看跌期权下的执行价格为 w_{ep}，此时零售商的订货量范围变大，订货量 q 在 $[(q-m)$，$q]$ 区间上变化。市场批发价将从 w 变成 w_2，单位期权购买价格为 w_0，其中 $w_{ep} > w_2 > w_0$。在看跌期权折扣契约下，当供应商和零售商对市场看跌时，供应商需要补贴零售商，即用看跌期权契约执行价 w_{ep} 减去实际市场批发价格 w_2 的差值，执行量 m 根据市场需求范围为 $[0, m]$。

6.2.1 价格随机下供应成本信息不对称的看跌期权折扣契约

在突发事件造成市场需求与市场价格均随机波动条件下，将期权与数量折扣契约融合，形成一种新的期权折扣契约，并用看跌期权折扣契约模型来协调供应链。当零售商和供应商共同对市场进行预测，认为未来的市场需求低于数量折扣契约下的最低订货量 $(q-m)$ 时，市场被看成看跌趋势，同时市场批发价也呈下滑趋势，零售商和供应商协商采用看跌期权契约合作，此时市场价格与供需量关系为：$dp = p_0 + a(x-q)$。供应商和零售商一起协商规定看跌期权下的执行价格为 w_{ep}，此时零售商的订货量范围变大，此时订货量 q 在 $[(q-m),q]$ 区间上变化。市场批发价将从 w 变成 w_2，单位期权购买价格为 w_0，其中 $w_{ep} > w_2 > w_0$。在看跌期权折扣契约下，当供应商和零售商对市场看跌时，供应商需要补贴零售商，即用看跌期权契约执行价 w_{ep} 减去实际市场批发价格 w_2 的差值，执行量 m 根据市场需求范围为 $[0, m]$。

在零售成本信息不对称时，零售商作为市场的主导者，突发事件发生时，需要重新调整批发价与订货量，减少在信息不对称时供应商谎报成本而对自己的收益减少与整体供应链不协调的问题。零售商可以预测出零售成本 c_s 的取值范围和 c_s 的分布函数，假设 c_s 在 $[c_{s1}, c_{s2}]$ 区间服从均匀分布，c_s 分布函数和密度函数分别为 $Y(c_s)$ 和 $y(c_s)$，其均值是 $\int_{c_{s1}}^{c_{s2}} c_s f(c_s) dc_s$，分布函数与密度函数两者的比值 $\dfrac{Y(c_s)}{y(c_s)}$ 是 c_s 的增函数。供应商拥有私人成本信息，且为了获得更大收益而隐藏甚至谎报成本为 $\tilde{c}_s$，供应商报出真实零售成本时，批发价为 $w(c_s)$，订货量为 $q(c_s)$，谎报零售成本时批发价为 $w(\tilde{c}_s)$，订货量为 $q(\tilde{c}_s)$。零售成本不对称信息下采用看跌期权数量折扣契约应对突发事件造成市场需求、市场价格变化的供应链不协调问题。

可零售成本信息不对称时，零售商的期望收益模型为：

$$
\begin{aligned}
\pi_r^{upo}(c_s) = &\int_{c_{s1}}^{c_{s2}} \left\{ \int_0^{(q(c_s)-m(c_s))} \{ [p_0 + a(x - q(c_s))]x + v[(q(c_s) - m(c_s)) - \right. \\
& x] + (w_{ep} - w_2)m(c_s) - [c_r + w(q(c_s))](q(c_s) - \\
& m(c_s)) \} h(x)dx + \int_{(q(c_s)-m(c_s))}^{q(c_s)} \{ \{ p_0 + a[x - q(c_s)] \}x + (w_{ep} - \\
& w_2)[q(c_s) - x] - [c_r + w(q(c_s))]x \} h(x)dx + \int_{q(c_s)}^{\infty} \{ \{ p_0 + \\
& a[x - q(c_s)] \} q(c_s) - [c_r + w(q(c_s))]q(c_s) - g_r[x - \\
& \left. q(c_s)] \} h(x)dx \right\} y(c_s)dc_s - w_0 m(c_s) \quad\quad (6-27)
\end{aligned}
$$

供应商在报出虚假成本下的期望收益模型为：

$$
\begin{aligned}
\pi_s^{upo}(\tilde{c}_s) = &\int_0^{(q(\tilde{c}_s)-m(\tilde{c}_s))} \{ w(q(\tilde{c}_s))[q(\tilde{c}_s) - m(\tilde{c}_s)] + v[q(\tilde{c}_s) - \\
& (q(\tilde{c}_s) - m(\tilde{c}_s))] - (w_{ep} - w_2)m(\tilde{c}_s) \} h(x)dx + \\
& \int_{(q(\tilde{c}_s)-m(\tilde{c}_s))}^{q(\tilde{c}_s)} \{ w(q(\tilde{c}_s))x + v[q(\tilde{c}_s) - x] - (w_{ep} - \\
& w_2)[q(\tilde{c}_s) - x] \} h(x)dx + \int_{q(\tilde{c}_s)}^{\infty} \{ w(q(\tilde{c}_s))q(\tilde{c}_s) - \\
& g_s[x - q(\tilde{c}_s)] \} h(x)dx - c_s q(\tilde{c}_s) + w_0 m(c_s) \quad\quad (6-28)
\end{aligned}
$$

供应链在真实成本下的期望收益模型为：

$$\pi_h^{upo}(c_s) = \int_0^{(q(c_s)-m(c_s))} \{[p_0 + a(x - q(c_s))]x + v[q(c_s) - x] - c_r[q(c_s) - m(c_s)]\}h(x)\mathrm{d}x + \int_{((q(c_s)-m(c_s)))}^{q(c_s)} \{\{p_0 + a[x - q(c_s)]\}x + v[q(c_s) - x] - c_r x\}h(x)\mathrm{d}x + \int_{q(c_s)}^{\infty} \{\{p_0 + a[x - q(c_s)]\}q(c_s) - c_r q(c_s) - (g_r + g_s)[x - q(c_s)]\}h(x)\mathrm{d}x - c_s q(c_s) \qquad (6-29)$$

零售商可以采用 Myerson 显示机理理论，设置参与约束和激励约束，让隐藏零售成本的供应商报出自己的真实销售成本，使供应商得到的收益是高于谎报销售成本时的期望收益，那么供应商就会选择放弃谎报零售成本。此时的收益也是大于信息对称下的期望收益，这才能体现零售商的成本信息价值。假设 $\pi_s^{up\min}$ 是供应商在信息对称下的期望收益，也是在信息不对称下的谎报零售成本最低期望收益。如果零售商设置的机制使供应商获得收益低于这个最低期望收益，那么供应商就会拒绝与零售商合作，不接受此契约。

在零售成本信息不对称时，采用看跌期权数量折扣契约的零售商优化模型为：

$$\max_w \pi_r^{upo}(c_s) = \int_{c_{s1}}^{c_{s2}} \left\{ \int_0^{(q(c_s)-m(c_s))} \{[p_0 + a(x - q(c_s))]x + v[(q(c_s) - m(c_s)) - x] + (w_{ep} - w_2)m(c_s) - [c_r + w(q(c_s))][q(c_s) - m(c_s)]\}h(x)\mathrm{d}x + \int_{(q(c_s)-m(c_s))}^{q(c_s)} \{\{p_0 + a[x - q(c_s)]\}x + (w_{ep} - w_2)[q(c_s) - x] - [c_r + w(q(c_s))]x\}h(x)\mathrm{d}x + \int_{q(c_s)}^{\infty} \{\{p_0 + a[x - q(c_s)]\}q(c_s) - [c_r + w(q(c_s))]q(c_s) - g_r[x - q(c_s)]\}h(x)\mathrm{d}x \right\} y(c_s)\mathrm{d}c_s - w_0 m(c_s) \qquad (6-30)$$

参与约束：s. t. $(IR)\ \pi_s^{upo}(c_s) \geqslant \pi_s^{upo}(c_s)^{\min}$

激励约束：$(IC)\ \pi_s^{upo}(c_s) \geqslant \pi_s^{upo}(\tilde{c}_s)$

对式（6-28）求 $\tilde{c}_s$ 的导数，令导数为零，并令导数在 $\hat{c}_s = c_s$ 时取零，此时供应商报出自己真实零售成本时其收益最大。

$$\left.\frac{\partial \pi_s^{upo}(\hat{c}_s)}{\partial \hat{c}_s}\right|_{c_s = \hat{c}_s} = \left[w(q(\tilde{c}_s))(q(\tilde{c}_s) - m(\tilde{c}_s)) + (v - w_{ep} + w_2)m(\tilde{c}_s)\right]$$

$$h(q(\tilde{c}_s) - m(\tilde{c}_s))\frac{\partial(q(\tilde{c}_s) - m(\tilde{c}_s))}{\partial \tilde{c}_s} +$$

$$\int_0^{q(\tilde{c}_s) - m(\tilde{c}_s)} \left[\frac{\partial w(q(\tilde{c}_s))}{\partial q(\tilde{c}_s)}\frac{\partial q(\tilde{c}_s)}{\partial \tilde{c}_s}(q(\tilde{c}_s) - m(\tilde{c}_s)) +\right.$$

$$w(q(\tilde{c}_s))\frac{\partial(q(\tilde{c}_s) - m(\tilde{c}))}{\partial \tilde{c}_s} + (v - w_{ep} + w_2)\frac{\partial m(\tilde{c}_s)}{\partial \tilde{c}_s}\Big]$$

$$h(x)\,\mathrm{d}x + w(q(\tilde{c}_s))q(\tilde{c}_s)h[q(\tilde{c}_s)]\frac{\partial q(\tilde{c}_s)}{\partial \tilde{c}_s} -$$

$$\left[w(q(\tilde{c}_s))(q(\tilde{c}_s) - m(\tilde{c}_s)) + vm(\tilde{c}_s) - (w_{ep} -\right.$$

$$w_2)m(\tilde{c}_s)\big]h[q(\tilde{c}_s) - m(\tilde{c}_s)]\frac{\partial(q(\tilde{c}_s) - m(\tilde{c}_s))}{\partial \tilde{c}_s} +$$

$$\int_{q(\tilde{c}_s) - m(\tilde{c}_s)}^{q(\tilde{c}_s)} \left[\left(\frac{\partial w(q(\tilde{c}_s))}{\partial q(\tilde{c}_s)}\frac{\partial q(\tilde{c}_s)}{\partial \tilde{c}_s}x + v\frac{\partial q(\tilde{c}_s)}{\partial \tilde{c}_s} - (w_{ep} -\right.\right.$$

$$w_2)\frac{\partial q(\tilde{c}_s)}{\partial \tilde{c}_s}\Big)h(x)\Big]\mathrm{d}x - w(q(\tilde{c}_s))q(\tilde{c}_s)h[q(\tilde{c}_s)]\frac{\partial q(\tilde{c}_s)}{\partial \tilde{c}_s} +$$

$$\int_{q(\hat{c}_s)}^{\infty} \left[\frac{\partial w(q(\tilde{c}_s))}{\partial q(\tilde{c}_s)}\frac{\partial q(\tilde{c}_s)}{\partial \tilde{c}_s} + w(q(\tilde{c}_s))\frac{\partial(q(\tilde{c}_s))}{\partial \tilde{c}_s} +\right.$$

$$g_s\frac{\partial q(\tilde{c}_s)}{\partial \tilde{c}_s}\Big]h(x)\,\mathrm{d}x - c_s\frac{\partial q(\tilde{c}_s)}{\partial \tilde{c}_s} + w_0\frac{\partial m(\tilde{c}_s)}{\partial \tilde{c}_s} = 0$$

$$(6-31)$$

再对 $\pi_s^a(c_s)$ 求 c_s 的一阶导数，得：

$$\frac{\partial \pi_s^{upo}(c_s)}{\partial c_s} = \left[w(q(c_s))(q(c_s) - m(c_s)) + (v - w_{ep} + w_2)m(c_s)\right]h(q(c_s) -$$

$$m(c_s))\frac{\partial(q(c_s) - m(c_s))}{\partial c_s} + \int_0^{q(c_s) - m(c_s)} \left[\frac{\partial w(q(c_s))}{\partial q(c_s)}\frac{\partial q(c_s)}{\partial c_s}\right.$$

$$
\begin{aligned}
&(q(c_s) - m(c_s)) + w(q(c_s))\frac{\partial(q(c_s) - m(c_s))}{\partial c_s} + (v - w_{ep} + \\
&w_2)\frac{\partial m(c_s)}{\partial c_s}\Big] h(x)dx + w(q(c_s))q(c_s)h[q(c_s)]\frac{\partial q(c_s)}{\partial c_s} - \\
&q(c_s) - [w(q(c_s))(q(c_s) - m(c_s)) + vm(c_s) - (w_{ep} - \\
&w_2)m(c_s)]h[q(c_s) - m(c_s)]\frac{\partial(q(c_s) - m(c_s))}{\partial c_s} + \\
&\int_{q(c_s) - m(c_s)}^{q(c_s)} \Big[\Big(\frac{\partial w(q(c_s))}{\partial q(c_s)}\frac{\partial q(c_s)}{\partial c_s}x + v\frac{\partial q(c_s)}{\partial c_s} - (w_{ep} - \\
&w_2)\frac{\partial q(c_s)}{\partial c_s}\Big)h(x)\Big]dx - w(q(c_s))q(c_s)h[q(c_s)]\frac{\partial q(c_s)}{\partial c_s} + \\
&\int_{q(c_s)}^{\infty} \Big[\frac{\partial w(q(c_s))}{\partial q(c_s)}\frac{\partial q(c_s)}{\partial c_s} + w(q(c_s))\frac{\partial(q(c_s))}{\partial c_s} + \\
&g_s\frac{\partial q(c_s)}{\partial c_s}\Big]h(x)dx - c_s\frac{\partial q(c_s)}{\partial c_s} + w_0\frac{\partial m(c_s)}{\partial c_s} = - q(c_s) < 0
\end{aligned}
$$

$$(6-32)$$

由于式（6-32）必小于零，在生产成本信息不对称条件下，$\pi_s^a(c_s)$ 是关于真实成本的单调递减函数，因此供应商的目标期望收益最低临界值将在 c_{s2} 处取到，即 $\pi_s^{upo\{min\}} = \pi_s^{upo}(c_{s2})$。

据此，可知：

$$
\begin{aligned}
\max_w \pi_r^{upo}(c_s) &= \int_{c_{s1}}^{c_{s2}} [\pi_h^{upo}(c_s) - \pi_s^{upo}(c_s)]y(c_s)dc_s \\
&= \int_{c_{s1}}^{c_{s2}} \Big[\pi_h^{upo}(c_s) - \frac{Y(c_s)}{y(c_s)}q(c_s)\Big]dY(c_s) - \pi_s^{upo\{min\}} \\
&= \int_{s_1}^{c_{s2}} \Big\{\int_0^{q-m} [(p_0 + a(x-q))x + v(q-x) - c_r(q - \\
&\quad m)]h(x)dx + \int_{q-m}^{q}\{[p_0 + a(x-q)]x + v(q-x) - \\
&\quad c_r x\}h(x)dx + \int_q^{\infty}\{[p_0 + a(x-q)]q - c_r q - g_h(x-q)\} \\
&\quad [h(x)dx - c_s q] - \frac{Y(c_s)}{y(c_s)}q(c_s)\Big\}dY(c_s) - \pi_s^{upo\{min\}}
\end{aligned}
$$

$$(6-33)$$

对式（6-33）求关于 q 的导数，并令导数等于零，可求出供应链最优

订货量 $q_3^{upo\,*}$ 。

$$
\int_0^{q(c_s)-m(c_s)} \big[\,(-ax + v - C_r)h(x)\,\big]h(x)\,\mathrm{d}x + \int_{q(c_s)-m(c_s)}^{q(c_s)} \big[\,(-ax + v)h(x)\,\big]\mathrm{d}x +
$$

$$
\int_{q(c_s)}^{\infty} \big[\,(-2aq(c_s) + ax + p_0 - c_r + g_h)h(x)\,\big]\mathrm{d}x - c_s -
$$

$$
\frac{Y(c_r)}{y(c_r)}\Big[\int_0^{q(c_s)-m(c_s)} h(x)\,\mathrm{d}x + \int_{q(c_s)}^{\infty} h(x)\,\mathrm{d}x\Big] = 0 \qquad (6-34)
$$

对式（6-33）求关于 m 的导数，令它的导数等于零，可求出供应链最优期权执行购买量 $m_3^{upo\,*}$ 。

$$
\int_0^{q(c_s)-m(c_s)} c_r h(x)\,\mathrm{d}x + (30 - c_r)\int_0^{q(c_s)-m(c_s)} h(x)\,\mathrm{d}x = 0 \qquad (6-35)
$$

在信息不对称时，只有供应商隐藏成本信息，则只需要联立供应商期望收益式（6-27）和式（6-35），通过化简可得批发价表达式：

$$
\begin{aligned}
w(q(c_s)) &= -\Bigg[\frac{\int_0^{q(c_s)-m(c_s)}(vx - (w_{ep} - w_2)m(c_s))h(x)\,\mathrm{d}x + \int_{q(c_s)-m(c_s)}^{q(c_s)}(v - w_{ep} + w_2)(q(c_s) - m(c_s))h(x)\,\mathrm{d}x}{\int_0^{q(c_s)-m(c_s)}(q(c_s) - m(c_s))h(x)\,\mathrm{d}x + \int_{q(c_s)-m(c_s)}^{q(c_s)} xh(x)\,\mathrm{d}x + \int_{q(c_s)}^{\infty} q(c_s)h(x)\,\mathrm{d}x} - \\
&\qquad \frac{\int_{q(c_s)}^{\infty} g_s(x - q(c_s))h(x)\,\mathrm{d}x + c_r q(c_s) + \dfrac{Y(c_S)}{y(c_S)}q - \dfrac{w_0 m(c_s) - \pi_s^{upo\{\min\}}}{Y(c_{S2}) - Y(c_{S1})}}{\int_0^{q(c_s)-m(c_s)}(q(c_s) - m(c_s))h(x)\,\mathrm{d}x + \int_{q(c_s)-m(c_s)}^{q(c_s)} xh(x)\,\mathrm{d}x + \int_{q(c_s)}^{\infty} q(c_s)h(x)\,\mathrm{d}x}\Bigg] \\[6pt]
&= -\Bigg[\frac{\int_0^{q(c_s)-m(c_s)}(vx - (w_{ep} - w_2)m(c_s))h(x)\,\mathrm{d}x + \int_{q(c_s)-m(c_s)}^{q(c_s)}(v - w_{ep} + w_2)(q(c_s) - m(c_s))h(x)\,\mathrm{d}x}{\int_0^{q(c_s)-m(c_s)}(q(c_s) - m(c_s))h(x)\,\mathrm{d}x + \int_{q(c_s)-m(c_s)}^{q(c_s)} xh(x)\,\mathrm{d}x + \int_{q(c_s)}^{\infty} q(c_s)h(x)\,\mathrm{d}x} - \\
&\qquad \frac{\int_{q(c_s)}^{\infty} g_s(x - q(c_s))h(x)\,\mathrm{d}x + c_r q(c_s) + \dfrac{Y(c_S)}{y(c_S)}q - \dfrac{w_0 m(c_s) - \pi_s^{upo}(c_{S2})}{Y(c_{S2}) - Y(c_{S1})}}{\int_0^{q(c_s)-m(c_s)}(q(c_s) - m(c_s))h(x)\,\mathrm{d}x + \int_{q(c_s)-m(c_s)}^{q(c_s)} xh(x)\,\mathrm{d}x + \int_{q(c_s)}^{\infty} q(c_s)h(x)\,\mathrm{d}x}\Bigg]
\end{aligned} \qquad (6-36)
$$

算例分析：假设某种应急物资，市场稳定状态下单位市场零售价 $p_0 = 120$ 元，边际销售成本 $c_s = 50$ 元，零售商单位销售成本 $c_r = 30$ 元，单位产品残值 $v = 20$ 元，供售双方的缺货单位成本分别为 $g_s = 2$ 元和 $g_r = 3$ 元，市场规模系数 $a = 0.004$ 。突发事件发生情况下，商品价格随机且市场需求服从 $X \sim N(20000, 400^2)$ 正态分布。当市场呈看跌趋势时实际批发价为 $w_2 = 55$ 元，看跌期权执行价格 $w_{ep} = 65$ 元，单位期权费用 $w_0 = 5$ 元。

当生产信息不对称时，c_s 在区间 $[48, 52]$、$[46, 54]$、$[44, 56]$

上服从均匀分布。表 6 - 2 中的数据是采用了 Wolfram Mathematica 数据仿真软件进行计算得出的结果，分析了在看跌期权契约下突发事件引起需求和价格随机时最优订货量、期权最优购买量、最优批发价及最优收益，分析当生产成本信息不对称时看跌数量折扣期权契约下供应链系统协调的情况。

表 6 - 2　　　　　　　　　生产成本信息不对称时看跌期权模式下供应链协调

信息状况	突发事件状况	$[c_{s_1},\ c_{s_2}]$	最优订货量	期权最优购买量	最优批发价	零售商收益	供应商收益	供应链收益
信息不对称	生产成本信息不对称	[48, 52]	10537	10537	75.888	1391850	2970780	4362630
		[46, 54]	10512	10512	78.006	1177600	3184950	4362550
		[44, 56]	10487	10487	80.122	946580	3397850	4362430

从表 6 - 2 中的纵向信息比较可知，价格随机看跌期权数量折扣契约在生产信息不对称的情况下，零售商所预测的供应成本区间 [48，52] 的最佳订货量和最佳期权购买量为 10537，供应成本区间 [46，54] 的最佳订货量和最佳期权购买量为 10512，供应成本区间 [44，56] 的最佳订货量和最佳期权购买量为 10487，对比三组供应成本区间对应最佳订货量和最佳期权购买量的数据可知，看跌期权数量折扣契约在生产信息不对称下最佳订货量和最佳期权购买量随着零售商所预测的供应成本区间的扩大而减少。当生产信息不对称时，供应成本区间 [48，52] 的最优批发价为 75.888，供应成本区间 [46，54] 的最优批发价为 78.006，供应成本区间 [44，56] 的最优批发价为 80.122，对比三组供应成本区间对应最优批发价的数据可知，看跌期权数量折扣契约在生产信息不对称下最优批发价随着零售商所预测的供应成本区间的扩大而增加。当生产信息不对称时，供应成本区间 [48，52] 的零售商收益为 1391850，供应成本区间 [46，54] 的零售商收益为 1177600，供应成本区间 [44，56] 的零售商收益为 946580，对比三组供应成本区间对应零售商收益的数据可知，看跌期权数量折扣契约在生产信息不对称下零售商收益随着零售商所预测的供应成本区间的扩大而减少。当生产信息不对称时，供应成本区间 [48，52] 的供应商收益为 2970780，供应成本区间 [46，54] 的供应商收益为 3184950，

供应成本区间［44，56］的供应商收益为3397850，对比三组供应成本区间对应供应商收益的数据可知，看跌期权数量折扣契约在生产信息不对称下供应商收益随着零售商所预测的供应成本区间的扩大而增加。当生产信息不对称时，供应成本区间［48，52］的供应链收益为4362630，供应成本区间［46，54］的供应链收益为4362550，供应成本区间［44，56］的供应链收益为4362430，对比三组供应成本区间对应供应链收益的数据可知，看跌期权数量折扣契约在生产信息不对称下供应链收益随着零售商所预测的供应成本区间的扩大而减少。

从表6－2中横向信息比较可知，价格随机看跌期权数量折扣契约在生产信息不对称的情况下，零售商所预测的供应成本区间［48，52］的最佳订货量和最佳期权购买量均为10537，当区间扩大为［46－54］或［44－56］时，最佳订货量为和最佳期权购买量为10512、10487，由此可知在任意零售商所预测的供应成本区间内价格随机看跌期权数量折扣契约在生产信息不对称下的最佳订货量和最佳期权购买量均相等。此外，当生产信息不对称时，供应成本区间［48，52］中零售商收益为1391850、供应商收益为2970780，供应商收益明显大于零售商收益，当区间扩大为［46，54］或［44，56］时，零售商收益分别为1177600和946580，供应商收益分别为3184950和3397850，供应商收益均明显大于零售商收益，由此在生产信息不对称的情况下，供应商隐瞒真实生产成本能够获取更高利润收益，且对零售商收益存在显著不利影响。

总而言之，由看跌期权数量折扣契约在生产信息不对称下最佳订货量随着零售商所预测的供应成本区间的扩大而减少可以得知，由于零售商对供应商的隐藏成本不能准确预判，理性人零售商为了保证自己的收益会减少订货量。在看跌期权数量折扣契约下，最佳期权购买量也随着制造商预测的供应成本区间的扩大而减少。随着供应成本区间的扩大，增加了供应商隐藏供应成本的优势，看跌期权数量弹性供应商的期望收益都随着供应成本区间的增大而增大，供应链的收益也随着供应成本区间的扩大而增加。此外，在生产信息不对称的情况下，供应商隐瞒真实生产成本能够获取更高利润收益，且对零售商收益存在显著不利影响。

6.2.2 价格随机下销售成本信息不对称的看跌期权折扣契约

零售商是拥有私人信息的理性的市场跟随者，谎报销售成本可以使其获得更大收益，能在与市场主导者供应商博弈中获得更多优势，会使零售商有谎报销售成本的动机。供应商作为主导者，会因为零售商谎报销售成本而处于不利地位，供应商需要根据市场需求对销售成本进行预测，假设销售成本 c_r 在 $[c_{r1}, c_{r2}]$ 区间上是服从均匀分布，分布函数为 $Y(c_r)$，密度函数为 $y(c_z)$，且 $\dfrac{Y(c_r)}{y(c_r)}$ 随着 c_r 的增大而变大。在零售商谎报零售成本时，会造成批发价和订货量产生变化，批发价由真实销售成本时的 $w(c_r)$ 变为 $w(\tilde{c}_r)$，订货量由真实成本时的 $q(c_r)$ 变成 $q(\tilde{c}_r)$。销售成本不对称信息下采用看跌期权数量折扣契约应对市场需求、市场价格变化导致供应链不协调问题。

供应商在应对突发事件且零售商隐藏销售成本时，采用看跌数量折扣契约的期望收益模型为：

$$
\begin{aligned}
\pi_s^{upo}(c_r) = \int_{c_{r1}}^{c_{r2}} \Bigg\{ & \int_0^{(q(c_r)-m(c_r))} \{ w(q(c_r))[q(c_r) - m(c_r) + v[q(x) - (q(c_r) - \\
& m(c_r))]] - (w_{ep} - w_2)m(c_r) \} h(x)\,\mathrm{d}x + \int_{q(c_r)-m(c_r)}^{q(c_r)} \{ w(q(c_r))x + \\
& v[q(c_r) - x] - (w_{ep} - w_2)[q(c_r) - x] \} h(x)\,\mathrm{d}x + \\
& \int_{q(c_r)}^{\infty} \{ w(q(c_r))q(c_r) - g_s[x - q(c_r)] \} h(x)\,\mathrm{d}x - \\
& c_s q(c_r) \Bigg\} y(c_r)\,\mathrm{d}c_r + w_0 m(c_r)
\end{aligned}
\tag{6-37}
$$

零售商在报出虚假成本时的看跌数量折扣契约期望收益模型为：

$$
\begin{aligned}
\pi_r^{upo}(\tilde{c}_r) = \int_0^{(q(\tilde{c}_r)-m(\tilde{c}_r))} \Big\{ & [p_0 + a(x - q(\tilde{c}_r))]x + v[(q(\tilde{c}_r) - m(\tilde{c}_r)) - \\
& x] + (w_{ep} - \omega_2)m(\tilde{c}_r) - [c_r + w(q(\tilde{c}_r))][q(\tilde{c}_r) - \\
& m(\tilde{c}_r)] \Big\} h(x)\,\mathrm{d}x + \int_{q(\tilde{c}_r)-m(\tilde{c}_r)}^{q(\tilde{c}_r)} \{ [p_0 + a(x - q(\tilde{c}_r))]x + \\
& (w_{ep} - w_2)[q(\tilde{c}_r) - x] - [c_r + w(q(\tilde{c}_r))]x \} h(x)\,\mathrm{d}x +
\end{aligned}
$$

$$\int_{q(\widetilde{c}_r)}^{\infty}\{[p_0 + a(x - q(\widetilde{c}_r))]q(\widetilde{c}_r) - [c_r + w(q(\widetilde{c}_r))]q(\widetilde{c}_r) -$$

$$g_r[x - q(\widetilde{c}_r)]\}h(x)\mathrm{d}x - w_0 m(\widetilde{c}_r) \qquad (6-38)$$

供应链在真实成本下的看跌数量折扣契约期望收益为：

$$\pi_h^{upo}(c_r) = \int_0^{(q(c_r)-m(c_r))}\{[p_0 + a(x - q(c_r))]x + \nu[q(c_r) - x] - c_r[q(c_r) -$$

$$m(c_r)]\}h(x)\mathrm{d}x + \int_{(q(c_r)-m(c_r))}^{q(c_r)}\{[p_0 + a(x - q(c_r))]x + \nu[q(c_r) -$$

$$x] - c_r x\}h(x)\mathrm{d}x + \int_{q(c_r)}^{\infty}\{[p_0 + a(x - q(c_r))]q(c_r) - c_r q(c_r) -$$

$$g_h[x - q(c_r)]\}h(x)\mathrm{d}x - c_s q(c_r) \qquad (6-39)$$

供应商是市场主导者，可以根据 Myerson 显示机理设置机制，在突发事件发生后，零售商能如实报出真实的成本。通过设置参与约束与激励约束，需要确保真实成本下的期望收益高于谎报时的收益，但真实成本下的收益又必须高于信息对称下的期望收益，如若不能，零售商就不会与供应商达成合约。

当销售成本信息不对称，采用看跌期权数量折扣契约的供应商优化模型为：

$$\max_w \pi_s^{upo}(c_r) = \int_{c_{r1}}^{c_{r2}}\{\int_0^{(q(c_r)-m(c_r))}\{w(q(c_r))[q(c_r) - m(c_r)] + \nu[q(x) -$$

$$(q(c_r) - m(c_r))] - (w_{ep} - w_2)m(c_r)\}h(x)\mathrm{d}x +$$

$$\int_{(q(c_r)-m(c_r))}^{q(c_r)}\{w(q(c_r))x + \nu[q(c_r) - x] - (w_{ep} - w_2)[q(c_r) -$$

$$x]\}h(x)\mathrm{d}x + \int_{q(c_r)}^{\infty}\{w(q(c_r))q(c_r) - g_s[x - q(c_r)]\}$$

$$h(x)\mathrm{d}x - c_s q(c_r)\}y(c_r)\mathrm{d}c_r + w_0 m(c_r) \qquad (6-40)$$

参与约束：s. t. $(IR)\pi_r^{upo}(c_r) \geqslant \pi_r^{upo}(c_r)^{\min}$

激励约束：$(IC)\pi_r^{upo}(c_r) \geqslant \pi_r^{upo}(\widetilde{c}_r)$

根据激烈约束可得，零售商报出真实的销售成本信息时，就只有零售商在让谎报成本信息的收益低于真实成本时的收益。因此，对式（6-38）求关于 $\widetilde{c}_r$ 的导数，令其导数在 $\hat{c}_r = c_r$ 时取零，约简后得：

$$\frac{\partial \pi_r^{upo}(\hat{c}_r, c_r)}{\partial \hat{c}_r}\bigg|_{\hat{c}_r = c_r} = \{[p_0 - am(\hat{c}_r)][q(\hat{c}_r) - m(\hat{c}_r)] + (w_{ep} - w_2)m(\hat{c}_r) -$$

$$[c_r + w(q(\hat{c}_r))][q(\hat{c}_r) - m(\hat{c}_r)]\}h[q(\hat{c}_r) - m(\hat{c}_r)]$$

$$\frac{\partial(q(\hat{c}_r) - m(\hat{c}_r))}{\partial \hat{c}_r} + \int_0^{q-m}\left[-ax\frac{\partial q(\hat{c}_r)}{\partial \hat{c}_r} +\right.$$

$$v\frac{\partial(q(\hat{c}_r) - m(\hat{c}_r))}{\partial \hat{c}_r} + (w_{ep} - w_2)\frac{\partial m(\hat{c}_r)}{\partial \hat{c}_r} -$$

$$\frac{\partial w(q(\hat{c}_r))}{\partial q(\hat{c}_r)}\frac{\partial q(\hat{c}_r)}{\partial \hat{c}_r}(q(\hat{c}_r) - m(\hat{c}_r)) - (c_r +$$

$$w(q))\frac{\partial(q(\hat{c}_r) - m(\hat{c}_r))}{\partial \hat{c}_r}\bigg]h(x)\mathrm{d}x + [p_0 q(\hat{c}_r) - (c_r +$$

$$w(q(\hat{c}_r)))q(\hat{c}_r)]h(q(\hat{c}_r))\frac{\partial(q(\hat{c}_r))}{\partial \hat{c}_r} - [(p_0 - am(\hat{c}_r))$$

$$(q(\hat{c}_r) - m(\hat{c}_r)) + (w_{ep} - w_2)m(\hat{c}_r) - (c_r +$$

$$w(q(\hat{c}_r)))(q(\hat{c}_r) - m(\hat{c}_r)]h(q(\hat{c}_r) - m(\hat{c}_r))$$

$$\frac{\partial(q(\hat{c}_r) - m(\hat{c}_r))}{\partial \hat{c}_r} + \int_{q-m}^{q}\left[-ax\frac{\partial q(\hat{c}_r)}{\partial \hat{c}_r} + (w_{ep} - w_2)\frac{\partial q(\hat{c}_r)}{\partial \hat{c}_r} -\right.$$

$$x\frac{\partial w(q(\hat{c}_r))}{\partial q(\hat{c}_r)}\frac{\partial q(\hat{c}_r)}{\partial \hat{c}_r}\bigg]h(x)\mathrm{d}x - [(p_0 q(\hat{c}_r) - (c_r +$$

$$w(q(\hat{c}_r)))q(\hat{c}_r)]h(q(\hat{c}_r))\frac{\partial(q(\hat{c}_r))}{\partial \hat{c}_r} + \int_q^{\infty}\left[(-a + p_0 +\right.$$

$$a(x - q(\hat{c}_r)))\frac{\partial q(\hat{c}_r)}{\partial \hat{c}_r} - \frac{\partial w(q(\hat{c}_r))}{\partial q(\hat{c}_r)}\frac{\partial q(\hat{c}_r)}{\partial \hat{c}_r}q(\hat{c}_r) - (c_r +$$

$$w(q(\hat{c}_r)))\frac{\partial q(\hat{c}_r)}{\partial \hat{c}_r}\bigg]h(x)\mathrm{d}x - w_0\frac{\partial m(\hat{c}_r)}{\partial \hat{c}_r} = 0$$

$$(6-41)$$

将式（6-41）代入式（6-39）左边，再对 c_r 求导可得：

$$\frac{\partial \pi_r^{upo}(c_r)}{\partial c_r} = \{[p_0 - am(c_r)][q(c_r) - m(c_r)] + (w_{ep} - w_2)m(c_r) - [c_r +$$

$$w(q(c_r))][q(c_r) - m(c_r)]\}h[q(c_r) - m(c_r)]\frac{\partial(q(c_r) - m(c_r))}{\partial c_r} +$$

$$\int_0^{q(c_r) - m(c_r)}\left[-ax\frac{\partial q(c_r)}{\partial c_r} + v\frac{\partial(q(c_r) - m(c_r))}{\partial c_r} + (w_{ep} - \right.$$

$$w_2)\frac{\partial m(c_r)}{\partial c_r} - \frac{\partial w(q(c_r))}{\partial q(c_r)}\frac{\partial q(c_r)}{\partial c_r}(q(c_r) - m(c_r)) - (c_r +$$

$$\left. w(q))\frac{\partial(q(c_r) - m(c_r))}{\partial c_r}\right]h(x)\,\mathrm{d}x + [p_0 q(c_r) - (c_r +$$

$$w(q(c_r)))q(c_r)]h(q(c_r))\frac{\partial(q(c_r))}{\partial c_r} - [(p_0 - am(c_r))$$

$$(q(c_r) - m(c_r)) + (w_{ep} - w_2)m(c_r) - (c_r + w(q(c_r)))$$

$$(q(c_r) - m(c_r))]h(q(c_r) - m(c_r))\frac{\partial(q(c_r) - m(c_r))}{\partial c_r} +$$

$$\int_{q(c_r) - m(c_r)}^{q(c_r)}\left[-ax\frac{\partial q(c_r)}{\partial c_r} + (w_{ep} - w_2)\frac{\partial q(c_r)}{\partial c_r} - x\frac{\partial w(q(c_r))}{\partial q(c_r)}\frac{\partial q(c_r)}{\partial c_r}\right]$$

$$h(x)\,\mathrm{d}x - [(p_0 q(c_r) - (c_r + w(q(c_r)))q(c_r)]h(q(c_r))$$

$$\frac{\partial(q(c_r))}{\partial c_r} + \int_{q(c_r)}^{\infty}\left[(-a + p_0 + a(x - q(c_r)))\frac{\partial q(c_r)}{\partial(c_r)} - \right.$$

$$\left.\frac{\partial w(q(c_r))}{\partial q(c_r)}\frac{\partial q(c_r)}{\partial c_r}q(c_r) - (c_r + w(q(c_r)))\frac{\partial q(c_r)}{\partial c_r}\right]h(x)\,\mathrm{d}x -$$

$$w_0\frac{\partial m(c_r)}{\partial\hat{c}_r} = -\left[\int_0^{q(c_r) - m(c_r)}(q(c_r) - m(c_r))h(x)\,\mathrm{d}x + \right.$$

$$\left.\int_{q(c_r) - m(c_r)}^{q(c_r)}xh(x)\,\mathrm{d}x + \int_{q(c_r)}^{\infty}q(c_r)h(x)\,\mathrm{d}x\right] < 0 \qquad (6-42)$$

由于式（6-42）必小于零，$\pi_r^{upo}(c_r)$ 随 c_r 的增大而减少，而 c_r 在 $[c_{r1}, c_{r2}]$ 区间上变化，所以 $c_r = c_{r2}$ 时，$\pi_r^{upo}(c_r)$ 最小，即 $\pi_r^{upo}(c_{r2}) = \pi_r^{upo\{\min\}}$。

对式（6-42）两边求关于 $[c_{r1}, c_{r2}]$ 的积分得：

$$\pi_r^{upo}(c_r) = \int_{c_{r1}}^{c_{r2}}\left\{\int_0^{q(c_r) - m(c_r)}[q(c_r) - m(c_r)]h(x)\,\mathrm{d}x\mathrm{d}Y(c_r) + \pi_r^{upo\{\min\}} + \right.$$

$$\left.\int_{q(c_r) - m(c_r)}^{q(c_r)}xh(x)\,\mathrm{d}x + \int_{q(c_r)}^{\infty}q(c_r)h(x)\,\mathrm{d}x\right\} \qquad (6-43)$$

将式（6-43）代入式（6-41）可得：

$$\max_{w}\pi_s^{upo}(c_r) = \int_{c_{r1}}^{c_{r2}}\big[\pi_h^{upo}(c_r) - \pi_r^{upo}(c_r)\big]\mathrm{d}Y(c_r) = \int_{c_{r1}}^{c_{r2}}\pi_h^{upo}(c_r)\mathrm{d}Y(c_r) -$$

$$\big[\pi_r^{upo}(c_r)Y(c_r)\big|_{c_{r1}}^{c_{r2}} - \int_{c_{r1}}^{c_{r2}}Y(c_r)\mathrm{d}(\pi_r^{upo}(c_r))\big]$$

$$= \int_{c_{r1}}^{c_{r2}}\pi_h^{upo}(c_r)\mathrm{d}Y(c_r) - \pi_r^{upo}(c_r)Y(c_r)\big|_{c_{r1}}^{c_{r2}} + \int_{c_{r1}}^{c_{r2}}\{Y(c_r)$$

$$\big[\int_0^{q(c_r)-m(c_r)}(q(c_r)-m(c_r))h(x)\mathrm{d}x +$$

$$\int_{q(c_r)-m(c_r)}^{q(c_r)}xh(x)\mathrm{d}x + \int_{q(c_r)}^{\infty}q(c_r)h(x)\mathrm{d}x)\big]\}\mathrm{d}(c_r)$$

$$= \int_{c_{r1}}^{c_{r2}}\Big\{\pi_h^{upo}(c_r) - \frac{Y(c_r)}{y(c_r)}\big[\int_0^{q(c_r)-m(c_r)}(q(c_r)-m(c_r))h(x)\mathrm{d}x +$$

$$\int_{q(c_r)-m(c_r)}^{q(c_r)}xh(x)\mathrm{d}x + \int_{q(c_r)}^{\infty}q(c_r)h(x)\mathrm{d}x\big]\Big\}\mathrm{d}Y(c_r) - \pi_r^{upo\{\min\}}(c_r)$$

$$(6-44)$$

对式（6-39）求关于 q 的导数，当其导数等于零时，可求出供应链最优订货量 q_4^{upo*}：

$$[p_0 - am(c_r)][q(c_r)-m(c_r)] + vm(c_r) - c_r[q(c_r)-m(c_r)]h[q(c_r)-$$

$$m(c_r)] + \int_0^{q(c_r)-m(c_r)}[(-ax+v)h(x)]\mathrm{d}x + [p_0q(c_r)-c_rq(c_r)]h[q(c_r)] -$$

$$[(p_0-am(c_r))(q(c_r)-m(c_r)) + vm(c_r) - c_r(q(c_r)-m(c_r))]h[(q(c_r)-$$

$$m(c_r))] + \int_{q(c_r)-m(c_r)}^{q(c_r)}[(-ax+v)h(x)]\mathrm{d}x - [p_0q(c_r)-c_rq(c_r)]h[q(c_r)] +$$

$$\int_{q(c_r)}^{\infty}[(-2aq(c_r)+ax+p_0-c_r+g_h)h(x)]\mathrm{d}x - c_r = 0 \quad (6-45)$$

对式（6-39）对 m 求一阶导数，并令其等于零，可得到供应链的最佳的期权执行购买量 m_4^{upo*}：

$$-[p_0-am(c_r)][q(c_r)-m(c_r)] + vm(c_r) - c_r[q(c_r)-$$

$$m(c_r)]h[q(c_r)-m(c_r)] - \int_0^{q(c_r)-m(c_r)}h(x)\mathrm{d}x +$$

$$[(p_0-am(c_r))][q(c_r)-m(c_r)] + vm(c_r) - c_r[q(c_r)-$$

$$m(c_r))]h[(q(c_r)-m(c_r))] = 0 \quad (6-46)$$

当只有零售商隐藏成本时，联立式（6-37）和式（6-44），可得到价格随机波动造成批发价格变化的表达式：

$$w(q(c_r)) = \cfrac{1}{\int_0^{q(c_r)-m(c_r)} (q(c_r)-m(c_r))h(x)\mathrm{d}x + \int_{q(c_r)-m(c_r)}^{q(c_r)} xh(x)\mathrm{d}x + \int_{q(c_r)}^{\infty} q(c_r)h(x)\mathrm{d}x}$$

$$\left\{ \int_0^{q(c_r)-m(c_r)} \left([p_0 + a(x-q(c_r))]x + v(q(c_r)-x-m(c_r)) - \right. \right.$$

$$\left. c_r(q(c_r)-m(c_r)) + (w_{ep}-w_2)m(c_r) \right\} h(x)\mathrm{d}x + \int_{q(c_r)-m(c_r)}^{q(c_r)} \left\{ [p_0 + \right.$$

$$a(x-q(c_r))]x + (w_{ep}-w_2)[q(c_r)-x] - c_rx \right\} h(x)\mathrm{d}x +$$

$$\int_{q(c_r)}^{\infty} \left\{ [p_0 + a(x-q(c_r))]q(c_r) - c_rq(c_r) - g_r[x-q(c_r)] \right\}$$

$$h(x)\mathrm{d}x - \frac{Y(c_r)}{y(c_r)} \left\{ \int_0^{q(c_r)-m(c_r)} [q(c_r)-m(c_r)]h(x)\mathrm{d}x + \right.$$

$$\int_{q(c_r)-m(c_r)}^{q(c_r)} xh(x)\mathrm{d}x + \int_{q(c_r)}^{\infty} q(c_r)h(x)\mathrm{d}x \right\} - \frac{w_0m(c_r) - \pi_r^{upo|\min|}}{Y(c_{r2}) - Y(c_{r1})}$$

$$(6-47)$$

算例分析：当销售信息不对称时，假设 c_r 在区间 [28，32]、[26，34]、[24，36] 上服从均匀分布。下列数据是采用了 Wolfram Mathematica 数据仿真软件进行计算得出的结果，分析了在看跌期权契约下突发事件引起需求和价格随机时的最优订货量、期权最优购买量、最优批发价及最优收益，分析当销售成本信息不对称时看跌数量折扣期权契约下供应链系统协调的情况，相关数据计算结果见表 6-3。

表 6-3　　　　　　　销售成本信息不对称时看跌期权模式下供应链协调

信息状况	突发事件状况	$[c_{r1}，c_{r2}]$	最优订货量	期权最优购买量	最优批发价	零售商收益	供应商收益	供应链收益
信息不对称	生产成本信息不对称	[28，32]	10537	10537	68.299	4145520	217110	4362630
		[26，34]	10512	10512	70.379	4124230	238320	4362550
		[24，36]	10487	10487	72.458	4103020	259410	4362430

从表 6-3 中的纵向信息比较可知，价格随机看跌期权数量折扣契约在销售信息不对称的情况下，供应商所预测的销售成本区间 [28，32] 的最佳订

货量和最佳期权购买量为10537，销售成本区间［26，34］的最佳订货量和最佳期权购买量为10512，销售成本区间［24，36］的最佳订货量和最佳期权购买量为10487，对比三组销售成本区间对应最佳订货量和最佳期权购买量的数据可知，看跌期权数量折扣契约在销售信息不对称下最佳订货量和最佳期权购买量随着供应商所预测的销售成本区间的扩大而减少。当销售信息不对称时，销售成本区间［28，32］的最优批发价为68.299，销售成本区间［26，34］的最优批发价为70.379，销售成本区间［24，36］的最优批发价为72.458，对比三组销售成本区间对应最优批发价的数据可知，看跌期权数量折扣契约在销售信息不对称下最优批发价随着供应商所预测的销售成本区间的扩大而增加。当销售信息不对称时，销售成本区间［28，32］的零售商收益为4145520，销售成本区间［26，34］的零售商收益为4124230，销售成本区间［24，36］的零售商收益为4103020，对比三组销售成本区间对应零售商收益的数据可知，看跌期权数量折扣契约在销售信息不对称下零售商收益随着供应商所预测的销售成本区间的扩大而减少。当销售信息不对称时，销售成本区间［28，32］的供应商收益为217110，销售成本区间［26，34］的供应商收益为238320，销售成本区间［24，36］的供应商收益为259410，对比三组销售成本区间对应供应商收益的数据可知，看跌期权数量折扣契约在销售信息不对称下供应商收益随着供应商所预测的销售成本区间的扩大而增加。当销售信息不对称时，销售成本区间［28，32］的供应链收益为4362630，销售成本区间［26，34］的供应链收益为4362550，销售成本区间［24，36］的供应链收益为4362430，对比三组销售成本区间对应供应链收益的数据可知，看跌期权数量折扣契约在销售信息不对称下供应链收益随着供应商所预测的销售成本区间的扩大而减少。

从表6-3中横向信息比较可知，价格随机看跌期权数量折扣契约在销售信息不对称的情况下，供应商所预测的销售成本区间［28，32］的最佳订货量和最佳期权购买量均为10537，当区间扩大为［26，34］或［24，36］时，最佳订货量和最佳期权购买量分别为10512、10487，由此可知在任意供应商所预测的销售成本区间内价格随机看跌期权数量折扣契约在销售信息不对称下的最佳订货量和最佳期权购买量均相等。此外，当销售信息不对称时，销售成本区间［28，32］中零售商收益为4145520、供应商收益为868450，零售商收益明显大于供应商收益，但当区间扩大为［26，34］或［24，36］时，零售商收益分别为 4124230 和 4103020，供应商收益分别为 1906560 和 3112960，零售商收益均明显大于供应商收益，由此在销售信息不对称的情况下，零售商隐瞒真实销售成本能够获取更高利润收益，且对供应商收益存在显著不利影响。

总而言之，从看跌期权数量折扣契约在销售信息不对称下最佳订货量随着供应商所预测的销售成本区间的扩大而减少，便可以得知，由于供应商对零售商的隐藏成本不能准确预判，理性人供应商为了保证自己的收益会减少订货量。在看跌期权数量折扣契约下，最佳期权购买量也随着制造商预测的销售成本区间的扩大而减少。此外，在销售信息不对称的情况下，零售商隐瞒真实销售成本能够获取更高利润收益，且对供应商收益存在显著不利影响。

6.2.3　本节结论

本节以最简单的二级供应链为研究对象，研究价格随机波动下信息不对称的供应链协调问题，通过建立看跌数量折扣期权契约模型，分别研究供应成本或销售成本信息不对称下是否存在供应链协调，实现帕累托最优。通过对比分析，得出以下几点结论。

（1）在生产信息不对称时，理性人零售商为了保证自己的收益会减少订货量，从而降低风险。此外，供应商隐瞒真实生产成本能够获取更高利润收益，且对零售商收益存在显著不利影响。

（2）在销售信息不对称时，理性人供应商为了保证自己的收益需要在原来的基础上减少订货量，从而降低风险。此外，零售商隐瞒真实销售成本能够获取更高利润收益，且对供应商收益存在显著不利影响。

（3）在看跌数量折扣期权契约中，无论是生产成本信息不对称还是销售成本信息不对称均存在最佳订货量和最佳期权购买量相等的情况，这意味着最佳期权购买量与市场订货量紧密相关。此外，生产成本信息不对称下的供应链利润收益与销售成本信息不对称下的供应链利润收益相等，即信息不对称下供应链整体利润收益不变。

本节的研究是以突发事件下市场价格随机波动且供应链成员信息不对称为前提，考虑引入看跌期权契约后简单二级供应链的优化协调问题。然而，现实生活中供应链往往是由多部分组成的一个相互影响的复杂系统，供应链面临的市场环境也会更加复杂，使供应链会受到更多因素的影响。因此，本研究考虑的影响因素和假定的前提仍具有一定的局限性，未考虑更为复杂的情况，如供应链成员风险厌恶因素等，研究结论也较为局限，现实参考和指导意义不强。

6.3　价格随机下信息不对称的双向期权折扣契约

商品的市场价格和批发价随着突发事件的发生而产生波动，价格随机波动的方向往往难以预测，市场有可能呈上涨趋势，也可能呈下跌趋势，所以零售商和供应商在对价格预测错误时，会带来巨大损失，使已经不协调的供应链更加不协调。因此需要零售商与供应商共同制定混合期权契约，将看涨期权契约与看跌期权契约相结合，以此来应对市场不确定性带来的市场价格风险和市场需求风险。

在看涨期权中，假设市场需求大于最大订货量 q，当市场呈看涨趋势时，零售商从供应商购买看涨期权，协商的执行价格为 $w_{ec}(w_0 < wec < w_1)$，单位期权价格为 w_0，批发价为 w_1，商品数量为 m，其中 m 在 $[0, m]$ 区间上变化。此时，零售商可以在供应商处购买数量为 $[q, (q+m)]$ 区间内的商品，此时的市场价格与供需量 q 的关系为 $\mathrm{d}p = [p_0 + a(x - (q+m))]\mathrm{d}x$。而在看跌期权中，假设市场需求量小于最低订货量 q，在市场呈看跌趋势时，零售商从供应商处购买看跌期权，期权协商的执行价格为 w_{ep}，单位期权价格为 w_0，批发价为 w_2，商品数量为 m，其中 m 在 $[0, m]$ 区间上变化，而供应商必须以看跌期权执行价与实际市场批发价的差价，即 $w_{ep} - w_2$ 给零售商作为补贴。此时，零售商可以在供应商处购买 $[(q-m), q]$ 数量的商品，此时的市场价格与供需量 q 的关系为 $\mathrm{d}p = [p_0 + a(x-q)]\mathrm{d}x$。

在混合期权契约下，供应链的最大提货量和最小提货量分别为 $(q+m)$ 和 $(q-m)$，此时零售商可在区间 $[(q-m), (q+m)]$ 上灵活订货。对于市场的看涨和看跌趋势，零售商可在 $[0, m]$ 的范围内灵活执行期权。供应链按上述看涨期权契约与看跌期权契约结合运行。

6.3.1　价格随机下供应成本信息不对称的双向期权契约

将 Stackelberg 博弈理论引入二级供应链中，假设零售商作为主导者，可以根据以往市场需求预测供应成本，假设 c_s 在 $[c_{s1}, c_{s2}]$ 上服从均匀分布，分布函数和密度函数分别是 $Y(c_s)$、$y(c_s)$，均值是 $\int_{c_{s1}}^{c_{s2}} c_s f(c_s) \mathrm{d}c_s$，$\dfrac{Y(c_s)}{y(c_s)}$ 随着 c_s 增大而增大。供应商作为市场跟随者具有私人信息即供应成本信息，为了获得更多收益，供应商报出真实供应成本时，批发价为 $w(c_s)$，订货量为 $q(c_s)$，为了获得更大收益而隐藏甚至谎报成本为 $\tilde{c}_s$，谎报供应成本时批发价为 $w(\tilde{c}_s)$，订货量为 $q(\tilde{c}_s)$，这也导致供应链失调。供应成本不对称信息下采用混合期权契约应对价格随机情况下供应链不协调问题。

根据供应链运行模式得到供应成本信息不对称条件下零售商期望利润函数为：

$$
\begin{aligned}
\pi_r^{udo}(c_s) = & \int_{c_{s1}}^{c_{s2}} \Big\{ \int_0^{q(c_s)-m(c_s)} \{\{p_0 + a[x - q(c_s) - m(c_s)]\} x + \nu[q(c_s) - \\
& m(c_s) - x] + (w_{ep} - w_2) m(c_s) - [c_r + w(q(c_s))][q(c_s) - \\
& m(c_s)]\} h(x) \mathrm{d}x + \int_{q(c_s)-m(c_s)}^{q(c_s)} \{\{p_0 + a[x - q(c_s) - m(c_s)]\} x + \\
& (w_{ep} - w_2)[q(c_s) - x] - [c_r + w(q(c_s))] x\} h(x) \mathrm{d}x + \\
& \int_{q(c_s)}^{q(c_s)+m(c_s)} \{\{p_0 + a[x - (q(c_s) + m(c_s))]\} x - (w_{ec})[x - \\
& q(c_s)] - c_r x - w(q(c_s)) q(c_s)\} h(x) \mathrm{d}x + \int_{q(c_s)+m(c_s)}^{\infty} \{\{p_0 + \\
& a[x - (q(c_s) + m(c_s))]\} (q(c_s) + m(c_s)) - w_{ec} m(c_s) - \\
& c_r(q(c_s) + m(c_s)) - w(q(c_s)) q(c_s) - g_r[x - (q(c_s) + \\
& m(c_s))]\} h(x) \mathrm{d}x - 2 w_0 m(c_s) \Big\} y(c_s) \mathrm{d}c_s \qquad (6-48)
\end{aligned}
$$

供应商在报出虚假成本下的期望收益模型为：

$$\pi_s^{udo}(\tilde{c}_s) = \int_0^{q(\tilde{c}_s)-m(\tilde{c}_s)} \{w(q(\tilde{c}_s))[q(\tilde{c}_s)-m(\tilde{c}_s)] + \nu[(q(\tilde{c}_s) +$$

$$m(\tilde{c}_s)) - (q(\tilde{c}_s)-m(\tilde{c}_s))] - (w_{ep}-w_2)m(\tilde{c}_s)\}h(x)dx +$$

$$\int_{q(\tilde{c}_s)-m(\tilde{c}_s)}^{q(\tilde{c}_s)} \{w(q(\tilde{c}_s))x + \nu[(q(\tilde{c}_s)+m(\tilde{c}_s))-x] -$$

$$(w_{ep}-w_2)[q(\tilde{c}_s)-x]\}h(x)dx + \int_{q(\tilde{c}_s)}^{q(\tilde{c}_s)+m(\tilde{c}_s)} \{w(q(\tilde{c}_s))$$

$$q(\tilde{c}_s) + \nu[(q(\tilde{c}_s)+m(\tilde{c}_s))-x] + w_{ec}(x-q(\tilde{c}_s))\}$$

$$h(x)dx + \int_{q(\tilde{c}_s)+m(\tilde{c}_s)}^{\infty} \{w(q(\tilde{c}_s))q(\tilde{c}_s) + w_{ec}m(\tilde{c}_s) -$$

$$g_s[x-(q(\tilde{c}_s)+m(\tilde{c}_s))]\}h(x)dx - c_s(q(\tilde{c}_s) +$$

$$m(\tilde{c}_s)) + 2w_0 m(\tilde{c}_s) \tag{6-49}$$

供应链在报出真实成本下的期望收益模型为：

$$\pi_h^{udo}(c_s) = \int_0^{q(c_s)-m(c_s)} \{\{p_0 + a[x-(q(c_s)+m(c_s))]\}x + \nu[(q(c_s) +$$

$$m(c_s)) - x] - c_r[q(c_s)-m(c_s)]\}h(x)dx + \int_{q(c_s)-m(c_s)}^{q(c_s)} \{\{p_0 +$$

$$a[x-(q(c_s)+m(c_s))]\}x + \nu[(q(c_s)+m(c_s))-x] -$$

$$c_r x\}h(x)dx + \int_{q(c_s)}^{q(c_s)+m(c_s)} \{\{p_0 + a[x-(q(c_s)+m(c_s))]\}x +$$

$$\nu[(q(c_s)+m(c_s))-x] - c_r x\}h(x)dx + \int_{q(c_s)+m(c_s)}^{\infty} \{\{p_0 +$$

$$a[x-(q(c_s)+m(c_s))]\}(q(c_s)+m(c_s)) - c_r(q(c_s) +$$

$$m(c_s)) - g[x-(q(c_s)+m(c_s))]\}h(x)dx -$$

$$c_s[q(c_s)+m(c_s)] \tag{6-50}$$

零售商可以采用 Myerson 显示机理，设置参与约束和激励约束，让隐藏供应成本的供应商报出自己的真实销售成本，使供应商得到的收益高于谎报销售成本时的期望收益，那么供应商就会选择放弃谎报供应成本。此时的收益也大于信息对称下的期望收益，这才能体现零售商的成本信息价值。假设 $\pi_s^{udo|min}$ 是供应商在信息对称下的期望收益，也是在信息不对称下的谎报供应成本时最低期望收益，如果零售商设置的机制使供应商获

得收益低于这个最低期望收益，那么供应商就会拒绝与零售商合作，不接受此契约。

因此供应商在供应成本信息对称时，采用混合期权契约优化供应链模型为：

$$
\begin{aligned}
\pi_s^{udo}(c_s) = & \int_0^{q(c_s)-m(c_s)} \{w(q(c_s))[q(c_s)-m(c_s)] + \nu[(q(c_s)+m(c_s)) - \\
& (q(c_s)-m(c_s))] - (w_{ep}-w_2)m(c_s)\}h(x)\,\mathrm{d}x + \\
& \int_{q(c_s)-m(c_s)}^{q(c_s)} \{w(q(c_s))x + \nu[(q(c_s)+m(c_s)) - x] - (w_{ep} - \\
& w_2)[q(c_s)-x]\}h(x)\,\mathrm{d}x + \int_{q(c_s)}^{q(c_s)+m(c_s)} \{w(q(c_s))q(c_s) + \\
& \nu[(q(c_s)+m(c_s)) - x] + w_{ec}[x-q(c_s)]\}h(x)\,\mathrm{d}x + \\
& \int_{q(c_s)+m(c_s)}^{\infty} \{w(q(c_s))q(c_s) + w_{ec}m(c_s) - g_s[x - (q(c_s) + \\
& m(c_s))]\}h(x)\,\mathrm{d}x - c_s[q(c_s)+m(c_s)] + 2w_0 m(c_s) \quad (6-51)
\end{aligned}
$$

参与约束：s. t. $(IR)\ \pi_s^{udo}(c_s) \geqslant \pi_s^{udo}(c_s)^{\min}$

激励约束：$(IC)\ \pi_s^{udo}(c_s) \geqslant \pi_s^{udo}(\tilde{c}_s)$

对 $\pi_s^{udo}(\tilde{c}_s)$ 求关于 $\tilde{c}_s$ 的一阶偏导数，令其导数等于零，此时只有当 $\tilde{c}_s$ 等于 c_s 时，才能使供应商的收益是最大的，即供应商报出真实成本才能获得最大利润。

$$
\begin{aligned}
\frac{\partial \pi_s^{udo}(\tilde{c}_s)}{\partial \tilde{c}_s}\bigg|_{(\tilde{c}_s = c_s)} = & \int_0^{q(\tilde{c}_s)-m(\tilde{c}_s)} \bigg[\frac{\partial w(q(\tilde{c}_s))}{\partial q(\tilde{c}_s)}\frac{\partial q(\tilde{c}_s)}{\partial \tilde{c}_s}(q(\tilde{c}_s) - \\
& m(\tilde{c}_s)) + w(q(\tilde{c}_s))\bigg(\frac{\partial q(\tilde{c}_s)}{\partial \tilde{c}_s} - \frac{\partial m(\tilde{c}_s)}{\partial \tilde{c}_s}\bigg) + \\
& 2\nu\frac{\partial m(\tilde{c}_s)}{\partial \tilde{c}_s} - (w_{ep}-w_2)\frac{\partial m(\tilde{c}_s)}{\partial \tilde{c}_s}\bigg]h(x)\,\mathrm{d}x + \\
& \int_{q(\tilde{c}_s)-m(\tilde{c}_s)}^{q(\tilde{c}_s)} \bigg[\frac{\partial w(q(\tilde{c}_s))}{\partial q(\tilde{c}_s)}\frac{\partial q(\tilde{c}_s)}{\partial \tilde{c}_s}x + \nu\bigg(\frac{\partial q(\tilde{c}_s)}{\partial \tilde{c}_s} +
\end{aligned}
$$

$$\frac{\partial m(\tilde{c}_s)}{\partial \tilde{c}_s}\Big) - (w_{ep} - w_2)\frac{\partial q(\tilde{c}_s)}{\partial \tilde{c}_s}\Big]h(x)\,\mathrm{d}x +$$

$$\int_{q(\tilde{c}_s)}^{q(\tilde{c}_s)+m(\tilde{c}_s)}\Big[\frac{\partial w(q(\tilde{c}_s))}{\partial q(\tilde{c}_s)}\frac{\partial q(\tilde{c}_s)}{\partial \tilde{c}_s}q(\tilde{c}_s) +$$

$$w(q(\tilde{c}_s))\frac{\partial q(\tilde{c}_s)}{\partial \tilde{c}_s} + \nu\Big(\frac{\partial q(\tilde{c}_s)}{\partial \tilde{c}_s} + \frac{\partial m(\tilde{c}_s)}{\partial \tilde{c}_s}\Big) -$$

$$w_{ec}\frac{\partial q(\tilde{c}_s)}{\partial \tilde{c}_s}\Big]h(x)\,\mathrm{d}x + \int_{q(\tilde{c}_s)+m(\tilde{c}_s)}^{\infty}\Big[\frac{\partial w(q(\tilde{c}_s))}{\partial q(\tilde{c}_s)}$$

$$\frac{\partial q(\tilde{c}_s)}{\partial \tilde{c}_s}q(\tilde{c}_s) + w(q(\tilde{c}_s))\frac{\partial q(\tilde{c}_s)}{\partial \tilde{c}_s} + w_{ec}\frac{\partial m(\tilde{c}_s)}{\partial \tilde{c}_s} +$$

$$g_s\Big(\frac{\partial q(\tilde{c}_s)}{\partial \tilde{c}_s} + \frac{\partial m(\tilde{c}_s)}{\partial \tilde{c}_s}\Big)\Big]h(x)\,\mathrm{d}x - c_s\Big(\frac{\partial q(\tilde{c}_s)}{\partial \tilde{c}_s} +$$

$$\frac{\partial m(\tilde{c}_s)}{\partial \tilde{c}_s}\Big) + 2w_0\frac{\partial m(\tilde{c}_s)}{\partial \tilde{c}_s}$$

$$= \int_{q(\tilde{c}_s)-m(\tilde{c}_s)}^{q(\tilde{c}_s)}\frac{\partial w(q(\tilde{c}_s))}{\partial q(\tilde{c}_s)}\frac{\partial q(\tilde{c}_s)}{\partial \tilde{c}_s}xh(x)\,\mathrm{d}x +$$

$$\Big[\frac{\partial w(q(\tilde{c}_s))}{\partial q(\tilde{c}_s)}\frac{\partial q(\tilde{c}_s)}{\partial \tilde{c}_s}(q(\tilde{c}_s) - m(\tilde{c}_s)) +$$

$$w(q(\tilde{c}_s))\Big(\frac{\partial q(\tilde{c}_s)}{\partial \tilde{c}_s} - \frac{\partial m(\tilde{c}_s)}{\partial \tilde{c}_s}\Big) + 2\nu\frac{\partial m(\tilde{c}_s)}{\partial \tilde{c}_s} -$$

$$(w_{ep} - w_2)\frac{\partial m(\tilde{c}_s)}{\partial \tilde{c}_s}\Big]H(q(\tilde{c}_s) - m(\tilde{c}_s)) +$$

$$\Big[\nu\Big(\frac{\partial q(\tilde{c}_s)}{\partial \tilde{c}_s} + \frac{\partial m(\tilde{c}_s)}{\partial \tilde{c}_s}\Big) - (w_{ep} - w_2)\frac{\partial q(\tilde{c}_s)}{\partial \tilde{c}_s}\Big]$$

$$\Big[H(q(\tilde{c}_s)) - H(q(\tilde{c}_s) - m(\tilde{c}_s))\Big] +$$

$$\left[\frac{\partial w(q(\tilde{c}_s))}{\partial q(\tilde{c}_s)} \frac{\partial q(\tilde{c}_s)}{\partial \tilde{c}_s} q(\tilde{c}_s) + w(q(\tilde{c}_s)) \frac{\partial q(\tilde{c}_s)}{\partial \tilde{c}_s} + \right.$$

$$\nu \left(\frac{\partial q(\tilde{c}_s)}{\partial \tilde{c}_s} + \frac{\partial m(\tilde{c}_s)}{\partial \tilde{c}_s} \right) - w_{ec} \frac{\partial q(\tilde{c}_s)}{\partial \tilde{c}_s} \right] \left[H(q(\tilde{c}_s) + \right.$$

$$m(\tilde{c}_s)) - H(q(\tilde{c}_s)) \right] + \left[\frac{\partial w(q(\tilde{c}_s))}{\partial q(\tilde{c}_s)} \frac{\partial q(\tilde{c}_s)}{\partial \tilde{c}_s} q(\tilde{c}_s) + \right.$$

$$w(q(\tilde{c}_s)) \frac{\partial q(\tilde{c}_s)}{\partial \tilde{c}_s} + w_{ec} \frac{\partial m(\tilde{c}_s)}{\partial \tilde{c}_s} + g_s \left(\frac{\partial q(\tilde{c}_s)}{\partial \tilde{c}_s} + \right.$$

$$\left. \frac{\partial m(\tilde{c}_s)}{\partial \tilde{c}_s} \right) \right] \left[1 - H(q(\tilde{c}_s) + m(\tilde{c}_s)) \right] - c_s \left(\frac{\partial q(\tilde{c}_s)}{\partial \tilde{c}_s} + \right.$$

$$\left. \frac{\partial m(\tilde{c}_s)}{\partial \tilde{c}_s} \right) + 2 w_0 \frac{\partial m(\tilde{c}_s)}{\partial \tilde{c}_s} = 0 \qquad (6-52)$$

再求 $\pi_s^{udo}(c_s)$ 关于 c_s 的一阶导数:

$$\frac{\partial \pi_s^{udo}(c_s)}{\partial c_s} = \int_0^{q(c_s)-m(c_s)} \left[\frac{\partial w(q(c_s))}{\partial q(c_s)} \frac{\partial q(c_s)}{\partial c_s} (q(c_s) - m(c_s)) + \right.$$

$$w(q(c_s)) \left(\frac{\partial q(c_s)}{\partial c_s} - \frac{\partial m(c_s)}{\partial c_s} \right) + 2\nu \frac{\partial m(c_s)}{\partial c_s} - (w_{ep} - $$

$$w_2) \frac{\partial m(c_s)}{\partial c_s} \right] h(x)\, \mathrm{d}x + \int_{q(c_s)-m(c_s)}^{q(c_s)} \left[\frac{\partial w(q(c_s))}{\partial q(c_s)} \frac{\partial q(c_s)}{\partial c_s} x + \right.$$

$$\nu \left(\frac{\partial q(c_s)}{\partial c_s} + \frac{\partial m(c_s)}{\partial c_s} \right) - (w_{ep} - w_2) \frac{\partial q(c_s)}{\partial c_s} \right] h(x)\, \mathrm{d}x + $$

$$\int_{q(c_s)}^{q(c_s)+m(c_s)} \left[\frac{\partial w(q(c_s))}{\partial q(c_s)} \frac{\partial q(c_s)}{\partial c_s} q(c_s) + w(q(c_s)) \frac{\partial q(c_s)}{\partial c_s} + \right.$$

$$\nu \left(\frac{\partial q(c_s)}{\partial c_s} + \frac{\partial m(c_s)}{\partial c_s} \right) - w_{ec} \frac{\partial q(c_s)}{\partial c_s} \right] h(x)\, \mathrm{d}x + $$

$$\int_{q(c_s)+m(c_s)}^{\infty} \left[\frac{\partial w(q(c_s))}{\partial q(c_s)} \frac{\partial q(c_s)}{\partial c_s} q(c_s) + w(q(c_s)) \frac{\partial q(c_s)}{\partial c_s} + \right.$$

$$w_{ec} \frac{\partial m(c_s)}{\partial c_s} + g_s \left(\frac{\partial q(c_s)}{\partial c_s} + \frac{\partial m(c_s)}{\partial c_s} \right) \right] h(x)\, \mathrm{d}x - (q(c_s) + $$

$$m(c_s)) - c_s\left(\frac{\partial q(c_s)}{\partial c_s} + \frac{\partial m(c_s)}{\partial c_s}\right) + 2w_0\frac{\partial m(c_s)}{\partial c_s}$$

$$= \int_{q(c_s)-m(c_s)}^{q(c_s)} \frac{\partial w(q(c_s))}{\partial q(c_s)}\frac{\partial q(c_s)}{\partial c_s}xh(x)\,\mathrm{d}x + \left[\frac{\partial w(q(c_s))}{\partial q(c_s)}\right.$$

$$\frac{\partial q(c_s)}{\partial c_s}(q(c_s) - m(c_s)) + w(q(c_s))\left(\frac{\partial q(c_s)}{\partial c_s} - \frac{\partial m(c_s)}{\partial c_s}\right) +$$

$$2\nu\frac{\partial m(c_s)}{\partial c_s} - (w_{ep} - w_2)\frac{\partial m(c_s)}{\partial c_s}\right]H(q(c_s) - m(c_s)) +$$

$$\left[\nu\left(\frac{\partial q(c_s)}{\partial c_s} + \frac{\partial m(c_s)}{\partial c_s}\right) - (w_{ep} - w_2)\frac{\partial q(c_s)}{\partial c_s}\right]\left[H(q(c_s)) - \right.$$

$$\left.H(q(c_s) - m(c_s))\right] + \left[\frac{\partial w(q(c_s))}{\partial q(c_s)}\frac{\partial q(c_s)}{\partial c_s}q(c_s) + \right.$$

$$w(q(c_s))\frac{\partial q(c_s)}{\partial c_s} + \nu\left(\frac{\partial q(c_s)}{\partial c_s} + \frac{\partial m(c_s)}{\partial c_s}\right) - w_{ec}\frac{\partial q(c_s)}{\partial c_s}\right]$$

$$\left[H(q(c_s) + m(c_s)) - H(q(c_s))\right] + \left[\frac{\partial w(q(c_s))}{\partial q(c_s)}\frac{\partial q(c_s)}{\partial c_s}q(c_s) + \right.$$

$$w(q(c_s))\frac{\partial q(c_s)}{\partial c_s} + w_{ec}\frac{\partial m(c_s)}{\partial c_s} + g_s\left(\frac{\partial q(c_s)}{\partial c_s} + \frac{\partial m(c_s)}{\partial c_s}\right)\right]\left[1 - \right.$$

$$\left.H(q(c_s) + m(c_s))\right] - \left[q(c_s) + m(c_s)\right] - c_s\left(\frac{\partial q(c_s)}{\partial c_s} + \right.$$

$$\left.\frac{\partial m(c_s)}{\partial c_s}\right) + 2w_0\frac{\partial m(c_s)}{\partial c_s} \tag{6-53}$$

联立式（6-52）和式（6-53）可得：

$$\frac{\partial \pi_s^{udo}(c_s)}{\partial c_s} = -\left[q(c_s) + m(c_s)\right] < 0 \tag{6-54}$$

因为 $\pi_s^{udo}(c_s)$ 的导数是小于零的，所以 $\pi_s^{udo}(c_s)$ 是关于真实成本 c_s 的减函数。c_s 在区间 $[c_{s1}, c_{s2}]$ 变化，故供应商期望收益最低时在 c_{s2} 处取值，$\pi_s^{udo}(c_{s2}) = \pi_s^{udo}(c_s)^{\min}$。

$$\pi_s^{udo}(c_s) = \pi_s^{udo|\min|} + \int_{c_{s1}}^{c_{s2}}\left[q(c_s) + m(c_s)\right]\mathrm{d}c_s \tag{6-55}$$

联立式（6-50）和式（6-55），对零售商的期望收益函数进行优化，可得：

$$\max_w \pi_r^{udo}(c_s) = \int_{c_{s1}}^{c_{s2}} [\pi_h^{udo}(c_s) - \pi_s^{udo}(c_s)] y(c_s) \mathrm{d}c_s$$

$$= \int_{c_{s1}}^{c_{s2}} \pi_h^{udo}(c_s) \mathrm{d}Y(c_s) - \int_{c_{s1}}^{c_{s2}} \pi_s^{udo} \mathrm{d}Y(c_s)$$

$$= \int_{c_{s1}}^{c_{s2}} \pi_h^{udo}(c_s) \mathrm{d}Y(c_s) - [\pi_s^{udo}(c_s) Y(c_s) \mid_{c_{s1}}^{c_{s2}} - \int_{c_{s1}}^{c_{s2}} Y(c_s) \mathrm{d}\pi_s^{udo}]$$

$$= \int_{c_{s1}}^{c_{s2}} \pi_h^{udo}(c_s) \mathrm{d}Y(c_s) - \int_{c_{s1}}^{c_{s2}} Y(c_s) [q(c_s) + m(c_s)] \mathrm{d}c_s - \pi_s^{udo}(c_{s2})$$

$$= \int_{c_{s1}}^{c_{s2}} [\pi_h^{udo}(c_s) - \frac{Y(c_s)}{y(c_s)}(q(c_s) + m(c_s))] \mathrm{d}Y(c_s) - \pi_s^{\min}$$

$$(6-56)$$

代入可得零售商期望收益函数模型为:

$$\max_w \pi_r^{udo}(c_s) = \int_{c_{s1}}^{c_{s2}} \Big\{ \int_0^{q(c_s)-m(c_s)} \{\{p_0 + a[x - (q(c_s) + m(c_s))]\}x +$$

$$\nu[(q(c_s) + m(c_s)) - x] - c_r(q(c_s) - m(c_s))\} h(x) \mathrm{d}x +$$

$$\int_{q(c_s)-m(c_s)}^{q(c_s)} \{\{p_0 + a[x - (q(c_s) + m(c_s))]\}x + \nu[(q(c_s) +$$

$$m(c_s)) - x] - c_r x\} h(x) \mathrm{d}x + \int_{q(c_s)}^{q(c_s)+m(c_s)} \{\{p_0 + a[x - (q(c_s) +$$

$$m(c_s))]\}x + \nu[(q(c_s) + m(c_s)) - x] - c_r x\} h(x) \mathrm{d}x +$$

$$\int_{(q(c_s)+m(c_s))}^{\infty} \{\{p_0 + a[x - (q(c_s) + m(c_s))]\}(q(c_s) +$$

$$m(c_s)) - c_r(q(c_s) + m(c_s)) - g[x - (q(c_s) + m(c_s))]\}$$

$$h(x) \mathrm{d}x - c_s(q(c_s) + m(c_s)) - \frac{Y(c_s)}{y(c_s)}(q(c_s) +$$

$$m(c_s)) \Big\} \mathrm{d}Y(c_s) - \pi_s^{\min} \qquad (6-57)$$

对式（6-57）求关于 q 导数，令其等于零，可求出供应链最优订货量 q^*。

$$\frac{\partial \pi_r^{udo}(c_s)}{\partial q(c_s)} = \int_0^{q(c_s)-m(c_s)} (\nu - ax - c_r) h(x) \mathrm{d}x + \int_{q(c_s)-m(c_s)}^{q(c_s)} (\nu - ax) h(x) \mathrm{d}x +$$

$$\int_{q(c_s)}^{q(c_s)+m(c_s)} (\nu - ax) h(x) \mathrm{d}x + \int_{q(c_s)+m(c_s)}^{\infty} [p_0 + a(x - (q(c_s) +$$

$$m(c_s))) - a(q(c_s) + m(c_s)) - c_r + g] h(x) \mathrm{d}x - c_s - \frac{Y(c_s)}{y(c_s)}$$

$$(6-58)$$

对式（6-57）求关于 m 的导数，使导数等于零，可求出供应链最优期权执行购买量 m^{udo*}。

$$
\frac{\partial \pi_r^{udo}(c_s)}{\partial m(c_s)} = \int_0^{q(c_s)-m(c_s)} (\nu - ax + c_r)h(x)dx + \int_{q(c_s)-m(c_s)}^{q(c_s)} (\nu - ax)h(x)dx +
$$
$$
\int_{q(c_s)}^{q(c_s)+m(c_s)} (\nu - ax)h(x)dx + \int_{q(c_s)+m(c_s)}^{\infty} [p_0 + a(x - (q(c_s) +
$$
$$
m(c_s))) - a(q(c_s) + m(c_s)) - c_r + g]h(x)dx - c_s - \frac{Y(c_s)}{y(c_s)}
$$

$$
(6-59)
$$

当只有供应商隐藏成本时，联立零售商期望收益表达式（6-48）和式（6-57），可得到价格随机波动造成批发价格变化的表达式：

$$
w(q(c_s)) = \int_0^{q(c_s)-m(c_s)} [2\nu m(c_s) - (w_{ep} - w_2)m(c_s)]h(x)dx +
$$
$$
\int_{q(c_s)-m(c_s)}^{q(c_s)} [\nu(q(c_s) + m(c_s) - x) - (w_{ep} - w_2)(q(c_s) -
$$
$$
x)]h(x)dx + \int_{q(c_s)}^{q(c_s)+m(c_s)} [\nu(q(c_s) + m(c_s) - x) + w_{ec}(x -
$$
$$
q(c_s))]h(x)dx + \int_{q(c_s)+m(c_s)}^{\infty} [w_{ec}m(c_s) - g_s(x - q(c_s) -
$$
$$
m(c_s))]h(x)dx - c_s(q(c_s) - m(c_s)) - \frac{Y(c_s)}{y(c_s)}(q(c_s) +
$$
$$
m(c_s)) - \pi_s^{\min} + 2w_0 m(c_s) - \left[\int_0^{q(c_s)-m(c_s)} (q(c_s) -
$$
$$
m(c_s))h(x)dx + \int_{q(c_s)-m(c_s)}^{q(c_s)} xh(x)dx +
$$
$$
\int_{q(c_s)}^{q(c_s)+m(c_s)} q(c_s)h(x)dx + \int_{q(c_s)+m(c_s)}^{\infty} q(c_s)h(x)dx \right] \quad (6-60)
$$

6.3.2　价格随机下销售成本信息不对称的双向期权契约

在销售成本信息不对称时，将 Stackelberg 博弈理论运用到协调供应链中，其中供应商是市场的主导者，而零售商为跟随者。供应商可以根据对市场信息的掌握对零售商的销售成本进行预测，假设销售成本 c_r 在 $[c_{r1}, c_{r2}]$ 区间服从均匀分布，c_r 分布函数和密度函数分别是 $Y(c_r)$、$y(c_r)$，其均值是 $\int_{c_{r1}}^{c_{r2}} c_r f(c_r)\,\mathrm{d}c_r$，$\dfrac{Y(c_r)}{y(c_r)}$ 随着 c_r 的增加而增加；零售商拥有私人成本信息，且为了获得更大收益而隐藏甚至谎报成本为 $\tilde{c}_r$，零售商若报出真实成本，则批发价是 $w(c_r)$、订货量是 $q(c_r)$；若谎报销售成本，则批发价是 $w(\tilde{c}_r)$、订货量是 $q(\tilde{c}_r)$。销售成本不对称信息下，采用混合期权契约应对市场价格随机变化导致的供应链不协调问题。

根据以上描述，在销售成本信息不对称条件下，供应商的期望收益模型为：

$$
\begin{aligned}
\pi_s^{udo}(c_r) = \int_{c_{r1}}^{c_{r2}} \bigg\{ & \int_0^{q(c_r)-m(c_r)} \{ w(q(c_r))(q(c_r)-m(c_r)) + v[(q(c_r) + \\
& m(c_r)) - (q(c_r)-m(c_r))] - (w_{ep}-w_2)m(c_r)\}h(x)\,\mathrm{d}x + \\
& \int_{q(c_r)-m(c_r)}^{q(c_r)} \{ w(q(c_r))x + v[(q(c_r)+m(c_r))-x] - (w_{ep}- \\
& w_2)[q(c_r)-x]\}h(x)\,\mathrm{d}x + \int_{q(c_r)}^{q(c_r)+m(c_r)} \{ w(q(c_r))q(c_r) + \\
& v[(q(c_r)+m(c_r))-x] + w_{ec}[x-q(c_r)]\}h(x)\,\mathrm{d}x + \\
& \int_{q(c_r)+m(c_r)}^{\infty} \{ w(q(c_r))q(c_r) + w_{ec}m(c_r) - g_s[x-(q(c_r)+ \\
& m(c_r))]\}h(x)\,\mathrm{d}x - c_s(q(c_r)+m(c_r)) + 2w_0 m(c_r) \bigg\} y(c_r)\,\mathrm{d}c_r
\end{aligned}
$$

$$(6-61)$$

零售商在虚假成本下的期望收益模型为：

$$
\begin{aligned}
\pi_r^{udo}(\tilde{c}_r) = \int_0^{q(\tilde{c}_r)-m(\tilde{c}_r)} \big\{ & \{ p_0 + a[x-(q(\tilde{c}_r)+m(\tilde{c}_r))]\}x + v[q(\tilde{c}_r)- \\
& m(\tilde{c}_r)-x] + (w_{ep}-w_2)m(\tilde{c}_r) - (c_r + w(q(\tilde{c}_r)))(q(\tilde{c}_r)- \\
& m(\tilde{c}_r))\}h(x)\,\mathrm{d}x + \int_{q(\tilde{c}_r)-m(\tilde{c}_r)}^{q(\tilde{c}_r)} \{ \{ p_0 + a[x-(q(\tilde{c}_r)+ \\
& m(\tilde{c}_r))]\}x + (w_{ep}-w_2)[q(\tilde{c}_r)-x] - (c_r + \\
& w(q(\tilde{c}_r)))x\}h(x)\,\mathrm{d}x + \int_{q(\tilde{c}_r)}^{q(\tilde{c}_r)+m(\tilde{c}_r)} \{ \{ p_0 + a[x-(q(\tilde{c}_r)+ \\
& m(\tilde{c}_r))]\}x - w_{ec}[x-q(\tilde{c}_r)] - c_r x - w(q(\tilde{c}_r))
\end{aligned}
$$

$$q(\tilde{c}_r)\} h(x)\mathrm{d}x + \int_{q(\tilde{c}_r)+m(c_r)}^{\infty} \{\{p_0 + a[x - ((q(\tilde{c}_r) +$$

$$m(\tilde{c}_r))]\}(q(\tilde{c}_r) + m(\tilde{c}_r)) - w_{ec}m(\tilde{c}_r) - c_r(q(\tilde{c}_r) +$$

$$m(\tilde{c}_r)) - w(q(\tilde{c}_r))q(\tilde{c}_r) - g_r[x - (q(\tilde{c}_r) +$$

$$m(\tilde{c}_r))]\} h(x)\mathrm{d}x - 2w_o m(\tilde{c}_r) \qquad (6-62)$$

供应链在真实成本下的期望收益模型为：

$$\pi_h^{udo}(c_r) = \int_0^{q(c_r)-m(c_r)} \{\{p_0 + a[x - (q(c_r) + m(c_r))]\}x + \nu[(q(c_r) +$$

$$m(c_r)) - x] - c_r[q(c_r) - m(c_r)]\} h(x)\mathrm{d}x + \int_{q(c_r)-m(c_r)}^{q(c_r)} \{\{p_0 +$$

$$a[x - (q(c_r) + m(c_r))]\}x + \nu[(q(c_r) + m(c_r)) - x] -$$

$$c_r x\} h(x)\mathrm{d}x + \int_{q(c_r)}^{q(c_r)+m(c_r)} \{\{p_0 + a[x - (q(c_r) + m(c_r))]\}x +$$

$$\nu[(q(c_r) + m(c_r)) - x] - c_r x\} h(x)\mathrm{d}x + \int_{q(c_r)+m(c_r)}^{\infty} \{\{p_0 +$$

$$a[x - (q(c_r) + m(c_r))]\}[q(c_r) + m(c_r)] - c_r[q(c_r) +$$

$$m(c_r)] - g[x - (q(c_r) + m(c_r))]\} h(x)\mathrm{d}x -$$

$$c_s[q(c_r) + m(c_r)] \qquad (6-63)$$

在销售成本信息对称时，采用供应链混合期权契约优化模型为：

$$\pi_r^{udo}(c_r) = \int_0^{q(c_r)-m(c_r)} \{\{p_0 + a[x - (q(c_r) + m(c_r))]\}x + \nu[q(c_r) -$$

$$m(c_r) - x] + (w_{ep} - w_2)m(c_r) - [c_r + w(q(c_r))][q(c_r) -$$

$$m(c_r)]\} h(x)\mathrm{d}x + \int_{q(c_r)-m(c_r)}^{q(c_r)} \{\{p_0 + a[x - (q(c_r) + m(c_r))]\}x +$$

$$(w_{ep} - w_2)[q(c_r) - x] - [c_r + w(q(c_r))]x\} h(x)\mathrm{d}x +$$

$$\int_{q(c_r)}^{q(c_r)+m(c_r)} \{\{p_0 + a[x - (q(c_r) + m(c_r))]\}x - w_{ec}[x - q(c_r)] -$$

$$c_r x - w(q(c_r))q(c_r)\} h(x)\mathrm{d}x + \int_{q(c_r)+m(c_r)}^{\infty} \{\{p_0 + a[x - ((q(c_r) +$$

$$m(c_r))]\}[q(c_r) + m(c_r)] - w_{ec}m(c_r) - c_r[q(c_r) + m(c_r)] -$$

$$w(q(c_r))q(c_r) - g_r[x - (q(c_r) + m(c_r))]\} h(x)\mathrm{d}x -$$

$$2w_o m(c_r) \qquad (6-64)$$

参与约束：s. t. $(IR)\pi_r^{udo}(c_r) \geq \pi_r^{udo}(c_r)^{|\min|}$

激励约束：$(IC)\pi_r^{udo}(c_r) \geq \pi_r^{udo}(\tilde{c}_r)$

由激励相容约束可知，对 $\pi_r^{udo}(\tilde{c}_r)$ 求关于 $\tilde{c}_r$ 的导数，并令导数等于零，此时 $\tilde{c}_r = c_r$，表示只有零售商在报出真实销售成本时的期望收益是最大的，比谎报销售成本时的高。

$$\frac{\partial\pi_r^{udo}(\tilde{c}_r)}{\partial\tilde{c}_r}\bigg|_{\tilde{c}_r=c_r} = \int_0^{q(\tilde{c}_r)-m(\tilde{c}_r)}\bigg[-ax\bigg(\frac{\partial q(\tilde{c}_r)}{\partial\tilde{c}_r} + \frac{\partial m(\tilde{c}_r)}{\partial\tilde{c}_r}\bigg) + \nu\bigg(\frac{\partial q(\tilde{c}_r)}{\partial\tilde{c}_r} +$$

$$\frac{\partial m(\tilde{c}_r)}{\partial\tilde{c}_r}\bigg) + (w_{ep}-w_2)\frac{\partial m(\tilde{c}_r)}{\partial\tilde{c}_r} - \frac{\partial w(q(\tilde{c}_r))}{\partial q(\tilde{c}_r)}$$

$$\frac{\partial q(\tilde{c}_r)}{\partial\tilde{c}_r}(q(\tilde{c}_r)-m(\tilde{c}_r)) - (c_r+w(q(\tilde{c}_r)))$$

$$\bigg(\frac{\partial q(\tilde{c}_r)}{\partial\tilde{c}_r} - \frac{\partial m(\tilde{c}_r)}{\partial\tilde{c}_r}\bigg)\bigg]h(x)\,\mathrm{d}x +$$

$$\int_{q(\tilde{c}_r)-m(\tilde{c}_r)}^{q(\tilde{c}_r)}\bigg[-ax\bigg(\frac{\partial q(\tilde{c}_r)}{\partial\tilde{c}_r} + \frac{\partial m(\tilde{c}_r)}{\partial\tilde{c}_r}\bigg) + (w_{ep} -$$

$$w_2)\frac{\partial q(\tilde{c}_r)}{\partial\tilde{c}_r} - \frac{\partial w(q(\tilde{c}_r))}{\partial q(\tilde{c}_r)}\frac{\partial q(\tilde{c}_r)}{\partial\tilde{c}_r}x\bigg]h(x)\,\mathrm{d}x +$$

$$\int_{q(\tilde{c}_r)}^{q(\tilde{c}_r)+m(\tilde{c}_r)}\bigg[-ax\bigg(\frac{\partial q(\tilde{c}_r)}{\partial\tilde{c}_r} + \frac{\partial m(\tilde{c}_r)}{\partial\tilde{c}_r}\bigg) + w_{ec}\frac{\partial q(\tilde{c}_r)}{\partial\tilde{c}_r} -$$

$$\frac{\partial w(q(\tilde{c}_r))}{\partial q(\tilde{c}_r)}\frac{\partial q(\tilde{c}_r)}{\partial\tilde{c}_r}q(\tilde{c}_r) - w(q(\tilde{c}_r))\frac{\partial q(\tilde{c}_r)}{\partial\tilde{c}_r}\bigg]$$

$$h(x)\,\mathrm{d}x + \int_{q(\tilde{c}_r)+m(\tilde{c}_r)}^{\infty}\bigg[-a\bigg(\frac{\partial q(\tilde{c}_r)}{\partial\tilde{c}_r} + \frac{\partial m(\tilde{c}_r)}{\partial\tilde{c}_r}\bigg)$$

$$(q(\tilde{c}_r)+m(\tilde{c}_r)) + [p_0 + a(x-(q(\tilde{c}_r) +$$

$$m(\tilde{c}_r)))]\left(\frac{\partial q(\tilde{c}_r)}{\partial \tilde{c}_r}+\frac{\partial m(\tilde{c}_r)}{\partial \tilde{c}_r}\right)-w_{ec}\frac{\partial \tilde{m}(c_r)}{\partial \tilde{c}_r}-$$

$$c_r\left(\frac{\partial q(\tilde{c}_r)}{\partial \tilde{c}_r}+\frac{\partial m(\tilde{c}_r)}{\partial \tilde{c}_r}\right)-\frac{\partial w(q(\tilde{c}_r))}{\partial q(\tilde{c}_r)}\frac{\partial q(\tilde{c}_r)}{\partial \tilde{c}_r}q(\tilde{c}_r)-$$

$$w(q(\tilde{c}_r))\frac{\partial q(\tilde{c}_r)}{\partial \tilde{c}_r}+g_r\left(\frac{\partial q(\tilde{c}_r)}{\partial \tilde{c}_r}+\frac{\partial m(\tilde{c}_r)}{\partial \tilde{c}_r}\right)]$$

$$h(x)\,\mathrm{d}x-2w_0\frac{\partial m(\tilde{c}_r)}{\partial \tilde{c}_r}=0 \qquad\qquad (6-65)$$

再求 $\pi_r^{udo}(c_r)$ 关于 c_r 的一阶导数：

$$\frac{\partial \pi_r^{udo}(c_r)}{\partial c_r}=\int_0^{q(c_r)-m(c_r)}\left[-ax\left(\frac{\partial q(c_r)}{\partial c_r}+\frac{\partial m(c_r)}{\partial c_r}\right)+\nu\left(\frac{\partial q(c_r)}{\partial c_r}+\frac{\partial m(c_r)}{\partial c_r}\right)+\right.$$

$$(w_{ep}-w_2)\frac{\partial m(c_r)}{\partial c_r}-\left(1+\frac{\partial w(q(c_r))}{\partial q(c_r)}\frac{\partial q(c_r)}{\partial c_r}\right)(q(c_r)-$$

$$m(c_r))-(c_r+w(q(c_r)))\left(\frac{\partial q(c_r)}{\partial c_r}-\frac{\partial m(c_r)}{\partial c_r}\right)]h(x)\,\mathrm{d}x+$$

$$\int_{q(c_r)-m(c_r)}^{q(c_r)}\left[-ax\left(\frac{\partial q(c_r)}{\partial c_r}+\frac{\partial m(c_r)}{\partial c_r}\right)+(w_{ep}-w_2)\frac{\partial q(c_r)}{\partial c_r}-\right.$$

$$(1+\frac{\partial w(q(c_r))}{\partial q(c_r)}\frac{\partial q(c_r)}{\partial c_r})x\right]h(x)\,\mathrm{d}x+$$

$$\int_{q(c_r)}^{q(c_r)+m(c_r)}\left[-ax\left(\frac{\partial q(c_r)}{\partial c_r}+\frac{\partial m(c_r)}{\partial c_r}\right)+w_{ec}\frac{\partial q(c_r)}{\partial c_r}-x-\right.$$

$$\frac{\partial w(q(c_r))}{\partial q(c_r)}\frac{\partial q(c_r)}{\partial c_r}q(c_r)-w(q(c_r))\frac{\partial q(c_r)}{\partial c_r}\right]h(x)\,\mathrm{d}x+$$

$$\int_{q(c_r)+m(c_r)}^{\infty}\left[-a\left(\frac{\partial q(c_r)}{\partial c_r}+\frac{\partial m(c_r)}{\partial c_r}\right)(q(c_r)+m(c_r))+\right.$$

$$[p_0+a(x-(q(c_r)+m(c_r)))]\left(\frac{\partial q(c_r)}{\partial c_r}+\frac{\partial m(c_r)}{\partial c_r}\right)-$$

$$w_{ec}\frac{\partial m(c_r)}{\partial c_r}-(q(c_r)+m(c_r))-c_r\left(\frac{\partial q(c_r)}{\partial c_r}+\frac{\partial m(c_r)}{\partial c_r}\right)-$$

$$\frac{\partial w(q(c_r))}{\partial q(c_r)}\frac{\partial q(c_r)}{\partial c_r}q(c_r)-w(q(c_r))\frac{\partial q(c_r)}{\partial c_r}+$$

$$g_r\left(\frac{\partial q(c_r)}{\partial c_r} + \frac{\partial m(c_r)}{\partial c_r}\right)\bigg]h(x)\mathrm{d}x - 2w_0\frac{\partial m(c_r)}{\partial c_r} \qquad (6-66)$$

联立两式可得:

$$\frac{\partial \pi_r^{udo}(c_r)}{\partial c_r} = -\int_0^{q(c_r)-m(c_r)}\big[q(c_r)-m(c_r)\big]h(x)\mathrm{d}x - \int_{q(c_r)-m(c_r)}^{q(c_r)} xh(x)\mathrm{d}x -$$

$$\int_{q(c_r)}^{q(c_r)+m(c_r)} xh(x)\mathrm{d}x - \int_{q(c_r)+m(c_r)}^{\infty}\big[q(c_r)+m(c_r)\big]h(x)\mathrm{d}x$$

$$(6-67)$$

由于上式小于零,可以推出 $\pi_r^{udo}(c_r)$ 随着 c_r 的增加而减少,而 c_r 在 $[c_{r1},$ $c_{r2}]$ 范围变化,所以当 $\tilde{c}_r = c_{r2}$ 时,$\pi_r^{udo}(c_{r2}) = \pi_r^{udo\{\min\}}$。

同时对上式等式两边求关于 $[c_{r1}, c_{r2}]$ 的积分可得:

$$\pi_r^{udo}(c_r) = \int_{c_{r1}}^{c_{r2}}\bigg[\int_0^{q(c_r)-m(c_r)}(q(c_r)-m(c_r))h(x)\mathrm{d}x + \int_{q(c_r)-m(c_r)}^{q(c_r)} xh(x)\mathrm{d}x +$$

$$\int_{q(c_r)}^{q(c_r)+m(c_r)} xh(x)\mathrm{d}x + \int_{q(c_r)+m(c_r)}^{\infty}(q(c_r)+m(c_r))h(x)\mathrm{d}x\bigg]\mathrm{d}c_z + \pi_r^{udo\{\min\}}$$

$$(6-68)$$

将式 (6-68) 代入式 (6-63) 可得:

$$\max_w \pi_s^{udo}(c_r) = \int_{c_{r1}}^{c_{r2}}\big[\pi_h^{udo} - \pi_r^{udo}(c_r)\big]y(c_r)\mathrm{d}c_r = \int_{c_{r1}}^{c_{r2}}\bigg\{\int_0^{q(c_r)-m(c_r)}\{\{p_0 +$$

$$a[x-(q(c_r)+m(c_r))]\}x + v[(q(c_r)+m(c_r))-x] -$$

$$c_r(q(c_r)-m(c_r))\}h(x)\mathrm{d}x + \int_{q(c_r)-m(c_r)}^{q(c_r)}\{\{p_0 + a[x -$$

$$(q(c_r)+m(c_r))]\}x + v[(q(c_r)+m(c_r))-x] -$$

$$c_r x\}h(x)\mathrm{d}x + \int_{q(c_r)}^{q(c_r)+m(c_r)}\{\{p_0 + a[x-(q(c_r)+m(c_r))]\}x +$$

$$v[(q(c_r)+m(c_r))-x] - c_r x\}h(x)\mathrm{d}x + \int_{q(c_r)+m(c_r)}^{\infty}\{\{p_0 +$$

$$a[x-(q(c_r)+m(c_r))]\}(q(c_s)+m(c_r)) - c_r(q(c_r) +$$

$$m(c_r)) - g[x-(q(c_r)+m(c_r))]\}h(x)\mathrm{d}x - c_s(q(c_r) +$$

$$m(c_r)) - \frac{Y(c_r)}{y(c_r)}\bigg[\int_0^{q(c_r)-m(c_r)}(q(c_r)-m(c_r))h(x)\mathrm{d}x +$$

$$\int_{q(c_r)-m(c_r)}^{q(c_r)} xh(x)\,\mathrm{d}x + \int_{q(c_r)}^{q(c_r)+m(c_r)} xh(x)\,\mathrm{d}x + \int_{q(c_r)+m(c_r)}^{\infty}(q(c_r)+$$

$$m(c_r))h(x)\,\mathrm{d}x\Big]\Big\}y(c_r)\,\mathrm{d}c_r - \pi_r^{udo\,|\,\min|} \tag{6-69}$$

对式（6-69）求关于 q 的导数，令导数等于零，可求出供应链最优订货量 q^{udo*}。

$$\frac{\partial \pi_h^{udo}(c_r)}{\partial q(c_r)} = \int_0^{q(c_r)-m(c_r)}(\nu - ax - c_r)h(x)\,\mathrm{d}x + \int_{q(c_r)-m(c_r)}^{q(c_r)}(\nu - ax)h(x)\,\mathrm{d}x +$$

$$\int_{q(c_r)}^{q(c_r)+m(c_r)}(\nu - ax)h(x)\,\mathrm{d}x + \int_{q(c_r)+m(c_r)}^{\infty}[p_0 + a(x - (q(c_r)+$$

$$m(c_r))) - a(q(c_r) + m(c_r)) - c_r + g]h(x)\,\mathrm{d}x - c_s -$$

$$\frac{Y(c_r)}{y(c_r)}\Big[\int_0^{q(c_r)-m(c_r)} h(x)\,\mathrm{d}x + \int_{q(c_r)+m(c_r)}^{\infty} h(x)\,\mathrm{d}x\Big] \tag{6-70}$$

对式（6-70）求关于 m 的导数，令其导数等于零，可求出供应链最优期权执行购买量 m^{udo*}。

$$\frac{\partial \pi_h^{udo}(c_r)}{\partial m(c_r)} = \int_0^{q(c_r)-m(c_r)}(\nu - ax + c_r)h(x)\,\mathrm{d}x + \int_{q(c_r)-m(c_r)}^{q(c_r)}(\nu - ax)h(x)\,\mathrm{d}x +$$

$$\int_{q(c_r)}^{q(c_r)+m(c_r)}(\nu d - ax)h(x)x + \int_{q(c_r)+m(c_r)}^{\infty}[p_0 + a(x - (q(c_r)+$$

$$m(c_r))) - a(q(c_r) + m(c_r)) - c_r + g]h(x)\,\mathrm{d}x - c_s -$$

$$\frac{Y(c_r)}{y(c_r)}\Big[\int_0^{q(c_r)-m(c_r)} - h(x)\,\mathrm{d}x + \int_{q(c_r)+m(c_r)}^{\infty} h(x)\,\mathrm{d}x\Big] \tag{6-71}$$

当只有零售商隐藏成本时，联立式（6-61）和式（6-69），可得到价格随机波动造成批发价格变化的表达式：

$$w(q(c_r)) = \int_0^{q(c_r)+m(c_r)}[p_0 + a(x - q(c_r) - m(c_r))]xh(x)\,\mathrm{d}x +$$

$$\int_0^{q(c_r)-m(c_r)}[\nu(q(c_r) - m(c_r) - x) - c_r(q(c_r) - m(c_r)) +$$

$$(w_{ep} - w_2)m(c_r)]h(x)\,\mathrm{d}x + \int_{q(c_r)-m(c_r)}^{q(c_r)}[(w_{ep} - w_2)(q(c_r) -$$

$$x) - c_r x]h(x)\,\mathrm{d}x + \int_{q(c_r)}^{q(c_r)+m(c_r)}[w_{eo}(x - q(c_r)) - c_r x]$$

$$h(x)\,\mathrm{d}x \int_{q(c_r)+m(c_r)}^{\infty}\Big[[p_0 + a(x - q(c_r) - m(c_r))](q(c_r)+$$

$$m(c_r)) - w_{ec}m(c_r) - g_r(x - q(c_r) - m(c_r)) - c_r(q(c_r) +$$

$$m(c_r)) \Big] h(x) \,\mathrm{d}x - \frac{Y(c_r)}{y(c_r)} \Big[\int_0^{q(c_r)-m(c_r)} (q(c_r) - m(c_r))h(x) \,\mathrm{d}x +$$

$$\int_{q(c_r)-m(c_r)}^{q(c_r)} xh(x) \,\mathrm{d}x + \int_{q(c_r)}^{q(c_r)+m(c_r)} xh(x) \,\mathrm{d}x + \int_{q(c_r)+m(c_r)}^{\infty} (q(c_r) +$$

$$m(c_r))h(x) \,\mathrm{d}x \Big] - \pi_r^{\min} - 2w_0 m(c_r) / \Big[\int_0^{q(c_r)-m(c_r)} (q(c_r) -$$

$$m(c_r))h(x) \,\mathrm{d}x + \int_{q(c_r)-m(c_r)}^{q(c_r)} xh(x) \,\mathrm{d}x +$$

$$\int_{q(c_r)}^{q(c_r)+m(c_r)} q(c_r)h(x) \,\mathrm{d}x + \int_{q(c_r)+m(c_r)}^{\infty} q(c_r)h(x) \,\mathrm{d}x \Big] \qquad (6-72)$$

假设某种产品，市场稳定状态下单位市场零售价 $p_0 = 120$ 元，边际供应成本 $c_s = 50$ 元，零售商单位销售成本 $c_r = 30$ 元，单位产品残值 $v = 20$ 元，供售双方的缺货单位成本分别为 $g_s = 2$ 元与 $g_r = 3$ 元，市场规模系数 $a = 0.004$。当市场呈看涨趋势时 $w_1 = 85$ 元，看涨期权执行价格 $w_{ec} = 75$ 元，$w_0 = 5$ 元；当市场呈看跌趋势时实际批发价为 $w_2 = 55$ 元，看跌期权执行价格 $w_{ep} = 65$ 元。假设现实情况下，市场需求满足 $X \sim N(20000, 400^2)$ 的正态分布。

在期权契约下，市场需求量上涨时，批发价就会上涨；市场需求减少时，批发价就会降低。当供应信息不对称时，c_s 在区间 [48, 52]、[46, 54]、[44, 56]、[42, 58]、[40, 60] 上服从均匀分布；当销售信息不对称时，c_r 在区间 [28, 32]、[26, 34]、[24, 36]、[22, 38]、[20, 40] 上服从均匀分布。

表 6 - 4 中的数据是采用了 Wolfram Mathematica 数据仿真软件进行计算得出的结果，分析了在混合双向期权折扣契约下价格随机时的最优订货量、最优批发价、最优期权订货量和最优期望收益。相关数据计算结果见表 6 - 4。

表 6 - 4 分别表示了供应成本信息不对称和销售成本信息不对称两种情况下利用混合双向期权折扣契约时供应链的最优决策情况，对表 6 - 4 中的数值结果进行分析可知：

表 6 - 4 信息不对称下混合双向期权折扣契约供应链协调对比

类型	状态	$[c_{i1}, c_{i2}]$	最优订货量	最优期权购买量	最优批发价	供应商最低期望收益	零售商最低期望收益	零售商期望收益	供应商期望收益	供应链期望收益
价格随机双向期权折扣契约	供应信息不对称	[48,52]	7688	7688	87.21	515147	—	330412	545902	876314
		[46,54]	7563	7563	92.40	515147	—	299938	575628	875566
		[44,56]	7438	7438	97.64	515147	—	269890	604428	874318
		[42,58]	7313	7313	102.91	515147	—	240433	632137	872570
		[40,60]	7188	7188	108.23	515147	—	211433	658889	870322
	销售信息不对称	[28,32]	7688	7688	85.75	—	310875	341636	534678	876314
		[26,34]	7563	7563	82.95	—	310875	371408	504158	875566
		[24,36]	7438	7438	80.13	—	310875	400129	474189	874318
		[22,38]	7313	7313	77.28	—	310875	427864	444706	872570
		[20,40]	7188	7188	74.40	—	310875	454603	415719	870322

当供应成本信息不对称时，供应成本估值区间 [48，52] 的最优订货量和最优期权购买量相等，均为 7688，此时最优批发价为 87.21，供应链整体期望收益为 876314，其中零售商期望收益为 330412，供应商期望收益为 545902，大于供应商最低期望收益 515147。当估值区间扩大到 [46，54] 时，最优订货量和最优期权购买量仍相等但是缩小为 7563，批发价则从 87.21 上升至 92.40，零售商期望收益减少为 299938，供应商期望收益上升到 575628，大于供应商最低期望收益，但是供应链整体期望收益相较减少至 875566。随着估值区间的进一步扩大至 [44，56]、[42，58]、[40，60] 区间时，最优订货量和最优期权购买量继续呈下降趋势，从 7438 到 7313 再到 7188，批发价持续上涨，从 97.64 上涨到 102.91 再到 108.23。此时供应商期望收益也在上涨，从 604428 到 632137 再到 658889，但是上涨幅度逐步减少，从最初的 29726 下降到 26752。零售商期望收益则从 269890 下降到 240433、211433，供应链整体期望收益也在下降，从 874318 下降到 872570 再到 870322，且下降幅度逐步增大，从最初的 748 增至 2248。

当销售成本信息不对称，销售成本估值区间为 [28，32] 时，最优订货量和最优期权购买量相等，均为 7688，与供应成本信息不对称时估值区间为 [48，52] 的最优批发量和最优期权购买量相等，此时供应链整体期望收益为 876314，也和供应成本信息不对称时的相等，但此时最优批发价为 85.75，零售商期望收益为 341636，大于零售商最低期望收益 310875，供应商期望收益为 534678。当估值区间扩大到 [26，34] 时，和供应成本信息不对称情况相同，最优订货量和最优期权购买量也缩小为 7563，供应链整体期望收益也减少至 875566。但此时批发价从 85.75 下降至 82.95，零售商期望收益增加至 371408，大于零售商最低期望收益，供应商收益减少到 504158。当销售成本估值区间为 [24，36] 时，最优订货量和最优期权购买量同样下降至 7438，供应链整体期望收益也下降为 874318。此时批发价下降为 80.13，零售商期望收益上涨为 400129，供应商期望收益则下降到 474189。随着销售成本估值区间进一步扩大至 [22，38]、[20，40] 区间时，最优订货量和最优期权购买量同样呈下降趋势，从 7313 下降到 7188，供应链整体期望收益也同样从 872570 下降到 870322。批发价则从 77.28 下降到 74.40，供应商收益也在下降，从 444706 下降到 415719，零售商期望收益则从 427864 上涨到 454603。整体来看，随着销售成本估值区间的扩大，零售商期望收益一直在上升，但是上升幅度却在逐步减小，从 29772、28721 减小到 27735、26799。供应链整体期望收益则同供应成本信息不对称情况相同一直在下降，且下降幅度逐步增大，从最初的 748、1248 增加至 1748、2248。

6.3.3 本节结论

本节以最简单的二级供应链为研究对象，研究价格随机波动下信息不对称的供应链协调问题，通过建立混合双向期权折扣契约模型，分别研究供应成本或销售成本信息不对称下供应链的最优决策路径，并探讨信息不对称对供应链协调的影响。通过对比分析，可得出以下几点结论。

（1）在供应商对其产品信息隐瞒的情况下，供应商因为隐瞒私人信息收益增加，但是增加的幅度会越来越小。零售商所判断的供应成本区间估值越大，最优订货量、最优期权订货量越小，批发价越大，零售商期望收益也越小。其原因很可能是当供应商隐藏供应成本信息时，零售商无法准确估计正确的成本，此时零售商仅能采取降低订货量的手段来降低订货风险，但是随着供应成本估值区间范围的增大，零售商的收益仍然呈现递减的趋势。而此时供应商因隐瞒私有信息而获利，从而体现出私有信息的价值，但是供应链整体的收益会由于供应商隐瞒私人信息而受损，且信息不对称程度越大供应链整体收益越小。

（2）零售商隐藏销售成本信息时，供应商的定价策略和供应商期望收益都会受到信息预测偏差的影响而降低，且供应商对销售成本的估值区间越大，最优订货量、最优期权购买量、最优批发价、供应商期望收益会越来越小。且随着供应商对销售成本估值区间的增大，零售商持续依托私有信息的优势，自身收益不断增大，但是增加的幅度也在逐渐减少。此时供应链整体的收益会由于供应商隐瞒私人信息而受损，且信息不对称程度越大供应链整体收益越小。

（3）无论是供应成本信息不对称还是销售成本信息不对称，最优订货量、最优期权订货量及供应链整体收益都会随着估值区间的增大而减少，且变化幅度相同。这说明信息不对称会影响供应链整体效益的减少，且估值区间越大，信息不对称程度越高，供应链整体收益越小。

本节的研究是以突发事件下市场价格随机波动且供应链成员信息不对称为前提，考虑引入双向期权契约与数量折扣契约的联合模型后简单二级供应链的优化协调问题。然而现实生活中供应链往往是由多部分组成的一个相互影响的复杂系统，供应链面临的市场环境也会更加复杂，使供应链会受到更多因素的影响。因此，本研究考虑的影响因素和假定的前提仍具有一定的局限性，未考虑更为复杂的情况，如供应链成员风险厌恶、公平关切、利他关切等其他因素，研究结论也较为局限。在后续的研究中，可考虑将市场需求随机波动、市场价格随机波动、信息不对称和供应链成员风险厌恶、公平关切、利他关切等因素引入供应链协调，解决更复杂情况下的供应链优化协调问题。其次由于本研究是以单零售商与单供应商组成的简单二级供应链为研究对象，通过建立混合双向期权折扣契约模型研究突发事件下价格和需求随机波动下的供应链协调问题。然而，在现实生活中供应链的组成会更加复杂，绝不仅仅是单制造商和单零售商构成的简单二级供应链，因此可将本研究中的简单二级供应链拓展为三级甚至多级供应链，同时在此基础上也可以进一步研究其他联合契约优化模型，实现供应链优化协调。

第 **7** 章

结论与展望

7.1 研究结论

本书针对突发事件造成市场需求随机，市场价格不变或随机波动，在这两种前提下，分别探讨采用数量折扣契约协调信息对称的二级和三级供应链、信息不对称或风险厌恶及信息不对称和风险厌恶同时发生的二级供应链。在批发价波动较大的情况，将期权契约和数量折扣契约相融合，分别构建看涨期权折扣契约、看跌期权契约和双向期权契约来协调供应链，进一步探讨了上述三种契约在信息不对称的前提下协调供应链的内在规律。通过研究，得出以下几点结论。

（1）在价格稳定的前提下，用数量折扣契约协调二级供应链与三级供应链，发现它们的结论几乎是一样的。因为站在零售商的角度，中间的分销商可以看成是供应商；站在供应商的角度，中间的分销商可以是零售商。对供销双方来说，只增加了一个环节，但不能给供应链带来实质性的变化。因此，只要研究二级供应链，其得出的结论就具有普遍性。

（2）在价格稳定的前提下，发现不管是零售商风险厌恶还是供应商风险厌恶，或是这两者同时风险厌恶，发现他们的风险因子的变化对整个供应链的绩效没有影响，这与价格随机时得出的结论完全不一样。

（3）在价格稳定的前提下，发现拥有私人信息的一方可多获利，不拥有私人信息的一方利益会受损，但拥有私人信息的一方隐瞒私人信息时，其收益小于信息公开时的收益，在此条件下隐瞒私人信息会得不偿失，损人不利己，是双输的结局。说明在价格稳定时，拥有私人信息的一方没有必要隐瞒私人信息。

（4）在价格稳定的前提下，无论是生产成本信息不对称零售商风险厌恶还是销售成本信息不对称供应商风险厌恶，最优订货量、批发价、零售商期望收益、供应商期望收益及整个供应链的期望收益随着风险厌恶因子的变化均为一条水平的直线，即在价格稳定的条件下，数量折扣契约能有效应对风险厌恶和信息不对称给供应链系统带来的干扰，实现供应链协调。

（5）在价格随机的前提下，发现不管是零售商风险厌恶还是供应商风险厌恶，或是这两者同时风险厌恶，发现他们的风险因子的变化对整个供应链的绩效影响巨大，出现分岔突变现象。

（6）在价格随机的前提下，发现拥有私人信息的一方可多获利，不拥有私人信息的一方利益会受损，说明此时私人信息具有经济价值。但信息不对称会给供应链上的合作者及整个供应链的收益带来损失，不拥有私人信息的一方，要想办法让拥有私人信息的一方将其私人信息显露出来才是上策。

（7）在价格随机的前提下，零售商不同的风险态度应对生产成本信息不对称的策略是不一样的，但不管零售商风险态度怎样，生产成本信息不对称都会降低零售商和供应链的期望收益，而供应商会从生产成本信息不对称中获得超额收益，而造成零售商超额损失，且供应商的超额收益值小于零售商的超额损失值，从而造成整个供应链收益损失。这也说明零售商应对信息不对称最好的办法就是要尽量获取供应商的生产成本信息，使生产成本信息透明化，从而增加自己和整个供应链的期望收益，反之亦然。

（8）在价格随机条件的前提下，无论是零售商风险厌恶生产成本信息不对称还是供应商风险厌恶销售成本信息不对称，供应链系统中的最优订货量、批发价、零售商期望收益、供应商期望收益及整个供应链的期望收益均发生了分岔现象。

（9）在价格随机的条件下，考虑突发事件造成供应链参与者之一为风险厌恶，且供应商和零售商之间双边信息不对称，零售商和供应商对生产成本及销售成本预测区间的精度一定时，当风险厌恶因子越大，风险中性者的期望收益是增大的，而风险厌恶者的期望收益和整个供应链系统的期望收益是减少的，即整个供应链系统的风险厌恶程度与风险中性者的期望收益成反向变动关系，与风险厌恶者的期望收益和整个供应链系统的期望收益成正向变动关系。从整个供应链的角度来看，风险厌恶对于整个供应链系统的绩效是有害的。这要求在管理现实中，供应链参与者尽量不要产生风险厌恶的态度，保持平和的态度进行决策，这样才能增加整个供应链系统的绩效。

（10）在价格随机的条件下，不管是信息对称还是不对称，不管是看涨还是看跌，只要看准了价格涨跌和市场需求扩缩的趋势，供应链上的节点企业采用相应的期权折扣契约进行合作，不仅可以提高整个系统的收益，各个节点企业的个体收益也会增加，能实现共赢的局面。在突发事件造成市场价格随机、批发价变化和市场需求随机时，采用期权折扣契约的收益比采用数量折扣契约的收益要大。也就是说，应对这种复杂局面，期权折扣契约是一种较好的供应链契约。不管是看涨期权折扣契约还是看跌期权折扣契约，如果看准了趋势，就能获利；如果没有看准趋势，就会造成损失，所以采用这种契约对管理者的水平要求较高。

7.2　展望

本书在市场价格稳定和市场价格随机的前提下，考虑突发事件造成市场需求随机、供应链参与者风险厌恶及信息不对称或批发价高度振荡等扰动因素部分或全部作用于供应链系统时，对由单一零售商和单一供应商组成的二级供应链的最优订货与定价决策及整个供应链的运转绩效展开研究。而在实际的市场经济活动中，供应链受到众多因素的干扰，本书的研究无法满足决策者的全部需要，具有一定的局限性，将来可在本书的基础上从以下四个方面展开研究。

（1）本书是在突发事件的背景下，只研究数量折扣契约来协调多因素干扰的供应链，并没有考虑应用数量弹性契约、回购契约、收益共享契约在同样条件下来协调供应链，将来可在本书的前提条件下，继续探讨它们协调供应链的内在规律，比较其异同，针对不同的前提条件，寻找最优的契约类型。

（2）本书的研究均是建立在供应链参与者为完全"理性经济人"的情况下展开的研究，即供应链参与者在决策时以自身利润最大化为行为准则，并没有考虑供应链参与者有限理性的情况，也即供应链参与者存在牺牲自身的一些利益以使整个供应链系统的利益达到最大化，供应链系统中存在"雷锋精神"。如何在供应链参与者为有限理性的情况下进行供应链建模与分析成为一个重要的研究方向。

（3）考虑信息不对称和参与者风险厌恶等因素共同扰动的情形。在市场需求随机和市场价格随机等多种因素扰动下，供应链上的内外环境变得更加复杂，复杂的内外环境使供应链上的成员看不清楚形势，他们的风险态度很可能发生转变，由风险中性转为风险厌恶。处于 Stackelberg 博弈中的跟随者，为了在分散决策中实现自身利益最大化，可能隐藏私人信息，从而导致供应链信息不对称。鉴于此，可进一步展开对市场价格随机、决策主体风险厌恶及信息不对称等多因素干扰下的应急供应链协调研究。在此条件下，探寻引入期权机制的数量折扣契约协调应对突发事件的内在规律。因此，市场需求随机、市场价格随机、信息不对称和参与者均风险厌恶等因素共同扰动下的供应链优化问题将成为后续研究命题。

（4）进一步拓展供应链的研究周期和结构。本书以单零售商与单供应商组成的简单二级供应链为研究对象，以期权契约和数量折扣契约为工具，探讨了突发事件导致多因素扰动下的应急供应链协调问题。然而，在现实市场环境中，单供应商对多零售商或多供应商对多零售商的情形更为常见，因此，可将一对一的供应链结构特征拓展为一对多或多对多等更加复杂的情形，将供应链研究拓展为三级至多级供应链。此外，本书考虑的是单周期两阶段的供销模式，关于多周期多阶段下期权折扣契约的应急供应链协调问题也将是未来研究的方向之一。

（5）实证方法在期权折扣契约中的应用。本书对构建的模型进行了数值仿真，通过具体的算例加以验证，并未进行实证验证。在供应链协调研究领域，从事实证研究的比较少。若能对本书的理论进行实证研究，将实证结果与理论研究的结论进行对比，并对理论模型进行修正，用修正后的理论模型加以实践应用，则可为不同的产业、行业和企业找到最适宜的契约形式提供更实用的对策和建议。因此，如何将本书提出的理论进行实证验证，将实证的方法应用批发价、市场需求和市场价格均随机的期权折扣契约之中，也是未来研究的重要方向。

参 考 文 献

［1］陈志明，陈志祥．供需随机的 OEM 供应链在风险厌恶下的协调决策［J］．系统工程理论与实践，2015，35（5）：1123 - 1132．

［2］代建生，秦开大．零售商促销下供应商的回购契约设计［J］．系统管理学报，2017，26（1）：163 - 171．

［3］代建生．销售努力下基于 CVaR 的供应链协调［J］．系统工程学报，2017，32（2）：252 - 264．

［4］方青，任亮，张子刚，邵媛．风险规避型零售商双渠道供应链定价策略研究［J］．预测，2018，37（1）：68 - 74．

［5］冯颖，吴茜，余云龙．零售商主导下考虑增值物流服务的供应链期权契约协调［J］．工业工程，2016，19（6）：33 - 38．

［6］何娟，黄福友，黄福玲．考虑风险规避与质量和服务水平的 VMI 供应链期权协调策略［J］．控制与决策，2018，33（10）：1833 - 1840．

［7］胡本勇，雷东，陈旭．基于收益共享与努力成本共担的供应链期权销量担保契约［J］．管理工程学报，2010，24（3）：33 - 38．

［8］计国君，胡李妹，Kim Hua Tan，王美惠．信息不对称下双渠道定价与质量信息披露研究［J］．软科学，2017，31（11）：117 - 122．

［9］李绩才，李昌文，尚俊松．基于双向期权契约的随机产出季节性产品供应链生产与订购策略［J］．系统工程，2016，34（10）：108 - 115．

［10］李建斌，余牛，刘志学．两种基于 CVaR 准则的供应链返利与惩罚契约研究［J］．系统工程理论与实践，2015，35（7）：1666 - 1677．

［11］刘浪，陈文涛，巩玲君．随机价格条件下应急数量折扣契约［J］．系统工程，2016，34（10）：116 - 121．

［12］刘浪，刘崇光，吴双胜，等．价格随机条件下供应商风险厌恶的应急回购契约［J］．机械工程学报，2018，54（12）：207 - 215．

[13] 刘浪，吴双胜，史文强．信息不对称下价格随机的应急数量折扣契约研究 [J]．中国管理科学，2018，26（3）：169 – 176.

[14] 吕飞，海峰．双重信息不对称下供应链中的信息揭示机制 [J]．计算机集成制造系统，2019，25（10）：2676 – 2684.

[15] 马坤田．公平偏好下基于期权契约和回馈惩罚契约的供应链协调研究 [D]．广西大学学位论文，2017.

[16] 牟宗玉，曹德弼，刘晓冰，李新然．需求扰动下差别定价闭环供应链的应对策略及协调分析 [J]．软科学，2014，28（11）：55 – 60.

[17] 彭静，林杰，林正，吴小燕．需求变动下双渠道供应链的竞争和协调 [J]．同济大学学报（自然科学版），2015，43（1）：146 – 152.

[18] 曲优，关志民，叶同，等．基于混合 CVaR 的供应链绿色研发 – 广告决策与协调机制研究 [J]．中国管理科学，2018，26（10）：89 – 101.

[19] 曲优，关志民，叶同．基于 CVaR 准则的供应链协同绿色创新动态优化与协调研究 [J]．工业工程与管理，2018，23（4）：62 – 72.

[20] 史思雨，孙静春．供应商风险规避下考虑零售商资金约束的双渠道供应链定价决策 [J]．预测，2019，38（2）：90 – 96.

[21] 史文强，刘浪，汪明月，等．价格随机和销售成本信息不对称下的应急数量弹性契约 [J]．北京理工大学学报（社会科学版），2018，20（4）：120 – 127.

[22] 史文强，刘浪，汪明月，等．随机价格条件下零售商风险厌恶的应急数量弹性契约研究 [J]．重庆大学学报（社会科学版），2019，25（4）：101 – 112.

[23] 舒彤，杨芳，陈收，等．基于期权与回购合同的供应链中断协调研究 [J]．科技管理研究，2015，329（7）：168 – 173.

[24] 宋平，魏喆，杨琦峰．收益共享机制下期权契约对保兑仓模式的改进 [J]．财会月刊，2017，6（17）：3 – 8.

[25] 孙嘉轶，滕春贤，姚锋敏．需求扰动下闭环供应链回收决策及协调策略 [J]．系统工程学报，2017，32（5）：699 – 709.

[26] 唐振宇，罗新星，陈晓红．两类信息不对称条件下基于期权的生鲜农产品供应链协调研究 [J]．预测，2019，38（3）：76 – 83.

［27］田军，葛永玲，侯丛丛．政府主导的基于实物期权契约的应急物资采购模型［J］．系统工程理论与实践，2014，34（10）：2582 - 2590.

［28］田巍，杨世信，葛兵．风险规避型双渠道供应链创新投入与信息分享策略［J］．系统科学学报，2020，28（1）：55 - 60.

［29］王道平，谷春晓，张博卿．风险规避和信息不对称下双渠道供应链的定价决策研究［J］．工业工程与管理，2016，21（4）：20 - 25，34.

［30］王恒，徐琪．风险规避下基于期权契约的混合采购决策［J］．计算机集成制造系统，2017，23（11）：2533 - 2540.

［31］王慧，刘金平，侯艳红，等．基于期权契约的链状交易结构水市场最优策略［J］．统计与决策，2013（19）：48 - 51.

［32］王新辉，汪贤裕．考虑销售商风险规避的双边信息不对称的供应链协调［J］．中国管理科学，2015，23（3）：97 - 107.

［33］吴双胜，刘浪，史文强，等．价格随机条件下供应商风险厌恶的应急数量弹性契约研究［J］．软科学，2017，31（11）：128 - 133.

［34］吴英晶，李勇建，张李浩．基于期权契约的零售商融资最优策略研究［J］．管理评论，2014，26（10）：197 - 208.

［35］肖美丹，任曼琳，徐丽娜．双边创新信息不对称下的供应链协调激励机制研究［J/OL］．计算机集成制造系统：1 - 15［2020 - 03 - 09］．ht-tp://kns.cnki.net/kcms/detail/11.5946.TP.20200106.1444.004.html.

［36］杨亚，范体军，张磊．新鲜度信息不对称下生鲜农产品供应链协调［J］．中国管理科学，2016，24（9）：147 - 155.

［37］于艳娜，姚锋敏，滕春贤，等．零售商竞争下的双渠道信息产品供应链需求扰动［J］．计算机集成制造系统，2019，25（8）：2101 - 2108.

［38］张盼，熊中楷．制造商回收成本信息不对称下零售商激励合同设计［J］．管理工程学报，2019，33（4）：144 - 150.

［39］张文杰，骆建文．随机产出随机需求下的供应链期权契约模型［J］．管理工程学报，2016，30（3）：121 - 128.

［40］张永，钟惠芬，张卫国，等．价格数量折扣下多阶段报童问题的在线策略［J］．运筹学学报，2018，22（3）：37 - 48.

［41］赵正佳．需求不确定且依赖于价格下全球供应链数量折扣及其组

合契约 [J]. 管理工程学报, 2015, 29 (3): 90 – 99.

[42] 郑克俊. 期权契约下易逝品供应链协调 [J]. 系统工程学报, 2011, 26 (2): 211 – 215.

[43] 朱传波, 季建华, 包兴. 供应风险规避下基于 VaR 的零售商订货策略 [J]. 系统管理学报, 2014, 23 (6): 861 – 866.

[44] Barnesschuster D, Bassok Y, Anupindi R. Coordination and Flexibility in Supply Contracts with Options [J]. Manufacturing & Service Operations Management, 2011, 4 (4): 171 – 207.

[45] Burnetas A, Stephen M, Gilbert E S. Quantity discounts in single-period supply contracts with asymmetric demand information [J]. IIE Transactions, 2007, 39 (5): 465 – 479.

[46] Cheaitou A, Jemai Z, Dallery Y, et al. Two-stage flexible supply contract with payback and information update [J]. European J of Industrial Engineering, 2010, 4 (4): 471 – 492.

[47] Chen P, Hou P. The impact of manufacturer's direct sales and cost information asymmetry in a dual-channel supply chain with a risk-averse retailer [J]. International Journal of Electronic Commerce . 2017, 21 (1): 43 – 66.

[48] Chiang W C, et al. A game-theoretic approach to quantity discount problems [J]. Decision Sciences, 1994, 25 (1): 153 – 168.

[49] Choi T M, et al. The mean-variance approach for global supply chain risk analysis with air logistics in the blockchain technology era [J]. Transportation Research Part E: Logistics and Transportation Review, 2019, 127 (9): 178 – 191.

[50] Clark A J, Scarf H. Approximate Solutions to a Simple Multi-Echelon Inventory Problem, in K. J. Arros, S. Karlin, and H. Scarf (eds.) Studies in Applied Probability and Management Science, Stanford, CA [M]. America: Stanford University Press, 1962.

[51] Clark A J, Scarf H. Optimal Policies for a Multi-Echelon Inventory Problem [J]. Management Science, 1960, 6 (4): 475 – 490.

[52] Escudero L F, Monge J F, Morales D R. On the time-consistent sto-

chastic dominance risk averse measure for tactical supply chain planning under uncertainty [J]. Computers & Operations Research, 2018, 100 (12): 270 –286.

[53] Fallah H, Eskandari H, Pishvaee M S. Competitive closed-loop supply chain network design under uncertainty [J]. Journal of Manufacturing Systems, 2015, 37 (1): 649 –661.

[54] Fan Y H, Feng Y, Shou Y Y. A risk-averse and buyer-led supply chain under option contract: CVaR minimization and channel coordination [J]. International Journal of Production Economics. 2020, 2019 (8): 66 –81.

[55] Giri B C, Bardhan S. Sub-supply chain coordination in a three-layer chain under demand uncertainty and random yield in production [J]. International Journal of Production Economics, 2017, 191 (12): 66 –73.

[56] Golpîra H, et al. Robust bi-level optimization for green opportunistic supply chain network design problem against uncertainty and environmental risk [J]. Computers & Industrial Engineering, 2017, 107 (8): 301 –312.

[57] Huang, Ximin, Choi S M. "On supply chain coordination for false failure returns: A quantity discount contract approach" [J]. International Journal of Production Economics, 2011, 133 (2): 634 –644.

[58] Jia B Q, Quan S L, Ye Z H. Wholesale Price Contract and Quantity Discount Contract Under Competition with Various Games [M]. Springer Cham: Recent Developments in Data Science and Business Analytics, 2018.

[59] Kerkkamp R B O, Van D H W, Wagelmans A P M. Two-echelon supply chain coordination under information asymmetry with multiple types [J]. Omega, 2018, 76 (12): 137 –159.

[60] Lee H L, Rosenblatt M J. A generalized quantity discount pricing model to increase supplier's profits [J]. Management science, 1986, 32 (9): 1177 –1185.

[61] Li J, Su Q, Lai K K. The research on abatement strategy for manufacturer in the supply chain under information asymmetry [J]. Journal of Cleaner Production, 2019, 236 (1): 117 –130.

[62] Li X J, Chen J, Ai X Z. Contract design in a cross-sales supply chain

with demand information asymmetry [J]. European Journal of Operational Research, 2019, 275 (3): 939 – 956.

[63] Li, et al. Dual-channel supply chain decisions under asymmetric information with a risk-averse retailer [J]. Annals of Operations Research, 2017, 257 (2): 423 – 447.

[64] Liu L, Li F, Qi E. Research on Risk Avoidance and Coordination of Supply Chain Subject Based on Blockchain Technology [J]. Sustainability, 2019, 11 (7): 2182.

[65] Liu, et al. Decision analysis and coordination of two-stage supply chain considering cost information asymmetry of corporate social responsibility [J]. Journal of Cleaner Production, 2019, 228 (10): 1073 – 1087.

[66] Ma W Y, et al. Optimal production-inventory policy for closed-loop supply chain with remanufacturing under random demand and return [J]. Operational Research, 2018, 15 (8): 1 – 42.

[67] Monahan J P. A quantity discount pricing model to increase vendor profits [J]. Management science, 1984, 30 (6): 720 – 726.

[68] Pasternack B A. Optimal pricing and return policies for perishable commodities [J]. Marketing Science, 1985, 4 (6): 166 – 176.

[69] Rockafella, R. T. , Uryasev, S. , Conditional Value-at-Risk for General Loss Distribution [J]. Journal of Banking & Finance, 2002, 26: 1443 – 1471.

[70] Rockafella, R. T. , Uryasev, S. , Optimization of Conditional Value-at-Risk [J]. Journal of Risk, 2000, 2: 21 – 42.

[71] Rockafller T R, Uryasev S. Conditional value-at-risk for general loss distribution [J]. Journal of Banking and Finance, 2002, 26 (17): 1443 – 1471.

[72] Song Q F, et al. Optimal decision for a fuzzy supply chain with shrinkage under VaR criterion [J]. Journal of Intelligent & Fuzzy Systems, 2018, 34 (1): 733 – 744.

[73] Tekin M, Özekici S. Mean-variance newsvendor model with random supply and financial hedging [J]. IIE Transactions, 2015, 47 (9): 910 – 928.

［74］ Wallace S W, Choi T M . Flexibility, information structure, options and market power in robust supply chains ［J］. International Journal of Production Economics, 2011, 134 (2): 284 – 288.

［75］ Wang J C, et al. Optimal pricing contracts and level of information asymmetry in a supply chain ［J］. International Transactions in Operational Research, 2018, 25 (5): 1583 – 1610.

［76］ Wang Q Z, Tao D B. Supply contract with bidirectional options: The buyer's perspective ［J］. International Journal of Production Economics, 2006, 101 (1): 30 – 37.

［77］ Wang X, Guo H, Wang X. Supply chain contract mechanism under bilateral information asymmetry ［J］. Computers & Industrial Engineering, 2017, 113 (5): 356 – 368.

［78］ Wang X, et al. Achieving optimal performance of supply chain under cost information asymmetry ［J］. Applied Mathematical Modelling, 2018, 53 (9): 523 – 539.

［79］ Wang Q, Chu B, Wang J, Kumakiri Y. Risk analysis of supply contract with call options for buyers ［J］. International Journal of Production Economics, 2012, 139 (1): 97 – 105.

［80］ Xu C, Zhao D Z. Optimal Decisions for Adoption of Item-Level RFID in a Retail Supply Chain with Inventory Shrinkage under CVaR Criterion ［J］. Discrete Dynamics in Nature and Society. 2016, 55 (6): 328 – 338.

［81］ Xu G, et al. Coordinating a dual-channel supply chain with risk-averse under a two-way revenue sharing contract ［J］. International Journal of Production Economics, 2014, 147 (1): 171 – 179.

［82］ Ye F, Lin Q, Li Y. Coordination for contract farming supply chain with stochastic yield and demand under CVaR criterion ［J］. Orational Research. 2020, 20 (1): 369 – 397.

［83］ Zhang J, Chen J. Supplier selection and procurement decisions with uncertain demand, fixed selection costs and quantity discounts ［J］. Computers & Operations Research, 2013, 40 (11): 2703 – 2710.

［84］ Zhang R, Liu B. Group buying decisions of competing retailers with emergency procurement ［J］. Annals of Operations Research, 2017, 257 (2): 317 – 333.

［85］ Zhao Y, et al. Coordination of Supply Chains with Bidirectional Option Contracts ［J］. European Journal of Operational Research, 2013, 229 (2): 375 – 381.

［86］ Zhao Y, et al. Coordination of supply chains by option contracts: A cooperative game theory approach ［J］. European Journal of Operational Research, 2010, 207 (2): 668 – 675.

［87］ Zheng Q, et al. Joint procurement and pricing of fresh produce for multiple retailers with a quantity discount contract ［J］. Transportation Research Part E: Logistics and Transportation Review, 2019, 130 (12): 16 – 36.

［88］ Zhou Y W, Li J, Zhong Y. Cooperative advertising and ordering policies in a two-echelon supply chain with risk-averse agents ［J］. Omega, 2018, 75 (4): 97 – 117.

［89］ Zhuo, W Y, Lu S S, Hon G Y. Mean-variance analysis of option contracts in a two-echelon supply chain ［J］. European Journal of Operational Research, 2018, 271 (2): 535 – 547.

Wolfram Mathematica 计算过程

零售商风险厌恶生产成本信息不对称[95,105].nb *

```
H[x] = Integrate[1 / (100 * Sqrt[2 * Pi]) * Exp[- (x - 50000)^2 / 20000], {x, 0, x}]
H[q] = Integrate[1 / (100 * Sqrt[2 * Pi]) * Exp[- (x - 50000)^2 / 20000], {x, 0, q}]
u[x] = Integrate[x h[x], {x, 0, Infinity}]
h[x] = 1 / (100 * Sqrt[2 * Pi]) * Exp[- (x - 50000)^2 / 20000]
s[q] = Integrate[x h[x], {x, 0, q}] + Integrate[q h[x], {x, q, Infinity}]
```

$$\frac{1}{2}\left(\mathrm{Erf}\left[250\sqrt{2}\right] + \mathrm{Erf}\left[\frac{-50000+x}{100\sqrt{2}}\right]\right)$$

$$\frac{1}{2}\left(\mathrm{Erf}\left[250\sqrt{2}\right] + \mathrm{Erf}\left[\frac{-50000+q}{100\sqrt{2}}\right]\right)$$

$$\int_0^\infty x\,h[x]\,dx$$

$$\frac{e^{-\frac{(-50000+x)^2}{20000}}}{100\sqrt{2\pi}}$$

$$50\sqrt{\frac{2}{\pi}}\left(\frac{1}{e^{125000}} - e^{-\frac{(-50000+q)^2}{20000}} + 250\sqrt{2\pi}\,\mathrm{Erf}\left[250\sqrt{2}\right] + 250\sqrt{2\pi}\,\mathrm{Erf}\left[\frac{-50000+q}{100\sqrt{2}}\right]\right) + \frac{1}{2}\,q\,\mathrm{Erfc}\left[\frac{-50000+q}{100\sqrt{2}}\right]$$

```
h[q / 0.950] = 1 / (100 * Sqrt[2 * Pi]) * Exp[- (q / 0.950 - 50000)^2 / 20000]
h[q / 0.951] = 1 / (100 * Sqrt[2 * Pi]) * Exp[- (q / 0.951 - 50000)^2 / 20000]
h[q / 0.952] = 1 / (100 * Sqrt[2 * Pi]) * Exp[- (q / 0.952 - 50000)^2 / 20000]
h[q / 0.953] = 1 / (100 * Sqrt[2 * Pi]) * Exp[- (q / 0.953 - 50000)^2 / 20000]
h[q / 0.954] = 1 / (100 * Sqrt[2 * Pi]) * Exp[- (q / 0.954 - 50000)^2 / 20000]
h[q / 0.955] = 1 / (100 * Sqrt[2 * Pi]) * Exp[- (q / 0.955 - 50000)^2 / 20000]
h[q / 0.956] = 1 / (100 * Sqrt[2 * Pi]) * Exp[- (q / 0.956 - 50000)^2 / 20000]
h[q / 0.957] = 1 / (100 * Sqrt[2 * Pi]) * Exp[- (q / 0.957 - 50000)^2 / 20000]
h[q / 0.958] = 1 / (100 * Sqrt[2 * Pi]) * Exp[- (q / 0.958 - 50000)^2 / 20000]
h[q / 0.959] = 1 / (100 * Sqrt[2 * Pi]) * Exp[- (q / 0.959 - 50000)^2 / 20000]

FindRoot[
  {1 / 0.950 ((300 - 80 + 20) * (1 - H[q]) + 0.008 * Integrate[H[x], {x, 0, q}] - (150 - 80 - 20 + 5 - 0.004 u[x] + 0.008 q) +
    10 * Integrate[(1 / 0.950 - 1) h[x], {x, q / 0.950, Infinity}] - 10 * q * (1 - 0.950) / (0.950)^2 * h[q / 0.950]) = 0,
  (20 * (100054.85222826981` - q) - 10 * (s[q] - u[x]) + 3252580) / q + 100 + 5 - w = 0}, {q, 45000}, {w, 160}]
FindRoot[
  {1 / 0.951 ((300 - 80 + 20) * (1 - H[q]) + 0.008 * Integrate[H[x], {x, 0, q}] - (150 - 80 - 20 + 5 - 0.004 u[x] + 0.008 q) +
    10 * Integrate[(1 / 0.951 - 1) h[x], {x, q / 0.951, Infinity}] - 10 * q * (1 - 0.951) / (0.951)^2 * h[q / 0.951]) = 0,
  (20 * (100054.85222826981` - q) - 10 * (s[q] - u[x]) + 3252580) / q + 100 + 5 - w = 0}, {q, 45000}, {w, 160}]
FindRoot[
  {1 / 0.952 ((300 - 80 + 20) * (1 - H[q]) + 0.008 * Integrate[H[x], {x, 0, q}] - (150 - 80 - 20 + 5 - 0.004 u[x] + 0.008 q) +
    10 * Integrate[(1 / 0.952 - 1) h[x], {x, q / 0.952, Infinity}] - 10 * q * (1 - 0.952) / (0.952)^2 * h[q / 0.952]) = 0,
  (20 * (100054.85222826981` - q) - 10 * (s[q] - u[x]) + 3252580) / q + 100 + 5 - w = 0}, {q, 45000}, {w, 160}]
FindRoot[
  {1 / 0.953 ((300 - 80 + 20) * (1 - H[q]) + 0.008 * Integrate[H[x], {x, 0, q}] - (150 - 80 - 20 + 5 - 0.004 u[x] + 0.008 q) +
    10 * Integrate[(1 / 0.953 - 1) h[x], {x, q / 0.953, Infinity}] - 10 * q * (1 - 0.953) / (0.953)^2 * h[q / 0.953]) = 0,
  (20 * (100054.85222826981` - q) - 10 * (s[q] - u[x]) + 3252580) / q + 100 + 5 - w = 0}, {q, 45000}, {w, 160}]
```

```
FindRoot[
 {1 / 0.954 ((300 - 80 + 20) * (1 - H[q]) + 0.008 * Integrate[H[x], {x, 0, q}] - (150 - 80 - 20 + 5 - 0.004 u[x] + 0.008 q) +
    10 * Integrate[(1 / 0.954 - 1) h[x], {x, q / 0.954, Infinity}] - 10 * q * (1 - 0.954) / (0.954) ^2 * h[q / 0.954]) = 0,
  (20 * (100054.85222826981` - q) - 10 * (s[q] - u[x]) + 3252580) / q + 100 + 5 - w = 0}, {q, 45000}, {w, 160}]
FindRoot[
 {1 / 0.955 ((300 - 80 + 20) * (1 - H[q]) + 0.008 * Integrate[H[x], {x, 0, q}] - (150 - 80 - 20 + 5 - 0.004 u[x] + 0.008 q) +
    10 * Integrate[(1 / 0.955 - 1) h[x], {x, q / 0.955, Infinity}] - 10 * q * (1 - 0.955) / (0.955) ^2 * h[q / 0.955]) = 0,
  (20 * (100054.85222826981` - q) - 10 * (s[q] - u[x]) + 3252580) / q + 100 + 5 - w = 0}, {q, 45000}, {w, 160}]
FindRoot[
 {1 / 0.956 ((300 - 80 + 20) * (1 - H[q]) + 0.008 * Integrate[H[x], {x, 0, q}] - (150 - 80 - 20 + 5 - 0.004 u[x] + 0.008 q) +
    10 * Integrate[(1 / 0.956 - 1) h[x], {x, q / 0.956, Infinity}] - 10 * q * (1 - 0.956) / (0.956) ^2 * h[q / 0.956]) = 0,
  (20 * (100054.85222826981` - q) - 10 * (s[q] - u[x]) + 3252580) / q + 100 + 5 - w = 0}, {q, 45000}, {w, 160}]
FindRoot[
 {1 / 0.957 ((300 - 80 + 20) * (1 - H[q]) + 0.008 * Integrate[H[x], {x, 0, q}] - (150 - 80 - 20 + 5 - 0.004 u[x] + 0.008 q) +
    10 * Integrate[(1 / 0.957 - 1) h[x], {x, q / 0.957, Infinity}] - 10 * q * (1 - 0.957) / (0.957) ^2 * h[q / 0.957]) = 0,
  (20 * (100054.85222826981` - q) - 10 * (s[q] - u[x]) + 3252580) / q + 100 + 5 - w = 0}, {q, 45000}, {w, 160}]
FindRoot[
 {1 / 0.958 ((300 - 80 + 20) * (1 - H[q]) + 0.008 * Integrate[H[x], {x, 0, q}] - (150 - 80 - 20 + 5 - 0.004 u[x] + 0.008 q) +
    10 * Integrate[(1 / 0.958 - 1) h[x], {x, q / 0.958, Infinity}] - 10 * q * (1 - 0.958) / (0.958) ^2 * h[q / 0.958]) = 0,
  (20 * (100054.85222826981` - q) - 10 * (s[q] - u[x]) + 3252580) / q + 100 + 5 - w = 0}, {q, 45000}, {w, 160}]
FindRoot[
 {1 / 0.959 ((300 - 80 + 20) * (1 - H[q]) + 0.008 * Integrate[H[x], {x, 0, q}] - (150 - 80 - 20 + 5 - 0.004 u[x] + 0.008 q) +
    10 * Integrate[(1 / 0.959 - 1) h[x], {x, q / 0.959, Infinity}] - 10 * q * (1 - 0.959) / (0.959) ^2 * h[q / 0.959]) = 0,
  (20 * (100054.85222826981` - q) - 10 * (s[q] - u[x]) + 3252580) / q + 100 + 5 - w = 0}, {q, 45000}, {w, 160}]

{q → 48125., w → 194.557}

{q → 48125., w → 194.557}

{q → 48125., w → 194.557}

{q → 48124.9, w → 194.557}

{q → 48124.4, w → 194.558}

{q → 48117.9, w → 194.575}

{q → 47616.2, w → 195.834}

{q → 48231.4, w → 194.293}

{q → 47710.4, w → 195.596}

h[q / 0.960] = 1 / (100 * Sqrt[2 * Pi]) * Exp[-(q / 0.960 - 50000) ^2 / 20000]
h[q / 0.961] = 1 / (100 * Sqrt[2 * Pi]) * Exp[-(q / 0.961 - 50000) ^2 / 20000]
h[q / 0.962] = 1 / (100 * Sqrt[2 * Pi]) * Exp[-(q / 0.962 - 50000) ^2 / 20000]
h[q / 0.963] = 1 / (100 * Sqrt[2 * Pi]) * Exp[-(q / 0.963 - 50000) ^2 / 20000]
h[q / 0.964] = 1 / (100 * Sqrt[2 * Pi]) * Exp[-(q / 0.964 - 50000) ^2 / 20000]
h[q / 0.965] = 1 / (100 * Sqrt[2 * Pi]) * Exp[-(q / 0.965 - 50000) ^2 / 20000]
h[q / 0.966] = 1 / (100 * Sqrt[2 * Pi]) * Exp[-(q / 0.966 - 50000) ^2 / 20000]
h[q / 0.967] = 1 / (100 * Sqrt[2 * Pi]) * Exp[-(q / 0.967 - 50000) ^2 / 20000]
h[q / 0.968] = 1 / (100 * Sqrt[2 * Pi]) * Exp[-(q / 0.968 - 50000) ^2 / 20000]
h[q / 0.969] = 1 / (100 * Sqrt[2 * Pi]) * Exp[-(q / 0.969 - 50000) ^2 / 20000]
FindRoot[
 {1 / 0.960 ((300 - 80 + 20) * (1 - H[q]) + 0.008 * Integrate[H[x], {x, 0, q}] - (150 - 80 - 20 + 5 - 0.004 u[x] + 0.008 q) +
    10 * Integrate[(1 / 0.960 - 1) h[x], {x, q / 0.960, Infinity}] - 10 * q * (1 - 0.960) / (0.960) ^2 * h[q / 0.960]) = 0,
  (20 * (100054.85222826981` - q) - 10 * (s[q] - u[x]) + 3252580) / q + 100 + 5 - w = 0}, {q, 45000}, {w, 160}]
FindRoot[
 {1 / 0.961 ((300 - 80 + 20) * (1 - H[q]) + 0.008 * Integrate[H[x], {x, 0, q}] - (150 - 80 - 20 + 5 - 0.004 u[x] + 0.008 q) +
    10 * Integrate[(1 / 0.961 - 1) h[x], {x, q / 0.961, Infinity}] - 10 * q * (1 - 0.961) / (0.961) ^2 * h[q / 0.961]) = 0,
  (20 * (100054.85222826981` - q) - 10 * (s[q] - u[x]) + 3252580) / q + 100 + 5 - w = 0}, {q, 45000}, {w, 160}]
FindRoot[
 {1 / 0.962 ((300 - 80 + 20) * (1 - H[q]) + 0.008 * Integrate[H[x], {x, 0, q}] - (150 - 80 - 20 + 5 - 0.004 u[x] + 0.008 q) +
    10 * Integrate[(1 / 0.962 - 1) h[x], {x, q / 0.962, Infinity}] - 10 * q * (1 - 0.962) / (0.962) ^2 * h[q / 0.962]) = 0,
  (20 * (100054.85222826981` - q) - 10 * (s[q] - u[x]) + 3252580) / q + 100 + 5 - w = 0}, {q, 45000}, {w, 160}]
FindRoot[
 {1 / 0.963 ((300 - 80 + 20) * (1 - H[q]) + 0.008 * Integrate[H[x], {x, 0, q}] - (150 - 80 - 20 + 5 - 0.004 u[x] + 0.008 q) +
    10 * Integrate[(1 / 0.963 - 1) h[x], {x, q / 0.963, Infinity}] - 10 * q * (1 - 0.963) / (0.963) ^2 * h[q / 0.963]) = 0,
  (20 * (100054.85222826981` - q) - 10 * (s[q] - u[x]) + 3252580) / q + 100 + 5 - w = 0}, {q, 45000}, {w, 160}]
FindRoot[
 {1 / 0.964 ((300 - 80 + 20) * (1 - H[q]) + 0.008 * Integrate[H[x], {x, 0, q}] - (150 - 80 - 20 + 5 - 0.004 u[x] + 0.008 q) +
    10 * Integrate[(1 / 0.964 - 1) h[x], {x, q / 0.964, Infinity}] - 10 * q * (1 - 0.964) / (0.964) ^2 * h[q / 0.964]) = 0,
  (20 * (100054.85222826981` - q) - 10 * (s[q] - u[x]) + 3252580) / q + 100 + 5 - w = 0}, {q, 45000}, {w, 160}]
```

```
FindRoot[
  {1/0.965 ((300 - 80 + 20) * (1 - H[q]) + 0.008 * Integrate[H[x], {x, 0, q}] - (150 - 80 - 20 + 5 - 0.004 u[x] + 0.008 q) +
      10 * Integrate[(1/0.965 - 1) h[x], {x, q/0.965, Infinity}] - 10 * q * (1 - 0.965) / (0.965)^2 * h[q/0.965]) == 0,
   (20 * (100054.85222826981` - q) - 10 * (s[q] - u[x]) + 3252580) / q + 100 + 5 - w == 0}, {q, 45000}, {w, 160}]
FindRoot[
  {1/0.966 ((300 - 80 + 20) * (1 - H[q]) + 0.008 * Integrate[H[x], {x, 0, q}] - (150 - 80 - 20 + 5 - 0.004 u[x] + 0.008 q) +
      10 * Integrate[(1/0.966 - 1) h[x], {x, q/0.966, Infinity}] - 10 * q * (1 - 0.966) / (0.966)^2 * h[q/0.966]) == 0,
   (20 * (100054.85222826981` - q) - 10 * (s[q] - u[x]) + 3252580) / q + 100 + 5 - w == 0}, {q, 45000}, {w, 160}]
FindRoot[
  {1/0.967 ((300 - 80 + 20) * (1 - H[q]) + 0.008 * Integrate[H[x], {x, 0, q}] - (150 - 80 - 20 + 5 - 0.004 u[x] + 0.008 q) +
      10 * Integrate[(1/0.967 - 1) h[x], {x, q/0.967, Infinity}] - 10 * q * (1 - 0.967) / (0.967)^2 * h[q/0.967]) == 0,
   (20 * (100054.85222826981` - q) - 10 * (s[q] - u[x]) + 3252580) / q + 100 + 5 - w == 0}, {q, 45000}, {w, 160}]
FindRoot[
  {1/0.968 ((300 - 80 + 20) * (1 - H[q]) + 0.008 * Integrate[H[x], {x, 0, q}] - (150 - 80 - 20 + 5 - 0.004 u[x] + 0.008 q) +
      10 * Integrate[(1/0.968 - 1) h[x], {x, q/0.968, Infinity}] - 10 * q * (1 - 0.968) / (0.968)^2 * h[q/0.968]) == 0,
   (20 * (100054.85222826981` - q) - 10 * (s[q] - u[x]) + 3252580) / q + 100 + 5 - w == 0}, {q, 45000}, {w, 160}]
FindRoot[
  {1/0.969 ((300 - 80 + 20) * (1 - H[q]) + 0.008 * Integrate[H[x], {x, 0, q}] - (150 - 80 - 20 + 5 - 0.004 u[x] + 0.008 q) +
      10 * Integrate[(1/0.969 - 1) h[x], {x, q/0.969, Infinity}] - 10 * q * (1 - 0.969) / (0.969)^2 * h[q/0.969]) == 0,
   (20 * (100054.85222826981` - q) - 10 * (s[q] - u[x]) + 3252580) / q + 100 + 5 - w == 0}, {q, 45000}, {w, 160}]
```

```
{q → 47757., w → 195.478}

{q → 47803.2, w → 195.362}

{q → 47848.9, w → 195.247}

{q → 47894.1, w → 195.133}

{q → 47938.4, w → 195.022}

{q → 47981.7, w → 194.914}

{q → 48023.6, w → 194.809}

{q → 48063.3, w → 194.71}

{q → 48099.7, w → 194.62}

{q → 48130.5, w → 194.543}
```

```
h[q/0.970] = 1/(100 * Sqrt[2 * Pi]) * Exp[-(q/0.970 - 50000)^2 / 20000]
h[q/0.971] = 1/(100 * Sqrt[2 * Pi]) * Exp[-(q/0.971 - 50000)^2 / 20000]
h[q/0.972] = 1/(100 * Sqrt[2 * Pi]) * Exp[-(q/0.972 - 50000)^2 / 20000]
h[q/0.973] = 1/(100 * Sqrt[2 * Pi]) * Exp[-(q/0.973 - 50000)^2 / 20000]
h[q/0.974] = 1/(100 * Sqrt[2 * Pi]) * Exp[-(q/0.974 - 50000)^2 / 20000]
h[q/0.975] = 1/(100 * Sqrt[2 * Pi]) * Exp[-(q/0.975 - 50000)^2 / 20000]
h[q/0.976] = 1/(100 * Sqrt[2 * Pi]) * Exp[-(q/0.976 - 50000)^2 / 20000]
h[q/0.977] = 1/(100 * Sqrt[2 * Pi]) * Exp[-(q/0.977 - 50000)^2 / 20000]
h[q/0.978] = 1/(100 * Sqrt[2 * Pi]) * Exp[-(q/0.978 - 50000)^2 / 20000]
h[q/0.979] = 1/(100 * Sqrt[2 * Pi]) * Exp[-(q/0.979 - 50000)^2 / 20000]
```

```
FindRoot[
  {1/0.970 ((300 - 80 + 20) * (1 - H[q]) + 0.008 * Integrate[H[x], {x, 0, q}] - (150 - 80 - 20 + 5 - 0.004 u[x] + 0.008 q) +
      10 * Integrate[(1/0.970 - 1) h[x], {x, q/0.970, Infinity}] - 10 * q * (1 - 0.970) / (0.970)^2 * h[q/0.970]) == 0,
   (20 * (100054.85222826981` - q) - 10 * (s[q] - u[x]) + 3252570) / q + 100 + 5 - w == 0}, {q, 45000}, {w, 160}]
FindRoot[
  {1/0.971 ((300 - 80 + 20) * (1 - H[q]) + 0.008 * Integrate[H[x], {x, 0, q}] - (150 - 80 - 20 + 5 - 0.004 u[x] + 0.008 q) +
      10 * Integrate[(1/0.971 - 1) h[x], {x, q/0.971, Infinity}] - 10 * q * (1 - 0.971) / (0.971)^2 * h[q/0.971]) == 0,
   (20 * (100054.85222826981` - q) - 10 * (s[q] - u[x]) + 3252550) / q + 100 + 5 - w == 0}, {q, 45000}, {w, 160}]
FindRoot[
  {1/0.972 ((300 - 80 + 20) * (1 - H[q]) + 0.008 * Integrate[H[x], {x, 0, q}] - (150 - 80 - 20 + 5 - 0.004 u[x] + 0.008 q) +
      10 * Integrate[(1/0.972 - 1) h[x], {x, q/0.972, Infinity}] - 10 * q * (1 - 0.972) / (0.972)^2 * h[q/0.972]) == 0,
   (20 * (100054.85222826981` - q) - 10 * (s[q] - u[x]) + 3252520) / q + 100 + 5 - w == 0}, {q, 45000}, {w, 160}]
FindRoot[
  {1/0.973 ((300 - 80 + 20) * (1 - H[q]) + 0.008 * Integrate[H[x], {x, 0, q}] - (150 - 80 - 20 + 5 - 0.004 u[x] + 0.008 q) +
      10 * Integrate[(1/0.973 - 1) h[x], {x, q/0.973, Infinity}] - 10 * q * (1 - 0.973) / (0.973)^2 * h[q/0.973]) == 0,
   (20 * (100054.85222826981` - q) - 10 * (s[q] - u[x]) + 3252350) / q + 100 + 5 - w == 0}, {q, 45000}, {w, 160}]
FindRoot[
  {1/0.974 ((300 - 80 + 20) * (1 - H[q]) + 0.008 * Integrate[H[x], {x, 0, q}] - (150 - 80 - 20 + 5 - 0.004 u[x] + 0.008 q) +
      10 * Integrate[(1/0.974 - 1) h[x], {x, q/0.974, Infinity}] - 10 * q * (1 - 0.974) / (0.974)^2 * h[q/0.974]) == 0,
   (20 * (100054.85222826981` - q) - 10 * (s[q] - u[x]) + 3252410) / q + 100 + 5 - w == 0}, {q, 45000}, {w, 160}]
```

```
FindRoot[
 {1/0.975 ((300 - 80 + 20) * (1 - H[q]) + 0.008 * Integrate[H[x], {x, 0, q}] - (150 - 80 - 20 + 5 - 0.004 u[x] + 0.008 q) +
   10 * Integrate[(1/0.975 - 1) h[x], {x, q/0.975, Infinity}] - 10 * q * (1 - 0.975) / (0.975)^2 * h[q/0.975]) = 0,
  (20 * (100054.85222826981` - q) - 10 * (s[q] - u[x]) + 3252460) / q + 100 + 5 - w = 0}, {q, 45000}, {w, 160}]
FindRoot[
 {1/0.976 ((300 - 80 + 20) * (1 - H[q]) + 0.008 * Integrate[H[x], {x, 0, q}] - (150 - 80 - 20 + 5 - 0.004 u[x] + 0.008 q) +
   10 * Integrate[(1/0.976 - 1) h[x], {x, q/0.976, Infinity}] - 10 * q * (1 - 0.976) / (0.976)^2 * h[q/0.976]) = 0,
  (20 * (100054.85222826981` - q) - 10 * (s[q] - u[x]) + 3252500) / q + 100 + 5 - w = 0}, {q, 45000}, {w, 160}]
FindRoot[
 {1/0.977 ((300 - 80 + 20) * (1 - H[q]) + 0.008 * Integrate[H[x], {x, 0, q}] - (150 - 80 - 20 + 5 - 0.004 u[x] + 0.008 q) +
   10 * Integrate[(1/0.977 - 1) h[x], {x, q/0.977, Infinity}] - 10 * q * (1 - 0.977) / (0.977)^2 * h[q/0.977]) = 0,
  (20 * (100054.85222826981` - q) - 10 * (s[q] - u[x]) + 3252530) / q + 100 + 5 - w = 0}, {q, 45000}, {w, 160}]
FindRoot[
 {1/0.978 ((300 - 80 + 20) * (1 - H[q]) + 0.008 * Integrate[H[x], {x, 0, q}] - (150 - 80 - 20 + 5 - 0.004 u[x] + 0.008 q) +
   10 * Integrate[(1/0.978 - 1) h[x], {x, q/0.978, Infinity}] - 10 * q * (1 - 0.978) / (0.978)^2 * h[q/0.978]) = 0,
  (20 * (100054.85222826981` - q) - 10 * (s[q] - u[x]) + 3252550) / q + 100 + 5 - w = 0}, {q, 45000}, {w, 160}]
FindRoot[
 {1/0.979 ((300 - 80 + 20) * (1 - H[q]) + 0.008 * Integrate[H[x], {x, 0, q}] - (150 - 80 - 20 + 5 - 0.004 u[x] + 0.008 q) +
   10 * Integrate[(1/0.979 - 1) h[x], {x, q/0.979, Infinity}] - 10 * q * (1 - 0.979) / (0.979)^2 * h[q/0.979]) = 0,
  (20 * (100054.85222826981` - q) - 10 * (s[q] - u[x]) + 3252570) / q + 100 + 5 - w = 0}, {q, 45000}, {w, 160}]

{q → 48151.6, w → 194.491}

{q → 48160., w → 194.469}

{q → 48160.7, w → 194.467}

{q → 48159.7, w → 194.466}

{q → 48158.4, w → 194.471}

{q → 48157.1, w → 194.475}

{q → 48155.7, w → 194.479}

{q → 48154.4, w → 194.483}

{q → 48153.1, w → 194.486}

{q → 48151.8, w → 194.49}

h[q/0.980] = 1/(100 * Sqrt[2 * Pi]) * Exp[-(q/0.980 - 50000)^2 / 20000]
h[q/0.981] = 1/(100 * Sqrt[2 * Pi]) * Exp[-(q/0.981 - 50000)^2 / 20000]
h[q/0.982] = 1/(100 * Sqrt[2 * Pi]) * Exp[-(q/0.982 - 50000)^2 / 20000]
h[q/0.983] = 1/(100 * Sqrt[2 * Pi]) * Exp[-(q/0.983 - 50000)^2 / 20000]
h[q/0.984] = 1/(100 * Sqrt[2 * Pi]) * Exp[-(q/0.984 - 50000)^2 / 20000]
h[q/0.985] = 1/(100 * Sqrt[2 * Pi]) * Exp[-(q/0.985 - 50000)^2 / 20000]

h[q/0.986] = 1/(100 * Sqrt[2 * Pi]) * Exp[-(q/0.986 - 50000)^2 / 20000]
h[q/0.987] = 1/(100 * Sqrt[2 * Pi]) * Exp[-(q/0.987 - 50000)^2 / 20000]
h[q/0.988] = 1/(100 * Sqrt[2 * Pi]) * Exp[-(q/0.988 - 50000)^2 / 20000]
h[q/0.989] = 1/(100 * Sqrt[2 * Pi]) * Exp[-(q/0.989 - 50000)^2 / 20000]

FindRoot[
 {1/0.980 ((300 - 80 + 20) * (1 - H[q]) + 0.008 * Integrate[H[x], {x, 0, q}] - (150 - 80 - 20 + 5 - 0.004 u[x] + 0.008 q) +
   10 * Integrate[(1/0.980 - 1) h[x], {x, q/0.980, Infinity}] - 10 * q * (1 - 0.980) / (0.980)^2 * h[q/0.980]) = 0,
  (20 * (100054.85222826981` - q) - 10 * (s[q] - u[x]) + 3252570) / q + 100 + 5 - w = 0}, {q, 45000}, {w, 160}]
FindRoot[
 {1/0.981 ((300 - 80 + 20) * (1 - H[q]) + 0.008 * Integrate[H[x], {x, 0, q}] - (150 - 80 - 20 + 5 - 0.004 u[x] + 0.008 q) +
   10 * Integrate[(1/0.981 - 1) h[x], {x, q/0.981, Infinity}] - 10 * q * (1 - 0.981) / (0.981)^2 * h[q/0.981]) = 0,
  (20 * (100054.85222826981` - q) - 10 * (s[q] - u[x]) + 3252580) / q + 100 + 5 - w = 0}, {q, 45000}, {w, 160}]
FindRoot[
 {1/0.982 ((300 - 80 + 20) * (1 - H[q]) + 0.008 * Integrate[H[x], {x, 0, q}] - (150 - 80 - 20 + 5 - 0.004 u[x] + 0.008 q) +
   10 * Integrate[(1/0.982 - 1) h[x], {x, q/0.982, Infinity}] - 10 * q * (1 - 0.982) / (0.982)^2 * h[q/0.982]) = 0,
  (20 * (100054.85222826981` - q) - 10 * (s[q] - u[x]) + 3252580) / q + 100 + 5 - w = 0}, {q, 45000}, {w, 160}]
FindRoot[
 {1/0.983 ((300 - 80 + 20) * (1 - H[q]) + 0.008 * Integrate[H[x], {x, 0, q}] - (150 - 80 - 20 + 5 - 0.004 u[x] + 0.008 q) +
   10 * Integrate[(1/0.983 - 1) h[x], {x, q/0.983, Infinity}] - 10 * q * (1 - 0.983) / (0.983)^2 * h[q/0.983]) = 0,
  (20 * (100054.85222826981` - q) - 10 * (s[q] - u[x]) + 3252580) / q + 100 + 5 - w = 0}, {q, 45000}, {w, 160}]
FindRoot[
 {1/0.984 ((300 - 80 + 20) * (1 - H[q]) + 0.008 * Integrate[H[x], {x, 0, q}] - (150 - 80 - 20 + 5 - 0.004 u[x] + 0.008 q) +
   10 * Integrate[(1/0.984 - 1) h[x], {x, q/0.984, Infinity}] - 10 * q * (1 - 0.984) / (0.984)^2 * h[q/0.984]) = 0,
  (20 * (100054.85222826981` - q) - 10 * (s[q] - u[x]) + 3252580) / q + 100 + 5 - w = 0}, {q, 45000}, {w, 160}]
```

```
FindRoot[
  {1 / 0.985 ((300 - 80 + 20) * (1 - H[q]) + 0.008 * Integrate[H[x], {x, 0, q}] - (150 - 80 - 20 + 5 - 0.004 u[x] + 0.008 q) +
    10 * Integrate[(1 / 0.985 - 1) h[x], {x, q / 0.985, Infinity}] - 10 * q * (1 - 0.985) / (0.985) ^2 * h[q / 0.985]) = 0,
  (20 * (100054.85222826981` - q) - 10 * (s[q] - u[x]) + 3252580) / q + 100 + 5 - w = 0}, {q, 45000}, {w, 160}]
FindRoot[
  {1 / 0.986 ((300 - 80 + 20) * (1 - H[q]) + 0.008 * Integrate[H[x], {x, 0, q}] - (150 - 80 - 20 + 5 - 0.004 u[x] + 0.008 q) +
    10 * Integrate[(1 / 0.986 - 1) h[x], {x, q / 0.986, Infinity}] - 10 * q * (1 - 0.986) / (0.986) ^2 * h[q / 0.986]) = 0,
  (20 * (100054.85222826981` - q) - 10 * (s[q] - u[x]) + 3252580) / q + 100 + 5 - w = 0}, {q, 45000}, {w, 160}]
FindRoot[
  {1 / 0.987 ((300 - 80 + 20) * (1 - H[q]) + 0.008 * Integrate[H[x], {x, 0, q}] - (150 - 80 - 20 + 5 - 0.004 u[x] + 0.008 q) +
    10 * Integrate[(1 / 0.987 - 1) h[x], {x, q / 0.987, Infinity}] - 10 * q * (1 - 0.987) / (0.987) ^2 * h[q / 0.987]) = 0,
  (20 * (100054.85222826981` - q) - 10 * (s[q] - u[x]) + 3252580) / q + 100 + 5 - w = 0}, {q, 45000}, {w, 160}]
FindRoot[
  {1 / 0.988 ((300 - 80 + 20) * (1 - H[q]) + 0.008 * Integrate[H[x], {x, 0, q}] - (150 - 80 - 20 + 5 - 0.004 u[x] + 0.008 q) +
    10 * Integrate[(1 / 0.988 - 1) h[x], {x, q / 0.988, Infinity}] - 10 * q * (1 - 0.988) / (0.988) ^2 * h[q / 0.988]) = 0,
  (20 * (100054.85222826981` - q) - 10 * (s[q] - u[x]) + 3252580) / q + 100 + 5 - w = 0}, {q, 45000}, {w, 160}]
FindRoot[
  {1 / 0.989 ((300 - 80 + 20) * (1 - H[q]) + 0.008 * Integrate[H[x], {x, 0, q}] - (150 - 80 - 20 + 5 - 0.004 u[x] + 0.008 q) +
    10 * Integrate[(1 / 0.989 - 1) h[x], {x, q / 0.989, Infinity}] - 10 * q * (1 - 0.989) / (0.989) ^2 * h[q / 0.989]) = 0,
  (20 * (100054.85222826981` - q) - 10 * (s[q] - u[x]) + 3252580) / q + 100 + 5 - w = 0}, {q, 45000}, {w, 160}]
```

```
{q → 48150.5, w → 194.493}

{q → 48149.2, w → 194.497}

{q → 48147.9, w → 194.5}

{q → 48146.6, w → 194.503}

{q → 48145.3, w → 194.506}

{q → 48144., w → 194.51}

{q → 48142.7, w → 194.513}

{q → 48141.5, w → 194.516}

{q → 48140.2, w → 194.519}

{q → 48138.9, w → 194.522}
```

```
h[q / 0.990] = 1 / (100 * Sqrt[2 * Pi]) * Exp[- (q / 0.990 - 50000) ^2 / 20000]
h[q / 0.991] = 1 / (100 * Sqrt[2 * Pi]) * Exp[- (q / 0.991 - 50000) ^2 / 20000]
h[q / 0.992] = 1 / (100 * Sqrt[2 * Pi]) * Exp[- (q / 0.992 - 50000) ^2 / 20000]
h[q / 0.993] = 1 / (100 * Sqrt[2 * Pi]) * Exp[- (q / 0.993 - 50000) ^2 / 20000]
h[q / 0.994] = 1 / (100 * Sqrt[2 * Pi]) * Exp[- (q / 0.994 - 50000) ^2 / 20000]
h[q / 0.995] = 1 / (100 * Sqrt[2 * Pi]) * Exp[- (q / 0.995 - 50000) ^2 / 20000]
h[q / 0.996] = 1 / (100 * Sqrt[2 * Pi]) * Exp[- (q / 0.996 - 50000) ^2 / 20000]
h[q / 0.997] = 1 / (100 * Sqrt[2 * Pi]) * Exp[- (q / 0.997 - 50000) ^2 / 20000]
h[q / 0.998] = 1 / (100 * Sqrt[2 * Pi]) * Exp[- (q / 0.998 - 50000) ^2 / 20000]
h[q / 0.999] = 1 / (100 * Sqrt[2 * Pi]) * Exp[- (q / 0.999 - 50000) ^2 / 20000]
```

```
FindRoot[
  {1 / 0.990 ((300 - 80 + 20) * (1 - H[q]) + 0.008 * Integrate[H[x], {x, 0, q}] - (150 - 80 - 20 + 5 - 0.004 u[x] + 0.008 q) +
    10 * Integrate[(1 / 0.990 - 1) h[x], {x, q / 0.990, Infinity}] - 10 * q * (1 - 0.990) / (0.990) ^2 * h[q / 0.990]) = 0,
  (20 * (100054.85222826981` - q) - 10 * (s[q] - u[x]) + 3252580) / q + 100 + 5 - w = 0}, {q, 45000}, {w, 160}]
FindRoot[
  {1 / 0.991 ((300 - 80 + 20) * (1 - H[q]) + 0.008 * Integrate[H[x], {x, 0, q}] - (150 - 80 - 20 + 5 - 0.004 u[x] + 0.008 q) +
    10 * Integrate[(1 / 0.991 - 1) h[x], {x, q / 0.991, Infinity}] - 10 * q * (1 - 0.991) / (0.991) ^2 * h[q / 0.991]) = 0,
  (20 * (100054.85222826981` - q) - 10 * (s[q] - u[x]) + 3252580) / q + 100 + 5 - w = 0}, {q, 45000}, {w, 160}]
FindRoot[
  {1 / 0.992 ((300 - 80 + 20) * (1 - H[q]) + 0.008 * Integrate[H[x], {x, 0, q}] - (150 - 80 - 20 + 5 - 0.004 u[x] + 0.008 q) +
    10 * Integrate[(1 / 0.992 - 1) h[x], {x, q / 0.992, Infinity}] - 10 * q * (1 - 0.992) / (0.992) ^2 * h[q / 0.992]) = 0,
  (20 * (100054.85222826981` - q) - 10 * (s[q] - u[x]) + 3252580) / q + 100 + 5 - w = 0}, {q, 45000}, {w, 160}]
FindRoot[
  {1 / 0.993 ((300 - 80 + 20) * (1 - H[q]) + 0.008 * Integrate[H[x], {x, 0, q}] - (150 - 80 - 20 + 5 - 0.004 u[x] + 0.008 q) +
    10 * Integrate[(1 / 0.993 - 1) h[x], {x, q / 0.993, Infinity}] - 10 * q * (1 - 0.993) / (0.993) ^2 * h[q / 0.993]) = 0,
  (20 * (100054.85222826981` - q) - 10 * (s[q] - u[x]) + 3252580) / q + 100 + 5 - w = 0}, {q, 45000}, {w, 160}]
FindRoot[
  {1 / 0.994 ((300 - 80 + 20) * (1 - H[q]) + 0.008 * Integrate[H[x], {x, 0, q}] - (150 - 80 - 20 + 5 - 0.004 u[x] + 0.008 q) +
    10 * Integrate[(1 / 0.994 - 1) h[x], {x, q / 0.994, Infinity}] - 10 * q * (1 - 0.994) / (0.994) ^2 * h[q / 0.994]) = 0,
  (20 * (100054.85222826981` - q) - 10 * (s[q] - u[x]) + 3252580) / q + 100 + 5 - w = 0}, {q, 45000}, {w, 160}]
```

```
FindRoot[
  {1 / 0.995 ((300 - 80 + 20) * (1 - H[q]) + 0.008 * Integrate[H[x], {x, 0, q}] - (150 - 80 - 20 + 5 - 0.004 u[x] + 0.008 q) +
      10 * Integrate[(1 / 0.995 - 1) h[x], {x, q / 0.995, Infinity}] - 10 * q * (1 - 0.995) / (0.995)^2 * h[q / 0.995]) = 0,
    (20 * (100054.85222826981` - q) - 10 * (s[q] - u[x]) + 3 252 580) / q + 100 + 5 - w = 0}, {q, 45 000}, {w, 160}]
FindRoot[
  {1 / 0.996 ((300 - 80 + 20) * (1 - H[q]) + 0.008 * Integrate[H[x], {x, 0, q}] - (150 - 80 - 20 + 5 - 0.004 u[x] + 0.008 q) +
      10 * Integrate[(1 / 0.996 - 1) h[x], {x, q / 0.996, Infinity}] - 10 * q * (1 - 0.996) / (0.996)^2 * h[q / 0.996]) = 0,
    (20 * (100054.85222826981` - q) - 10 * (s[q] - u[x]) + 3 252 580) / q + 100 + 5 - w = 0}, {q, 45 000}, {w, 160}]
FindRoot[
  {1 / 0.997 ((300 - 80 + 20) * (1 - H[q]) + 0.008 * Integrate[H[x], {x, 0, q}] - (150 - 80 - 20 + 5 - 0.004 u[x] + 0.008 q) +
      10 * Integrate[(1 / 0.997 - 1) h[x], {x, q / 0.997, Infinity}] - 10 * q * (1 - 0.997) / (0.997)^2 * h[q / 0.997]) = 0,
    (20 * (100054.85222826981` - q) - 10 * (s[q] - u[x]) + 3 252 580) / q + 100 + 5 - w = 0}, {q, 45 000}, {w, 160}]
FindRoot[
  {1 / 0.998 ((300 - 80 + 20) * (1 - H[q]) + 0.008 * Integrate[H[x], {x, 0, q}] - (150 - 80 - 20 + 5 - 0.004 u[x] + 0.008 q) +
      10 * Integrate[(1 / 0.998 - 1) h[x], {x, q / 0.998, Infinity}] - 10 * q * (1 - 0.998) / (0.998)^2 * h[q / 0.998]) = 0,
    (20 * (100054.85222826981` - q) - 10 * (s[q] - u[x]) + 3 252 580) / q + 100 + 5 - w = 0}, {q, 45 000}, {w, 160}]
FindRoot[
  {1 / 0.999 ((300 - 80 + 20) * (1 - H[q]) + 0.008 * Integrate[H[x], {x, 0, q}] - (150 - 80 - 20 + 5 - 0.004 u[x] + 0.008 q) +
      10 * Integrate[(1 / 0.999 - 1) h[x], {x, q / 0.999, Infinity}] - 10 * q * (1 - 0.999) / (0.999)^2 * h[q / 0.999]) = 0,
    (20 * (100054.85222826981` - q) - 10 * (s[q] - u[x]) + 3 252 580) / q + 100 + 5 - w = 0}, {q, 45 000}, {w, 160}]
```

{q → 48 137.6, w → 194.526}

{q → 48 136.4, w → 194.529}

{q → 48 135.1, w → 194.532}

{q → 48 133.8, w → 194.535}

{q → 48 132.5, w → 194.538}

{q → 48 131.3, w → 194.541}

{q → 48 130., w → 194.544}

{q → 48 128.8, w → 194.548}

{q → 48 127.5, w → 194.551}

{q → 48 126.3, w → 194.554}

q 合图. nb *

```
ListLinePlot[{{
  {0.950, 48 750}, {0.951, 48 750}, {0.952, 48 750}, {0.953, 48 750}, {0.954, 48 750}, {0.955, 48 750}, {0.956, 48 750}, {0.957, 48 750}, {0.958, 48 750}, {0.959, 48 750},
  {0.960, 48 750}, {0.961, 48 750}, {0.962, 48 750}, {0.963, 48 750}, {0.964, 48 750}, {0.965, 48 750}, {0.966, 48 750}, {0.967, 48 748}, {0.968, 48 726}, {0.969, 48 775},
  {0.97, 48 824}, {0.971, 48 874}, {0.972, 48 923}, {0.973, 48 972}, {0.974, 49 022}, {0.975, 49 070}, {0.976, 48 550}, {0.977, 48 594}, {0.978, 48 635}, {0.979, 48 675},
  {0.98, 48 711}, {0.981, 48 741}, {0.982, 48 761}, {0.983, 48 769}, {0.984, 48 770}, {0.985, 48 769}, {0.986, 48 768}, {0.987, 48 767}, {0.988, 48 765}, {0.989, 48 764},
  {0.99, 48 763}, {0.991, 48 761}, {0.992, 48 760}, {0.993, 48 758}, {0.994, 48 756}, {0.995, 48 755}, {0.996, 48 755}, {0.997, 48 754}, {0.998, 48 753}, {0.999, 48 751},
  {1, 48 750} [Red]},
  {{0.950, 48 125}, {0.951, 48 125}, {0.952, 48 125}, {0.953, 48 125}, {0.954, 48 124}, {0.955, 48 118}, {0.956, 48 132}, {0.957, 47 616}, {0.958, 48 231}, {0.959, 47 710},
  {0.960, 47 757}, {0.961, 47 803}, {0.962, 47 849}, {0.963, 47 894}, {0.964, 47 938}, {0.965, 47 982}, {0.966, 48 024}, {0.967, 48 063}, {0.968, 48 100}, {0.969, 48 131},
  {0.970, 48 152}, {0.971, 48 160}, {0.972, 48 151}, {0.973, 48 160}, {0.974, 48 158}, {0.975, 48 157}, {0.976, 48 156}, {0.977, 48 154}, {0.978, 48 153}, {0.979, 48 152},
  {0.980, 48 151}, {0.981, 48 149}, {0.982, 48 148}, {0.983, 48 147}, {0.984, 48 145}, {0.985, 48 144}, {0.986, 48 143}, {0.987, 48 142}, {0.988, 48 140}, {0.989, 48 139},
  {0.990, 48 138}, {0.991, 48 136}, {0.992, 48 135}, {0.993, 48 134}, {0.994, 48 133}, {0.995, 48 131}, {0.996, 48 130}, {0.997, 48 129}, {0.998, 48 128}, {0.999, 48 126},
  {1, 48 125} [Red]},
  {{0.950, 48 375}, {0.951, 48 375}, {0.952, 48 375}, {0.953, 48 375}, {0.954, 48 375}, {0.955, 48 375}, {0.957, 48 375}, {0.958, 48 375}, {0.959, 48 374},
  {0.960, 48 368}, {0.961, 48 380}, {0.962, 48 430}, {0.963, 48 479}, {0.964, 48 528}, {0.965, 48 578}, {0.966, 48 056}, {0.967, 48 102}, {0.968, 48 147}, {0.969, 48 191},
  {0.970, 48 234}, {0.971, 48 276}, {0.972, 48 315}, {0.973, 48 350}, {0.974, 48 379}, {0.975, 48 398}, {0.976, 48 404}, {0.977, 48 404}, {0.978, 48 403}, {0.979, 48 402},
  {0.980, 48 401}, {0.981, 48 399}, {0.982, 48 398}, {0.983, 48 397}, {0.984, 48 395}, {0.985, 48 394}, {0.986, 48 393}, {0.987, 48 392}, {0.988, 48 390}, {0.989, 48 389},
  {0.990, 48 388}, {0.991, 48 386}, {0.992, 48 385}, {0.993, 48 384}, {0.994, 48 383}, {0.995, 48 381}, {0.996, 48 380}, {0.997, 48 379}, {0.998, 48 378}, {0.999, 48 376},
  {1, 48 375} [Red]}},
  PlotStyle → {Thick, Dashed, DotDashed, Dotted}, PlotRange → {47 500, 49 100}]
```

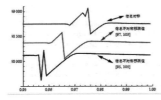

w 合图.nb.nb

```
ListLinePlot[{{
    {0.950, 188.02}, {0.951, 188.02}, {0.952, 188.02}, {0.953, 188.02}, {0.954, 188.02}, {0.955, 188.02}, {0.956, 188.02}, {0.957, 188.02}, {0.958, 188.02}, {0.959, 188.02},
    {0.960, 188.02}, {0.961, 188.02}, {0.962, 188.02}, {0.963, 188.02}, {0.964, 188.02}, {0.965, 188.02}, {0.966, 188.02}, {0.967, 188.02}, {0.968, 188.08}, {0.969, 187.96},
    {0.970, 187.84}, {0.971, 187.73}, {0.972, 187.61}, {0.973, 188.84}, {0.974, 188.62}, {0.975, 188.62}, {0.976, 188.51}, {0.977, 188.40}, {0.978, 188.30}, {0.979, 188.21},
    {0.980, 188.12}, {0.981, 188.05}, {0.982, 188.00}, {0.983, 187.98}, {0.984, 187.98}, {0.985, 187.98}, {0.986, 187.98}, {0.987, 187.98}, {0.988, 187.99}, {0.989, 187.99},
    {0.990, 187.99}, {0.991, 188.00}, {0.992, 188.00}, {0.993, 188.00}, {0.994, 188.01}, {0.995, 188.01}, {0.996, 188.01}, {0.997, 188.02}, {0.998, 188.02}, {0.999, 188.02},
    {1, 188.02} [Red]},
  {{0.950, 194.56}, {0.951, 194.56}, {0.952, 194.56}, {0.953, 194.56}, {0.954, 194.56}, {0.955, 194.56}, {0.956, 194.54}, {0.957, 195.83}, {0.958, 194.29}, {0.959, 195.65},
    {0.960, 195.48}, {0.961, 195.36}, {0.962, 195.25}, {0.963, 195.13}, {0.964, 195.02}, {0.965, 194.91}, {0.966, 194.81}, {0.967, 194.71}, {0.968, 194.62}, {0.969, 194.54},
    {0.970, 194.49}, {0.971, 194.47}, {0.972, 194.47}, {0.973, 194.47}, {0.974, 194.47}, {0.975, 194.48}, {0.976, 194.48}, {0.977, 194.48}, {0.978, 194.49}, {0.979, 194.49},
    {0.980, 194.49}, {0.981, 194.50}, {0.982, 194.50}, {0.983, 194.50}, {0.984, 194.51}, {0.985, 194.51}, {0.986, 194.51}, {0.987, 194.52}, {0.988, 194.52}, {0.989, 194.52},
    {0.990, 194.53}, {0.991, 194.53}, {0.992, 194.53}, {0.993, 194.54}, {0.994, 194.54}, {0.995, 194.54}, {0.996, 194.54}, {0.997, 194.55}, {0.998, 194.55}, {0.999, 194.55},
    {1, 194.56} [Red]},
  {{0.950, 191.94}, {0.951, 191.94}, {0.952, 191.94}, {0.953, 191.94}, {0.954, 191.94}, {0.955, 191.94}, {0.956, 191.94}, {0.957, 191.94}, {0.958, 191.94}, {0.959, 191.94},
    {0.960, 191.96}, {0.961, 191.93}, {0.962, 191.91}, {0.963, 191.68}, {0.964, 191.56}, {0.965, 191.56}, {0.966, 192.73}, {0.967, 192.61}, {0.968, 192.50}, {0.969, 192.39},
    {0.970, 192.29}, {0.971, 192.18}, {0.972, 192.09}, {0.973, 192.00}, {0.974, 191.93}, {0.975, 191.88}, {0.976, 191.87}, {0.977, 191.87}, {0.978, 191.87}, {0.979, 191.87},
    {0.980, 191.88}, {0.981, 191.88}, {0.982, 191.88}, {0.983, 191.89}, {0.984, 191.89}, {0.985, 191.89}, {0.986, 191.90}, {0.987, 191.90}, {0.988, 191.90}, {0.989, 191.91},
    {0.990, 191.91}, {0.991, 191.91}, {0.992, 191.91}, {0.993, 191.92}, {0.994, 191.92}, {0.995, 191.92}, {0.996, 191.93}, {0.997, 191.93}, {0.998, 191.93}, {0.999, 191.94},
    {1, 191.94} [Red]}},
  PlotStyle → {Thick, Dashed, DotDashed, Dotted}, PlotRange → {187, 196}]]
```

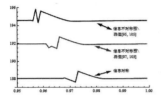

零售商收益 合图.nb *

```
ListLinePlot[{{
    {0.950, 3252580}, {0.951, 3252580}, {0.952, 3252580}, {0.953, 3252580}, {0.954, 3252580}, {0.955, 3252580}, {0.956, 3252580}, {0.957, 3252580}, {0.958, 3252580},
    {0.959, 3252580}, {0.960, 3252580}, {0.961, 3252580}, {0.962, 3252580}, {0.963, 3252580}, {0.964, 3252580}, {0.965, 3252580}, {0.966, 3252580}, {0.967, 3252580},
    {0.968, 3252580}, {0.969, 3252580}, {0.970, 3252570}, {0.971, 3252550}, {0.972, 3252520}, {0.973, 3252350}, {0.974, 3252410}, {0.975, 3252460}, {0.976, 3252500},
    {0.977, 3252530}, {0.978, 3252550}, {0.979, 3252570}, {0.980, 3252570}, {0.981, 3252580}, {0.982, 3252580}, {0.983, 3252580}, {0.984, 3252580}, {0.985, 3252580},
    {0.986, 3252580}, {0.987, 3252580}, {0.988, 3252580}, {0.989, 3252580}, {0.990, 3252580}, {0.991, 3252580}, {0.992, 3252580}, {0.993, 3252580}, {0.994, 3252580},
    {0.995, 3252580}, {0.996, 3252580}, {0.997, 3252580}, {0.998, 3252580}, {0.999, 3252580}, {1, 3252580} [Red]},
  {{0.950, 2989060 × 1.06}, {0.951, 2989060 × 1.06}, {0.952, 2989060 × 1.06}, {0.953, 2989060 × 1.06}, {0.954, 2989180 × 1.06}, {0.955, 2989900 × 1.06}, {0.956, 2988220 × 1.06},
    {0.957, 3001490 × 1.06}, {0.958, 3024530 × 1.06}, {0.959, 2990460 × 1.06}, {0.960, 3032680 × 1.06}, {0.961, 3027290 × 1.06}, {0.962, 3021880 × 1.06}, {0.963, 3016570 × 1.06},
    {0.964, 3011360 × 1.06}, {0.965, 3006140 × 1.06}, {0.966, 3001140 × 1.06}, {0.967, 2996490 × 1.06}, {0.968, 2992060 × 1.06}, {0.969, 2988340 × 1.06}, {0.970, 2985820 × 1.06},
    {0.971, 2984660 × 1.06}, {0.972, 2984740 × 1.06}, {0.973, 2984860 × 1.06}, {0.974, 2985100 × 1.06}, {0.975, 2985220 × 1.06}, {0.976, 2985340 × 1.06}, {0.977, 2985580 × 1.06},
    {0.978, 2986700 × 1.06}, {0.979, 2985820 × 1.06}, {0.980, 2985940 × 1.06}, {0.981, 2986180 × 1.06}, {0.982, 2986300 × 1.06}, {0.983, 2986420 × 1.06}, {0.984, 2986660 × 1.06},
    {0.985, 2986780 × 1.06}, {0.986, 2986900 × 1.06}, {0.987, 2987020 × 1.06}, {0.988, 2987260 × 1.06}, {0.989, 2987380 × 1.06}, {0.990, 2987500 × 1.06}, {0.991, 2987740 × 1.06},
    {0.992, 2987860 × 1.06}, {0.993, 2987980 × 1.06}, {0.994, 2988100 × 1.06}, {0.995, 2988340 × 1.06}, {0.996, 2988460 × 1.06}, {0.997, 2988580 × 1.06}, {0.998, 2988700 × 1.06},
    {0.999, 2988940 × 1.06}, {1.000, 2989060 × 1.06} [Red]},
  {{0.950, 3103940 × 1.038}, {0.951, 3103940 × 1.038}, {0.952, 3103940 × 1.038}, {0.953, 3103940 × 1.038}, {0.954, 3103940 × 1.038}, {0.955, 3103940 × 1.038}, {0.956, 3103940 × 1.038},
    {0.957, 3103940 × 1.038}, {0.958, 3103940 × 1.038}, {0.959, 3104060 × 1.038}, {0.960, 3104770 × 1.038}, {0.961, 3103340 × 1.038}, {0.962, 3097380 × 1.038}, {0.963, 3091520 × 1.038},
    {0.964, 3085700 × 1.038}, {0.965, 3128190 × 1.038}, {0.966, 3093440 × 1.038}, {0.967, 3088020 × 1.038}, {0.968, 3082710 × 1.038}, {0.969, 3125700 × 1.038}, {0.970, 3120640 × 1.038},
    {0.971, 3115680 × 1.038}, {0.972, 3111060 × 1.038}, {0.973, 3106910 × 1.038}, {0.974, 3103460 × 1.038}, {0.975, 3101200 × 1.038}, {0.976, 3100480 × 1.038}, {0.978, 3100600 × 1.038},
    {0.979, 3100720 × 1.038}, {0.980, 3100840 × 1.038}, {0.981, 3101080 × 1.038}, {0.982, 3101200 × 1.038}, {0.983, 3101560 × 1.038}, {0.985, 3101680 × 1.038}, {0.986, 3101790 × 1.038},
    {0.987, 3101910 × 1.038}, {0.988, 3102150 × 1.038}, {0.989, 3102270 × 1.038}, {0.990, 3102390 × 1.038}, {0.991, 3102630 × 1.038}, {0.992, 3102750 × 1.038},
    {0.993, 3102870 × 1.038}, {0.994, 3102990 × 1.038}, {0.996, 3103340 × 1.038}, {0.997, 3103460 × 1.038}, {0.998, 3103580 × 1.038}, {0.999, 3103820 × 1.038},
    {1, 3103940 × 1.038} [Red]}},
  PlotStyle → {Thick, Dashed, DotDashed, Dotted}, PlotRange → {3150000, 3264000}]
```

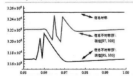

供应商收益 合图.nb *

```
ListLinePlot[{{
    {0.950, 3252580 × 1.0452}, {0.951, 3252580 × 1.0452}, {0.952, 3252580 × 1.0452}, {0.953, 3252580 × 1.0452}, {0.954, 3252580 × 1.0452}, {0.955, 3252580 × 1.0452},
    {0.956, 3252580 × 1.0452}, {0.957, 3252580 × 1.0452}, {0.958, 3252580 × 1.0452}, {0.959, 3252580 × 1.0452}, {0.960, 3252580 × 1.0452}, {0.961, 3252580 × 1.0452},
    {0.962, 3252580 × 1.0452}, {0.963, 3252580 × 1.0452}, {0.964, 3252580 × 1.0452}, {0.965, 3252580 × 1.0452}, {0.966, 3252580 × 1.0452}, {0.967, 3252580 × 1.0452},
    {0.968, 3252580 × 1.0452}, {0.969, 3252580 × 1.0452}, {0.970, 3252570 × 1.0452}, {0.971, 3252550 × 1.0452}, {0.972, 3252520 × 1.0452}, {0.973, 3252350 × 1.0452},
    {0.974, 3252410 × 1.0452}, {0.975, 3252460 × 1.0452}, {0.976, 3252500 × 1.0452}, {0.977, 3252530 × 1.0452}, {0.979, 3252570 × 1.0452}, {0.979, 3252570 × 1.0452},
    {0.980, 3252570 × 1.0452}, {0.981, 3252580 × 1.0452}, {0.982, 3252580 × 1.0452}, {0.983, 3252580 × 1.0452}, {0.984, 3252580 × 1.0452}, {0.985, 3252580 × 1.0452},
    {0.986, 3252580 × 1.0452}, {0.987, 3252580 × 1.0452}, {0.988, 3252580 × 1.0452}, {0.989, 3252580 × 1.0452}, {0.990, 3252580 × 1.0452}, {0.991, 3252580 × 1.0452},
    {0.992, 3252580 × 1.0452}, {0.993, 3252580 × 1.0452}, {0.994, 3252580 × 1.0452}, {0.995, 3252580 × 1.0452}, {0.996, 3252580 × 1.0452}, {0.997, 3252580 × 1.0452},
    {0.998, 3252580 × 1.0452}, {0.999, 3252580 × 1.0452}, {1, 3252580 × 1.0452} [Red]},
  {{0.950, 3514530}, {0.951, 3514530}, {0.952, 3514530}, {0.953, 3514530}, {0.954, 3514400}, {0.955, 3513650}, {0.956, 3515400}, {0.957, 3498520}, {0.958, 3479550},
    {0.960, 3468530}, {0.961, 3474280}, {0.962, 3480030}, {0.963, 3485650}, {0.964, 3491150}, {0.965, 3496780}, {0.966, 3502060}, {0.967, 3506780},
    {0.968, 3511400}, {0.969, 3515280}, {0.970, 3517900}, {0.971, 3518900}, {0.972, 3519030}, {0.973, 3518900}, {0.974, 3518650}, {0.975, 3518530}, {0.976, 3518400},
    {0.977, 3818030}, {0.978, 3518030}, {0.979, 3517900}, {0.980, 3517780}, {0.981, 3517530}, {0.982, 3517400}, {0.983, 3517280}, {0.984, 3517030}, {0.985, 3516900},
    {0.986, 3516780}, {0.987, 3516650}, {0.988, 3516400}, {0.989, 3516280}, {0.990, 3516150}, {0.991, 3515900}, {0.992, 3515780}, {0.993, 3515650}, {0.994, 3515530},
    {0.995, 3515280}, {0.996, 3515150}, {0.997, 3515030}, {0.998, 3514900}, {0.999, 3514650}, {1, 3514530} [Red]},
```

{{0.950, 3400650×1.015}, {0.951, 3400650×1.015}, {0.952, 3400650×1.015}, {0.953, 3400650×1.015}, {0.954, 3400650×1.015}, {0.955, 3400650×1.015}, {0.956, 3400650×1.015},
{0.957, 3400650×1.015}, {0.958, 3400650×1.015}, {0.959, 3400590×1.015}, {0.960, 3399800×1.015}, {0.961, 3401260×1.015}, {0.962, 3407260×1.015}, {0.963, 3413340×1.015},
{0.964, 3419320×1.015}, {0.965, 3376840×1.015}, {0.966, 3409790×1.015}, {0.967, 3415450×1.015}, {0.968, 3420900×1.015}, {0.969, 3378200×1.015}, {0.970, 3383450×1.015},
{0.971, 3388570×1.015}, {0.972, 3393330×1.015}, {0.973, 3397600×1.015}, {0.974, 3401140×1.015}, {0.975, 3403460×1.015}, {0.976, 3404190×1.015}, {0.977, 3404190×1.015},
{0.978, 3404070×1.015}, {0.979, 3403980×1.015}, {0.980, 3403680×1.015}, {0.981, 3403580×1.015}, {0.982, 3403460×1.015}, {0.983, 3403090×1.015}, {0.984, 3403090×1.015},
{0.985, 3402970×1.015}, {0.986, 3402850×1.015}, {0.987, 3402730×1.015}, {0.988, 3402480×1.015}, {0.989, 3402360×1.015}, {0.990, 3402240×1.015}, {0.991, 3401990×1.015},
{0.992, 3401770×1.015}, {0.993, 3401750×1.015}, {0.994, 3401630×1.015}, {0.995, 3401380×1.015}, {0.996, 3401260×1.015}, {0.997, 3401140×1.015}, {0.998, 3401020×1.015},
{0.999, 3400770×1.015}, {1, 3400650×1.015}[Red]}},
PlotStyle → {Thick, Dashed, DotDashed, Dotted}, PlotRange → {3380000, 3521000}]

供应链收益 合图.nb*

ListLinePlot[{{
{0.950, 6505160×1.0001}, {0.951, 6505160×1.0001}, {0.952, 6505160×1.0001}, {0.953, 6505160×1.0001}, {0.954, 6505160×1.0001}, {0.955, 6505160×1.0001},
{0.956, 6505160×1.0001}, {0.957, 6505160×1.0001}, {0.958, 6505160×1.0001}, {0.959, 6505160×1.0001}, {0.960, 6505160×1.0001}, {0.961, 6505160×1.0001},
{0.962, 6505160×1.0001}, {0.963, 6505160×1.0001}, {0.964, 6505160×1.0001}, {0.965, 6505160×1.0001}, {0.966, 6505160×1.0001}, {0.967, 6505160×1.0001},
{0.968, 6505160×1.0001}, {0.969, 6505160×1.0001}, {0.970, 6505140×1.0001}, {0.971, 6505100×1.0001}, {0.972, 6505060×1.0001}, {0.973, 6504700×1.0001},
{0.974, 6504820×1.0001}, {0.975, 6504920×1.0001}, {0.976, 6505000×1.0001}, {0.977, 6505060×1.0001}, {0.978, 6505100×1.0001}, {0.979, 6505140×1.0001},
{0.980, 6505140×1.0001}, {0.981, 6505160×1.0001}, {0.982, 6505160×1.0001}, {0.983, 6505160×1.0001}, {0.984, 6505160×1.0001}, {0.985, 6505160×1.0001},
{0.986, 6505160×1.0001}, {0.987, 6505160×1.0001}, {0.988, 6505160×1.0001}, {0.989, 6505160×1.0001}, {0.990, 6505160×1.0001}, {0.991, 6505160×1.0001},
{0.992, 6505160×1.0001}, {0.993, 6505160×1.0001}, {0.994, 6505160×1.0001}, {0.995, 6505160×1.0001}, {0.996, 6505160×1.0001}, {0.997, 6505160×1.0001},
{0.998, 6505160×1.0001}, {0.999, 6505160×1.0001}, {1, 6505160×1.0001}[Red]},
{{0.950, 6503590}, {0.951, 6503590}, {0.952, 6503590}, {0.953, 6503590}, {0.954, 6503590}, {0.955, 6503560}, {0.956, 6503630}, {0.957, 6500010}, {0.958, 6504080},
{0.959, 6500830}, {0.960, 6501210}, {0.961, 6501570}, {0.962, 6501910}, {0.963, 6502520}, {0.965, 6502790}, {0.966, 6503270},
{0.968, 6503460}, {0.969, 6503620}, {0.970, 6503720}, {0.971, 6503760}, {0.972, 6503770}, {0.973, 6503720}, {0.974, 6503750}, {0.975, 6503750}, {0.976, 6503740},
{0.977, 6503730}, {0.978, 6503730}, {0.979, 6503720}, {0.980, 6503710}, {0.981, 6503710}, {0.982, 6503700}, {0.983, 6503700}, {0.984, 6503680}, {0.985, 6503680},
{0.986, 6503680}, {0.987, 6503670}, {0.988, 6503660}, {0.989, 6503660}, {0.990, 6503650}, {0.991, 6503640}, {0.992, 6503640}, {0.993, 6503640}, {0.994, 6503630},
{0.995, 6503620}, {0.996, 6503610}, {0.997, 6503610}, {0.998, 6503610}, {0.999, 6503600}, {1, 6503590}[Red]},
{{0.950, 6504590}, {0.951, 6504590}, {0.952, 6504590}, {0.953, 6504590}, {0.954, 6504590}, {0.955, 6504590}, {0.956, 6504590}, {0.957, 6504590}, {0.958, 6504590},
{0.959, 6504570}, {0.960, 6504570}, {0.961, 6504610}, {0.962, 6504740}, {0.963, 6504860}, {0.964, 6504960}, {0.965, 6505030}, {0.966, 6503230}, {0.967, 6503470},
{0.968, 6503900}, {0.969, 6503900}, {0.970, 6504250}, {0.971, 6504400}, {0.972, 6504400}, {0.973, 6504510}, {0.974, 6504600}, {0.975, 6504600}, {0.976, 6504670},
{0.986, 6504640}, {0.987, 6504640}, {0.988, 6504630}, {0.989, 6504630}, {0.990, 6504630}, {0.991, 6504620}, {0.992, 6504620}, {0.993, 6504620}, {0.994, 6504610},
{0.995, 6504610}, {0.996, 6504610}, {0.997, 6504600}, {0.998, 6504600}, {0.999, 6504590}, {1, 6504590}[Red]}},
PlotStyle → {Thick, Dashed, DotDashed, Dotted}, PlotRange → {6499500, 6506500}]|

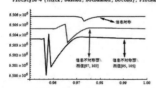

零售商风险厌恶双边信息不对称——风险厌恶因子为 0.2 S[96−104]、R[45−55].nb

```
H[x] = Integrate[1 / (100 * Sqrt[2 * Pi]) * Exp[-(x - 50000)^2 / 20000], {x, 0, x}]
H[q] = Integrate[1 / (100 * Sqrt[2 * Pi]) * Exp[-(x - 50000)^2 / 20000], {x, 0, q}]
u[x] = Integrate[x h[x], {x, 0, Infinity}]
h[x] = 1 / (100 * Sqrt[2 * Pi]) * Exp[-(x - 50000)^2 / 20000]
s[q] = Integrate[x h[x], {x, 0, q}] + Integrate[q h[x], {x, q, Infinity}]
A[q] = Integrate[0.004 * x^2 * h[x], {x, 0, q}] - Integrate[0.004 * q * x * h[x], {x, 0, q}] +
   Integrate[0.004 * x * q * h[x], {x, q, Infinity}] - Integrate[0.004 * q^2 * h[x], {x, q, Infinity}]
```

$$\frac{1}{2}\left(\text{Erf}[250\sqrt{2}] + \text{Erf}\left[\frac{-50000 + x}{100\sqrt{2}}\right]\right)$$

$$\frac{1}{2}\left(\text{Erf}[250\sqrt{2}] + \text{Erf}\left[\frac{-50000 + q}{100\sqrt{2}}\right]\right)$$

$$\int_0^\infty x\, h[x]\, dx$$

$$\frac{e^{-\frac{(-50000+x)^2}{20000}}}{100\sqrt{2\pi}}$$

$$50\sqrt{\frac{2}{\pi}}\left(\frac{1}{e^{125000}} - e^{-\frac{(-50000+q)^2}{20000}} + 250\sqrt{2\pi}\,\text{Erf}[250\sqrt{2}] + 250\sqrt{2\pi}\,\text{Erf}\left[\frac{-50000+q}{100\sqrt{2}}\right]\right) + \frac{1}{2}q\,\text{Erfc}\left[\frac{-50000+q}{100\sqrt{2}}\right]$$

$$5.00002\times10^6 - 7978.845608028655\, e^{-\frac{(-50000+q)^2}{20000}} + 5.000020000000001\times10^6\,\text{Erf}\left[\frac{-50000+q}{100\sqrt{2}}\right] -$$

$$q\left(100. - 0.159577\, e^{-\frac{(-50000+q)^2}{20000}} + 100.\,\text{Erf}\left[\frac{-50000+q}{100\sqrt{2}}\right]\right) + 100.\, q\,\text{Erfc}\left[\frac{-50000-q}{100\sqrt{2}}\right] - 0.002\, q^2\,\text{Erfc}\left[\frac{-50000+q}{100\sqrt{2}}\right]$$

```
h[q / 0.2] = 1 / (100 * Sqrt[2 * Pi]) * Exp[- (q / 0.2 - 50 000) ^2 / 20 000]
```

$$\frac{e^{-\frac{(-50000+5. \, q)^2}{20000}}}{100 \sqrt{2 \, \pi}}$$

```
FindRoot[
  {(1 + 0.2) / 0.2 ((300 - 80 + 20) * (1 - H[q]) - (150 - 20) + 0.008 * Integrate[H[x], {x, 0, q}] + 0.004 * u[x] - 0.008 * q + 20) -
   (1 / 0.2) * 4 - 5 + (1 / 0.2) * 10 Integrate[(1 / 0.2 - 1) h[x], {x, q / 0.2, Infinity}] - 10 * q * (1 - 0.2) / (0.2) ^3 * h[q / 0.2] = 0,
   ((1 / 0.2) * 2 * q + (1 / 0.2) * 3 252 580 + 5 * q + 3 252 580 - (300 - 80 + 20) * s[q] + (150 - 80) * q + 20 u[x] - A[q] +
      20 * (100054.85222826981` - q)) * (0.2 / (1 - 0.2)) * (1 / q) + 10 * (u[x] - s[q]) / q + 100 + 20 * (100054.85222826981` - q) / q - w =
   0}, {q, 39000}, {w, 200}]
```

```
{q → 40 729.2, w → 219.096}
```

```
θ = 0.2;
q = 40 729; w = 219;
p1 =
```

$$\left(\int_0^q ((300 + 0.004 \, (x - q)) \, x + 80 \, (q - x)) \frac{1}{\sqrt{2 \, \pi} \, x \, 100} \times e^{\left(-\frac{(x - 50000)^2}{2 \times 100^2}\right)} \, dx +\right.$$

$$\int_q^\infty ((300 + 0.004 \, (x - q)) \, q - 10 \, (x - q)) \frac{1}{\sqrt{2 \, \pi} \, x \, 100} \times e^{\left(-\frac{(x - 50000)^2}{2 \times 100^2}\right)} \, dx$$

$$\left.- 50 \, q - w \times q\right]$$

```
p2 = w × q -
```

$$\int_q^\infty 10 \times (x - q) \frac{1}{\sqrt{2 \, \pi} \, x \, 100} \times e^{\left(-\frac{(x - 50000)^2}{2 \times 100^2}\right)} \, dx - 100 \, q - 20 \times (100 054.85222826981 - q)$$

```
p3 = p1 + p2
```

$$2.68028 \times 10^6$$

$$3.56752 \times 10^6$$

$$6.24781 \times 10^6$$

零售商风险厌恶双边信息不对称——风险厌恶因子为 $0.2 \; S[98-102]$、$R[47-53]$. nb

```
H[q] = Integrate[1 / (100 * Sqrt[2 * Pi]) * Exp[- (x - 50 000) ^2 / 20 000], {x, 0, q}]
u[x] = Integrate[x h[x], {x, 0, Infinity}]
h[x] = 1 / (100 * Sqrt[2 * Pi]) * Exp[- (x - 50 000) ^2 / 20 000]
s[q] = Integrate[x h[x], {x, 0, q}] + Integrate[q h[x], {x, q, Infinity}]
A[q] = Integrate[0.004 * x ^2 * h[x], {x, 0, q}] - Integrate[0.004 * q * x * h[x], {x, 0, q}] +
  Integrate[0.004 * x * q * h[x], {x, q, Infinity}] - Integrate[0.004 * q ^2 * h[x], {x, q, Infinity}]
```

$$\frac{1}{2} \left(\text{Erf}\left[250 \sqrt{2}\right] + \text{Erf}\left[\frac{-50000 + x}{100 \sqrt{2}}\right] \right)$$

$$\frac{1}{2} \left(\text{Erf}\left[250 \sqrt{2}\right] + \text{Erf}\left[\frac{-50000 + q}{100 \sqrt{2}}\right] \right)$$

$$\int_0^\infty x \, h[x] \, dx$$

$$\frac{e^{-\frac{(-50000+x)^2}{20000}}}{100 \sqrt{2 \, \pi}}$$

$$50 \sqrt{\frac{2}{\pi}} \left(\frac{1}{e^{125000}} - e^{-\frac{(-50000+q)^2}{20000}} + 250 \sqrt{2 \, \pi} \, \text{Erf}\left[250 \sqrt{2}\right] + 250 \sqrt{2 \, \pi} \, \text{Erf}\left[\frac{-50000 + q}{100 \sqrt{2}}\right] \right) + \frac{1}{2} \, q \, \text{Erfc}\left[\frac{-50000 + q}{100 \sqrt{2}}\right]$$

$$5.000020000000001 \times 10^6 - 7978.845608028655 \, e^{-\frac{(-50000+q)^2}{20000}} - 0.1595769121605731 \, e^{-\frac{(-50000+q)^2}{20000}} \, q +$$
$$\frac{q \, (-500000. + 10.0000 \, q) \left(10.0000 - 10.0000 \, \text{Erf}\left[\frac{-50000-q}{100 \sqrt{2}}\right] \right)}{-50000.0 + 1.000000 \, q} + 5.000020000000001 \times 10^6 \, \text{Erf}\left[\frac{-50000 + q}{100 \sqrt{2}}\right] -$$
$$q \left(100. - 0.159577 \, e^{-\frac{(-50000+q)^2}{20000}} + 100. \, \text{Erf}\left[\frac{-50000 + q}{100 \sqrt{2}}\right] \right) - 0.002 \, q^2 \, \text{Erfc}\left[\frac{-50000 + q}{100 \sqrt{2}}\right]$$

```
h[q / 0.2] = 1 / (100 * Sqrt[2 * Pi]) * Exp[- (q / 0.2 - 50 000) ^2 / 20 000]
```

$$\frac{e^{-\frac{(-50000+5. \, q)^2}{20000}}}{100 \sqrt{2 \, \pi}}$$

```
FindRoot[
  {(1 + 0.2) / 0.2 ((300 - 80 + 20) * (1 - H[q]) - (150 - 20) + 0.008 * Integrate[H[x], {x, 0, q}] + 0.004 * u[x] - 0.008 * q + 20) -
   (1 / 0.2) * 2 - 3 + (1 / 0.2) * 10 Integrate[(1 / 0.2 - 1) h[x], {x, q / 0.2, Infinity}] - 10 * q * (1 - 0.2) / (0.2) ^3 * h[q / 0.2] == 0,
   ((1 / 0.2) * 2 * q + (1 / 0.2) * 3 252 580 + 3 * q + 3 252 580 - (300 - 80 + 20) * s[q] + (150 - 80) * q + 20 * u[x] - A[q] +
      20 * (100054.85222826981` - q)) * (0.2 / (1 - 0.2)) * (1 / q) + 10 * (u[x] - s[q]) / q + 100 + 20 * (100054.85222826981` - q) / q - w ==
   0}, {q, 39000}, {w, 200}]
```

```
{q → 40 979.2, w → 215.129}
```

```
θ = 0.2;
q = 40 979; w = 215;
p1 = (
```

$$\int_0^q ((300 + 0.004 (x - q)) x + 80 (q - x)) \frac{1}{\sqrt{2\pi} \times 100} \times e^{\left(-\frac{(x-50\,000)^2}{2\times100^2}\right)} dx +$$

$$\int_q^\infty ((300 + 0.004 (x - q)) q - 10 (x - q)) \frac{1}{\sqrt{2\pi} \times 100} \times e^{\left(-\frac{(x-50\,000)^2}{2\times100^2}\right)} dx$$

$$- 50 q - w \times q)$$

$$p2 = w \times q - \int_q^\infty 10 \times (x - q) \frac{1}{\sqrt{2\pi} \times 100} \times e^{\left(-\frac{(x-50\,000)^2}{2\times100^2}\right)} dx - 100 q - 20 \times (100\,054.85222826981 - q)$$

```
p3 = p1 + p2
```

$$2.82274 \times 10^6$$

$$3.44086 \times 10^6$$

$$6.2636 \times 10^6$$

零售商风险厌恶双边信息不对称——风险厌恶因子为 0.5 S[96 – 104]、R[45 – 55].nb

```
H[x] = Integrate[1 / (100 * Sqrt[2 * Pi]) * Exp[-(x - 50 000)^2 / 20 000], {x, 0, x}]
H[q] = Integrate[1 / (100 * Sqrt[2 * Pi]) * Exp[-(x - 50 000)^2 / 20 000], {x, 0, q}]
u[x] = Integrate[x h[x], {x, 0, Infinity}]
h[x] = 1 / (100 * Sqrt[2 * Pi]) * Exp[-(x - 50 000)^2 / 20 000]
s[q] = Integrate[x h[x], {x, 0, q}] + Integrate[q h[x], {x, q, Infinity}]
A[q] = Integrate[0.004 * x^2 * h[x], {x, 0, q}] - Integrate[0.004 * q * x * h[x], {x, 0, q}] +
    Integrate[0.004 * x * q * h[x], {x, q, Infinity}] - Integrate[0.004 * q^2 * h[x], {x, q, Infinity}]
```

$$\frac{1}{2} \left(\text{Erf}\left[250 \sqrt{2}\right] + \text{Erf}\left[\frac{-50\,000 + x}{100 \sqrt{2}}\right] \right)$$

$$\frac{1}{2} \left(\text{Erf}\left[250 \sqrt{2}\right] + \text{Erf}\left[\frac{-50\,000 + q}{100 \sqrt{2}}\right] \right)$$

$$\int_0^\infty x \, h[x] \, dx$$

$$\frac{e^{-\frac{(-50\,000+x)^2}{20\,000}}}{100 \sqrt{2\pi}}$$

$$50 \sqrt{\frac{2}{\pi}} \left[\frac{1}{e^{125\,000}} - e^{-\frac{(-50\,000+q)^2}{20\,000}} + 250 \sqrt{2\pi} \, \text{Erf}\left[250 \sqrt{2}\right] + 250 \sqrt{2\pi} \, \text{Erf}\left[\frac{-50\,000+q}{100 \sqrt{2}}\right] \right] + \frac{1}{2} q \, \text{Erfc}\left[\frac{-50\,000+q}{100 \sqrt{2}}\right]$$

$$5.00002 \times 10^6 - 7978.845608028655 \, e^{-\frac{(-50\,000+q)^2}{20\,000}} + 5.000020000000001 \times 10^6 \, \text{Erf}\left[\frac{-50\,000+q}{100 \sqrt{2}}\right] -$$

$$q \left(100. - 0.159577 \, e^{-\frac{(-50\,000+q)^2}{20\,000}} + 100. \, \text{Erf}\left[\frac{-50\,000+q}{100 \sqrt{2}}\right] \right) + 100. q \, \text{Erfc}\left[\frac{-50\,000+q}{100 \sqrt{2}}\right] - 0.002 q^2 \, \text{Erfc}\left[\frac{-50\,000+q}{100 \sqrt{2}}\right]$$

```
h[q / 0.5] = 1 / (100 * Sqrt[2 * Pi]) * Exp[-(q / 0.5 - 50 000)^2 / 20 000]
```

$$\frac{e^{-\frac{(-50\,000+2. q)^2}{20\,000}}}{100 \sqrt{2\pi}}$$

```
FindRoot[
  {(1 + 0.5) / 0.5 ((300 - 80 + 20) * (1 - H[q]) - (150 - 20) + 0.008 * Integrate[H[x], {x, 0, q}] + 0.004 * u[x] - 0.008 * q * 20) -
    (1 / 0.5) * 4 - 5 + (1 / 0.5) * 10 * Integrate[(1 / 0.5 - 1) h[x], {x, q / 0.5, Infinity}] - 10 * q * (1 - 0.5) / (0.5)^3 * h[q / 0.5] = 0,
  ((1 / 0.5) * 4 * q + (1 / 0.5) * 3 252 580 + 5 * q + 3 252 580 - (300 - 80 + 20) * s[q] + (150 - 80) * q + 20 u[x] - A[q] +
    20 * (100054.85222826981` - q)) * (0.5 / (1 - 0.5)) * (1 / q) + 10 * (u[x] - s[q]) / q + 100 + 20 * (100054.85222826981` - q) / q - w =
    0}, {q, 39 000}, {w, 200}]
```

$$\{q \to 40\,708.3, \ w \to 230.694\}$$

```
θ = 0.5;
q = 40 708; w = 231;
p1 = (
```

$$\int_0^q ((300 + 0.004 (x - q)) x + 80 (q - x)) \frac{1}{\sqrt{2\pi} \times 100} \times e^{\left(-\frac{(x-50\,000)^2}{2\times100^2}\right)} dx +$$

$$\int_q^\infty ((300 + 0.004 (x - q)) q - 10 (x - q)) \frac{1}{\sqrt{2\pi} \times 100} \times e^{\left(-\frac{(x-50\,000)^2}{2\times100^2}\right)} dx$$

$$- 50 q - w \times q)$$

$$p2 = w \times q - \int_q^\infty 10 \times (x - q) \frac{1}{\sqrt{2\pi} \times 100} \times e^{\left(-\frac{(x-50\,000)^2}{2\times100^2}\right)} dx - 100 q - 20 \times (100\,054.85222826981 - q)$$

```
p3 = p1 + p2
```

$$2.19357 \times 10^6$$

$$4.05289 \times 10^6$$

$$6.24646 \times 10^6$$

零售商风险厌恶双边信息不对称——风险厌恶因子为 0.5 S[98 – 102]、R[47 – 53].nb*

```
H[x] = Integrate[1 / (100 * Sqrt[2 * Pi]) * Exp[- (x - 50 000) ^2 / 20 000], {x, 0, x}]
H[q] = Integrate[1 / (100 * Sqrt[2 * Pi]) * Exp[- (x - 50 000) ^2 / 20 000], {x, 0, q}]
u[x] = Integrate[x h[x], {x, 0, Infinity}]
h[x] = 1 / (100 * Sqrt[2 * Pi]) * Exp[- (x - 50 000) ^2 / 20 000]
s[q] = Integrate[x h[x], {x, 0, q}] + Integrate[q h[x], {x, q, Infinity}]
A[q] = Integrate[0.004 * x^2 * h[x], {x, 0, q}] - Integrate[0.004 * q * x * h[x], {x, 0, q}] +
    Integrate[0.004 * x * q * h[x], {x, q, Infinity}] - Integrate[0.004 * q^2 * h[x], {x, q, Infinity}]
```

$$\frac{1}{2}\left(\text{Erf}\left[250\sqrt{2}\right]+\text{Erf}\left[\frac{-50\,000+x}{100\sqrt{2}}\right]\right)$$

$$\frac{1}{2}\left(\text{Erf}\left[250\sqrt{2}\right]+\text{Erf}\left[\frac{-50\,000+q}{100\sqrt{2}}\right]\right)$$

$$\int_0^\infty x\,h[x]\,dx$$

$$\frac{e^{\frac{(-50\,000+x)^2}{20\,000}}}{100\sqrt{2\pi}}$$

$$50\sqrt{\frac{2}{\pi}}\left(\frac{1}{e^{125\,000}}-e^{-\frac{(-50\,000+q)^2}{20\,000}}+250\sqrt{2\pi}\,\text{Erf}\left[250\sqrt{2}\right]+250\sqrt{2\pi}\,\text{Erf}\left[\frac{-50\,000+q}{100\sqrt{2}}\right]\right)+\frac{1}{2}\,q\,\text{Erfc}\left[\frac{-50\,000+q}{100\sqrt{2}}\right]$$

$$5.00002\times10^6-7978.845608028655\,e^{-\frac{(-50\,000+q)^2}{20\,000}}+5.000020000000001\times10^6\,\text{Erf}\left[\frac{-50\,000+q}{100\sqrt{2}}\right]-$$
$$q\left(100.-0.159577\,e^{-\frac{(-50\,000+q)^2}{20\,000}}+100.\,\text{Erf}\left[\frac{-50\,000+q}{100\sqrt{2}}\right]\right)+100.\,q\,\text{Erfc}\left[\frac{-50\,000+q}{100\sqrt{2}}\right]-0.002\,q^2\,\text{Erfc}\left[\frac{-50\,000+q}{100\sqrt{2}}\right]$$

```
h[q / 0.5] = 1 / (100 * Sqrt[2 * Pi]) * Exp[- (q / 0.5 - 50 000) ^2 / 20 000]
```

$$\frac{e^{\frac{(-50\,000+2.\,q)^2}{20\,000}}}{100\sqrt{2\pi}}$$

```
FindRoot[
  {(1 + 0.5) / 0.5 ((300 - 80 + 20) * (1 - H[q]) - (150 - 20) + 0.008 * Integrate[H[x], {x, 0, q}] + 0.004 * u[x] - 0.008 * q + 20) -
    (1 / 0.5) * 2 - 3 + (1 / 0.5) * 10 * Integrate[(1 / 0.5 - 1) h[x], {x, q / 0.5, Infinity}] - 10 * q * (1 - 0.5) / (0.5)^3 * h[q / 0.5] == 0,
  ((1 / 0.5) * 2 * q + (1 / 0.5) * 3 252 580 + 3 * q + 3 252 580 - (300 - 80 + 20) * s[q] + (150 - 80) * q + 20 * u[x] - A[q] +
    20 * (100054.85222826981` - q) * (0.5 / (1 - 0.5)) * (1 / q) + 10 * (u[x] - s[q]) / q + 100 + 20 * (100054.85222826981` - q) / q - w ==
    0}, {q, 39 000}, {w, 200}]
{q → 40 958.3, w → 223.405}
```

```
Θ = 0.5;|
q = 40 958; w = 223;
p1 =
  (∫_0^q ((300 + 0.004 (x - q)) x + 80 (q - x)) \frac{1}{\sqrt{2 π} × 100} × e^{(- \frac{(x - 50 000)^2}{2 × 100^2})} dx +
   ∫_q^∞ ((300 + 0.004 (x - q)) q - 10 (x - q)) \frac{1}{\sqrt{2 π} × 100} × e^{(- \frac{(x - 50 000)^2}{2 × 100^2})} dx
   - 50 q - w × q)
p2 = w × q - ∫_q^∞ 10 × (x - q) \frac{1}{\sqrt{2 π} × 100} × e^{(- \frac{(x - 50 000)^2}{2 × 100^2})} dx - 100 q - 20 × (100 054.85222826981 - q)
p3 = p1 + p2
2.49681 × 10^6
3.76548 × 10^6
6.26229 × 10^6
```

零售商风险厌恶双边信息不对称——风险厌恶因子为 0.8 S[96 – 104]、R[45 – 55].nb

```
H[x] = Integrate[1 / (100 * Sqrt[2 * Pi]) * Exp[- (x - 50 000) ^2 / 20 000], {x, 0, x}]
H[q] = Integrate[1 / (100 * Sqrt[2 * Pi]) * Exp[- (x - 50 000) ^2 / 20 000], {x, 0, q}]
u[x] = Integrate[x h[x], {x, 0, Infinity}]
h[x] = 1 / (100 * Sqrt[2 * Pi]) * Exp[- (x - 50 000) ^2 / 20 000]
s[q] = Integrate[x h[x], {x, 0, q}] + Integrate[q h[x], {x, q, Infinity}]
A[q] = Integrate[0.004 * x^2 * h[x], {x, 0, q}] - Integrate[0.004 * q * x * h[x], {x, 0, q}] +
    Integrate[0.004 * x * q * h[x], {x, q, Infinity}] - Integrate[0.004 * q^2 * h[x], {x, q, Infinity}]
```

$$\frac{1}{2}\left(\text{Erf}\left[250\sqrt{2}\right]+\text{Erf}\left[\frac{-50\,000+x}{100\sqrt{2}}\right]\right)$$

$$\frac{1}{2}\left(\text{Erf}\left[250\sqrt{2}\right]+\text{Erf}\left[\frac{-50\,000+q}{100\sqrt{2}}\right]\right)$$

$$\int_0^\infty x\,h[x]\,dx$$

$$\frac{e^{-\frac{(-50\,000+x)^2}{20\,000}}}{100\sqrt{2\,\pi}}$$

$$50\sqrt{\frac{2}{\pi}}\left(\frac{1}{e^{125\,000}}-e^{-\frac{(-50\,000+q)^2}{20\,000}}+250\sqrt{2\,\pi}\,\text{Erf}\left[250\sqrt{2}\,\right]+250\sqrt{2\,\pi}\,\text{Erf}\left[\frac{-50\,000+q}{100\sqrt{2}}\right]\right)+\frac{1}{2}\,q\,\text{Erfc}\left[\frac{-50\,000+q}{100\sqrt{2}}\right]$$

$$5.00002\times10^6-7978.845608028655\,e^{-\frac{(-50\,000+q)^2}{20\,000}}+5.000020000000001\times10^6\,\text{Erf}\left[\frac{-50\,000+q}{100\sqrt{2}}\right]-$$

$$q\left(100.-0.159577\,e^{-\frac{(-50\,000+q)^2}{20\,000}}+100.\,\text{Erf}\left[\frac{-50\,000+q}{100\sqrt{2}}\right]\right)+100.\,q\,\text{Erfc}\left[\frac{-50\,000+q}{100\sqrt{2}}\right]-0.002\,q^2\,\text{Erfc}\left[\frac{-50\,000+q}{100\sqrt{2}}\right]$$

h[q / 0.8] = 1 / (100 * Sqrt[2 * Pi]) * Exp[-(q / 0.8 - 50 000) ^ 2 / 20 000]

$$\frac{e^{-\frac{(-50\,000+1.25\,q)^2}{20\,000}}}{100\sqrt{2\,\pi}}$$

FindRoot[
  {(1 + 0.8) / 0.8 ((300 - 80 + 20) * (1 - H[q]) - (150 - 20) + 0.008 * Integrate[H[x], {x, 0, q}] + 0.004 * u[x] - 0.008 * q + 20) -
    (1 / 0.8) * 4 - 5 + (1 / 0.8) * 10 Integrate[(1/0.8 - 1) h[x], {x, q/0.8, Infinity}] - 10 * q * (1 - 0.8) / (0.8) ^ 3 * h[q / 0.8] = 0,
  ((1 / 0.8) * 4 * q + (1 / 0.8) * 3 252 580 + 5 * q + 3 252 580 - (300 - 80 + 20) * s[q] + (150 - 80) * q + 20 u[x] - A[q] +
    20 * (100054.85222826981` - q)) * (0.8 / (1 - 0.8)) * (1 / q) + 10 * (u[x] - s[q]) / q + 100 + 20 * (100 054.85222826981` - q) / q -
    w = 0}, {q, 39 000}, {w, 200}]

{q → 40 694.4, w → 276.902}

θ = 0.8;
q = 40 694; w = 277;
p1 =
  (∫_0^q ((300 + 0.004 (x - q)) x + 80 (q - x)) $\frac{1}{\sqrt{2\pi}\times100}$ × $e^{\left(-\frac{(x-50\,000)^2}{2\times100^2}\right)}$ dx +
    ∫_q^∞ ((300 + 0.004 (x - q)) q - 10 (x - q)) $\frac{1}{\sqrt{2\pi}\times100}$ × $e^{\left(-\frac{(x-50\,000)^2}{2\times100^2}\right)}$ dx
    - 50 q - w x q)

p2 = w x q - ∫_q^∞ 10 x (x - q) $\frac{1}{\sqrt{2\pi}\times100}$ × $e^{\left(-\frac{(x-50\,000)^2}{2\times100^2}\right)}$ dx - 100 q - 20 x (100 054.85222826981 - q)

p3 = p1 + p2
322 995.

5.92256×10^6

6.24556×10^6

跋

　　说实在的，编撰这本专著，一直处于犹豫之中！编还是不编，一直难于决定。最主要的原因是专著出版经费负担加重了。然而，近几年国家自科项目一直没有继续中，就是中了，一本专著就花去了 1/4 的经费，这个费用不能不说是沉重的。

　　但省社科优秀成果奖和教育部高校人文社科优秀奖的诱惑还是大的，最后权衡，觉得还是有必要为了社科奖拼一拼，否则前期成果系统性思考将隐藏在"深闺"之中，不为世人所知。

　　此书完成，得于之前许多研究生的工作，其中 2020 届的黄冬宏作出了重要的贡献，是第 4 章的主要完成者；巩玲君、史文强、吴双胜博士与本人合作的前期成果也有部分收录；在读的陈思仪、胡益传、王露露和郑辰彦分别完成了第 3 章和第 6 章的计算工作；夏桂林和刘振威做了一些辅助性的工作。本书还得到科研处陈志建副处长和交通运输工程学院郭军华院长的鼎力相助，在此一并致谢！

刘　浪

2021 年 11 月

于洪都新府

图书在版编目（CIP）数据

价格随机条件下的数量折扣契约协调供应链/刘浪著.
—北京：经济科学出版社，2022.4
ISBN 978 - 7 - 5218 - 3601 - 1

Ⅰ.①价…　Ⅱ.①刘…　Ⅲ.①供应链管理 - 研究
Ⅳ.①F252.1

中国版本图书馆 CIP 数据核字（2022）第 060732 号

责任编辑：宋艳波
责任校对：刘　昕
责任印制：王世伟

价格随机条件下的数量折扣契约协调供应链
刘　浪　著
经济科学出版社出版、发行　新华书店经销
社址：北京市海淀区阜成路甲 28 号　邮编：100142
总编部电话：010 - 88191217　发行部电话：010 - 88191522
网址：www. esp. com. cn
电子邮箱：esp@ esp. com. cn
天猫网店：经济科学出版社旗舰店
网址：http://jjkxcbs. tmall. com
北京季蜂印刷有限公司印装
710 × 1000　16 开　16.5 印张　260000 字
2022 年 7 月第 1 版　2022 年 7 月第 1 次印刷
ISBN 978 - 7 - 5218 - 3601 - 1　定价：68.00 元
（图书出现印装问题，本社负责调换。电话：010 - 88191510）
（版权所有　侵权必究　打击盗版　举报热线：010 - 88191661
QQ：2242791300　营销中心电话：010 - 88191537
电子邮箱：dbts@ esp. com. cn）